本书系浙江外国语学院2023年度博达科研提升专项计划（第五期）后期资助项目
"中国特色社会主义对外贸易的转型发展
——以浙江民营经济为例"（2023HQZZ3）的研究成果

浙江外国语学院博达丛书

中国特色社会主义对外贸易的转型发展

基于浙江民营经济的实证研究

The Transformational Development of Socialist Foreign Trade with Chinese Characteristics

Based on the Empirical Study of Zhejiang's Private Economy

宋树理——著

社会科学文献出版社
SOCIAL SCIENCES ACADEMIC PRESS (CHINA)

献　　给

我的家人

爱人潘云女士，女儿宋欣妍，儿子宋仕涵

序
中国特色社会主义外贸转型及其重要战略意义

中国外贸在持续转型中快速发展。尤其是 2000 年以来，形成"企业改制" + "中国入世"的外贸发展双引擎，民营企业出口迅猛增长。

所有这一切都是转型经济在外贸中的普遍反映，而非特例。中国转型经济是一个巨大的惯性体系，带动、促进，甚至裹挟着经济发展的全面巨变。外贸的所有制结构转型，是 21 世纪以来中国外贸发展的重要因素。

中国在不算太长的 40 多年内，经济快速发展而崛起成为"世界工厂"并非偶然。宋树理博士的专著《中国特色社会主义对外贸易的转型发展——基于浙江民营经济的实证研究》，以其全面深入分析，展现了这一主题的精彩画卷。基于宋博士全书的研究成果，进一步对中国国际贸易发展及转型做一深入分析。

一 外贸对中国经济快速发展的决定性作用

改革开放以来，外贸发展按历史性标志事件分为四个阶段。

第一阶段，1978～1987 年的低水平崛起，出口年均增长 16.8%。1978 年，中国出口按 WTO 数据仅为 99.6 亿美元，占全球出口的 7.6‰。1987 年，外贸出口亦仅 394.4 亿美元，占全球出口的 1.6%。

第二阶段，1987～2001 年的外向型发展，出口年均增长 14.6%。1987 年，党的十三大首次提出，正确确定经济特区、开放城市和地区的开发与建设规划，"着重发展外向型经济"。1992 年，党的十四大进一步明确提出，"发展外向型经济"。中央持续出台外贸经营自主权下放政策，地方政府加强外贸出口激励，多种形式的外贸出口方兴未艾。

第三阶段，2001～2011 年的"入世"发展，出口年均增长 21.7%。这是中国经济的"神奇 10 年"，出口从 2661.0 亿美元增长到 18983.8 亿美元，全国规模以上工业利润年均增长 29.2%，城乡居民人均可支配收入年均实际增长 10.7%，GDP 从 1.1 万亿元增长到 4.9 万亿元，年均增长 10.7%。

第四阶段，2011～2021 年的增长回落，出口年均增长 5.9%。尤其是 2011～2016 年，出口年均仅增长 2.0%，相比前一阶段猛跌近 20 个百分点。2015 年，全国规模以上工业亏损企业数同比增长 20.6%，利润下降 2.9%。

计量分析结果证实了出口对经济增长的积极作用。上述四个阶段的出口增速，与同期 GDP 增速的相关系数高达 0.987，回归模型的 R^2 高达 0.978。不过，如按年度数据进行计量分析，因为出口增长的波动较大，而 GDP 增长则较平稳，因而相关系数与回归模型的 R^2 都并不高。

值得一提的是，20 世纪末期开始，中国经济一度出现了内需不足的通缩问题。1998～2003 年，全国商品零售价格指数持续 6 年负增长，其他价格指数亦表现相似。正是出口较快增长，大大增加了有效需求。中国"入世"后，各种价格指数较快转为正常。

积极构建基于外贸稳定发展的以国内大循环为主体的新发展格局，是根据中国经济实际做出的关于未来发展的判断和预期。中国此前发展依靠外贸，今后发展亦将立基外贸，外贸对于中国发展的重要性，无论怎么说都不为过。

二 出口所有制结构转型

出口所有制结构转型是 21 世纪以来外贸转型的最重要事件。2000 年，海关统计把私营企业作为其他处理，这一栏的出口额仅为 27.5 亿美元。尽管实际情况远非如此，因为相当一部分私营企业是戴"红帽子"的，但因缺少确切数据，只能按海关数据分析，下文统一称为民营企业。

2008 年，民营企业出口 3262.3 亿美元；与 2000 年比较，增长近 118 倍，其间年均增长 81.6%。2021 年，民营企业出口额达到 16932.8 亿美元，占外贸出口总额的 55.9%，民营企业成为外贸出口的主体。

国有企业出口在 21 世纪头 10 年仍较快增长，所以不能说是民营企业挤占了国有企业的出口地盘。2011 年后，国有企业出口增长出现波动，这时全国出口增长断崖式回落，大环境明显恶化。外商投资企业出口在 21 世纪头 10 年亦增长较快，2011 年以来受全球出口形势影响亦增长上下波动。

因此，民营企业出口的迅猛增长，大致具有帕累托次优的效应。即其他经济性质企业的出口，总体而言，并未受到民营企业出口迅猛增长的较大冲击。2000 ~ 2021 年，民营企业出口对全国出口的贡献份额达到 58.3%。尤其是 2011 ~ 2021 年，民营企业出口对全国出口的贡献份额高达 84.5%；在此期间全国出口年均增长 5.9%，民营企业则达 12.1%。民营企业以其灵活的体制机制，抵御全国出口增长断崖式回落，为中国经济稳健增长做出了积极贡献。

三　出口商品结构转型

出口商品工业化是外贸转型的基本面，是出口快速增长的基本因素。中国出口起于农副土特产及其制成品，以及矿产品等。1980 年，据 WTO 数据，中国出口商品中 51.9% 是农产品及矿产品，工业品出口仅占 48.1%，另据《中国统计年鉴》1978 年的数据，工业品出口仅占 37.4%。1987 年后，这一状况开始发生较大变化，这一年工业品出口占比首次超越 50%，达到 58.1%，2003 年跃上 91.4%，2021 年为 95.8%。2020 年，中国工业品出口占全球工业品出口的 20.0%，比第二位的德国高 10.2 个百分点。

纺织服装出口对中国外贸出口的快速崛起具有重要贡献，形成后发国家以劳动密集型产业撬动出口快速增长的典型模式。1980 年，纺织服装出口 41.7 亿美元，占全国出口的 23.0%。1987 年，纺织服装出口占全国出口的比重达到历史最高的 31.1%，1980 ~ 1987 年纺织服装出口增长对全国出口增长的贡献达 38.0%。1994 年以后，纺织服装出口占比在 29.4% 的水平上开始缓慢降低；2020 年，纺织服装出口占比降至 11.4%。

中国纺织服装出口占全球纺织服装出口的比重，2008 年以来一直保持在 30% 以上，2020 年高达 38.1%。显然，至少从 WTO 数据来看，甚嚣尘上的产业转移在纺织服装业似乎并没那么严重，尽管纺织服装业确有较大规模的转移。

机电产品快速成为中国出口商品的主体，形成后发国家出口结构的较快升级。WTO 分类中的机械与运输设备（machinery and transport equipment），大致系国内所说的"机电产品"，含电气电子产品等。1995 年，机电产品出口占国内出口的比重首次跃至 20% 以上，为 21.1%，2010 年占比达到 49.5%，此后稳定保持在 45% 以上，2020 年为 48.7%。2020 年，机械与运输设备出口占全球同类商品出口的 20.5%，其中电子数据处理及办公设备（electronic data processing and office equipment）出口占全球同类商品出口的 40.0%。

四 出口市场结构转型

改革开放 40 余年，中国外贸的出口市场结构有较大变化。纯以出口占比的变化来看，中国出口的市场结构，大致经历了三个阶段的变化。

一是以转口贸易和日本为主，出口市场狭窄（1978～1991 年）。1978 年，对港澳的转口贸易占内地出口的 26.8%，对日本的出口占 17.3%，两者合计占内地出口的 44.1%。当年对社会主义阵营国家的出口合计约占全国出口的 15%，这组国家显然不可能成为中国的主要贸易伙伴。

这一年，中国出口额为 99.6 亿美元，仅占全球的 7.6‰，比此前最高的 1959 年的 2.7% 低 1.9 个百分点。出口是一国现代化的助力器和加速器，尤其是对于缺少自然资源的大国而言。错失发展机遇，不胜唏嘘。

二是美欧日成为重要出口目标市场，出口迅猛增长（1992～2000 年）。美国于 2000 年成为中国最大出口目标市场，占当年全国出口的 20.9%。1978～2020 年，中国对美出口增长对全国出口增长的贡献为 21.7%。2000 年，对欧洲市场的出口占比为 18.3%，传统的日本市场出口占比仍高达 16.7%，由此构成了美欧日合计占中国出口 55.9% 的三足鼎立格局。

三是出口目标市场趋于多元，出口空间扩展（2001～2021 年）。以手头掌握的 1997 年以来的数据来看，出口市场集中度从 1997 年开始逐渐降低，且这是在对头部市场出口的增长并未放慢下发生的。2021 年，前十大出口市场的出口集中度为 55.3%，前三大出口市场的集中度为 32.5%，均比之前大幅降低。

香港转口贸易地位与对日出口占比的持续降低，以及对美国出口的较快增长，是前三大出口市场的故事梗概。与此同时，在保持对前十大市场的出口持续较快增长的同时，对第十一大至第二十大市场的出口迅猛增长。2021 年，对后者的出口份额，从 1997 年的 9.6% 上升至 18.7%。由此产生的积极效应是出口空间扩展及出口目标市场多元化。

五 进口转型滞后

进口的市场化水平低于出口。标志性指标是国有企业进口占比较高，民营企业进口占比较低。2021 年，国有企业进口额占比为 24.2%，比其出口额占比高 16.2 个百分点；民营企业进口额占比为 36.5%，比其出口额占比低 19.4 个百分点。

进口增长持续低于出口。1978～2021 年，以美元计的进口额年均增长 13.7%，比出口额年均增长率低 0.9 个百分点，累计贸易顺差达 6.0 万亿美元。一定的贸易顺差显然非常必要，但长期巨额顺差，已导致一系列的国际贸易摩擦及失衡。如根据美国商务部的数据，2021 年美国对中国出口商品 1521.6 亿美元，从中国进口商品 5067.6 亿美元，逆差为 3546.0 亿美元。当然，中国对美国的巨额贸易顺差的原因比较复杂，如关税及非关税壁垒、国内缺少必要的消费能力等。然而进口领域的政府管制较多、民营企业相对较少以及进口市场不够活跃，显然也是原因。

初级商品的进口占比，21 世纪以来持续上升。1980 年，初级商品进口占比为 34.8%，然后降至 10%～20%。2021 年，初级商品进口占比上升至 36.4%，比 2000 年的 20.8% 上升 15.6 个百分点。2021 年，原油进口 5.1 亿吨，占全国原油消费量的 74.0%；铁矿砂进口 11.2 亿吨，约占全国消费量的 78%。

工业品及其中的重要零部件进口占比较大。2021 年，全国工业品进口占总进口的 63.6%，比 2000 年降低 15.6 个百分点；全国芯片进口 6355 亿块，是国内产量的 1.8 倍，进口额为 2.8 亿元，占全国总进口额的 16.1%。

六 制度转型是关键

改革开放以来的这 40 多年，中国经济的转型无时无处不在。其中制度转型是关键，外贸尤其如此。

外贸体制改革是中国外贸迅猛发展的启动器。浙江于1980年才具有外贸自营出口权，当时全国采取1美元换取2.8元人民币的内部结算价，各地出口积极性大增。随之，看起来异常神秘的自营出口权开始逐渐下放到企业。到1994年，浙江已有146家企业获得自营进出口权。浙江1980年的出口额仅为2.4亿美元，此后第一个10年出口额增长9.0倍，第二个10年增长8.9倍；第三个10年是2000~2010年，基数已大幅提高，但仍增长9.3倍。

2001年底的"入世"推动了外贸制度大变迁。中国扩大了在工业、农业、服务业等领域的对外开放，加快推进贸易自由化和贸易便利化。浙江积极在全国框架内推进一系列更为积极大胆的改革，2011年在义乌实施市场采购贸易方式改革，大量的中小微企业成为外贸经营主体，大大解放了蕴藏在城乡群众中的出口活力。

企业改制全面完成，更是成为出口快速增长的推进器，是外贸经营主体的重大制度变迁。可以说，如果没有企业改制，"入世"后的出口增长亦将大为逊色。浙江乡镇集体企业改制始于1992年，到1997年，全省乡镇集体企业改制面达到86%，主要是形成了经营者持大股的产权结构。浙江国有工业和流通企业改制，到1999年6月底，覆盖面达75%。

"改制"与"入世"，珠联璧合，互为相长，形成21世纪以来外贸迅猛发展的"双引擎"。特别是2011年以来，民营企业出口成为中国应对全球出口增长断崖式回落的利器。全球商品出口，2000~2011年，年均增长10.0%；2011~2016年，年均负增长2.6%。2011~2016年，中国出口年均增长率亦回落至2.0%；民营企业出口年均增长率，则高达9.5%，占全国出口的比重由30.6%上升至43.6%。

七 改革开放"下半场"的来临

基于外贸视角，中国改革开放进程可分为三个阶段。第一个阶段是改革开放的"序幕"，改革开放启动至"入世"前，特点是内生的改革。这一时期，市场主体崛起及自主交易的体制机制初步形成。集体和国有企业改制基本完成，民营经济快速发展，市场经济初步建立。

第二个阶段是改革开放的"上半场","入世"至今,特点是借力境外市场,形成发展导向的改革。

由于内需不足及国内交易成本较高等诸多因素,中国企业积极走向国际市场。这里有三条故事线索,企业因"改制"而被激发巨大活力,因"入世"而获得巨大发展空间,因境内外要素价格落差而形成较强的出口成本优势。由此巩固了"改制"声势,加快了市场主体发育成长,倒逼国内改革。

这一时期,中国企业促使中国一跃而成为"世界工厂",国内经济取得巨大发展。这一时期存在着若干改革滞后问题,但企业因借力境外市场,在相当程度上避开了这些问题的不利影响,这里仅做两点体制改革滞后分析,这两个方面是世界银行提出的表明政府转型的主要指标。

——政府工作人员占比较大上升。政府相关人员占全社会从业人员的比重,2000 年"五普"时为 2.4%,2020 年"七普"时为 4.1%,同时按 10% 抽样的政府相关人员数量计算,2000 ~ 2020 年年均增长 2.7%,是这一时期全国人口年均增长速度的 4.9 倍。

——政府收入占 GDP 的比重较大上升。一般公共预算占 GDP 的比重从 1995 年最低的 10.2% 逐渐增长到 2000 年的 13.4%,2015 年最高,为 22.1%。企业税负大幅加重,居民收入占 GDP 的比重受到压制,消费比重难以上升。此外,如国内的地方保护主义、社会诚信水平较低等,均未发生较大改变。

因此,企业积极发展外贸出口,就相当意义而言,是避开国内体制机制障碍,把改革促发展的主战场移到境外的积极之举。民营企业通过出口快速成长,企业法人治理结构不断完善,市场经营机制不断增强。与此同时,城市化和涉外改革较快推进,市场配置资源的决定性作用不断凸显,城乡居民生活巨变。

第三个阶段是改革开放的"下半场",即当下至未来相当长一段时期,出口遭遇天花板,企业回归国内,特点是形成问题倒逼的改革。

外贸出口增长正在遭遇三个方面的不利影响,难以再现此前辉煌。一是外贸出口增长空间缩小。2021 年,中国商品出口已占全球的 15.1%,工业品出口已占全球的 20.0%,接下来工业品出口占比每增长 1 个百分点为 300 多亿美元,相当于摩洛哥、阿尔及利亚等国的一年出口额。二是国内要素价格上涨等导致出口成本增加，国内劳动年龄人口，按人口普查年龄表计算，2020～2036 年每年将减少 439 万人，劳动力供给不足将导致工资加快上涨。三是发达经济体"去中国化"，将严重影响中国的高中端商品对外贸易。

中国经济的消费主导的增长格局，在失去外贸快速增长后初步形成。2011～2021 年，最终消费对 GDP 增长的贡献为 58.7%，其中 2011～2019 年为 60.8%，分别比 2001～2011 年高 11.5 个百分点和 13.7 个百分点。社会消费品零售总额在经济寒风中顽强增长，直至 2018 年 3 月才从 2 位数增长，回落至 1 位数增长。

2011 年以来的全国 GDP 增长，像极了推力大幅弱化后钟摆的徐徐放慢，至 2022 年第三季度持续 46 个季度回落。2011 年第二季度，全国 GDP 同比增长 10.0%，环比放慢 0.2 个百分点；至新冠肺炎疫情前的 2019 年第四季度，GDP 同比增长 6.0%，系 2011 年第一季度以来最低。其间的 35 个季度，仅 5 个季度 GDP 同比增长有过极小幅回升，同时亦未曾有过大幅下降，平均每个季度放慢 0.131 个百分点。

这是一种危险迹象，表明中国经济存在着较强的"内生阻尼"，使得经济增长在无较大变故下缓慢放缓。这是因为在外生动力大幅弱化后，初期因巨大惯性，经济增速并不必然放慢，比较典型的如投资增长仍较快。同时因为结构优化，第三产业增长相对加快，形成新的动能。然而"内生阻尼"耗损增长动力，持续影响生产与扩大再生产的正常循环。

关于改革开放后半场形成"问题倒逼"的改革，就是这样提出来的。这些所谓的"内生阻尼"，正是党的二十大后的重大改革课题。弱化乃至消除这些"内生阻尼"是贯彻落实二十大精神的重要举措。

（1）促进居民收入增长快于 GDP 增长的改革。促进居民收入增长是改革发展的一个根本目标，正如二十大指出的，"我们坚持把实现人民对美好生活的向往作为现代化建设的出发点和落脚点"。促进收入增长快于 GDP 增长是当前阶段性的重要目标。

二十大报告提出，"努力提高居民收入在国民收入分配中的比重，提高劳动报酬在初次分配中的比重"。只有收入增长快于 GDP 增长，才能逐渐提高收入在国民收入分配中的比重。提高居民收入占比，关系"增强消费对经济发展的基础性作用"。因此，共同富裕、推进高质量发展等一系列重大问题，是中国诸多经济问题的"牛鼻子"。由此展开一系列改革，如减轻企业负担、降低宏观税负、提高财政资金利用效率、全面建构社会保障体系等。

（2）促进劳动生产率提高的改革。提高劳动生产率是经济发展的核心，而且，再也没有比劳动生产率这一概念更能有机地串起二十大提出的人民至上、创新是第一动力等概念的。

劳动生产率提高的左侧是人的发展，中间是创新，右侧是全社会从业人员平均产出的提高。只有促进人的发展，才能增强创新；只有增强创新，才能提高人均产出；只有存在较高的人均产出，才表明整个国民经济具有较高效率，才具有较大的人均"馅饼"，城乡居民人均收入才能不断提高，以及才能促进共同富裕等。由此展开一系列改革，如社会体制改革、教科文卫体制改革、城市化体制改革等。

（3）促进民营经济发展的改革。民营经济发展是上述这些改革的基础，推进民营经济发展的改革，是改革的基本面。

稳定和增强民营经济发展预期。党的二十大报告指出："优化民营企业发展环境，依法保护民营企业产权和企业家权益，促进民营经济发展壮大。"中国外贸 40 多年的转型发展，充分证明民营经济的存在价值和重要作用。在接下来的中国式现代化发展道路上，民营经济是参与全球竞争、全球产业分工的主力军。由此展开一系列改革，如提升民营经济地位、加强产权保护、促进民间投资等。

上述 7 个方面的分析，宋树理博士在这部书中都有深入讨论。宋树理博士以其多年不懈的努力，立基浙江民营经济的肥沃土壤，举一反三，全方位地进行外贸转型发展研究，获得了有益的实践和理论成果。这是一部有助于读者了解、透视与分析对外贸易转型发展历史过程及诸多重要问题的专著，比较适合于高等院校师生和政府政策研究人员阅读参考。感谢宋树理博士的信任，使我有机会在他研究的基础上，进一步深入思考。

浙江清华长三角研究院新经济发展研究中心主任

浙江省发展和改革研究所前所长

卓勇良

2022 年 11 月 9 日于杭州余杭塘河畔

前　言

本书是我在 2008 年全球性金融危机爆发后持续关注中国特色社会主义对外贸易尤其是浙江民营经济转型发展问题的一些研究成果的总结。

一　研究背景

我对这一问题的理论兴趣主要源于 2005～2008 年参与张宗和教授主持的国家社科基金一般项目"民营企业突发性群体劳资冲突的形成机理和预控机制研究"（批准号：05BJL010）和浙江省哲学社会科学基金项目重点课题"突发性群体劳资冲突的形成机理和预控机制研究"（立项号：Z05LJ02）。在课题组对浙江省多个地方政府机构、行会和民营企业进行实地调研的过程中，我对浙江省民营经济的发展实践第一次有了非常深入的了解，也对其转型发展过程中存在的系列问题有了非常真实的感受，于是萌生了研究这些问题的一些最初想法。后来完成了倒逼浙江和中国对外贸易转型发展的"贸易顺差形成机理"（第一章）和"用工结构性短缺"（第十七章和第二十章）等相关论文。

较为系统地展开研究则是由于 2008 年席卷全球的金融危机对我国特别是浙江的对外贸易产生了史无前例的严重冲击和深远影响，辩证来看，也为我国传统对外贸易的转型升级提供了百年难得的历史机遇。很难想象，这一时期的持续时间和影响程度超过了历史上任何一个经济周期，可以说，当前仍然是后金融危机时代。而随着对这一问题研究的深入，我的研究背景经历了三次重要的"转型"。

其一，国际经济形势从经济全球化向逆全球化转型。2008 年的金融危机成为这一转型的关键节点，之后逆全球化的经济形势引起各界的普遍关注。虽然这一趋势不可能成为世界经济发展的主要趋势，但是短期对外贸发达地区的影响还是显而易见的。因此，在金融危机、中美贸易摩擦、区域性经济发展、新冠肺炎疫情冲击、数字产业革命等的影响下，我们亟须破解中国特色社会主义对外贸易的转型发展问题，深入探讨如何实现更高水平更高质量的外贸强国建设目标。

其二，我的学术思想从应用经济学向理论经济学转型。2011 年在上海财经大学攻读博士学位之前，一直从事产业经济学、劳动经济学、国际贸易学等应用经济学的教学和研究工作，之后开始专修政治经济学，包括当代马克思主义经济理论和中国特色社会主义政治经济学。这使我有机会可以综合比较理论经济学和应用经济学的理论和方法，运用国际政治经济学的范式研究外贸转型问题。

其三，研究平台从民营经济研究所向拉丁美洲研究所转型。这里所谓的"转型"实际上是由于工作需要，从原来的浙江工商大学民营经济研究所加入，在中国社会科学院拉丁美洲研究所全方位指导和浙江省教育厅、财政厅、商务厅以及社科联等有关部门大力支持下于 2011 年 10 月 28 日正式成立的浙江外国语学院拉丁美洲研究所。这一研究所当时是全国除了中国社会科学院拉丁美洲研究所外屈指可数的从事拉美经贸研究的院所，定位就是服务浙江民营经济，拓展拉美市场，有效应对金融危机。但是，研究的最大问题是缺乏专业的完善的数据库，于是我们专门到杭州、宁波、绍兴、义乌等地区的商务局和民营企业调研拉美经贸情况（见第十五章和第十六章），尝试建立关于拉美经贸的动态数据库。尽管没有取得显著成效，但我们确实为此付出了多年的努力。如今，美国主导的发达国家保护主义大行其道，新冠肺炎疫情此起彼伏，国际经济新秩序则呼之欲出。所以，建构互利共赢的中拉经贸关系对于我们的外贸转型意义重大，值得更广泛更深入地研究。

二　体系内容

为了便于读者了解本书，我想对本书的研究思路、逻辑体系和主要内容略做介绍。

从研究思路来看，本书坚持习近平新时代中国特色社会主义经济思想的指导，以中国特色社会主义对外贸易转型发展为研究对象，运用逻辑推理、描述统计、计量检验和调查比较等方法，系统性研究中国特色社会主义对外贸易转型发展的形成机理、影响因素、实践经验和模式范式，并进一步以浙江民营经济为例，深入探讨中国特色社会主义对外贸易转型发展的应用创新，阐释浙江对外贸易转型发展的历程、挑战、机遇、困境和路径，为中国在以国内大循环为主体、国内国际双循环相互促进的新发展格局下，积极推进中国特色社会主义外贸强国建设提供若干思考和合理化建议。

从逻辑体系来看，全书分为上下两个部分，上部中国篇，包含第一章到第七章，主要讨论中国特色社会主义对外贸易转型发展的一般性质，涵盖中国特色社会主义对外贸易转型发展的形成机理、影响因素、实践经验和模式范式四个方面紧密结合、逻辑连贯的主要内容。下部浙江篇，包含第八章到第二十章，主要讨论浙江民营经济对外贸易转型发展的典型性质，表现为浙江民营经济对外贸易转型发展的历程、挑战、机遇、困境和路径五个方面内外相生、前后衔接的主要内容。

总体来看，本书各章在形式上可以作为独立专题来研读，而在逻辑上则是围绕对外贸易转型发展这一主题来建构体系的，需要从整体来掌握和理解。

第一，揭示了中国特色社会主义对外贸易转型发展的形成机理。通过阐释转型发展的形成机理，指出转型发展的根源在于我国一贯实施的比较优势战略；深入剖析该战略的内在逻辑和问题所在，并由此指出中国特色社会主义对外贸易在新发展阶段转型发展的必要性。

第二，实证了中国特色社会主义对外贸易转型发展的影响因素。我国对外贸易转型发展受到 RCEP、"一带一路"等新兴地缘政治经济格局的影响。一是联合国的统计数据表明，中国与 RCEP 其他成员国之间的农产品贸易规模呈现增长的整体趋势，但出口和进口的增长速度并不同步，导致贸易逆差不断扩大。二是运用随机前沿引力模型的实证分析结果表明，中国与 RCEP 其他成员国数字贸易的效率及潜力存在极大的提升空间，尤其是要拓展与深耕越南、缅甸和韩国三大目标市场。三是采集 24 个拉美主要国家的贸易相关数据，实证分析了中国与拉美主要国家农产品贸易潜力的影响因素，区分了中国与拉美主要国家农产品贸易的潜力类型。四是中国和沙特经济互补性强，双边贸易务实合作基础好，合作前景非常广阔，有利于在新冠肺炎疫情冲击下实现双方贸易的互利共赢。

第三，提炼了中国特色社会主义对外贸易转型发展的实践经验。主要分为传统贸易和数字贸易两大类型。一方面，对于传统贸易：一是中国应该着力推进 RCEP 的落实，加强对稳定人民币汇率的管理，同时也要从供给侧出发，继续优化出口商品的结构，推进农产品贸易的可持续发展；二是有必要对不同农产品贸易潜力类型的拉美主要国家实施差异化异质性发展战略，不断优化进口目标市场的结构布局，增强出口农产品的国际竞争力；三是在疫情蔓延的情况下，以直播为主要形式的云上交易将有助于维护和稳定"一带一路"贸易合作格局和基础，同时有益于创造更多的合作商机。另一方面，对于数字贸易：一是提升中国与 RCEP 其他成员国数字贸易的效率及潜力，关键在于重视中国与 RCEP 其他成员国的制度差异性，最大限度降低中国与 RCEP 其他成员国数字贸易的交易成本；二是中日韩数字服务贸易发展迅猛，我国有必要提高数字服务贸易开放度，积极优化产业结构，并培养数字服务贸易复合型人才，不断提升数字服务贸易的竞争力。

第四，提出了中国特色社会主义对外贸易转型发展的路径选择。对外贸易作为富国裕民的一种主要途径，其理论渊源可以追溯到古典的重商主义、自由主义和马克思主义三大范式，又进一步可以分解为国际等价交换和国际不等价交换两大模式。分析表明，这个两模式三范式不利于当代世界经济体系内各个国家的对等经贸合作，以及"共商、共建、共享"的互利双赢的均衡实现。基于新时代中国特色社会主义高水平高质量的对外开放实践创新，提出一种经济上平等互利、政治上包容合作和社会上公平正义的新型贸易强国的模式和范式。

第五，系统总结了改革开放以来浙江民营经济的发展历程与转型演变。对外贸易占比较高的浙江民营经济是浙江经济迅猛发展的主要推动力量，在中国特色社会主义经济体制转轨中具有比较优势。通过分析改革开放以来浙江民营经济的发展历程和演变过程，以浙江民营经济自发成长的过程为线索，归纳了休眠阶段、兴起阶段、波动阶段、腾飞阶段和"走出去"阶段五个阶段，领先的体制机制、丰富的企业家资源、天然的海洋资源、块状的产业布局、健全的市场体系、优越的区位条件六大优势，浙江精神是原动力、解放思想是引动力、体制创新是保障力、专业块状经济是推动力、技术创新是永动力、行业商会是联动力、"走出去"是扩张力七大经验，以及增长模式集约化、产业结构高级化、产业布局现代化、企业制度公司化、企业组织集团化、企业发展国际化六大发展趋势。

第六，深入探讨了金融危机后浙江对外贸易转型发展的挑战、机遇和困境。金融危机使浙江外贸经济的发展面临萎缩的全球需求市场、多样化的贸易保护主义和并存的通货紧缩与通货膨胀等挑战，也遇到海外市场拓展的加速、进出口产品结构的优化、人力资源培训和储备的强化，以及国家外贸出口政策的调整等机遇。但是，实践表明，浙江外贸转型实效并不显著，而且面临通货膨胀威胁加大、国内外消费不足、投资缺乏创新、贸易保护主义重燃等困境。

第七，优化设计了新发展格局下浙江对外贸易转型发展的具体路径。一是针对浙江在产业转型期凸显的阶段性发展特点，充分发挥市场机制在社会主义经济体制改革中的主导功能，有效增强和提高政府在保障产业安全中的法治意识和服务水平。二是为了培养适应浙江外贸转型的外语外贸类复合型应用人才，培养模式在培养理念、培养主体的利益相关者、培养内容和方法上都需要创新改革。三是基于 IMD 区域竞争力模型，结合浙江省数字贸易的业态竞争力、技术竞争力、基础竞争力、机制竞争力和人才竞争力，有效提升浙江省数字贸易的国际竞争力。四是一方面积极推动浙江中小企业拓展拉美市场，另一方面加强拉美浙商反哺，深入研究目前拉美浙商反哺面临的社会经济条件，有效利用适应反哺模式的重要机遇，有针对性地采取措施，破解制约反哺的困境。五是杭州应以绿色服务贸易为主，发展知识密集度高的服务贸易，推进自由化程度高的服务贸易，培育服务贸易企业国际化的比较优势，建设保障服务贸易健康发展的制度。六是坚持劳动力市场在劳动力资源配置中的基础性作用，而辅以政府在劳动力供求调控中的适当定位，发挥政府为完善市场机制承担的制度创新和政策实施的双重服务功能，实现既能够吸引务工人员又可以挖掘外来务工人员供给潜力的双重目标，满足民营企业用工结构性的相对短期需求；进而通过确立以人为本的发展理念和构建和谐的劳资关系，将劳动力临时性的转移流动变为劳动力长久性的迁移定居，最终实现外来务工人员供给绝对量的增加，满足企业用工结构性的长期需求。

三　补充说明

本书部分章节发表在《管理学刊》《劳动经济评论》《经济导刊》《改

革与战略》《对外经贸实务》《浙江外国语学院学报》等报刊上，部分章节收录在《浙商崛起与危机应对》《拉美研究论丛》《中沙合作与浙江机遇》"杭州蓝皮书"等论文集或智库报告中。为了全书的逻辑性、整体性和系统性，这些章节的标题与公开发表时的不完全一致，做了适当的调整，内容上也做了必要的修改和补充，如需引用，请以本书为准。作者对上述报刊、相关出版社和论文合作者深表感谢，感谢他们允许作者在本书中引用相关材料，感谢他们为本书写作提供的无私帮助和所做的辛勤付出。此外，有些章节发表时间较早，使用的数据略显陈旧，提出的外贸转型战略和路径不再合适，且作者的学术思想也发生了一定的转变，但是作者坚持历史唯物主义，保留原貌，这样既可以如实反映当时外贸转型面临的现实条件和形势变化，也可以反映作者对问题研究的阶段性思考，展现作者学术思想的发展脉络。

感谢中国社会科学院学部委员程恩富教授、上海财经大学冯金华教授、复旦大学孟捷教授、安徽大学荣兆梓教授、浙江大学张旭昆教授、浙江工商大学张宗和教授、清华大学李帮喜教授、武汉大学周绍东教授、浙江大学卢江教授、南开大学乔晓楠教授、杭州社科院周旭霞研究员等专家学者的学术指导和建设性意见，特别感谢浙江省发展和改革研究所前所长卓勇良教授提供的学术合作和学习机会，同时还要感谢我的同事陈珧副教授、贾蕾博士和我指导的学生魏晨曦、李茵、朱晓彤、刘璐、程迪逶、张艺、李睿对本书写作的帮助和相关贡献。

本书的出版得到浙江外国语学院博达科研提升专项计划后期资助项目、省一流学科应用经济学学科建设项目和浙江省习近平新时代中国特色社会主义思想研究中心浙江外国语学院研究基地的支持，谨表谢忱。

期待本书的出版能对新时代中国特色社会主义对外贸易转型发展的进一步研究有一定的启发作用，但是由于本人的研究水平有限，不足之处敬请各位学界同仁批判指正。

2022 年 7 月

于杭州丰潭桥头

目 录

中 国 篇

浙 江 篇

中国篇

| 第一章 |

中国特色社会主义对外贸易
转型发展的形成源

提要：我国贸易顺差持久的成因众说纷纭。学术界普遍认为经济结构失衡与贸易顺差持久存有内在关联，并具体归因为：外需强劲内需不足；贸易产品国际竞争力不断提升；国际分工格局调整；国内产能过剩；国家出口导向政策；等等。但事实表明，基于此症开出的药方治标不治本。俗话说"成也萧何，败也萧何"，我国一贯实施的比较优势战略就是症结所在。解决之策在于在保持贸易规模经济的基础上鼓励企业提高贸易产品的科技含量，摆脱低加工、廉生产的劳动密集型经济发展战略，并在城市群规模化地区大力发展差异化服务贸易，培植新的经济发展比较优势。

开放经济条件下，我国贸易顺差持久已是不争的事实，然而，值得深思的是形成贸易顺差持久的根源所在。根据海关总署的统计，自 2001 年底加入 WTO 以来，我国对外贸易已连续六年以 20% 以上的速度增长，而且对外贸易顺差的增速远远超过了贸易总额的增速，2007 年的贸易顺差比 2001 年增长了 11.6 倍。贸易顺差为我国带来了巨额的外汇储备，改善了民众福祉，但是过犹不及，数年的贸易顺差不仅使我国为庞大的外汇储备承担的机会成本与日俱增，而且对国内收入差距的持续扩大有着不可推卸的责任，同时中美贸易摩擦愈演愈烈。总而言之，贸易顺差的弊病彰显无遗。学术界认为经济结构失衡与贸易顺差持久存有内在关联，并具体归因为：外需强劲内需不足；贸易产品国际竞争力不断提升；国际分工格局调整；国内产能过剩；国家出口导向政策；等等。尽管各种成因都有一定的合理性，但数据表明基于此症开出的药方治标不治本，无力改变贸易顺差持久的根本格局。下文将依次剖析各种论点，进而阐释贸易顺差持续的根本成因，提出治本之策。

一 外需强劲内需不足

需求可划分为外需和内需，外需与内需的互动变化是贸易发展趋向转变的诱因。据世界银行估算，全球经济连续五年以超过 3% 的速度增长，形成 30 年以来持续时间最长的经济扩张周期，且它预测 2008 年经济增长虽然趋缓，但是经济仍会以高于 3% 的速度增长。表象来看外需潜力巨大，但深究可以发现发展中国家经济的高速增长是世界经济高速运转的主要拉动力量，特别是自加入 WTO 以来，中国对世界经济增长的平均贡献率达 13%，成为世界经济发展的重要支撑。因而，中国内需强劲才是不言而喻的，显然，这与"外需强劲内需不足"的观点是相悖的。这里说中国内需强劲，更确切的说法应该是有支付能力的社会总需求即有效需求很充足，包括消费需求和投资需求。

据国际货币基金组织的《国际金融统计年报》统计，中国 1980～1989 年的投资率高达 36.5%，1992 年以来始终高于 30%，1998 年以来始终高于 36%，2002 年以来则高于 40%，目前比发达国家平均水平高近 20 个百分点；按《中国统计年鉴》对投资率的计算，投资的实际数量也呈偏高态势，可见，投资需求充足毋庸置疑。而自 1998 年开始，中国政府就倡导扩大内需和刺激消费，像鼓励"五一"和"国庆"黄金周消费等，而且国家宏观经济政策的重心开始立足于扩大内需。虽然通过对各国消费率和国际平均水平的广泛比较，可以发现我国消费率仍然居世界较低水平，且明显偏离了世界消费率变化的一般趋势和标准结构，但是我国经济多年保持 10% 左右的增速表明，消费刺激功不可没。据国家信息中心经济预测部专家分析，2005 年以来，中国消费需求年均增速保持在 12% 以上，并出现了逐步加快的形势，预计 2008 年社会消费将延续快速增长的态势。由此观之，国内有效需求不足不能成为贸易顺差持续的内在根源。

二 贸易产品国际竞争力不断提升

传统国际贸易理论表明，一个国家应该出口相对价格较高的产品，进口相对价格较低的产品，即出口具有相对优势的产品、进口具有相对劣势的产品，而出口产品的比较优势来源于其生产要素的相对丰裕。

显然，我国劳动力资源相对充足，出口劳动密集型产品无疑是最具竞争优势的。因而，改革开放以来，以传统劳动密集型产品为主的加工贸易占据了我国国际贸易的半壁江山，同时，由于劳动熟练程度的提高和技术的改进等原因，贸易产品国际竞争力不断提升，可以说这是国际贸易顺差的直接原因，但并非最为重要的，导致产品国际竞争力不断提升的根本因素才是贸易顺差持续的关键所在。因为，之前我国形成的比较优势是以劳动力丰富且成本低廉为基础的，自 2002 年"民工荒"突现以来，我国人口红利时代即将结束，刘易斯转折点已为时不远[1]。伴随国家民生问题的白热化和民工法律素养的提高，低薪高利的时代已一去不复返，企业甚至面临高工资也难以雇用到足够数量民工的尴尬局面。而且基层劳动力短缺现象日趋严重，由东南沿海蔓延到内陆，从东部扩展到中部乃至全国，劳动力短缺的时代将要到来。可以发现，我国传统的竞争优势渐渐失去了往日的光环，贸易产品国际竞争力提升速度渐渐放缓，但与贸易顺差的长久居高不下形成鲜明的对照。

三 国际分工格局调整

多数人支持贸易顺差是由于"经济全球化背景下中国承接国际产业转移"的观点。毋庸置疑，融入全球产业分工，会直接促进国内生产的专门化，提高生产效率，从而有利于提升出口产品的国际竞争力。因此，可以说贸易顺差与国际分工格局的调整有一定的关联性。尤其是改革开放后，中国既鼓励"走出去"又欢迎"引进来"的发展战略，恰逢其时，经济全球化正迅速扩展，国际分工进一步深化，特别是跨国公司开始把制造环节和部分服务环节转移到劳动力成本低廉的发展中国家。因而，我国自然成为全球产业链中的加工制造基地，2001～2007 年，国内加工贸易年均增长

28%，成为贸易顺差的主导因素。

可以发现，劳动力成本低廉是加工贸易增长迅速的根本。但是，我们已经分析了近年我国劳动力短缺现象是不容乐观的，劳动力成本已不再低廉，但是贸易顺差仍然持续。所以，国际分工格局的调整并不是贸易顺差持续的根源。

四 国内产能过剩

产能过剩是否会引起贸易顺差的持续，应该取决于出口产品中能源消耗型产品所占比重的大小。如果能源消耗型出口产品并非出口行业的优势产品，或者起先优势明显而后所占比重逐步降低，则产能过剩并不足以导致贸易顺差的持续。

新一轮产能过剩源于 2003 年开始的贷款高速增长，贷款高速增长导致过度投资，从而形成产能过剩。国家发改委表示，钢铁、电解铝、铁合金、焦炭、电石、汽车和铜冶炼行业产能过剩问题突出，水泥、电力、煤炭和纺织行业也存在产能过剩的问题。但是，目前关于什么是产能过剩及其判断标准，都未有明确的规定和依据，业界普遍认为产能过剩是指实际生产能力远远超过社会需求，这种说法比较笼统。是现有生产能力利用率低于合理水平，还是现有存量能力加上在建和拟建的增量能力大大超过潜在需求，二者存有较大差异且科学性不易测量；而关于产能过剩的判断标准，欧美等以及我国香港地区一般用产能利用率或设备利用率指标衡量是否存在产能过剩以及过剩程度。笔者认为比较权威的说法应该是国家统计局工交司的观点，即产能过剩的判断取决于对市场需求的准确分析和预测，认定产能过剩，应同时指出在什么范围内、在多长的时间区间内、相对于多大的有效需求而言过剩。

在某种程度上，我国的产能过剩可能被夸大了[2]，因而，表象来看是刺激了贸易出口的持续增长，但并非根本诱因。值得关注的是，国家环保总局继"绿色保险""绿色贸易"后，又推动"绿色出口"政策，不断提出控制"高污染、高环境风险"产品出口的法律依据，且已经取消了 553 项"高耗能、高污染、资源性"产品的出口退税。这是我国步入"后京都时代"的前奏，是应对发达经济体尤其是欧盟通过征收边境调节税而新设贸易壁垒的重要举措。所以，绿色贸易的制度保障力度已经明显加大，产能过剩说的解释效力将会大打折扣。

五　国家出口导向政策

吴敬琏认为，在中国经济改革开放以来的持续强劲增长中，出口导向政策功不可没。[3]的确，近 30 年不变的出口导向政策，直接刺激了我国对外贸易的快速发展，我国自 1994 年开始便进入了贸易顺差快速增长的时代，出口总额从 1994 年的 1185 亿美元增加到 2007 年的 12180 亿美元，占全国进出口总额的比重也由 50% 提高到 56%。所以说，以政策保护和人民币价值低估为主要内容的出口导向政策是我国贸易顺差出现的制度保障。李斯特认为国家保护国内幼稚产业的发展对国民经济的发展是必要的，但是他明确表示成长壮大后的产业就应遵循市场自由竞争的自然法则，如此才能促进一国经济的健康快速发展，美国、德国的经济发展历程证实了其理论的科学性。

目前，我国出口导向政策引发的诸多经济问题也说明李斯特理论的正确性，因而，许多中国经济学者一致表示应当适时调整出口导向政策，降低出口退税率直至取消出口退税，实行人民币渐进升值。可喜的是，商务部门已经着手取消一些不合理的补贴措施，从 2007 年 7 月 1 日起，不仅取消 553 项产品的出口退税，而且降低 2268 项商品的出口退税率，但是出口退税率的调整不会对贸易顺差产生太大影响。[4]自 2005 年 7 月 21 日，我国开始实行以市场供求为基础、参考一篮子货币进行调节、有管理的浮动汇率制度以来，人民币升值速度不断加快，美国银行甚至表示 2008 年人民币兑美元汇率将上升约 8%。理论上人民币升值会直接影响出口产品的竞争力，但是实际情况表明大多数出口产品在人民币升值后竞争力并没有减弱，况且受目前中国温和通货膨胀的影响，出口商品价格又会进一步提高，然而到目前为止，也并未对出口产品竞争力产生震荡性影响。所以出口导向政策保障了贸易顺差的出现，但并未保障贸易顺差的持续。

由此发现，我国贸易顺差持久成因的一般说法尽管有一定的合理性，但都不是形成这种现象的根源。俗话说"成也萧何，败也萧何"，笔者认为，我国一贯实施的比较优势战略就是症结所在。比较优势战略是遵循市场经济发展规律的客观结果，但是比较优势是个历史范畴，经济发展处于同一时期不同地区或同一地区不同时期都会形成不同的比较优势。因此，一个地区经济发展的比较优势有别于其他地区，而一个地区不同经济发展阶段亦会有不同的特征，我国原有的经济发展比较优势会随着时间的推移而发生转变。改革开放后，我国经济发展战略由资本密集型转变为劳动密集型，实施比较优势战略，取得了令世人惊叹的"中国奇迹"。[5]因此，劳动密集型的加工制造业成为我国经济高速增长的主要引擎，而加工贸易自然成为中国贸易顺差的主要构成部分。当东部沿海地区成为加工贸易集中地时，区域外部经济效应渐渐显现，加工贸易就会取得长足发展，一旦形成规模经济，贸易结构就很难在短时间内转变。所以，改革开放30年来，比较优势战略给国人带来过惊喜，也致使我国对外贸易即使面临劳动力成本上升、人民币升值等约束性条件也延续了顺差的路径。

要摆脱贸易顺差持久，就要针对我国经济发展面临的全球化新背景，寻找贸易发展新的比较优势。因此，笔者建言，一方面，在保持贸易规模经济的基础上，企业应切实加大科研投入力度，提高贸易产品的科技含量，摆脱低加工、廉生产的劳动密集型经济发展战略；另一方面，在城市群规模化地区大力发展差异化服务贸易，培植新的经济发展比较优势。虽然发达国家服务贸易发展较早，且具备一定的优势和要素积累[6]，但尚未成熟，服务贸易发展空间广阔。我国应在大城市及其周边地区发展具有中国特色又满足国外不同层次需求的服务贸易，尤其是针对我国受过高等教育的新一代劳工资源渐趋丰富的特点，发展人力资本密集型服务贸易。

参考文献

［1］蔡昉：《中国人口红利正在极速耗尽》，中华工商时报网站，http：//cn. chinagate. cn/news/2006 - 09/25/content_2356533. htm，2006 年 9 月 25 日。

［2］张晓晶：《产能过剩可能被夸大了》，荆楚网，http：//www. cnhubei. com/200607/ca1121303. htm，2006 年 7 月。

［3］吴敬琏：《反思出口导向政策》，《中国经济信息》2006 年第 20 期，第 27 页。

［4］诸建芳：《专家解读出口退税调整：对贸易顺差影响不大》，中华商务网，https：//business. sohu. com/20070620/n250683803. shtml，2007 年 6 月 20 日。

［5］林毅夫、蔡昉、李周：《中国的奇迹：发展战略与经济改革》，上海三联书店、上海人民出版社，1999，第 3 ~ 6 页。

［6］Helpman，E.，P. Krugman，*Market Structure and Foreign Trade*（MIT Press，1985），pp. 30 – 42.

第二章

中国与 RCEP 其他成员国农产品贸易的
影响因素分析

提要： 农产品是中国与 RCEP 其他成员国贸易往来的一种重要的产品，在经济全球化和疫情防控常态化的大环境下，中国农产品贸易面临着新的挑战和机遇。本章整理了 2006～2020 年共 15 年间，中国与 RCEP 其他成员国农产品贸易的进出口数据，并对贸易引力模型进行扩展，实证分析相关的影响因素。结果显示，贸易国的经济发展水平和 RCEP 的签订对中国与 RCEP 其他成员国的农产品贸易有正向的促进作用；而人民币汇率的变动和非关税壁垒会阻碍中国与 RCEP 其他成员国的农产品贸易。基于此，中国应该着力推进 RCEP 的落实，加强对稳定人民币汇率的管理；同时也要从供给侧出发，继续优化出口商品的结构，推进农产品贸易的可持续发展。

引　言

中国一直是传统的农业大国，也一直把推进农业发展作为政策制定的方向之一。自 2001 年入世以来，中国通过降低关税、减少配额等措施，积极推进农产品对外贸易的发展，已逐渐成为世界上最主要的农产品进出口国家之一，农产品贸易总额呈现增长的趋势。受新冠肺炎疫情及中美贸易摩擦的影响，国际市场上农产品贸易活动遭遇了一定的冲击。在这种背景之下，《区域全面经济伙伴关系协定》（RCEP）的签署和实施，将有利于推动区域内各成员国之间自由贸易的开展及资金流动的便利化，加强各国之间的联系，从而在某种程度上对冲中国农产品贸易的不确定性，推动世界经济的发展。因此，落实 RCEP 对调节国内农产品供求、稳定农产品市场，从而推动我国农产品贸易更好发展有着重要的意义。

国内外学者对农产品贸易的研究较为充分，从理论层面讲主要涉及要素禀赋理论、偏好相似理论、汇率变动、贸易创造效应、产业内贸易理论等。Lv 和 Huang 通过论证发现，对于韩国的农产品产业内贸易而言，劳动密集型的农产品具有溢出效应，而土地密集型的农产品则没有如此显著的影响。[1]宫同瑶和王蔚研究了需求的差异对中国与东盟之间农产品贸易的影响，发现相似的偏好可以在一定程度上削弱贸易边境效应产生的不利影响。[2]余珊萍和韩剑指出，在"马歇尔 - 勒纳"现象实现的情况下，本国货币汇率的变动会对出口产品在国际市场上的竞争能力和优势大小产生影响，从而进一步作用于本国产品的出口量和进口量。[3]Jagdambe 和 Kannan 以东盟与印度之间的自由贸易协定为研究对象，发现由此而产生的贸易创造效应远大于贸易转移效应。[4]孙致陆、李先德和李思经发现在中国与"一带一路"沿线国家的所有贸易往来之中产业内贸易占据了很大的比重，并且产业内贸易的发展状况会随着国家的不同存在一定的差异。[5]

学者也在农产品贸易的实证研究方面取得了显著的成果。一是有关农产品贸易的发展战略。孙会敏和张越杰运用 VAR 模型对中国农产品贸易与农业结构优化之间的关系进行了计算与检验，根据结果提出了可以有效评估农业结构是否合理的方法。[6]孙东升、苏静萱和李宁辉等运用贸易强度指数和基尼 - 赫希曼指数，对部分年份中国与美国农产品贸易的产品集中度和市场结构等因素进行分析，并提出了相应的对策以更好地应对中美贸易摩擦带来的不利影响。[7]二是有关多边农产品贸易的关系。郝瑞锋以中国与中亚五国农产品贸易为对象，使用了 PVQ 指数和引力模型两个方法对双方的竞争力、互补性及贸易潜力等特征进行实证分析。[8]Kumar 和 Bharti 对过去的 20 年间印度与非洲的农产品贸易进行了实证研究，通过计算显示性贸易壁垒指数，发现双方对彼此施加的贸易壁垒对农产品贸易的发展起到了阻碍的作用，两个经济体应在制定自由贸易协定的基础上，更多地关注贸易壁垒的削减。[9]三是有关 RCEP 对农产品贸易的影响。朱浩和孔祥贞采用 GTAP 模型，对 RCEP 所带来的关税力度的减小对中国农产品贸易产生的影响进行了实证模拟，发现从长期来看 RCEP 对我国对外农产品贸易有一定的积极效应。[10]

　　总体来说，我国和其他国家的学者对农产品贸易在理论和实证上进行了丰富的研究，不少学者运用大量的数据进行分析，得出了有建设性意义的结论。但目前国内外学者多是从农产品贸易的发展现状、农产品贸易的发展潜力和效率等方面来进行讨论，在对农产品贸易发展影响因素以及 RCEP 对农产品贸易发展意义的分析上，并未将之与当下发展环境和发展新形势进行联系。基于此，本章将在 RCEP 的框架下，基于经济全球化和疫情防控常态化的世界发展大环境，及我国已经进入新的发展阶段的现实依据，运用文献分析法，结合定量分析和定性分析，通过查询与搜集我国和 RCEP 其他成员国农产品贸易的数据，概述我国与 RCEP 其他成员国农产品贸易的发展现状，针对可能会影响中国与 RCEP 其他成员国农产品贸易往来的因素进行理论分析。之后运用贸易引力模型，基于静态面板数据对相关的影响因素进行 OLS 回归分析，最后基于分析结果得出结论并提出相关的对策建议。

一　中国与 RCEP 其他成员国农产品贸易发展的基本特征

　　从宏观角度来看，2006～2020 年中国与 RCEP 其他成员国的农产品贸易进出口额大体上呈现上升的趋势。中国与 RCEP 其他成员国农产品贸易的总额在 2006 年为 304.36 亿美元，2020 年上升到了 950.16 亿美元，增长了两倍多（见图 2-1）。① 以 2011 年为时间节点，2011 年以前中国与 RCEP 其他成员国农产品贸易的进出口总额基本处于增长态势，在 2011 年前后实现了一次比较大幅度的增长；之后受到国际经贸摩擦、逆全球化趋势等因素的影响，涨势放缓，且在部分年份出现了小幅度的下降，但总体较之前依然有所上升。同时，中国对 RCEP 其他成员国的农产品进口额与出口额之间的差额不断扩大，保持一个贸易逆差的态势。

　　此外，中国与 RCEP 其他成员国农产品贸易的市场分布较为广泛。以

---

　　①　由于目前缺少对农产品所包含产品类别的准确定义，故本章在计算农产品贸易金额时使用了白玉涵的计算方法，采用了 SITC Rev.3 的 0 类、1 类、2 类（剔除了 27、28 组）和 4 类进行加总[11]。

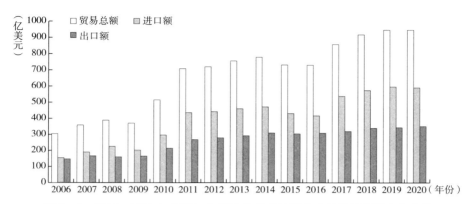

图 2 - 1　2006～2020 年中国与 RCEP 其他成员国农产品贸易额的变化趋势

数据来源：根据联合国 Comtrade 数据库所得。

2020 年的数据为例，东盟①、日本、澳大利亚这几个经济体占据了较大的比重，这一情况近年来更为显著。2020 年，在我国对外农产品进出口总额中，我国对东盟的农产品进出口总额占 17.5%，对日本的农产品进出口总额占 4.4%，对澳大利亚的农产品进出口总额占 4.2%。从进出口来看，日本一直是我国农产品出口的第一大目标国，同时中国也是日本农产品的第二大海外来源国，RCEP 的签订促成了日本与中国达成双边关税减让安排，这会进一步促进双边农产品贸易的发展。澳大利亚则是我国进口农产品最主要的来源国，2020 年中国自澳进口农产品 94.7 亿美元。随着新兴国家经济的不断发展和国际多边贸易规则的不断完善，中国与东盟各成员国之间的贸易往来会越发密切。

　　中国与 RCEP 其他成员国农产品贸易的商品结构较为复杂，进出口的商品视国家不同而表现出一些具体的差异。在所有的农产品中，进口的主要为水产品、粮食和水果，而出口的主要为水果、水产品和蔬菜。具体而言，东盟各国在地理位置上的条件较为优越，果蔬类产品种类丰富且营养价值较高，同时又拥有大量廉价的劳动力，产品价格较为低廉，此类产品一直是各国出口的主要产品，因此中国与东盟的农产品贸易主要为水果和蔬菜。另外，东盟因适宜的环境和气候，是世界上主要的棕榈油生产地，

---

　　①　由于联合国 Comtrade 数据库中，老挝、文莱、缅甸和柬埔寨四个国家的农产品贸易相关数据缺失严重，故在实际统计时将东盟十国作为一个整体进行数据汇总。

故中国自东盟进口各类植物油；中国在与日韩开展农产品贸易时出口的主要是时令果蔬等（日本的情况见表2-1），这是因为日韩两国国土面积较小，耕地资源较为稀缺，农产品生产成本较高，且受自然环境影响较大，国内的供给较难满足国内的需求，对外依存度较高。而邻海的环境催生了两国较为繁荣的水产品行业，特别是韩国。并且在水稻种植上两国有着较为先进的技术，故两国出口的主要农产品为水产品还有部分农产品。在世界市场上，澳大利亚在所有的畜产品生产和出口地区中占有非常重要的地位，不仅品种优良，而且规模化和机械化程度较高。中国对这类产品的需求较大，但国内市场上此类产品供给不足且在品质上有待提高，所以中国自澳大利亚进口的农产品多为畜产品（见表2-2），与新西兰之间的农产品贸易也是同样的情况。

表2-1　2020年中国对日本（第一大出口国）的农产品出口情况

出口产品	出口额（亿美元）	同比增长（%）	占对日农产品出口总额的比重（%）
水产品	34.7	-11.8	36.0
蔬菜	20.7	-5.8	21.4
畜产品	12.1	-13.8	12.6
水果	5.0	-8.5	5.2
饼粕	3.1	47.6	3.2
合计	75.6	-9.2	78.4

数据来源：《中国农产品贸易发展报告（2021）》。

表2-2　2020年中国对澳大利亚（第一大进口国）的农产品进口情况

进口产品	进口额（亿美元）	同比增长（%）	占自澳进口农产品的比重（%）	占自全球进口农产品的比重（%）
畜产品	48.8	-16.0	51.5	10.3
谷物	8.2	1.5	8.7	8.6
饮品	7.6	-17.5	8.0	11.5
水产品	5.5	-29.2	5.8	3.6
水果	3.4	-11.0	3.6	3.1
合计	73.5	-15.5	77.7	2.9

数据来源：《中国农产品贸易发展报告（2021）》。

二　中国与 RCEP 其他成员国农产品贸易影响因素的引力模型

为了研究中国与 RCEP 其他成员国农产品贸易与各国经济发展水平、双方地理距离、汇率变动、是否加入 RCEP、贸易壁垒等因素之间的关系，本章构建了贸易引力模型以进行定量分析。关于贸易引力模型，思想最早可以追溯到牛顿所提出的万有引力定律。Tinbergen 和 Poyhonen 是国内外公认的、较早在对国际贸易的研究中尝试使用引力模型的学者。他们分别运用引力模型对国际贸易中双边的贸易流量进行研究，并得出了同样的结论：经济总量会对两国所开展的贸易产生积极的影响，而两国之间的地理距离则会产生消极影响。此后，Linnemann 将人口因素这一变量加入引力模型之中，贸易引力模型也逐渐成为一个应用广泛的实证工具。

根据所研究的内容和主体，本章构建了三个面板数据的模型，表示如下：

$$\ln T_{ijt} = \beta_0 + \beta_1 \ln GDP\_CHN_t + \beta_2 \ln GDP_{jt} + \beta_3 \ln RATE_{ust} + \beta_4 \ln DIST_{ij} + \beta_5 TBT_{ijt} + \beta_6 IN\_RCEP_{jt} + \varepsilon_j \qquad (2-1)$$

$$\ln IX_{ijt} = \beta_0 + \beta_1 \ln GDP\_CHN_t + \beta_2 \ln GDP_{jt} + \beta_3 \ln RATE_{ust} + \beta_4 \ln DIST_{ij} + \beta_5 TBT_{ijt} + \beta_6 IN\_RCEP_{ij} + \varepsilon_j \qquad (2-2)$$

$$\ln EX_{ijt} = \beta_0 + \beta_1 \ln GDP\_CHN_t + \beta_2 \ln GDP_{jt} + \beta_3 \ln RATE_{ust} + \beta_4 \ln DIST_{ij} + \beta_5 TBT_{ijt} + \beta_6 IN\_RCEP_{jt} + \varepsilon_j \qquad (2-3)$$

其中，贸易总额 T_{ijt}、进口额 IX_{ijt} 和出口额 EX_{ijt} 分别作为被解释变量，GDP_CHN_t 表示中国的 GDP，GDP_{jt} 表示其他成员国的 GDP，$RATE_{ust}$ 表示以美元计价的人民币汇率，$DIST_{ij}$ 表示中国与其他成员国首都之间的距离。同时，为了使得数据更加平稳，方便建模分析，对上述变量进行了取对数处理。随着理论研究的不断发展和深入，许多国外学者对贸易引力模型进行了扩展，通过添加虚拟变量的方式，更为合理地对当今国际贸易的影响因素进行分析。基于此，本章在构建模型时加入了两个虚拟变量 TBT_{ijt} 和 IN_RCEP_{jt}，用以研究非关税壁垒和 RCEP 的签订对农产品贸易的影响。ε_j 为误差项。

各变量的含义与预期符号见表 2 - 3。

表 2 - 3　变量的含义与预期符号

变量	含义	预期符号
GDP_CHN_t	中国的 GDP（以 2015 年为基期的不变价格，单位：亿美元），用于反映经济规模对贸易的影响	+
GDP_{jt}	j 国的 GDP（以 2015 年为基期的不变价格，单位：亿美元），用于反映经济规模对贸易的影响	+
$DIST_{ij}$	中国首都北京和 j 国首都之间的地理距离（单位：千米），用于估算运输成本对农产品贸易的影响	-
$RATE_{us\,t}$	人民币的汇率（以美元计价）	-
TBT_{ijt}	虚拟变量：当 j 国当年向 WTO 申报过针对中国的非关税壁垒时，赋值 1；若否，则赋值 0	-
IN_RCEP_{jt}	虚拟变量：当 j 国加入 RCEP 时，赋值 1，若否则赋值 0	+
T_{ijt}	中国与 j 的农产品贸易总额（单位：亿美元）	
IX_{ijt}	中国对 j 的农产品进口额（单位：亿美元）	
EX_{ijt}	中国对 j 的农产品出口额（单位：亿美元）	

进一步对模型进行分析，其一，出口国的经济发展水平。一个国家对某种产品的供应能力可以在部分程度上通过该国的经济发展水平体现。一方面，随着一国经济的不断发展，该国在国际分工中的地位会得到一定程度的提升，推动该国的农产品贸易由资源密集型和劳动密集型向技术密集型和资本密集型发展，从而会对其出口商品的结构产生影响，进而影响对某一种产品的供给水平。另一方面，具有高经济发展水平的国家，国内大部分产业具有比较好的经济效益，有利于企业加大对技术的资本投入和产品的研发力度，增强出口的积极性，进一步扩大生产规模，推动企业转型升级，促进本国出口贸易的发展。

其二，进口国的经济发展水平。在国际贸易中，商品的进口在某一国家对某种产品产生需求时发生。根据偏好相似理论，一国的需求水平由收入水平决定，不同的消费水平具有不同的消费偏好，而一国的经济发展水平能在一定程度上较好地反映该国国民的收入状况。一般而言，经济发展得越好，国民的平均收入就会越高，对产品产生的消费需求就会越大，所进行的相关贸易也会越多。反之，经济水平较低的国家产生的消费需求就较少。此外，当两个国家的收入水平接近时还会产生重叠需求，从而推动同类产品贸易的开展，且收入水平越接近，所进行的贸易也就越多。

其三，随着各国在全球价值链中的参与程度不断加深，各国之间的贸易关系不断密切，两国间的地理距离成为影响国际贸易的一个重要因素。两国间的地理距离在很大程度上能够决定两国间开展贸易时运输方式的选择和运输费用的多少，进而影响运输成本的估算。另外，两个国家地理位置上的距离也会影响两国之间的文化差异，包括生活方式、消费习惯、审美、价值观等，这些因素会影响一国对某种产品的需求，进而对两国之间的贸易产生影响。

其四，汇率是国际金融市场中不可忽视的一部分，人民币汇率的变动也会对国际贸易产生影响。当人民币汇率上升（以美元计价）时，出口商品在国际市场上的价格会上升，会提高我国出口商品的竞争难度，但会刺激我国对进口产品的需求；相反，当人民币汇率下降时，出口产品在国际市场上的价格会下降，会降低我国出口商品的竞争难度，但会减少对进口产品的需求。此外，汇率的变动程度也会产生一定的影响，如果人民币的汇率变动比较频繁，会不利于进出口商品的定价和国际贸易的成本结算，带来相应的外汇风险，不利于国际贸易的开展；若是汇率比较稳定，则会产生正面的积极效应。

其五，非关税壁垒产生的影响也十分重要。近年来，随着各国之间关税削减力度的不断增大，在关税起到的限制进口作用受限的情况下，包括绿色壁垒、技术壁垒在内的非关税壁垒已逐渐成为一种新的国家对国际贸易进行干预的方式。非关税壁垒增加了产品出口的技术难度和成本，并且会对出口市场的选择和出口速度的提高产生影响，对国际贸易交易量所起到的作用也越来越大。

其六，RCEP 的签订对各成员国间国际贸易的开展具有重要的意义。一方面，RCEP 的签订会带来许多政策上的优惠，进一步削减区域内的贸易壁垒，加强成员国之间的贸易往来；另一方面，有利于加强各国之间的技术合作和人员交往，优化各国的产业结构，增强集团和成员国在国际经贸中的地位，缓冲世界经济发展变缓和新冠肺炎疫情所产生的负面影响。另外，RCEP 的签订还能够产生贸易创造效应和大市场效应，促进规模经济的实现，提高资源的使用效率，进而扩大成员国间的贸易规模。

三 中国与 RCEP 其他成员国农产品贸易影响因素的实证分析

本章选取了 2006 ～ 2020 年共 15 年的数据，因为 RCEP 于 2012 年发起，故在 2012 年之前，IN_RCEP_{jt}这一变量取值为 0，2012 年及之后取值为 1。在研究对象的选择上，由于文莱、柬埔寨、老挝和缅甸部分数据难以搜集，故在实际取值时仅涉及 RCEP 剩下的 11 个成员国。综上所述，本章的样本观测值共 150 个。中国与 RCEP 其他成员国农产品贸易总额、进口额和出口额由联合国 Comtrade 数据库相关数据计算所得；中国及其他 10 个国家 GDP 的数据来源于世界银行数据库；两个国家首都之间的地理距离采用了 CEPII 数据库的 discap 数据；以美元计价的人民币汇率根据世界银行数据库统计而来；TBT_{ijt}的取值则根据中国 WTO/TBT – SPS 通报咨询网上的资料整理而来，其中的 HS 编码参照了《中国农产品贸易发展报告（2021）》。

各变量的描述统计结果见表 2 – 4。

表 2 – 4　各变量的描述性统计

变量	样本值（个）	均值	标准差	最小值	最大值
$\ln GDP\_CHN_t$	15	4.900	0.284	3.983	5.165
$\ln GDP_{jt}$	150	3.712	0.446	3.058	4.662
$\ln DIST_{ij}$	10	3.565	0.295	2.980	4.043
$\ln RATE_{us\,t}$	15	0.824	0.030	0.788	0.902
TBT_{ijt}	150	0.607	0.488	0	1
IN_RCEP_{jt}	150	0.600	0.490	0	1
$\ln T_{ijt}$	150	1.701	0.378	0.651	2.209
$\ln IX_{ijt}$	150	1.412	0.466	0.195	2.945
$\ln EX_{ijt}$	150	1.171	0.516	– 0.193	2.089

本章使用 Eviews 软件对所建立的模型进行检验。为了避免模型中发生虚拟回归现象，除了不随时间变化仅随个体变化的非时序变量 $\ln DIST_{ij}$ 和虚拟变量 TBT_{ijt}、IN_RCEP_{jt} 外，本章对剩下的变量进行了单位根检验。根据所选择变量的特征，在 Eviews 提供的所有检验方法中，本章采取了 LLC 检验，该检验的原假设为各个变量具有相同的单位根，检验结果如

表 2 - 5 所示。根据单位根检验的结果可以得出结论，解释变量和被解释变量都拒绝了原假设，不存在单位根，即都是平稳的，可以进行下一步检验。

表 2 - 5　各变量的 LLC 单位根检验结果

变量	检验统计结果	P 值	结论
$\ln GDP\_CHN_t$	- 4.03253	0.0000	平稳
$\ln GDP_{jt}$	- 2.84485	0.0022	平稳
$\ln RATE_{us\,t}$	- 5.86747	0.0000	平稳
$\ln T_{ijt}$	- 4.56188	0.0000	平稳
$\ln IX_{ijt}$	- 3.92849	0.0000	平稳
$\ln EX_{ijt}$	- 5.20246	0.0000	平稳

接下来本章又进行了协整检验，在 Eviews 所提供的 3 种检验方法中选择了 Pedroni 检验，该检验的原假设为变量之间不存在协整关系，检验的结果如表 2 - 6、表 2 - 7 和表 2 - 8 所示。根据胡毅、王美玲和余壮雄[12]的判断方法，这三个模型中 Panel PP、Panel ADF、Group PP 和 Group ADF 四个统计量的 P 值均表示在 5% 的显著性水平下拒绝了原假设，表明各变量之间具有协整关系，能够建立模型进行回归分析。

表 2 - 6　回归方程 (2 - 1) 的 Pedroni 检验结果

统计量	数值	P 值	加权	
			数值	P 值
Panel v	- 0.077759	0.5310	- 1.661414	0.9517
Panel rho	1.958112	0.9749	2.052518	0.9799
Panel PP	- 4.419825	0.0000 *	- 6.232403	0.0000 *
Panel ADF	- 3.867841	0.0001 *	- 4.252518	0.0000 *

统计量	数值	P 值
Group rho	3.450551	0.9997
Group PP	- 7.315665	0.0000 *
Group ADF	- 4.367035	0.0000 *

注：* 表示在 5% 的显著性水平下拒绝原假设。

表 2 - 7　回归方程（2 - 2）的 Pedroni 检验结果

统计量	数值	P 值	加权	
			数值	P 值
Panel v	− 0.195743	0.5776	− 1.676997	0.9532
Panel rho	1.675696	0.9531	1.729704	0.9582
Panel PP	− 4.838050	0.0000 *	− 4.958708	0.0000 *
Panel ADF	− 4.285939	0.0000 *	− 4.268277	0.0000 *
统计量	数值		P 值	
Group rho	3.225098		0.9994	
Group PP	− 7.205782		0.0000 *	
Group ADF	− 4.869840		0.0000 *	

注：＊表示在5%的显著性水平下拒绝原假设。

表 2 - 8　回归方程（2 - 3）的 Pedroni 检验结果

统计量	数值	P 值	加权	
			数值	P 值
Panel v	− 0.531122	0.7023	− 1.529261	0.9369
Panel rho	2.116074	0.9828	2.062949	0.9804
Panel PP	− 3.286363	0.0005 *	− 5.208402	0.0000 *
Panel ADF	− 3.135152	0.0009 *	− 3.327883	0.0004 *
统计量	数值		P 值	
Group rho	3.705425		0.9999	
Group PP	− 7.677360		0.0000 *	
Group ADF	− 3.644577		0.0001 *	

注：＊表示在5%的显著性水平下拒绝原假设。

　　最后，本章对所选取的变量进行了 Hausman 检验来确定模型的回归方式，该检验的原假设为回归模型使用随机效应模型。Hausman 检验结果显示的 P 值表示不能拒绝原假设，所以本章所构建的模型在回归时需使用随机效应模型。

　　在述检验之后，本章运用 Eviews 对模型进行了最小二乘法（OLS）回归，用以研究中国与 RCEP 其他成员国农产品贸易的影响因素，所得到的结果如表 2 - 9 所示。

表 2 - 9　中国与 RCEP 其他成员国农产品贸易影响因素的回归结果

变量	T_{ijt}	IX_{ijt}	EX_{ijt}
常数项	- 2.195430 (- 1.564925)	- 4.487441 (- 2.345036)	- 0.571789 (- 0.450379)
$\ln GDP\_CHN_t$	0.086116 ** (2.259872)	0.088007 ** (2.036080)	0.065058 ** (2.155923)
$\ln GDP_{jt}$	1.007241 *** (6.306148)	1.034997 *** (5.132402)	1.389210 *** (10.13153)
$\ln DIST_{ij}$	0.424216 (1.347634)	1.044066 ** (2.570941)	- 0.567494 * (- 1.926191)
$\ln RATE_{ust}$	- 2.206458 *** (- 5.517961)	- 2.571215 *** (- 5.742475)	- 2.113189 *** (- 6.7366368)
IN_RCEP_{jt}	0.122449 *** (3.912019)	0.094029 ** (2.570941)	0.079391 *** (3.133444)
TBT_{ijt}	- 0.036917 * (- 1.679107)	- 0.036716 (- 1.490896)	- 0.011228 (- 0.650815)
$Ad - R^2$	0.688956	0.637269	0.777053
F 值	56.00520	44.62882	87.55329
P 值	0.000000	0.000000	0.000000
观测值（个）	150	150	150

注：括号内为 t 值，＊、＊＊、＊＊＊分别表示 10%、5%、1% 的显著性水平。

从回归结果可以看出，大部分解释变量的系数通过了显著性检验，除了解释变量 $\ln DIST$ 之外，其余解释变量的系数符号都与预期相同。

四　关于中国加强与 RCEP 其他成员国农产品贸易的战略思考

根据构建的贸易引力模型的回归结果，较高的经济发展水平、RCEP 的签订都对双边农产品贸易起到了较为明显的推进作用。而人民币汇率上升和绿色壁垒、技术壁垒等则阻碍了双方的贸易往来。具体分析，可以得出以下结论。

第一，两国经济发展的水平提高有利于推动双边农产品贸易的增长。中国的 GDP 和其他成员国的 GDP 这两个影响因素的系数在三个方程中分别在 5% 或 1% 的水平下显著，有力地说明了这两个因素对农产品贸易具有重要的正面促进效应。一国的经济发展水平大体上能够反映出一个国家对某种出口产品的供应能力，同时也能够较好地代表一国对进口产品的购买能力，是出口商在选择海外市场时的一个重要的参考指标。随着中国及RCEP 其他成员国经济规模的不断扩大，各国在农产品生产方面的技术提升，对农产品的需求增加，从而从供给侧和需求侧两个方面带动了双边农产品贸易的发展。

第二，人民币汇率的上升和非关税壁垒的存在阻碍了双方农产品贸易的开展。农产品大多为劳动密集型和资源密集型产品，这类产品附加值较低，在国际市场上的饱和度比较高，市场竞争较为激烈，也因此易受到汇率等外部因素的冲击，在三个方程中这一因素的系数均在 1% 的水平下显著，较为充分地证明了这一点。而非关税壁垒这一因素虽然对农产品贸易起到了消极的作用，但影响的显著性较差。考虑到 RCEP 成员国大多为发展中国家且农产品的特殊性，回归结果很可能还未完全显示出非关税壁垒的负面作用。

第三，中国与其他成员国之间的地理距离这一因素仅在出口方程中系数符号为负，在其余两个方程中的系数符号与预期相反。分析其原因，一方面，地理距离是一个非时序变量，仅随个体而不随时间变化，在与其他时序变量一起进行回归分析时可能会产生误差。关于这个问题，国内外学者进行了诸多的研究和讨论，如蒋冠宏和蒋殿春采用了地理距离乘国际油价的方法[13]，但在具体实践过程中这一方法也有待进一步完善。另一方面，农产品多属于生活必需品，加上各个国家在资源禀赋方面的差异较为突出，导致农产品的产业内贸易较为频繁，极有可能削弱了地理距离这一因素带来的影响。

第四，RCEP 的签订有利于促进中国与其他成员国之间的农产品贸易。*IN_RCEP* 这一变量的系数在两个回归方程中在 1% 的水平下显著，在一个回归方程中在 5% 的水平下显著，充分表明了 RCEP 对贸易促进的重要意义。RCEP 的签署进一步巩固了中国与其他成员国之间的贸易关系，拓展了我国进出口贸易的海外市场，有效应对了贸易保护主义频频抬头的国际环境。随着 RCEP 的不断发展和政策的不断完善，它在削减贸易壁垒、推进贸易自由化方面的优势会进一步凸显。

通过前文的分析可以得出，中国与 RCEP 其他成员国之间的贸易交往较为密切，进口额和出口额都呈现增长的整体趋势。但出口和进口的增长速度并不同步，导致贸易逆差不断扩大。RCEP 其他成员国是中国农产品的主要贸易伙伴，因此要重视与 RCEP 其他成员国间的贸易伙伴关系，借助机会促进自身的发展。同时，国家要努力提升自身的经济水平，充分利用 RCEP 带来的各项便利条件，构造一个良好的金融市场环境；积极通过多边谈判削减贸易壁垒，助力贸易便利化以推动农产品贸易的发展。基于此，本章提出以下几点对策建议。

首先，利用 RCEP 的发展机遇，促进合作共赢。RCEP 是我国国际经贸合作的重要突破，RCEP 其他成员国是我国农产品销售最为重要的市场。一方面，要在相关经贸规则的制定过程中发出中国声音，着眼于我国的经济利益和发展方向，融入中国诉求，引导组织制定出切实可行的、有益于共同利益的规则，从而推动我国农产品贸易的发展。另一方面，要加强同区域内其他国家之间的技术合作，提高资源的利用效率，形成良性竞争，推动区域整体竞争力的增强，减轻贸易转移效应所带来的消极影响。此外，也要及时做好政策措施的梳理和实行监督，警惕"意大利面碗"现象的发生。

其次，调整出口产品结构，提高出口竞争力。RCEP 签订后，各项关税削减政策的实施推动了各国之间市场的相互开放，各国的产品所面对的竞争将会更加的激烈。这就要求企业注重科技创新和人才培养，增加研发投入，以提高现有产品的质量和开发新的产品，在国际竞争中获得有利地位。在这一过程中需要政府采取相关措施，如加大资金支持力度，提供信贷政策优惠、提供平台和技术人才等来扶持企业的发展。另外，政府也要扶持有技术和资金优势的企业发展，积极调整农产品的出口结构，提高高附加值、高技术水平产品在出口产品中的比重，以此更好地减轻绿色壁垒和技术壁垒对农产品贸易的影响，应对复杂的国际环境和竞争越发激烈的国际市场。

最后，稳定人民币汇率，推动贸易的开展。人民币汇率变动的影响因素众多，包括短期资本流动、一国国际收支状况、股票价格、国际突发事件等。中国应加强对资本流动的管理，通过与亚洲其他国家合作等方式建立相关的预警机制，抵御国际投机资本对汇率的冲击，着力将人民币汇率稳定在一个合理的水平之上。同时，不断完善金融监管体系，加大监管力度、提高监管水平，为国际贸易发展提供一个良好的金融环境。还可以鼓励国内进出口商在从事国际贸易时使用远期合约、期货、期权等金融工具，来尽可能地规避因人民币汇率变动而产生的外汇风险，推动国际贸易合同的签订。

参考文献

［1］ Lv，H.，C. Huang，"Research on Spatial Dependence and Influencing Factors of Kore-an Intra-industry Trade of Agricultural Products：From South Korea's Agricultural Trade Data，" *Journal of Korea Trade*，2021，25（3）：116 – 133.

［2］ 宫同瑶、王蔚：《偏好差异对中国—东盟农产品贸易边境效应的影响》，《农业技术经济》2014 年第 6 期，第 110 ~ 119 页。

［3］ 余珊萍、韩剑：《基于引力模型的汇率波动对我国出口影响的实证研究》，《新金融》2005 年第 1 期，第 23 ~ 27 页。

［4］ Jagdambe，S.，E. Kannan，"Effects of ASEAN-India Free Trade Agreement on Agricul-tural Trade：The Gravity Model Approach，" *World Development Perspectives*，2020，19：100212.

［5］ 孙致陆、李先德、李思经：《中国与"一带一路"沿线国家农产品产业内贸易及其影响因素研究》，《华中农业大学学报》（社会科学版）2021 年第 1 期，第 57 ~ 68、176 页。

［6］ 孙会敏、张越杰：《中国农产品进出口与农业结构优化的关系研究——基于 VAR 模型和协整检验的实证分析》，《农业技术经济》2016 年第 12 期，第 4 ~ 12 页。

［7］ 孙东升、苏静萱、李宁辉、张琳：《中美贸易摩擦对中美农产品贸易结构的影响研究》，《农业经济问题》2021 年第 1 期，第 95 ~ 106 页。

［8］ 郝瑞锋：《"一带一路"背景下我国与中亚五国农产品贸易潜力探析》，《商业经济研究》2020 年第 24 期，第 151 ~ 154 页。

［9］ Kumar，C.，N. Bharti，"Why NTM is a Challenge in Trade Relations? Evidence from India-Africa Agricultural Trade，" *Insight on Africa*，2020，12（2）：79 – 103.

［10］ 朱浩、孔祥贞：《RCEP 签署实施对中国农产品贸易的影响分析》，《市场论坛》2021 年第 12 期，第 6 ~ 14 页。

［11］ 白玉涵：《我国农产品贸易影响因素研究——基于主要贸易伙伴国的数据分析》，硕士学位论文，重庆大学，2014。

［12］ 胡毅、王美今、余壮雄：《面板协整检验有限样本性质的模拟比较》，《数量经济技术经济研究》2010 年第 2 期，第 142 ~ 152 页。

［13］ 蒋冠宏、蒋殿春：《中国对外投资的区位选择：基于投资引力模型的面板数据检验》，《世界经济》2012 年第 9 期，第 21 ~ 40 页。

| 第三章 |

中国与 RCEP 其他成员国数字贸易的效率及潜力比较

提要：中国与 RCEP 其他成员国数字贸易的规模与日俱增，但这是否意味着中国与这些国家数字贸易的效率和潜力在不断提升呢？本章基于世界银行的全球治理指数，在随机前沿引力模型中引入制度距离变量，发展了阐释中国与 RCEP 其他成员国数字贸易效率及潜力的新贸易引力模型。进一步通过实证分析说明，中国与 RCEP 其他成员国数字贸易的效率及潜力存在极大的提升空间，尤其是要拓展与深耕越南、缅甸和韩国三大目标市场，因此要重视影响双边数字贸易的国内生产总值、RCEP 其他成员国人口规模、共同边界和语言等正相关因素，而又要正确处理中国人口规模、地理距离和制度距离等负相关因素。同时，也发现关税水平、物流绩效、货币自由度、金融自由度及自由贸易协定等对数字贸易效率具有不同程度的影响。基于此，本章研究有助于高水平地推动中国特色社会主义市场经济对外开放发展，以及高质量地打造中国与 RCEP 其他成员国之间数字贸易共同体。

引 言

2020 年 11 月 15 日，中国、日本、韩国等 15 个亚太国家经过长达七年的多边贸易谈判正式签署《区域全面经济伙伴关系协定》（RCEP），这标志着世界上人口数量最多、成员结构最多元、发展潜力最大的区域自由贸易区建设取得重大突破。由于全球化经济受到各国新冠肺炎疫情不平衡防治的持续影响，国际贸易条件正遭遇二战以来由发达国家主导的前所未有的全面贸易保护主义破坏，全球产业链价值链面临着被强制解构重组的严峻挑战，而新一轮智能化科技革命所赋能的数字贸易在重塑国际分工格局和国际贸易模式中的作用日益显现。尤其是，数字贸易催生出的大量贸易新业态和新模式，正在加速引领传统产业的数字化转型升级。这为我国提升自身在全球产业链价值链中的功能定位，有效地融入数字经济主导的国内国际双循环，进而高水平地开创对外开放新局面，以及高层次地推进数字贸易强国建设，提供了百年未有之历史节点。[1] RCEP 明确规定以数字经济的快速发展为契机，以更加开放的态度对待数字贸易发展，限制成员国政府对数字贸易施加各种影响，从而改善优化贸易环境，为全球多边贸易体系和全球经贸合作注入新动能。国家统计局官网的统计数据表明，2005 ~ 2019 年，中国与 RCEP 其他成员国的贸易额由 4566.18 亿美元增长到 14271.48 亿美元，占中国对外贸易总额的比重年均为 29.87%。其中，中国与 RCEP 其他成员国的数字贸易额从 1407.16 亿美元增长至 4154.35 亿美元，占与 RCEP 其他成员国贸易额的比重年均为 28.49%。这说明 RCEP 其他成员国的目标市场对我国对外贸易的发展有着较高的贡献率，特别是中国与 RCEP 其他成员国双边数字贸易规模的扩大有利于整体贸易规模的扩大。可见，RCEP 成员国形成的区域经济共同体在我国数字贸易发展中占据着重要地位。

从国内外有关数字贸易的研究来看，数字贸易起始于数字技术和信息通信技术的开拓创新和推广应用。互联网技术与产业经济的融合发展，促使传统产业结构优化升级，消费产品种类丰富多样，由此带动数字贸易蓬勃发展，以及全球贸易和世界经济的强势复苏增长。[2-3]但是，数字经济发达国家和相关国际机构关于数字贸易的数据库建设刚刚起步，其统计方法和测算指标上存在较大争议。比如，Fayyaz 基于经济合作与发展组织（OCED）和伊朗商务部对数字贸易的统计方法及其数据，对伊朗当前可获取的数字贸易数据进行计算与比较分析，结果显示在全面衡量数字贸易和电子商务方面确实存在较大差异并且面临着测寻不可观测数据这一显著困难。[4]

进一步来看，由于数字贸易数据的获取还存在诸多技术性约束，于是学界对数字贸易的理论探讨和实证分析主要集中在贸易成本领域，围绕空间距离、新基建和贸易壁垒三种影响因素的贸易成本效应展开讨论。一是数字贸易对空间距离的依赖性逐渐弱化。比如，陈寰琦的研究结果表明，"跨境数据自由流动"在一定程度上有助于弱化地理距离的负面贸易影响，进而促进数字贸易的发展。[5]Potluri、Sridhar 和 Rao 采用贸易的增强重力模型，反映生产者和消费者之间的距离相关成本；模拟结果表明，在高度限制的数据本地化制度下，价格和服务质量受到影响，使得消费者经常聚集在本地公司周围，从而使本地公司能够有效地与全球跨国公司竞争。[6]

二是新基建日益成为贸易竞争比较优势的主要构件。比如，李坤望、邵文波和王永进发现企业的信息化及贸易地区的信息基础设施有助于增强企业出口的倾向。[7]赵维、邓富华和霍伟东运用中介效应模型进行实证研究，结果表明无论贸易双方的经济发展水平差距多大，互联网基础设施的贸易效应都是积极的。[8]

三是数字贸易壁垒的普遍性严重影响着全球数字贸易条件的改善。比如，Ferracane 和 van der Marel 通过对多个国家管制数据的政策措施进行加权统计，构建出数字服务贸易限制指数（digital services trade restrictiveness index，简称 DSTRI）。[9]随后，OECD 数字贸易研究所公布了 DSTRI 并量化评估了 2014～2018 年全球主要经济体开展数字服务贸易所面临的各类型障碍，其中一个结论为国家的数据政策限制对数字服务贸易的作用是消极的。van der Marel、Held 和 Dunleavy 等则认为数字限制正在世界上许多地区蔓延，阻碍了贸易带来的潜在生产率收益实现，而且与一般货物贸易壁垒效应一样，是以牺牲消费者效用最大化为代价而保障在位企业利润最大化。[10]为了有效遏制数字贸易条件恶化，学界开始关注数字贸易的规则设计与制度监管问题，初步探讨了数字贸易治理体系的有效构建。比如，Bown 和 Mavroidis 提出需要一个具有新的数字贸易规则和国际监管合作两个关键要素的数字贸易治理体系，同时也要注意由数字产业和数字市场中老牌参与者的商业战略所固有的某些特性带来的严峻的反竞争挑战，这使得在数字贸易协定中达成实现贸易自由化与追求合法公共政策目标之间的适当平衡具有独特的挑战性。[11]Biryukova 和 Daniltsev 则认为国际组织在监管方面采取的举措远远落后于商业惯例，各国可利用在区域和多边层级上制定的数字贸易条例，以及其他国家与亚太经合组织、经合组织和二十国集团的合作，促进制定今后世贸组织关于数字贸易的协定。[12]

总体来看，学界对数字贸易问题越来越重视，并且在相关领域已经有了较为丰硕的研究成果，这为进一步发展不同条件下的数字贸易理论模型和开展相关经验检验奠定了研究基础。但是，数字贸易的效率及潜力问题还没有引起学界的普遍关注，尤其是对中国与 RCEP 其他成员国之间的数字贸易效率及潜力还缺乏较为深入细致的讨论。基于此，本章利用世界银行公布的全球治理指数，在随机前沿引力模型中引入制度距离变量，并通过计量模型实证比较中国与 RCEP 其他成员国数字贸易的效率高低及潜力大小，进而深入讨论不同因素影响中国与 RCEP 其他成员国数字贸易的机制路径及程度强弱。由此期望可以为高水平地推动中国特色社会主义市场经济对外开放发展，以及高质量地打造中国与 RCEP 其他成员国数字贸易共同体提供理论启示。

一 中国与 RCEP 其他成员国数字贸易效率及潜力分析的理论模型

从经济思想演化发展来看，经济学家丁伯根[13]利用牛顿的万有引力公式及其基本思想，最早构建了较为系统的一般贸易引力模型：

$$T_{ij} = K \frac{(Y_i)^a (Y_j)^b}{(1 + eD_{ij})^f} \qquad (3-1)$$

其中，T_{ij} 是 i 国向 j 国的总出口；Y_i 与 Y_j 分别为 i 国与 j 国的 GNP，D_{ij} 为 i 国与 j 国之间的距离，K、e、f 为常数，a、b 为参数。该模型的优势是将空间距离纳入国际贸易关系分析的理论框架中，有效地推动了空间经济学的国际化发展；存在的主要问题是抽象掉了沉没成本和冰山成本①等关键影响因素。若将这些重要因素归总为随机扰动项，就会在易于观测的因素上产生遗漏重要变量的显著问题，这可能导致测算出的贸易潜力仅仅代表预测值，而非相应条件下的最大值。

为此，Aigner、Lovell 和 Schmidt 提出用随机前沿引力模型来估计生产效率能否达到最大产出的前沿，即生产最大化。[14]之后，很多经济学者进

---

① 所谓冰山成本，源于日本学者西泽修提出的物流成本冰山理论，即人们所能看见的物流成本正如浮在水面上的冰山一角，而大量的企业内部消耗的物流费用却沉在水下难以看见。物流内耗越大，露出水面的冰山就越小，越容易将各种问题掩盖起来。

一步发展了随机前沿引力模型分析方法，主要特点是将影响因素分为人为因素和自然因素，其中自然因素归到随机扰动项，而人为因素则归到贸易非效率项，再计算出两国双边最高贸易水平的"前沿"，最后便可以较为准确地测算贸易效率及潜力的最大值及分析影响因素的作用机理。

简单来看，随机前沿引力模型的基本方程组设定如下：

$$T_{ijt} = f(x_{ijt}, \beta) \exp(v_{ijt}) \exp(-u_{ijt}), u_{ijt} \geqslant 0 \qquad (3-2)$$

$$\ln T_{ijt} = \ln f(x_{ijt}, \beta) + v_{ijt} - u_{ijt} \qquad (3-3)$$

$$T_{ijt}^* = f(x_{ijt}, \beta) \exp(v_{ijt}) \qquad (3-4)$$

$$TE_{ijt} = \frac{T_{ijt}}{T_{ijt}^*} = \exp(-u_{ijt}) \qquad (3-5)$$

其中，方程（3-2）是随机前沿引力方程，方程（3-3）是方程（3-2）的对数形式，方程（3-4）是贸易潜力方程，方程（3-5）是设定的贸易效率公式。此外，i 表示本国；j 表示贸易伙伴国；t 表示某一时期；β 为待估参数；x_{ijt} 为影响贸易水平的变量，如制度距离；T_{ijt} 为实际贸易水平；T_{ijt}^* 为最高贸易水平，即贸易潜力；TE_{ijt} 为实际贸易水平与贸易潜力的比值，即贸易效率。$v_{ijt} - u_{ijt}$ 为复合扰动项，$v_{ijt} \sim N(0, \sigma_v^2)$ 为随机误差扰动项，表示影响贸易的自然因素；$u_{ijt} \sim N(0, \sigma_u^2)$ 为贸易非效率项，表示影响贸易的人为因素：随机误差扰动项与贸易非效率项两者相互独立。$u_{ijt} \geqslant 0$ 表示贸易效率前沿水平存在，当 $u_{ijt} = 0$ 时，$TE_{ijt} = 1$，表示达到贸易前沿水平的最优状态；当 $u_{ijt} > 0$ 时，$TE_{ijt} < 1$，说明非效率因素会对贸易效率造成损失，从而使得未能达到最高贸易水平。

随机前沿引力模型根据贸易非效率项是否随时间而变分为两类：一是不随时间改变的时不变模型；二是随时间改变的时变模型。通常情况下面板数据的时间维度较大，容易存在"伴生参数问题"，时不变的假定可能不现实。因此，可以用 Battese 和 Coelli 提出的时变模型来检验贸易效率[15]：

$$u_{ijt} = e^{-\eta(t-T_i)} u_{ij} \qquad (3-6)$$

需要说明，η 为待估参数，$u_{ijt} \sim N^+(\mu_t, \sigma_u^2)$，即服从截尾正态分布；$\eta < 0$ 和 $\eta > 0$ 分别表示贸易非效率项随时间的增大和减小，而 $\eta = 0$，则表示退化为时不变模型。

为了进一步分析贸易效率的影响因素，Battese 和 Coelli 构建了所谓"一步法"的贸易非效率模型[16]：

$$u_{ijt} = \delta\xi_{ijt} + \omega_{ijt} \qquad (3-7)$$

其中，ξ_{ijt} 是影响贸易非效率的因素，δ 为待估参数。将方程（3-7）代入方程（3-3）可以得到：

$$\ln T_{ijt} = \ln f(x_{ijt}, \beta) + v_{ijt} - (\delta\xi_{ijt} + \omega_{ijt}) \qquad (3-8)$$

若用方程（3-8）直接进行随机前沿方法回归，可以避免"两步法"研究假设前后矛盾的问题，在得出贸易效率的同时，还可以分析影响贸易效率的各种因素。

基于上述理论分析，再借鉴周曙东和郑建[17]的贸易模型，可以设定如下随机前沿引力模型：

$$\ln T_{ijt} = \beta_0 + \beta_1 \ln GDP_{it} + \beta_2 \ln GDP_{jt} + \beta_3 \ln POP_{it} + \beta_4 \ln POP_{jt} + \beta_5 \ln Dist_{ij} + \\ \beta_6 \ln Z_{ijt} + \beta_7 Border_{ij} + \beta_8 Lang_{ij} + v_{ijt} - u_{ijt} \qquad (3-9)$$

其中，T_{ijt} 表示 t 年中国（i）与 RCEP 其他成员国（j）的数字贸易额（美元）；GDP_{it} 为中国 t 年的国内生产总值（美元），代表中国的经济规模和供需能力；GDP_{jt} 为 RCEP 其他成员国 t 年的国内生产总值（美元），代表 RCEP 其他成员国的经济规模和潜在消费市场需求；POP_{it} 和 POP_{jt} 分别表示中国和其他成员国 t 年的人口总量（人），人口数量与两国贸易成本正相关；$Dist_{ij}$ 为中国与 RCEP 其他成员国的地理距离（千米），距离越远，运输成本越高；$Border_{ij}$ 表示中国与 RCEP 其他成员国是否有共同边界，有共同边界为 1，否则为 0；$Lang_{ij}$ 表示中国与 RCEP 其他成员国是否有共同语言，有共同语言为 1，否则为 0。

进一步来看，在进行模型回归之前，有必要采用最大似然比 LR 来检验模型是否能显著地引入变量。为了分析影响中国与 RCEP 其他成员国数字贸易非效率项的因素，量化分析制度距离对数字贸易的影响，有必要再设定一个贸易非效率模型，即：

$$Z_{ijt} = \delta_0 + \delta_1 TAF_{jt} + \delta_2 LPI_{jt} + \delta_3 MF_{jt} + \delta_4 FF_{jt} + \delta_5 FTA_{ijt} + \omega_{ijt} \qquad (3-10)$$

其中，Z_{ijt} 表示中国与 RCEP 其他成员国之间的制度距离，且本章设定制度距离与数字贸易效率存在负相关关系；TAF_{jt} 为 RCEP 其他成员国在 t

时期的关税水平，反映了其他成员国的关税壁垒情况，关税水平越高，贸易效率越低；LPI_{jt} 为物流绩效，取值范围为 1～5，得分高说明海关效率高、物流基础设施的质量好以及国际货物运输的便利性强，有利于提高贸易效率；MF_{jt} 和 FF_{jt} 分别为 RCEP 其他成员国在 t 时期的货币自由度和金融自由度，该指标得分越高，说明其他成员国的经济制度越完善，贸易自由度越高，受到的贸易管制越少；FTA_{ijt} 表示 RCEP 其他成员国是否与中国有自由贸易协定，有自由贸易协定为 1，否则为 0。

需要说明的是，由于 RCEP 成员国数字贸易的发展不平衡，在法律法规、政府监管等方面的制度差异严重影响了中国与其他成员国进行数字贸易的稳定性和持续性。因此，在考虑可能干扰中国与 RCEP 其他成员国数字贸易的非效率项时，本章将选取全球治理指数作为制度距离的测度变量。经验表明，双边贸易阻力与中国和 RCEP 其他成员国之间的制度距离正相关。世界银行公布的全球治理指数（WGI）包含话语权和问责（voice and accountability）、政治稳定性与非暴乱（political stability and absence of violence/terrorism）、政府有效性（government effectiveness）、管制质量（regulatory quality）、法治程度（rule of law）、腐败控制（control of corruption）六个指标。然后，再借鉴 Kogut 和 Singh 提出的统计量化分析方法[18]，测度出中国与每个 RCEP 其他成员国的制度距离。而本章制度距离的测算公式为：

$$Z_{ijt} = \frac{1}{N} \sum_{d=1}^{N} \left[(I_{djt} - I_{dit})^2 / V_d \right] \qquad (3-11)$$

其中，Z_{ijt} 表示第 t 年中国与 RCEP 其他成员国的制度距离；N 表示测算制度距离的指标个数，在本章设定了六个指标，即 $N=6$；I_{dit} 表示第 t 年中国的第 d 项指标；I_{djt} 表示第 t 年 RCEP 其他成员国的第 d 项指标；V_d 表示第 d 项指标的方差。根据此公式，计算得出了 2005～2019 年中国与 RCEP 其他成员国的制度距离（见表 3-1）。

表 3-1　2005～2019 年中国与 RCEP 其他成员国的制度距离

其他成员国	2005年	2006年	2007年	2008年	2009年	2010年	2011年	2012年	2013年	2014年	2015年	2016年	2017年	2018年	2019年
澳大利亚	2.54	2.54	2.70	2.74	2.62	2.64	2.69	2.61	2.56	2.65	2.44	2.54	2.40	2.54	2.54
文莱	2.93	2.81	2.98	2.92	5.07	5.14	5.06	4.66	4.55	3.72	3.23	2.66	2.54	2.77	2.92

续表

其他成员国	2005年	2006年	2007年	2008年	2009年	2010年	2011年	2012年	2013年	2014年	2015年	2016年	2017年	2018年	2019年
印度尼西亚	6.22	3.35	2.54	2.47	2.20	1.88	1.45	1.10	1.15	1.70	1.98	1.35	1.14	1.03	1.45
日本	3.74	4.25	3.62	3.44	3.59	3.88	3.90	3.98	4.30	4.13	4.02	3.96	3.48	3.35	3.41
柬埔寨	2.86	4.10	3.28	3.58	3.31	3.19	3.59	2.42	2.44	3.01	3.76	4.43	3.99	4.14	3.36
韩国	4.41	3.69	4.58	3.40	3.80	4.46	4.02	4.06	3.41	2.99	3.13	2.81	3.46	3.79	
老挝	4.09	3.17	2.81	2.93	3.05	2.53	2.65	1.77	1.62	2.68	3.09	3.75	4.05	5.30	4.39
缅甸	3.54	3.28	3.81	4.12	4.64	4.08	3.35	2.09	2.04	2.04	2.27	1.55	2.47	2.85	3.33
马来西亚	5.84	4.91	4.16	2.70	2.55	4.70	3.53	3.72	4.15	4.68	3.73	2.81	1.87	3.15	3.13
新西兰	3.94	3.80	3.71	3.62	3.86	4.03	4.25	4.15	4.16	4.03	3.98	3.88	3.52	3.32	3.30
菲律宾	1.78	3.20	1.82	2.57	3.00	1.95	1.27	1.69	2.04	2.24	2.77	3.68	3.66	3.97	4.43
新加坡	3.93	3.77	3.76	3.86	3.67	3.84	3.80	4.24	4.14	3.86	3.93	3.85	3.52	3.52	3.65
泰国	8.53	4.22	3.22	2.52	3.70	3.15	2.67	3.27	3.46	1.84	2.54	1.76	1.31	1.24	1.71
越南	2.68	3.24	2.37	2.71	2.36	2.38	2.20	2.51	2.48	1.94	2.20	2.60	2.58	1.56	2.04

二 中国与 RCEP 其他成员国数字贸易效率及潜力的实证测算比较

中国信通院发布的《数字贸易发展白皮书（2020 年）》从具体业态的角度认为，"数字贸易主要包括以货物贸易为主的跨境电商、供应链数字化和以服务贸易为主的数字服务贸易"。关于数字贸易的结构分类，国际组织普遍的做法是将数字贸易简单分为数字货物贸易和数字服务贸易，以及进一步区分为广义和狭义两大范畴。具体来讲，数字贸易的广义和狭义之分，主要在于对跨境电子商务和数字贸易关系的认知维度上。其中，广义派认为两者是包含与被包含的关系，而狭义派则认为二者只是互补的关系。联合国贸易和发展会议[19]和 OECD[20]的报告显示，数字服务贸易可以细分为六类，包括保险和养老金服务、金融服务、信息通信技术服务、知识产权服务、个人文娱服务和其他商业服务；数字货物贸易则按信息和通信技术货物划分为五大类，分别是计算机及外部设备、通信设备、消费电子设备、电子元件、其他杂项。因数据获取的有限性和定量分析的便利性，本章拟采用 UNCTAD 的和 OECD 数据库中按照以上分类方式统计的数字贸易数据。

（一）样本选取及数据来源

根据 2020 年签署的《区域全面经济伙伴关系协定》，RCEP 成员国共 15 个国家，包括中国、日本、韩国、澳大利亚、新西兰和东盟十国。本章选取除中国以外的 14 个成员国 2005～2019 年的数据，共 210 个观测值，由于部分国家的数据存在缺失，部分变量的观测值会减少。

在随机前沿引力模型中，中国对 RCEP 其他成员国的数字贸易额根据 UNCTAD 和 OECD 数据库中数据计算得到，各国的 GDP 和人口数据来自世界银行数据库，地理距离、是否有共同边界和语言数据来自 CEPII 数据库。在贸易非效率模型中，制度距离根据世界银行 WGI 数据库中数据计算得到，关税水平和物流绩效数据来自世界银行数据库，金融自由度和货币自由度数据来自 Index of Economic Freedom，是否与中国签订自贸协定的数据来源于中国自由贸易区服务网。解释变量与被解释变量的统计特征描述如表 3-2 所示。

表 3-2　主要变量的统计特征描述

变量	样本数量（个）	均值	标准差	最小值	最大值
$\ln T_{ijt}$	210	8.149	0.544	2.575	11.89
$\ln GDP_{it}$	15	29.595	0.574	28.458	30.29
$\ln GDP_{jt}$	210	25.936	1.846	21.73	29.456
$\ln POP_{it}$	15	21.024	0.022	20.988	21.058
$\ln POP_{jt}$	210	17.013	1.655	12.808	19.416
$\ln Dist_{ij}$	14	8.177	0.582	6.862	9.309
$\ln Z_{ijt}$	210	1.109	0.346	0.032	2.144
$Border_{ij}$	14	0.214	0.411	0	1
$Lang_{ij}$	14	0.143	0.351	0	1
TAF_{jt}	176	3.537	2.762	0.01	13.15
LPI_{jt}	206	3.117	0.816	0	4.25
MF_{jt}	210	70.174	26.057	0	94.3
FF_{jt}	210	49.24	25.741	0	90
$FTAA_{ijt}$	210	0.819	0.386	0	1

（二）似然比假设检验结果

为了保证随机前沿引力模型的适用性，以及引入变量和估算结果的准确性，本章将从以下四个方面设定原假设进行最大似然比 LR 检验：（1）是否存在贸易非效率项 μ，即 $H_0: \gamma = \mu = \eta = 0$；（2）贸易非效率项 μ 是否随时间变化，即 $H_0: \eta = 0$；（3）是否引入边界变量；（4）是否引入语言变量。然后，基于有约束和无约束模型的对数似然值计算出 LR 统计量，并将之与 1% 显著性水平下的卡方分布临界值进行比较。检验结果如表 3-3 所示。

表 3-3　随机前沿引力模型似然比假设检验结果

原假设	约束模型	非约束模型	LR 统计量	1% 的临界值	检验结果
贸易非效率不存在	−238.10	−135.21	205.76	11.345	拒绝
贸易非效率不变化	−135.21	−91.91	86.61	6.635	拒绝
不引入边界变量	−116.08	−91.91	48.34	6.635	拒绝
不引入语言变量	−97.76	−91.91	11.70	6.635	拒绝

注：LR 统计量 = −2 $(L_0 - L_1)$。

根据表 3-3，四个原假设的 LR 统计量均大于 1% 的临界值，即四个原假设都被拒绝。贸易非效率不存在的原假设被拒，说明中国与 RCEP 其他成员国的数字贸易效率变量在样本时期存在变化，随后贸易非效率不随时间变化的原假设被拒，说明应使用时变随机前沿引力模型。共同边界和共同语言对数字贸易效率存在显著影响，应作为变量纳入模型中。

（三）随机前沿引力模型的估计结果分析

在对模型设定进行似然比检验后，本章利用 Stata 16.0，采用随机前沿引力模型对 2005~2019 年中国与 RCEP 其他 14 个国家的数字贸易进行实证分析。为了保障估计结果的稳健性，本章同时采用了 OLS 模型、时不变模型和时变模型进行回归估计（结果如表 3-4 所示）。结果表明，大多数变量的系数通过了系数 T 检验，时不变模型的 γ 为 1.120，通过 5% 水平的显著性检验，时变模型的 γ 为 10.62，通过 1% 水平的显著性检验，说明贸易非效率项在复合扰动项中的影响作用较大，实际数字贸易额与最大数字贸易额之间存在差距，进一步证实应使用随机前沿引力模型分析贸易非效率项。时变模型的 η 在 1% 的水平上通过了显著性检验，系数为正，说明贸易非效率随着时间的推移下降，表明时变模型更加适用于测算中国与 RCEP 其他成员国的数字贸易效率和贸易潜力。

表 3-4　随机前沿引力模型的回归结果

变量	OLS 模型	时不变模型	时变模型
$\ln GDP_{it}$	0.209	0.101	0.448**
	(0.3892)	(0.2236)	(0.1910)
$\ln GDP_{jt}$	1.008***	1.202***	0.565***
	(0.0483)	(0.1252)	(0.1425)
$\ln POP_{it}$	3.943	4.787	-7.985*
	(10.1938)	(5.4541)	(4.2768)
$\ln POP_{jt}$	0.148***	-0.00259	0.218
	(0.0526)	(0.1646)	(0.1466)
$\ln Dist_{ij}$	-1.077***	-1.107***	-1.302***
	(0.1029)	(0.3643)	(0.2785)
$\ln Z_{ijt}$	-0.329*	-0.213*	-0.243***
	(0.1829)	(0.1098)	(0.0848)
$Border_{ij}$	-0.231	0.128	3.845***
	(0.1693)	(0.6002)	(0.9737)
$Lang_{ij}$	2.510***	2.338***	1.595***
	(0.1611)	(0.5885)	(0.3015)
$cons$	-100.8	-116.2	156.3*
	(203.19)	(108.605)	(85.162)
σ^2		-0.396	8.275***
		(0.3864)	(0.0144)
γ		1.120**	10.62***
		(0.5253)	(0.1034)
η			0.0293***
			(0.0051)
LOG	-238.10	-135.21	-91.91

注：*、**、***分别表示通过 10%、5% 和 1% 的显著性水平检验，括号内为标准误。

对时变模型的结果分析如下。第一，$\ln GDP_{it}$ 和 $\ln GDP_{jt}$ 的系数分别通过了 5% 和 1% 水平的显著性检验，均为正，与预期相符，中国与 RCEP 其他成员国经济规模的扩大有助于提升数字贸易水平，并且 RCEP 其他成员国的经济规模对数字贸易的促进作用更大。第二，$\ln POP_{it}$ 的系数通过了 10% 水平的显著性检验，为负，由于中国人口的增加使国内生产和需求增加，中国与 RCEP 其他成员国的数字贸易会相对减少，但 $\ln POP_{jt}$ 的系数为正，说明其他成员国人口数量增加对数字贸易规模的扩大有正向影响。第三，$\ln Dist_{ij}$ 的系数为负，通过了 1% 水平的显著性检验，说明与中国的地理距离越远，运输成本越高，开展数字贸易的阻力越大。第四，$\ln Z_{ijt}$ 的系数为负，通过 1% 水平的显著性检验，表明贸易双方制度差距越大，数字贸易规模扩大的阻力越大。制度距离越大，即国家间关于数字贸易的相关政策、政府管制和法律法规等方面的治理程度差距越大，因整体治理程度的差距而导致的时间成本、手续成本、法律成本和劳动力成本的增加，越会阻碍两国进行数字贸易。第五，$Border_{ij}$ 和 $Lang_{ij}$ 的系数为正，均通过了 1% 水平的显著性检验，说明拥有共同边界可以缩减运输成本，而拥有共同语言可以进行更加有效的信息沟通，减少数字贸易阻碍，从而促进数字贸易便利性的增强和数字贸易规模的扩大。

（四）贸易非效率模型的估计结果分析

似然比检验和随机前沿引力模型说明了应对影响贸易非效率项的变量进行考察，本章运用"一步法"对贸易非效率模型进行回归分析，结果如表 3 - 5 所示。

表 3 - 5　贸易非效率模型的回归结果

随机前沿引力模型		贸易非效率模型	
变量	系数	变量	系数
$\ln GDP_{it}$	0.341 （0.3812）	TAF_{jt}	0.185 *** （0.0344）
$\ln GDP_{jt}$	0.810 *** （0.0582）	LPI_{jt}	- 0.352 * （0.165）
$\ln POP_{it}$	- 8.099 （10.1595）	MF_{jt}	- 0.0000425 （0.0051）

续表

随机前沿引力模型		贸易非效率模型	
变量	系数	变量	系数
$\ln POP_{jt}$	0.106 (0.0609)	FF_{jt}	−0.0278 ** (0.0088)
$\ln Dist_{ij}$	−1.244 *** (0.113)	FTA_{ijt}	−0.0122 (0.3594)
$\ln Z_{ijt}$	−0.346 (0.183)	$cons$	1.811 ** (0.5713)
$Border_{ij}$	0.231 (0.2392)	σ^2	−5.178 (3.0787)
$Lang_{ij}$	2.220 *** (0.1654)	γ	−0.810 *** (0.0935)
$cons$	156.2 (202.965)	LOG	−175.766

注：*、**、*** 分别表示通过 10%、5% 和 1% 水平的显著性检验，括号内为标准误。

对贸易非效率模型回归结果的分析如下。第一，TAF_{jt} 的系数为正且在 1% 的水平上显著，说明 RCEP 其他成员国关税水平过高会阻碍双方数字贸易效率的提升。第二，LPI_{jt} 的系数为负且在 10% 的水平上显著，说明 RCEP 其他成员国的交通基础设施完善程度越高、相互间的通关管制手续越少以及班轮运输的连通性和便利性越高，两国间的数字贸易效率越高。第三，MF_{jt} 和 FF_{jt} 的系数均为负，FF_{jt} 的系数在 5% 的水平上显著，说明高效开放的金融市场可以提高数字贸易效率，但要注意金融危机带来的贸易冲击，反观 MF_{jt} 的系数并不显著，可能是因为 RCEP 成员国大多数为发展中国家，经济发展状况相似，相应地，货币政策、国内人均工资和消费水平也大体相近。第四，FTA_{ijt} 的系数虽不显著，但为负，说明中国与 RCEP 其他成员国之间签署自由贸易协定有助于减少关税壁垒，提高贸易效率，有利于实现数字贸易自由。

（五）数字贸易效率和潜力分析

本章通过时变随机前沿引力模型估计 2019 年中国与 RCEP 其他成员国数字贸易的效率和潜力（如表 3−6 所示）。当贸易非效率存在时，有 TE_{ijt}

∈（0，1），数值越趋于 1 表示贸易效率越高，实际贸易水平越接近最高贸易水平；数值越趋向于 0 表示贸易效率越低，未来的贸易潜力越大。

表 3 - 6　2019 年中国与 RCEP 其他成员国的数字贸易效率和潜力

排名	国家	TE_{ijt}	T_{ijt}（亿美元）	T_{ijt}^*（亿美元）	$T_{ijt}^* - T_{ijt}$（亿美元）
1	泰国	0.91461	252.79	276.40	23.61
2	新加坡	0.91276	373.17	408.84	35.67
3	澳大利亚	0.88575	122.89	138.74	15.85
4	菲律宾	0.83424	202.13	242.29	40.16
5	马来西亚	0.80747	509.07	630.45	121.38
6	新西兰	0.59507	10.47	17.60	7.13
7	韩国	0.52479	1253.89	2389.32	1135.43
8	日本	0.45682	744.84	1630.51	885.67
9	印度尼西亚	0.21628	74.78	345.77	270.99
10	文莱	0.13137	1.10	8.40	7.30
11	柬埔寨	0.09620	5.35	55.64	50.29
12	越南	0.01735	588.93	33935.12	33346.19
13	缅甸	0.00450	12.87	2858.59	2845.72
14	老挝	0.00402	2.05	509.49	507.44

注：$T_{ijt}^* - T_{ijt}$ 表示数字贸易潜力增长空间。

从贸易效率来看，中国与半数 RCEP 其他成员国的数字贸易效率超过 0.5，贸易效率均值为 0.45723，意味着中国与 RCEP 其他成员国的数字贸易存在很大的潜力。数字贸易效率最高的分别是泰国、新加坡和澳大利亚，平均数字贸易效率高达 0.90437，说明中国与这三个国家的数字贸易阻力较小，但它们 2019 年与中国的数字贸易额之和仅占 RCEP 其他成员国与中国数字贸易额的 18.03%，贸易地位较低；与之相反，中国与越南、缅甸和老挝的数字贸易效率最低，可能是这些国家的基础设施相对落后和人为限制因素较多。

从贸易潜力来看，不同国家间的数字贸易潜力存在较大的差距。贸易效率最低的三个国家都是中国的邻国，双方进行数字贸易的运输成本较低，有很大的贸易潜力增长空间。其中，由于越南的实际数字贸易额较大，因此中国与越南的数字贸易潜力是最大的，约是排名第二的缅甸的 11.87 倍；此外，中国与越南、缅甸的数字贸易增长空间高达 33346.19 亿美元和 2845.72 亿美元，说明中国与越南、缅甸应加强双方关于数字贸易的对话和合作，为双方进行数字贸易提供更加全面、更有深度、更加便利的合作平台与机制，从而实现贸易大幅度稳定健康增长。值得注意的是，虽然中国与韩国、日本的数字贸易效率较高，但由于两国本身的数字贸易规模较大，其数字贸易潜力依然较大，贸易增长空间分别为 1135.43 亿美元和 885.67 亿美元；而新西兰和文莱则因为实际贸易规模较小而导致中国与它们的贸易潜力增长空间较小，分别为 7.13 亿美元和 7.30 亿美元。因此，贸易效率的高低并不能完全反映中国与 RCEP 其他成员国之间数字贸易潜力增长空间的大小，还需要结合实际数字贸易额具体说明。

三　提升中国与 RCEP 其他成员国数字贸易效率及潜力的若干建议

中国与 RCEP 其他成员国数字贸易规模的稳定快速增长已经是大数据时代不容回避的可观测经济现象，这为我国在社会主义现代化建设过程中有效构建双循环互促发展格局，进一步加快对外开放高水平发展，提供了可遇而不可求的历史契机。但是，由于目前数字贸易数据可得性、可用性和可靠性的制约，学界还未深入讨论中国与 RCEP 其他成员国数字贸易的效率及潜力问题。由此，本章基于对 RCEP 成员国数字贸易发展的不平衡性与这些国家的宏观调控、法律法规、监督管理等制度性差异的考量，在随机前沿引力模型中引入制度距离变量，阐明了数字贸易效率及潜力测度的理论基础，然后实证分析了中国与 RCEP 其他成员国数字贸易的效率及潜力。

第一，时变模型通过了显著性检验，说明可用于测算分析中国与 RCEP 其他成员国数字贸易的效率。中国与 RCEP 其他成员国的数字贸易与双边的国内生产总值、RCEP 其他成员国人口规模和共同边界、语言均呈正向的关系且多数显著。与之相对的是，中国与 RCEP 其他成员国的数字贸易与中国人口规模、地理距离和制度距离呈负向的关系且显著。需要强调的是，国家间的制度距离大，国家间的治理程度及效率差距大，从而导致数字贸易成本增加，以及贸易阻力变大，由此会直接导致数字贸易效率的降低。

第二，贸易非效率模型的回归结果分析表明，关税水平与贸易效率呈现负相关关系，而其他影响因素则都呈现正相关关系。进一步来看，较高的关税水平一般会引起数字贸易壁垒的增加，这就会影响数字贸易效率的有效提升，以及数字贸易规模的持续扩大；反之，较低的关税水平一般会通过减少数字贸易壁垒来有效提升数字贸易效率及持续扩大数字贸易规模。与之相对，物流绩效、金融自由度、货币自由度，以及签署自由贸易协定等影响因素对中国与 RCEP 其他成员国数字贸易都具有积极的促进作用，其中，物流绩效和金融自由度的影响更加明显。

第三，中国与 RCEP 其他成员国的数字贸易效率整体不高，贸易潜力的增长空间也十分明显。比较而言，中国与泰国和新加坡的数字贸易效率领先，而中国与越南、缅甸和老挝的数字贸易效率相对较低，故中国与 RCEP 其他成员国的数字贸易效率呈现两极分化的发展态势。进一步来看，中国与 RCEP 其他成员国的实际数字贸易额和贸易潜力之间同样存在较大的差距。其中，贸易潜力增长空间最大的分别是越南、缅甸和韩国。中国与越南的数字贸易潜力增长空间最大是由于越南是中国的邻国，彼此之间运输成本较低，且实际数字贸易额也较大。此外，中国与日本和韩国的数字贸易效率较高且贸易潜力增长空间很大，这说明只有结合贸易效率的高低和实际数字贸易额的大小才能真实反映中国与 RCEP 其他成员国间数字贸易潜力增长空间的大小。

基于上述分析，我们认为要进一步提升中国与 RCEP 其他成员国数字贸易的效率及潜力，关键在于重视中国与 RCEP 其他成员国的制度差异性，最大限度地降低中国与 RCEP 其他成员国数字贸易的交易成本。

首先，要在 WTO 框架内进一步健全优化数字贸易的制度设计，加强 RCEP 成员国间数字贸易新秩序的区域化治理。通过加强国家和区域之间的数字贸易谈判和合作，在 WTO 框架内推行国际公认的数字贸易电子合同规则与标准以及相应的国际条例、公约及法律法规，不断完善跨境数字贸易等相关的制度，从而有效解决中国与 RCEP 其他成员国数字贸易线上跨境交易、线下物流运输及服务过程中出现的数字安全、市场竞争、数字版权等市场失灵问题。

其次，应该积极推动数字贸易的区域合作与监管。不可否认，RCEP

的正式签署为中国与 RCEP 其他成员国的数字贸易营造了良好的发展环境，有效激发了相关国家的贸易市场活力。但是可以发现，由于各国市场监管体制机制改革创新的不平衡性，国家政策、海关效率、政府监管等不同层面的不完善制度依然在不同程度上发挥约束作用。那么，中国与 RCEP 其他成员国可以积极探索在已协定好的有关电子商务市场和国家管制的基础上，循序渐进地放松规制，放宽网络审查和市场准入，特别是需要科学合理地设定数字贸易警戒线，不断减少数字贸易壁垒，以及深入探索数字贸易区域合作及治理新模式。[21]

　　再次，加强中国与 RCEP 其他成员国的数字贸易合作，就得加快中国与 RCEP 其他成员国的交通运输、数字经济等新基础设施建设，积极提升区域通信基础设施互联互通水平，有效降低包括信息搜寻成本、沟通成本和生产成本在内的出口贸易成本。同时，加快海陆物流运输体系的全面建设与提升，不断完善区域内的交通运输网络和提升港口的运转货物能力，从而快速加强物流运输能力和便利性。

　　最后，值得注意的是，RCEP 成员国大多为发展中国家，其传统产业在本国经济结构中长期占据主导地位，那么，对于它们来说，数字贸易和传统贸易的有机融合既是产业结构转型升级的发展机遇，也是当代智能科技革命提出的创新挑战。这就需要加强中国与 RCEP 其他成员国间数字化全产业链的平等交换，为高水平地推动中国特色社会主义市场经济对外开放发展，以及高质量地打造 RCEP 成员国数字贸易共同体，提供高效的多边主义贸易模式保障。

参考文献

［1］宋树理、魏晨曦、钱凤娟：《中国特色社会主义政治经济学逻辑思想的演化线、问题源及创新性》，《改革与战略》2021 年第 9 期，第 1 ~ 13 页。

［2］Bown, C. P., P. C. Mavroidis, "Governing Digital Trade," *World Trade Review*, 2019, 18（S1）: 23 – 48.

［3］蓝庆新、窦凯：《美欧日数字贸易的内涵演变、发展趋势及中国策略》，《国际贸易》2019 年第 6 期，第 48 ~ 54 页。

［4］Fayyaz, S., "A Review on Measuring Digital Trade & E-commerce as New Economic

Statistics Products," *Statistika：Statistics and Economy Journal*, 2019, 99（1）：57 –
68.

[5] 陈寰琦：《签订"跨境数据自由流动"能否有效促进数字贸易——基于 OECD 服
务贸易数据的实证研究》，《国际经贸探索》2020 年第 10 期，第 4～21 页。

[6] Potluri, S. R. , V. Sridhar, S. Rao, "Effects of Data Localization on Digital Trade：An
Agent-based Modeling Approach," *Telecommunications Policy*, 2020, 44（9）：1 – 16.

[7] 李坤望、邵文波、王永进：《信息化密度、信息基础设施与企业出口绩效——基
于企业异质性的理论与实证分析》，《管理世界》2015 年第 4 期，第 52～65 页。

[8] 赵维、邓富华、霍伟东：《"一带一路"沿线国家互联网基础设施的贸易效应——
基于贸易成本和全要素生产率的中介效应分析》，《重庆大学学报》（社会科学版）
2020 年第 3 期，第 19～33 页。

[9] Ferracane, M. F. , E. van der Marel, "Do Data Policy Restrictions Inhibit Trade in
Services？" European Centre for International Political Economy, 2018.

[10] van der Marel, E. , D. Held, P. Dunleavy, et al. , "Old Wine in New Bottles—How
Protectionism Takes Hold of Digital Trade," *Global Policy*, 2019, 10（4）：737 –
739.

[11] Bown, C. P. , P. C. Mavroidis, "Trade Rules for the Digital Economy：Charting New
Waters at the WTO," *World Trade Review*, 2019, 18（S1）：121 – 141.

[12] Biryukova, O. , A. Daniltsev, "When Cooperation Fails：The Global Governance of
Digital Trade," *International Organisations Research Journal*, 2019, 14（1）：7 – 20.

[13] Tinbergen, J. , *Shaping the World Economy：Appendix* Ⅵ, *An Analysis of World Trade
Flows*（New York：Twentieth Century Fund, 1962）, pp. 27 – 30.

[14] Aigner, D. , C. Lovell, P. Schmidt, "Formulation and Estimation of Stochastic Fron-
tier Production Function Models," *Journal of Econometrics*, 1977, 6（1）：21 – 37.

[15] Battese, G. E. , T. J. Coelli, "Frontier Production Functions, Technical Efficiency
and Panel Data：With Application to Paddy Farmers in India," *Journal of Productivity
Analysis*, 1992, 3（1 – 2）：153 – 169.

[16] Battese, G. E. , T. J. Coelli, "A Model for Technical Inefficiency Effects in a Stochas-
tic Frontier Production Function for Panel Data," *Empirical Economics*, 1995, 20
（2）：325 – 332.

[17] 周曙东、郑建：《中国与 RCEP 伙伴国的贸易效率与影响因素——基于随机前沿
引力模型的实证分析》，《经济问题探索》2018 年第 7 期，第 89～97 页。

[18] Kogut, B. , H. Singh, "The Effect of National Culture on the Choice of Entry Mode,"
Journal of International Business Studies, 1988, 19（3）：411 – 432.

［19］ UNCTAD， "International Trade in ICT Services and ICT-enabled Services: Proposed Indicators from the Partnership on Measuring ICT for Development," Technical Note No. 3 Unedited， TN/UNCTAD/ICT4D/03， 2015.

［20］ OECD， *OECD Guide to Measuring the Information Society 2011* （Paris: OECD Publishing， 2011）.

［21］ 王建丰：《数字经济背景下我国 EWTO 规则转型升级路径》，《改革与战略》2020 年第 4 期，第 17～24 页。

第四章

中国与拉美主要国家农产品贸易潜力的
影响与测算

提要： 国际大变局下，中国与拉美国家的农产品贸易潜力对我国有效防范粮食安全风险具有重要影响。本章基于一般引力模型的扩展研究，利用 UNCOMTRADE、世界银行、CEPII、中国外交部等资源，采集 24 个拉美主要国家 10 年的贸易相关数据，实证分析了中国与拉美主要国家农产品贸易潜力的影响因素，进一步讨论了中拉双边农产品贸易的实际值和模拟值的比率，从而区分了中国与拉美主要国家农产品贸易的潜力类型。分析表明，中国与拉美主要国家是否建交对双边农产品贸易的影响不显著，而其他影响因素的正向效应和负向效应都十分明显；更重要的是，根据对潜力系数的比较，中国与拉美主要国家的农产品贸易潜力分为巨大型、成熟型和成长型三大类。为了在双循环互促发展格局中提升我国粮食安全水平，有必要对不同农产品贸易潜力类型的拉美国家实施差异化异质性发展战略，不断优化进口目标市场的结构布局，增强出口农产品的国际竞争力。

引 言

美国政府宣布，自 2019 年 5 月 10 日起，对从中国进口的 2000 亿美元清单商品加征的关税税率由 10% 提高到 25%，此举进一步加剧了中美贸易摩擦，导致美国对中国出口的大豆减少。但是，由于中国对农产品以及农产品生产要素的巨大市场需求，以及对外部供给的较高依赖度，中拉在农产品领域的长期贸易合作关系得到了有效巩固。尤其是 2014 年 7 月 17 日，中拉"1+3+6"合作新框架①在中国－拉美和加勒比国家领导人的会晤上被提出，旨在推进中国与拉美国家关系的进一步提升，实现双方长远利益，促进经贸领域全面合作发展。于是，2016年以后，中国与拉美国家的农产品贸易总额大幅增长，从2016年的363.09亿美元增长到2019年的570.22亿美元。但是，2020年新冠肺炎疫情暴发，全球农业产业链布局及演变发生显著变化，由于疫情的蔓延，拉美国家经济受到重创，而我国自拉美国家进口的农产品金额增幅大大低于往年同期水平。毋庸置疑，未来，中拉农产品贸易要面临全球农业产业链变化以及拉美地区经济持续低迷的多重挑战。进一步来看，拉美各国经济贸易发展不平衡是一种常态现象，农业生产要素差异大，农产品贸易潜力也各不相同，而且中拉农产品贸易的集中程度相对较高。比如，2019年中国对拉美国家出口的第0大类农产品中，占比最大的是第03章鱼及鱼制品，达到52%，因为中国为邻海国家，同时是世界上最大的海产品出口国，因此鱼及鱼制品是中国对拉美国家出口最多的农产品；出口额占比第二大的是蔬菜和水果，占比为19%；而中国从拉美国家进口的第26章纺织纤维的进口额占比达到55%，原始动植物材料的进口额占比也达到36%，这与中国对拉美国家出口的第0大类农产品的结构几乎相同，相对而言其他一些农产品生皮及皮革等的进口额只占1%。

从学界关于中国与拉美国家农产品贸易潜力的研究来看，最早将引力模型应用于国际贸易问题研究的Tinbergen[1]和Poyhonen[2]分析了在20世纪70～80年代，新加坡、中国台湾、韩国以及日本取得令人瞩目的经济增长的原因，并认为它们巨大的贸易潜力在很大程度上得益于外国资本和技术的注入。Samaratunga运用扩展的引力模型，将收入、距离、相对价格、关税和非关税壁垒设为变量及影响因素，研究影响APEC与南亚贸易流量的因素，结果表明南亚若要进一步增强对亚太地区的出口贸易潜力，政策改革是能够实现增强出口贸易潜力目标的方法。[3]Boughanmi在新兴优惠贸易安排的背景下，运用引力模型研究海湾合作委员会国家的贸易潜力，结果表明新签署的贸易安排是增加海湾国家贸易的重要因素。[4]Esmaeili和

---

① 需要说明，中拉"1+3+6"合作新框架的"1"是指以实现可持续发展和增长为目标，进行合理规划；"3"指的是贸易、投资、金融合作这三大引擎；"6"指的是能源、基础设施、农业、制造业、科技创新以及信息技术。

Pourebrahim 通过引力模型评估伊朗的农产品贸易潜力，先将伊朗的农产品主要市场国家分为 50 个发展中国家与 20 个发达国家，以 2002～2005 年出口溢价期间的数据为面板数据，进行方程回归，最后比较回归结果与贸易的实际值，结果表明伊朗与发展中国家的农产品贸易状况为过度贸易，需要适当的贸易政策来调控伊朗与不同国家之间的农产品贸易。[5] Kumar 和 Prabhakar 以 2000～2014 年的数据为样本，使用随机前沿引力模型分析自由贸易协定和监管质量对提高印度出口贸易效率的影响，结果表明印度双边自由贸易协定对提高进出口效率具有显著影响，并强调了提高监管质量对提高印度贸易效率的重要性。[6] Renjini、Kar 和 Jha 等以 1995～2014 年的数据为基础，运用显示性比较优势指数来分析印度与东盟国家的出口农产品竞争力，并运用引力模型分析印度和东盟国家的农产品贸易潜力。结果显示，进行贸易合作国家的 GDP 与自由贸易协定的签订对两方农产品的出口效率产生了显著影响，并且强调了贸易便利化对增强两方贸易潜力的重要性。[7] Nazia 和 Javed 运用 PPML 的引力模型以及贸易潜力指数分析巴基斯坦在商品贸易方面与其他国家的贸易潜力，结果表明与巴基斯坦贸易潜力最大的是非传统贸易伙伴的国家，并提出巴基斯坦在维持与非传统贸易伙伴的贸易关系的同时，也要提升与传统贸易伙伴的贸易水平。[8]

国内有许多学者采用贸易潜力指数以及引力模型对两国的农产品贸易潜力进行研究。曹芳芳、孙致陆和李先德运用时变随机前沿引力模型得出中国进口拉美国家农产品的主要影响因素：正向的有中拉人均 GDP 和人口规模；负向的有中拉地理距离和汇率。除此之外，自由贸易协定的签订，拉美各国的商业自由度、贸易自由度和投资自由度对降低贸易非效率具有显著的正向影响。[9] 刘春鹏利用 CMS 模型分析中拉双向农产品贸易波动的影响因素，结果得出拉美国家的进口需求、中国的出口竞争力带动中国对拉美国家的农产品出口，而出口结构的不合理则会对出口产生负向影响；另外，中国的进口需求波动也影响着拉美国家农产品的出口。[10] 史沛然基于扩展的引力模型分析拉丁美洲与亚洲进行农产品贸易的影响因素，结果表明地理距离对拉丁美洲与亚洲进行农产品贸易的阻碍越来越小，影响双边贸易潜力的主要因素是基础设施的建设、各国参与全球化的程度以及进口国的经济发展水平。[11] 杨桔和祁春节采用贸易潜力指数（TPI），从收入角度分析了"丝绸之路经济带"沿线国家的农产品贸易潜力，通过构建包含农业劳动生产率和农产品价格等变量在内的扩展随机前沿引力模型，估计和比较分析了沿线 21 个国家对中国的农产品出口贸易效率及其影响因素，并进一步测算了出口贸易增长空间。研究结果显示，与中国的农产品贸易有巨大增长空间的是中亚经济带国家，环中亚经济带国家次之，亚欧经济带国家最小。[12]施锦芳和李博文以东北四省份与东北亚四国的贸易情况为基础，运用随机前沿引力模型测算这一区域相互之间的贸易效率，结果表明 GDP、人口规模以及区位优势是提高贸易效率的重要因素。[13]张惠和童元松以中国与"一带一路"沿线国家光伏产品贸易额为样本，运用引力模型说明技术创新与品牌建设对提高中国与"一带一路"沿线国家间贸易潜力的重要性，并且得出我国对沿线国家在光伏产品贸易上的出口潜力类型。[14]邵桂兰和胡新在研究中国与东盟水产品的贸易潜力时，用扩展的引力模型进行测算，结果显示人均 GDP 会影响两国之间的水产品贸易，而中国—东盟自由贸易区成立以来的零关税政策对中国与东盟的水产品贸易起到了很强的促进作用，人口规模与地理距离起到的作用并不显著。[15]

在梳理文献的过程中发现，学者们关注得更多的是中国与"一带一路"沿线国家的贸易，但随着中美贸易摩擦的发生，学者们越来越关注中拉之间的贸易，关于中拉贸易的文献越来越丰富。文献在研究中国与某一区域、国家贸易的影响因素时，采用得更多的是扩展的贸易引力模型和随机前沿引力模型，引入的变量更多的是人口、GDP、人均 GDP、地理距离、关税等。而在有关中拉贸易的研究文献中，学者更多研究的是中拉的整体贸易——不管是研究贸易潜力还是贸易的影响因素，综合研究中拉农产品贸易的影响因素和潜力的文献不多。基于此，本章计划在一般引力模型的基础上进行扩展研究，围绕中国与拉美主要国家农产品贸易潜力，实证分析中国与拉美主要国家农产品贸易潜力的影响因素，在影响因素中，本章添加两个变量，两国之间的技术性贸易壁垒和两国之间是否建交；再通过中拉两方农产品贸易的实际值和模拟值的比率，测度分析中国与拉美主要国家农产品贸易的潜力类型，最后提出新发展格局下提升中国与拉美国家农产品贸易潜力的若干建言。

一 中国与拉美主要国家农产品贸易潜力的影响因素

(一) 引力模型的扩展

贸易引力模型已在学术界广泛使用，以研究影响双方之间贸易量的因素。该模型源自牛顿的万有引力定律，荷兰经济学家 Jan Tinbergen 于 1962 年[1]根据万有引力公式延伸出贸易引力等式：

$$T_{ij} = A \frac{Y_i \times Y_j}{D_{ij}} \qquad (4-1)$$

T_{ij} 表示 i 国和 j 国之间的贸易额，Y_i 与 Y_j 分别表示 i 国和 j 国的经济规模，D_{ij} 表示 i 国和 j 国之间的地理距离，A 为常数。从公式来看，两国的经济规模是推动两国贸易额增加的正向因素，而地理距离则起到消极作用。

本章基于对中国与拉丁美洲之间的农产品贸易影响因素的学理考量，具体分析经济规模（GDP）、人口规模、地理距离、进口关税、两国是否建交以及技术性贸易壁垒等因素对中拉农产品贸易的影响。为方便计算，对数化整理公式，最终确定的引力模型如下：

$$\ln T_{ijt} = a_0 + b_1 \ln GDP_{jt} + b_2 \ln PEOPLE_{jt} + b_3 \ln D_{ij} + b_4 TA_{jt} +$$
$$b_5 TEDT_{ij} + b_6 \ln GDP_{it} + b_7 TBT_{jt} + u_0 \qquad (4-2)$$

其中，被解释变量为 T_{ijt}，表示 i 国和 j 国在第 t 年的农产品贸易额。以下为解释变量：GDP_{jt} 表示 j 国在第 t 年的国内生产总值，$PEOPLE_{jt}$ 表示 j 国在第 t 年的人口数量，D_{ij} 表示 i 国和 j 国之间的地理距离，TA_{jt} 表示 j 国在第 t 年的进口关税税率，虚拟变量 $TEDT_{ij}$ 表示 i 国和 j 国是否建交，用 0 表示没有建交，1 表示已建交，GDP_{it} 表示 i 国在第 t 年的国内生产总值，TBT_{jt} 表示 j 国在第 t 年关于技术性贸易壁垒向 WTO 通报的次数，a_0 为模型的常数项，u_0 为误差项。

变量的数据来源以及系数预期符号如表 4-1 所示。

表 4 - 1　变量的数据来源与系数预期符号

变量	数据来源	预期符号
T_{ijt}	UNCOMTRADE 数据库	
GDP_{jt}	世界银行	+
$PEOPLE_{jt}$	世界银行	+
D_{ij}	CEPII 数据库	-
TA_{jt}	世界银行	-
$TEDT_{ij}$	中国外交部官网	+
GDP_{it}	世界银行	+
TBT_{jt}	中国 WTO/TBT - SPS 通报咨询网	-

以下为对中拉农产品贸易影响因素与贸易潜力之间关系的说明。（1）GDP 代表一个国家的经济规模，GDP 数值越大，代表一个国家在需求和供给能力方面越强，说明一个国家的经济规模越大和购买能力越强，因此预期 GDP 对于两方农产品贸易额而言起正向作用。（2）PEOPLE 代表一个国家的人口规模，人口规模越大，表示一国对产品的需求量越大，预测它与两方的农产品贸易额正相关。（3）D 表示两国之间的地理距离，一般而言取两国首都之间的距离，两国地理距离越大，则贸易路途中发生阻碍的可能性越大，交通运输成本越高，因此预测它对两方农产品贸易额的影响系数为负。（4）虚拟变量两国之间是否建交对两国农产品贸易额是否有影响：有部分拉美国家与中国尚未建交，而两国的建交使两国关系更加紧密，一定程度上会推动两国在经贸上的发展，因此预测两国之间建交对两国的农产品贸易额起正向作用。（5）农产品的进口关税税率对两国农产品贸易额的影响：农产品的进口关税税率越高，表明一国自另一国进口农产品的贸易壁垒越高，有着阻碍两方农产品贸易的作用，因此预测农产品进口关税税率对两方农产品贸易额起负向作用。（6）拉美国家向 WTO 通报技术性贸易壁垒的次数对中拉农产品贸易的影响：一国向 WTO 通报技术性贸易壁垒的次数越多，表明这个国家对进口商品设置的技术性贸易壁垒越高，对进口商品提出的技术性标准越高，从而向这个国家出口商品的门槛越高。因此预测 TBT 对两方农产品贸易额起负向作用。

(二) 数据说明与处理

本章参考胡静的研究[16]，在时间上，选取的年份为 2010～2019 年；在样本选取方面，拉美国家包括 33 个国家，由于一些国家数据缺失较多，因此本章选取了 24 个拉美国家作为样本，包括安提瓜和巴布达、阿根廷、巴巴多斯、伯利兹、玻利维亚、巴西、智利、哥伦比亚、哥斯达黎加、古巴、多米尼加、厄瓜多尔、萨尔瓦多、圭亚那、海地、洪都拉斯、牙买加、墨西哥、尼加拉瓜、巴拉圭、秘鲁、苏里南、特立尼达和多巴哥、乌拉圭。由于拉美各个主要国家与中国的农产品贸易额以及拉美各个主要国家的 GDP、人口、中国与拉美各个主要国家之间的距离还有中国在 2010～2019 年的 GDP 数值较大，因此将这些数据进行对数化处理，缩小数据的绝对数值，将乘法计算转换为加法计算，能够更清楚地看到各个解释变量对被解释变量即中国与拉美主要国家的农产品贸易额的影响。首先，使用 Stata 15.1 软件对各变量进行描述性统计，检查数据的合理性，各变量的描述性统计结果如表 4 - 2 所示。

表 4 - 2　变量的描述性统计

变量	样本数量（个）	均值	标准差	最小值	最大值
$\ln T_{ijt}$	240	18.32	2.721	10.62	24.38
$\ln GDP_{jt}$	240	24.45	1.923	20.85	28.59
$\ln PEOPLE_{jt}$	240	15.67	1.866	11.39	19.17
$\ln D_{ij}$	24	9.633	0.130	9.426	9.858
TA_{jt}	240	8.152	3.941	0.620	26.47
$TEDT_{ij}$	24	0.782	0.414	0	1
$\ln GDP_{it}$	10	29.95	0.256	29.44	30.29
TBT_{jt}	240	0.826	1.868	0	18

其次，为确保数据的平稳性，防止实证结果出现伪回归现象，因此本章对除虚拟变量外的被解释变量与解释变量做单位根检验，两国之间的地理距离因为并没有随时间的改变而变化，因此不用做单位根检验。① 本章

————————

① 另外，GDP_{it} 的样本数量为 10 个，参考已有文献可以确定不用进行单位根检验。

采用了单位根检验中最常用的两种方法：一种是针对相同根的 LLC 检验，还有一种是针对不同根的 IPS 检验，两种检验的原假设为存在单位根。检验借助 Stata 15.1 软件，结果如表 4-3 所示，被解释变量与解释变量在单位根检验中的结果均在 1% 的水平下显著，因此拒绝原假设，各时间序列平稳，本章使用的面板数据不存在单位根。

表 4-3 单位根检验

变量	LLC	IPS	是否平稳
$\ln T_{ijt}$	-4.6946*** (0.0000)	-3.6442*** (0.0001)	平稳
$\ln GDP_{jt}$	-38.1344*** (0.0000)	-8.8286*** (0.0000)	平稳
$\ln PEOPLE_{jt}$	-9.8995*** (0.0000)	-3.1751*** (0.0007)	平稳
TA_{jt}	-5.2097*** (0.0000)	-12.3909*** (0.0000)	平稳
TBT_{jt}	-10.7661*** (0.0000)	-3.4665*** (0.0003)	平稳

注：括号内为 P 值，***、** 和 * 分别表示 1%、5% 和 10% 的显著性水平；余同。

（三）回归结果与分析

本章运用 Stata 15.1 软件分析了中国与拉美主要国家农产品贸易的影响因素（见表 4-4）。从回归结果可看出，R^2 为 0.7608，表明回归方程的拟合程度较高，这与预期的结果相同。以下根据回归结果对各个变量进行回归分析。

表 4-4 引力模型回归估计结果（随机效应模型）

变量	回归结果
$\ln GDP_{jt}$	0.282*** (0.003)
$\ln PEOPLE_{jt}$	0.796** (0.042)

变量	回归结果
$\ln D_{ij}$	-6.237^{***} (0.025)
TA_{jt}	-0.046^{***} (0.001)
$TEDT_{ij}$	0.729 (0.873)
$\ln GDP_{it}$	0.815^{***} (0.000)
TBT_{jt}	-0.006^{**} (0.046)
$Cons$	-86.481^{***} (0.004)
R – squared	0.7608
Obs（个）	240

（1）拉美主要国家的 GDP 对中国与拉美主要国家农产品贸易规模起着显著的正向作用。从结果可以看出，$\ln GDP_{jt}$ 的系数为 0.282，意味着当拉美主要国家的 GDP 增长时，中国与拉美主要国家的农产品贸易额就增长。

（2）进口国的人口规模对中国与拉美主要国家的农产品贸易起显著的正向作用，说明人口规模对于两国的农产品贸易而言是重要的影响因素之一，进口国的人口数量越多，进口需求也就越多。

（3）$\ln D_{ij}$ 的系数显著为负，说明两国地理距离对两国农产品贸易产生明显的负向影响，这与宋海英[17]和胡静[16]研究中国与拉美国家农产品贸易的影响因素的结果一致。两国的地理距离涉及运输成本以及路途风险，两国的地理距离越大，所要花费的运输成本就越多，在运输途中遇到风险的概率就越大。

（4）进口国政府对进口产品征收的关税税率对两国的农产品贸易起着显著的负向作用。当一国政府针对某个国家对某种产品设定较高的关税税率，那么不论是进口国还是出口国都无益于两方的合作，两国都要寻找可替代的进口来源与出口来源。

（5）中国与拉美主要国家之间是否建交对两国之间农产品贸易的影响并不显著。两国的外交关系在某种程度上影响两国的贸易合作，两国若建交，贸易往来会更加频繁，但两国的外交关系并不是影响两国贸易的主要因素。

（6）拉美主要国家向 WTO 通报技术性贸易壁垒对两国之间的农产品贸易起着显著的负向作用。技术性贸易壁垒的存在，意味着农产品进入拉美主要国家的门槛升高，一系列有关安全、卫生的技术性标准越来越严格，一定程度上会导致中国减少对拉美主要国家农产品贸易的出口。

本章在得出基准回归结果的基础上，使用广义最小二乘法（GLS）对回归结果进行稳健性检验。如表 4-5 所示，GLS 回归系数的正负以及显著性均与基准回归结果相同，因此本章回归结果具有稳健性。内生性检验为稳健性检验的一种，本章在使用 GLS 检验回归结果稳健性的情况下，不再检验变量的内生性。

表 4-5　稳健性检验结果

变量	回归结果
$\ln GDP_{jt}$	0.683 ***
	（0.000）
$\ln PEOPLE_{jt}$	0.315 **
	（0.038）
$\ln D_{ij}$	-5.24 ***
	（0.000）
TA_{jt}	-0.053 ***
	（0.002）
$TEDT_{ij}$	0.382
	（0.186）
$\ln GDP_{it}$	1.123 ***
	（0.000）
TBT_{jt}	-0.065 **
	（0.032）
$Cons$	-87.359 ***
	（0.000）
R-squared	0.7805
Obs（个）	240

二 中国与拉美主要国家农产品贸易潜力的测算比较

根据现有研究对贸易潜力的测算方法，本章依次将拉美各个主要国家的 GDP、人口规模以及中国与拉美各个主要国家之间的地理距离，还有拉美各个主要国家的进口关税税率等数值代入 Stata 15.1 计算出的回归方程，得到中国与拉美主要国家农产品贸易的模拟值，而中国与拉美主要国家农产品贸易的实际值与模拟值之比记为贸易潜力系数，中国与拉美主要国家农产品贸易潜力的类型有三种：当 $t < 0.8$ 时，两国贸易属于潜力巨大型；当 $0.8 \leqslant t < 1.2$ 时，两国贸易属于潜力成长型；当 $t \geqslant 1.2$ 时，两国贸易属于潜力成熟型。中国与拉美主要国家农产品贸易潜力的测算结果如表 4 - 6 所示。

表 4 - 6 2019 年中国与拉美主要国家农产品贸易潜力系数

国家	实际值（美元）	模拟值（美元）	实际值/模拟值（贸易潜力系数）	贸易潜力类型
阿根廷	6730637876	7918397501	0.85	潜力成长型
安提瓜和巴布达	650723	16268075	0.04	潜力巨大型
巴巴多斯	2946773	14733865	0.20	潜力巨大型
伯利兹	16074422	21150555	0.76	潜力巨大型
玻利维亚	39316156	8455087	4.65	潜力成熟型
巴西	34193678848	37992976498	0.90	潜力成长型
智利	5762704311	5649710109	1.02	潜力成长型
哥伦比亚	184397217	219520496	0.84	潜力成长型
哥斯达黎加	147865154	154026202	0.96	潜力成长型
古巴	242999162	264129524	0.92	潜力成长型
多米尼加	83715911	82074422	1.02	潜力成长型
厄瓜多尔	2362064521	2486383706	0.95	潜力成长型
萨尔瓦多	62918528	51998783	1.21	潜力成熟型
圭亚那	34285826	29813762	1.15	潜力成长型
海地	39340345	40143209	0.98	潜力成长型
洪都拉斯	21830891	29107855	0.75	潜力巨大型
牙买加	13871512	16513705	0.84	潜力成长型

续表

国家	实际值 （美元）	模拟值 （美元）	实际值/模拟值 （贸易潜力系数）	贸易潜力类型
墨西哥	1595105388	1563828812	1.02	潜力成长型
尼加拉瓜	33086645	29541647	1.12	潜力成长型
巴拉圭	24526224	23137947	1.06	潜力成长型
秘鲁	2032964550	2095839742	0.97	潜力成长型
苏里南	65643499	72135713	0.91	潜力成长型
特立尼达和多巴哥	18305735	19068474	0.96	潜力成长型
乌拉圭	2949825759	3138112510	0.94	潜力成长型

从表 4 - 6 来看，中国与阿根廷、巴西、智利、厄瓜多尔、牙买加、秘鲁、乌拉圭等国家之间的农产品贸易潜力为潜力成长型，意味着两方之间的农产品贸易还可以进一步增长，还未达到极致。2011 年，阿根廷提出"铁路振兴计划"，改造升级运输体系，将与中国开展贸易的高运输成本降低了许多，而这也帮助他们将更多的优质农产品运输到世界各地；中国则在巴西建立了 7 个加工厂，在一些热点城市建立中转基地，至 2019 年底，中国对巴西农业投资了 17.32 亿美元，与巴西在农业合作方面建立了长久且稳定的关系；再来看秘鲁，瓦奴科至瓦杨柯公路扩建项目连接了秘鲁的山区与本国主要外贸中心，为货物运输减少了 50% 的通行时间。除了上面提到的国家之外，中国与厄瓜多尔、牙买加、墨西哥、乌拉圭等在资本、市场、技术管理方面，通过彼此的优势互补，建立了长久且稳定的关系。对于这些潜力成长型的国家而言，中国可以在基础设施上对它们进一步投资，利用本国的技术优势去辅助它们，以此解决拉美一些国家虽自然环境优渥，但因经济落后存在农业技术缺陷的问题，将两方的农产品贸易潜力进一步发挥。

中国与安提瓜和巴布达、巴巴多斯、伯利兹、洪都拉斯的农产品贸易潜力为潜力巨大型，意味着中国与这些国家的农产品贸易并不频繁。安提瓜和巴布达为农业自给自足的国家，经济基础薄弱，农业在国民经济中的占比持续下降；巴巴多斯的种植技术落后；中国与伯利兹在 1989 年断绝外交关系，在经贸上的往来不多；洪都拉斯的咖啡在国际消费市场中的知名度较低，因为没有生豆和运输的支持。因此，在农产品贸易上，中国可对这几个国家进行农产品市场调查，进一步挖掘它们在农业上的潜力，如巴巴多斯的种植技术落后，可以对巴巴多斯的种植技术进行投资，这对于中国的农产品贸易而言，有助于增加农产品的进口种类，分散风险。

玻利维亚与萨尔瓦多与中国的农产品贸易潜力为潜力成熟型，意味着中国与这两个国家的农产品贸易为过度贸易，贸易已经达到顶峰。中国为玻利维亚最大的农产品出口目标国，2018 年 12 月 19 日，中国与玻利维亚签订协议书，中国正式从玻利维亚进口大豆；中国也是萨尔瓦多最大的农产品出口目标国。对于这两个国家，应进一步探索能发展两方农产品贸易的其他因素，以此进一步推动两方农产品贸易的发展。

三 提升中国与拉美国家农产品贸易潜力的战略思考

本章基于对权威数据的采集与处理，实证分析了影响中拉农产品贸易的主要因素，进而测算了中国与拉美主要国家农产品贸易的潜力系数，由此有效界定了双边贸易合作的潜力类型。研究的主要结论是：在影响中国与拉美主要国家农产品贸易的因素中，拉美主要国家的 GDP、人口规模对两方农产品贸易额都产生了显著的正向影响，而两国间的地理距离、拉美主要国家所征收的进口关税税率以及拉美主要国家向 WTO 通报技术性贸易壁垒对两方农产品贸易额产生了显著的负向影响；两国是否建交虽然对两方农产品贸易额产生正向影响，但影响并不显著。进一步来讲，通过计算与分析中国与拉美主要国家农产品贸易潜力系数发现，大多数国家属于潜力成长型，中国与安提瓜和巴布达、巴巴多斯、伯利兹还有洪都拉斯的农产品贸易潜力为潜力巨大型，与玻利维亚以及萨尔瓦多的农产品贸易潜力属于潜力成熟型。说明中国需要调整与拉美国家的农产品贸易结构，挖掘与拉美国家更大的贸易潜力。

基于此，本章认为有效提升中国与拉美国家贸易潜力的主要战略包括以下几点。一是加大对本国农业的扶持力度。以农业科技创新为动力，推动农业转型。当前，农产品质量差、技术含量低，是我国在农产品贸易中面临的一个重要问题，在质量上与国际市场要求相比还有一定的差距。因此，农业科技的创新是提高农产品质量的一个关键因素，而加强对农业生物技术人才的培养是农业科技创新的推动力。中国在部分农产品上过度依赖进口，只有在农业科技上不断创新，才能追上国际市场的步伐，增强我国农产品的出口竞争力，适应如今国际农产品市场的多样化。

二是增加对拉美国家的投资。拉美农业资源分布不均，是中国与拉美国家农产品贸易的障碍之一，与中国进行农产品贸易的国家高度集中，拉美国家数量较多，但真正与中国进行深入的农产品贸易合作的只有巴拉圭、乌拉圭、阿根廷、巴西、哥伦比亚等少数国家。中国应增加对拉美国家的投资，一些拉美国家因为经济落后而不能充分地利用本国的自然资源，以农业来提振自身经济。中国应增加对拉美一些经济落后国家的投资，如设立科学联合实验室、示范农场、农业示范园等，而后增强农产品贸易市场的多样性，分散风险。

三是重点开发潜力巨大的拉美国家市场。从计算的中国与拉美主要国家农产品贸易潜力系数可以看出，中国与拉美国家的农产品贸易潜力存在空间差异特征。因此，中国应对贸易潜力巨大的拉美国家进行科学的分析，并针对不同的国家制定贸易发展战略，对市场布局进行战略性调整，与拉美国家进行比较优势互补的农产品贸易。

参考文献

［1］ Tinbergen, J., *Shaping the World Economy: Suggestions for an International Economic Policy* (New York: The Twentieth Century Fund, 1962), pp. 3 - 5.

［2］ Poyhonen, P., "A Tentative Model for the Flows of Trade Between Countries," *Economics and Finance Archive*, 1963, 90 (1): 115 - 126.

［3］ Samaratunga, R., "Impact of the Enlargement of APEC on South Asia: An Analysis of Trade Potential," *South Asia Economic Journal*, 2001, 2 (2): 171 - 201.

［4］ Boughanmi, H., "The Trade Potential of the Arab Gulf Cooperation Countries (GCC): A Gravity Model Approach," *Journal of Economic Integration*, 2008, 23 (1): 42 - 56.

［5］ Esmaeili, A., F. Pourebrahim, "Assessing Trade Potential in Agricultural Sector of Iran: Application of Gravity Model," *Journal of Food Products Marketing*, 2011, 17 (5): 459 - 469.

［6］ Kumar, S., P. Prabhakar, "India's Trade Potential and Free Trade Agreements: A Stochastic Frontier Gravity Approach," *Global Economy Journal*, 2017, 17 (1): 78 - 90.

［7］ Renjini, V. R., A. Kar, G. Jha, et al., "Agricultural Trade Potential Between India and ASEAN: An Application of Gravity Model," *Agricultural Economics Research Review*, 2017, 30 (1): 105 – 112.

［8］ Nazia, G., I. Javed, "Tapping Global Potential of Pakistan in Merchandise Trade: Evidence from PPML Based Gravity Model and Trade Potential Index," *Review of Pacific Basin Financial Markets and Policies*, 2021, 24 (2): 68 – 81.

［9］ 曹芳芳、孙致陆、李先德:《中国进口拉丁美洲农产品的影响因素分析及贸易效率测算——基于时变随机前沿引力模型的实证分析》,《世界农业》2021 年第 4 期, 第 13 ~ 22 页。

［10］ 刘春鹏:《中国与拉美国家农产品贸易波动成因分析》,《华南农业大学学报》(社会科学版) 2017 年第 4 期, 第 132 ~ 140 页。

［11］ 史沛然:《拉丁美洲与亚洲的农产品贸易潜力分析》,《拉丁美洲研究》2021 年第 1 期, 第 132 ~ 140 页。

［12］ 杨桔、祁春节:《"丝绸之路经济带"沿线国家对中国农产品出口贸易潜力研究——基于 TPI 与扩展的随机前沿引力模型的分析框架》,《国际贸易问题》2020 年第 6 期, 第 127 ~ 142 页。

［13］ 施锦芳、李博文:《中国东北四省份与东北亚四国贸易效率及贸易潜力》,《财经问题研究》2021 年第 4 期, 第 98 ~ 107 页。

［14］ 张惠、童元松:《我国光伏产品出口"一带一路"沿线国家贸易潜力的实证研究》,《天津商业大学学报》2021 年第 2 期, 第 28 ~ 38 页。

［15］ 邵桂兰、胡新:《基于引力模型的中国 – 东盟水产品贸易流量与潜力研究》,《中国海洋大学学报》(社会科学版) 2013 年第 5 期, 第 34 ~ 39 页。

［16］ 胡静:《中拉"1 + 3 + 6"合作背景下中国与拉美国家农产品贸易潜力研究》,《世界农业》2018 年第 5 期, 第 92 ~ 100 页。

［17］ 宋海英:《中国 – 拉美农产品贸易的影响因素:基于引力模型的实证分析》,《农业经济问题》2013 年第 3 期, 第 74 ~ 78 页。

| 第五章 |

中国与沙特货物贸易应对新冠肺炎疫情冲击的转型

提要： 长期以来，沙特阿拉伯都是我国在西亚的重要货物贸易战略伙伴，与我国的货物贸易发展具有历史长、互补强和前景广三大特点。但是，2020 年初，一场突如其来的新冠肺炎疫情正在深刻地影响着全球产业链价值链的重构和"中心—外围"型国际分工体系的调整，由此也为中国与沙特货物贸易发展带来新的历史机遇和多重现实困境。那么，在当前复杂多变的国际政治经济形势下，深入研究如何遵循国际贸易发展规律，有效提升中沙货物贸易发展潜力，积极推动双边贸易自由、对等和互惠发展，就具有重要的时代价值。

引 言

长期以来，沙特阿拉伯都是我国在西亚的重要货物贸易战略伙伴，与我国的货物贸易发展具有历史长、互补强和前景广三大特点。从贸易历史来看，中沙货物贸易发展源远流长，最早可以追溯到公元 7 世纪丝绸之路的全盛时期；新中国成立之后，沙特阿拉伯也是较早与我国恢复贸易往来的阿拉伯国家之一。改革开放后，我国确立了对外开放的基本国策，坚持出口目标市场多元化发展战略，尤其是积极融入 20 世纪 90 年代开始迅猛发展的经济全球化，有效嵌入国际分工体系，不断释放贸易潜能，与阿拉伯国家的贸易额从 1978 年的约 10 亿美元增加到 1999 年的约 80 亿美元，其中贸易额最大的就是沙特阿拉伯，约为 19 亿美元。之后，中沙货物贸易规模不断扩大。2009 年，我国对沙特的进出口总额为 326 亿美元，占我国对所有阿拉伯国家进出口总额的 30%。

从贸易关系来看，中沙货物贸易互补性非常显著，贸易强度较高。沙特阿拉伯的原油、矿产资源等自然资源丰富，原材料初级加工产业发达，但是，交通运输等基础设施相对供给不足，先进制造加工业和现代化农业发展滞后。比如，机电产品、钢材、服装、食品等产品主要依赖进口，水果自给率可以达到 60%，但谷物自给率只有 20% 左右。这与我国改革开放以来逐渐形成的人力资源、技术创新和市场规模等比较优势形成了鲜明的对照。李晓莉运用 2006～2015 年联合国贸易数据库中的数据进行实证分析得出，我国与沙特的贸易结合度指数位于 [0.98，1.42]，产业内贸易指数达到 [2.15，4.38]。[1] 任梦茹通过计算贸易互补指数发现，沙特对中国具有互补优势的是矿产品、塑料橡胶及其制品，而我国对沙特具有明显互补优势的产品更加多样化，包括鞋帽、纺织制品、机器等。[2] 这表明我国与沙特的贸易互补性很强。目前，沙特已经连续多年成为我国在西亚的最大贸易伙伴和全球第一大原油供应国，我国是沙特第二大进口来源国，甚至有潜力跃升为沙特最大贸易伙伴。

从贸易前景来看，全球产业链重构条件下的中沙双边自由贸易发展趋势不可逆转。伟大的经济社会思想家马克思研判："自由贸易是现代资本主义生产的正常条件。只有实行自由贸易，蒸汽、电力、机器的巨大生产力才能获得充分的发展"①，"在古典政治经济学著作里所阐述的一切规律，只有在贸易的一切束缚都被解决、竞争不仅在某一个国家内而且在全世界范围内获得绝对自由的前提下，才是完全正确的"②。这是现代市场经济推动生产力发展的内在规律，不会因为以美国为代表的发达国家掀起的新一轮贸易保护主义而失去效力。换言之，目前出现的逆全球化经济现象只是一种人为发起的、不可持续的局部区域问题，故不会从根本上影响中沙自由贸易发展。基于此，2013 年习近平主席在出访哈萨克斯坦和印度尼西亚时分别提出了中国与沿线国家共建"丝绸之路经济带"和"海上丝绸

---

① 《马克思恩格斯全集》（第 21 卷），人民出版社，1965，第 416 页。
② 《马克思恩格斯全集》（第 4 卷），人民出版社，1958，第 294 页。

之路"的倡议，并领导我国政府分别于 2017 年和 2019 年主办了两届高规格的"一带一路"国际合作高峰论坛，相关倡议得到欧、亚、非和拉美相关国家的大力支持，共同推动"六廊六路多国多港"的互联互通合作机制的建构和完善。这些为有效应对发达国家的贸易保护主义和中美贸易摩擦提供了中国智慧和中国方案。

恰逢其时，2013 年我国货物进出口贸易总额达到 25.8 万亿元，对外货物贸易顺差为 1.6 万亿元，成为全球名副其实的第一货物贸易大国，说明我国一贯坚持的自由公平、平等互利的多边合作共赢原则是行之有效的。所以，我国在"十四五"时期及第二个百年梦想实现之前，将继续有效推进更高水平的对外开放，并通过"新发展格局"，加快发展为生产技术创新支撑的贸易强国。进一步来看，沙特阿拉伯凭借连接欧亚非大陆的区位优势、最大石油输出国的经济实力以及《愿景 2030》和《2020 年国家转型计划》的经济结构改革潜能和市场多元化发展战略，自然成为"一带一路"倡议的重要节点国家之一。另外，随着 2016 年和 2017 年中沙两国领导人的高层互访，中沙全面战略伙伴关系已经建立。沙特的这些优势，必将进一步提高中沙贸易合作紧密度，深化两国之间相关产业链一体化的国际分工。

但是，2020 年初，一场突如其来的新冠肺炎疫情正在深刻地影响着全球产业链价值链的重构和"中心—外围"型国际分工体系的调整，由此也为中沙货物贸易发展带来新的历史机遇和多重现实困境。那么，在当前复杂多变的国际政治经济形势下，深入研究如何遵循国际贸易发展规律，有效提升中沙货物贸易发展潜力，积极推动双边贸易自由、对等和互惠发展，就具有重要的时代价值。

一　中沙货物贸易发展的理论基础

中国与沙特的货物贸易属于典型的大国 – 小国贸易发展模式，这种模式主要有三大相对独立的理论基础，分别是效率经济学、公平经济学和经济政治学。

(一) 贸易发展的效率经济学

它主要强调一国的出口贸易要优先考虑本国商品、企业和产业的生产力和竞争力，来权衡贸易自由和保护的利弊，相机抉择本国参与国际分工的贸易开放程度，而进口贸易则要积极满足本国短期内的个人消费和生产消费需求，以及本国长期产业发展的需求，最终实现一国资源在国内外市场的最优化配置。

从贸易理论思想史来看，重商主义和古典自由贸易主义适用于不同规模国家的对外贸易发展，或者说，国家规模在这两种理论体系中的权重都不大，小国也可以模仿大国积极从事对外贸易。在本国逐渐进入工业化经济发展阶段、其他国家经济发展还没有及时跟进的条件下，本国的社会劳动生产率和竞争力相对有了质的提升，资本积累也初具规模，以亚当·斯密、大卫·李嘉图、赫克歇尔和俄林等为代表的古典自由贸易主义就认为增加国家财富不需要政府的贸易保护，只要积极发挥本国生产的绝对比较优势、相对比较优势和资源禀赋等，参与国际劳动分工，开拓世界市场，进一步扩大市场规模。之后，由于各国经济发展阶段不同，尤其是工业化程度不同，对于小国而言，就像劳动生产率较低的大国一样，日益成为发达国家的原料产地和商品销售市场，形成了贸易结构单一的垂直型的国际分工格局。除此之外，对于大国－小国贸易发展模式，还可以选择使本国资源在国内外市场配置次优的贸易政策，比较典型就是区域经济一体化。这种政策倾向于在两个或两个以上的国家或经济体通过发挥地域邻近的空间优势，在经济上达成某种互惠协议，降低或者取消关税及其他阻碍资源自由流动的各种障碍，实现成员国之间的贸易自由，同时，对非成员国实施区别待遇，即贸易保护。[3]比较成功就是欧洲经济共同体和北美自由贸易区。

(二) 贸易发展的公平经济学

与贸易发展的效率经济学关注的是资源配置问题不同，公平经济学主要从生产关系和交换关系的层面讨论劳动价值的分配问题，就是在国际交换过程中，大国与小国及强国与弱国之间是劳动价值的等值交换，还是存在严重的资本剥削劳动、发达国家剥削欠发达国家、大国剥削小国的国际经济关系，由此形成了"中心—外围"的世界格局以及外围国依附中心国的贸易结构。李嘉图最早关注了国际不平等交换现象，但是，他只认为资本国际自由流动的空间约束是不等量劳动交换的主要成因，而没有论证劳动力流动性在制约国际不平等交换中的决定性作用，也没有在分析中恪守劳动价值基础。所以，他没有进一步讨论国际不平等交换政策，而是发展与完善了斯密关于劳动分工和劳动效率的比较优势理论。之后，马克思在剩余价值理论的逻辑基础上提出了国际不平等交换思想，指出发达国家和欠发达国家之间的商品贸易是剩余价值国际转移的实现方式，实质是国际资本剥削。随着经济全球化的深入发展和世界市场规模的不断扩大，这一思想的现实意义正逐渐显现出来。而在国际不平等交换中处于强势地位的国家处于中心位置，处于弱势地位的国家则处于外围或者半外围位置，而且外围或者半外围国家对中心国家处于依附状态。那么，由于劳动生产率低、政治影响力小、经济制度不健全等因素而大多处于弱势地位的小国在制定贸易战略时总是会利用自身的相对比较优势依附处于中心位置的大国，短期内容易满足国内的生产和消费需求，但是，在长期一般就会形成较为单一的处于产业链低端环节的经济结构。而且，较高的对外贸易依存度降低了本国适应国际政治经济环境变化的能力。

（三）贸易发展的经济政治学

与效率和公平在贸易发展中的经济分析不同，经济政治学更强调政治行为对贸易政策的制定和演变、国际和国内利益关系的经济影响。从国际层面来看，该理论强调国家是国际政治经济关系中的行为决策主体，追求国家整体利益的最大化，而贸易政策只是一国对外政策的一个构件，一般服从于国家整体利益的增加。尤其是金德尔伯格提出的霸权稳定理论，指出一国在国际政治经济中的地位决定了其对外经济政策，特别是国际体系中经济、政治、军事等实力超群的霸权国家在形成时，一般会全力推动体系内的自由贸易，并通过制裁、报复等非经济手段执行相关规则，稳定和维护体系正常运行；反之，霸权地位一旦下降，便要求退出自由贸易体系，转向新贸易保护主义。[4]进一步来看，在该体系中，小国处于从属地位，贸易政策的制定也要着眼于国家整体利益的最大化，也就是权衡经济、政治、社会等综合竞争力。这就表明贸易政策是国与国政治经济关系的一种表现形式，赫莱尼尔（G. K. Helleiner）等用国际谈判模型解释了 20 世纪 30 年代以来特别是战后关税水平不断下降的趋势，因为通过国家之间的谈判达成协议不会引起国内相关利益主体的普遍反对，还可以因为协议而避免利益互损的贸易保护主义，所以，比单方面实施减税政策的成本更低。从国内层面来看，贸易政策的制定源于公共选择理论的发展，就是在假定市场完全竞争、收入再分配可行、以直接投票的简单多数原则确定当选者且投票成本为零的条件下，决策者应该选择最有效率的自由贸易政策，这既适用于大国，也适用小国。

综上讨论，大国与小国之间可以基于彼此不同的政治、经济和社会文化等背景，遵循求同存异的自由互利市场准则，充分利用各自的资源禀赋等相对比较优势，加快推进双边自由贸易体制机制的建构与创新，不断优化符合双边利益最大化原则的分时期分阶段的贸易模式。

二　中沙货物贸易发展的现状特征

受到 2008 年国际金融危机的深刻影响，世界经济持续疲软，有效需求严重不足，以至于贸易保护主义死灰复燃，不断冲击着自由贸易体制。但是，在"一带一路"倡议的推动下，中沙货物贸易紧密度日益得到提高，贸易条件不断优化，双边自由贸易潜力有效释放，从而加快了两国之间贸易规模的扩大和贸易结构的优化互补。

（一）出口贸易发展的规模与结构

从出口贸易规模来看，表 5 – 1 中的数据表明，中国对沙特阿拉伯的货物出口额从 2013 年的 187.40 亿美元增加到 2019 年的 238.56 亿美元，增长了 27.30%；占全国货物出口总额的比重从 2013 年的 0.85% 提高到 2019 年的 0.95%，而中国对沙特阿拉伯的出口依存度年均为 0.17。总体来看，虽然有一定的起伏不定，但是依然能发现在贸易保护主义的逆全球化形势下以及国际石油价格趋于下降的态势下，中国对沙特的出口保持了较为稳定的增长趋势，尤其是 2019 年的出口额及其在全国出口总额中的比重都有了较大幅度的提升。

表 5-1 "一带一路"倡议下中国对沙特阿拉伯的货物出口贸易发展

年份	出口额（亿美元）	出口额占全国出口总额的比重（%）	出口依存度
2013	187. 40	0. 85	0. 20
2014	205. 75	0. 88	0. 20
2015	216. 13	0. 95	0. 20
2016	187. 56	0. 89	0. 17
2017	183. 74	0. 81	0. 15
2018	174. 29	0. 70	0. 13
2019	238. 56	0. 95	0. 17

数据来源：根据联合国贸易数据库（COMTRADE）、中国国家统计局的数据整理计算。

从出口贸易结构来看，按照 HS1996 分类方法，中国出口沙特的主要商品是第 84 章机械设备、第 85 章电气设备、第 94 章床上用品、第 62 章机织服装、第 87 章汽车等。比如，2015 年主要出口商品是核反应堆、电子与照明设备及其零部件、铁路及轨道交通设备等，总占比将近 50%；2016 年主要出口商品是机械设备及其零部件，电机、电器、音响设备及其零部件，家具、寝具及灯具，钢铁，针织服装等，总占比也将近 50%；2017 年主要出口商品是机器及其零部件产品，只此占比就将近达到 30%；2018 年主要出口商品是电器设备及其零部件、机械设备及其零部件、船舶、家具、钢铁等，占比也将近 50%；2019 年主要出口商品是机电及电子设备、家具、纺织品、汽车以及钢铁及其制品等，占比将近达到 60%。其中，2019 年中国出口沙特的汽车数量为 628135 辆，价值为 120 亿美元，同比增长 21.6%，但是，相对落后于日本、美国、韩国、泰国、德国等，位居第六。

总体来看，中国出口沙特的商品主要是资本密集型和劳动密集型的加工制造品，尤其是位于价值链中上端的资本密集型商品出口占比逐年上升，这与我国的供给侧结构性改革和产业结构转型升级几乎是同步的。但是，我国与沙特的其他主要的传统进口目标国，比如日本、美国、韩国等相比，在贸易规模和结构上还存在一定的差距。此外，在海湾八国中，阿联酋、沙特和伊拉克的进口产品需求类似，彼此具有较大竞争性，这也是我国与沙特贸易规模不能大幅度扩大的主要原因之一。

（二）进口贸易发展的规模与结构

从进口贸易规模来看，表 5-2 中的数据表明，中国对沙特阿拉伯的货物进口额从 2013 年的 534.51 亿美元先是持续降低到 2016 年的 236.62 亿美元，然后又开始迅速反弹，持续增加到 2019 年的 541.82 亿美元；占全国进口总额的比重从 2013 年的 2.67% 下降到 2016 年的 1.49%，同样迅速反弹，持续增加到 2019 年的 2.57%；而中国对沙特阿拉伯的进口依存度先从 2013 年的 0.56 持续下降到 2016 年的 0.21，之后迅速反弹，持续增加到 2019 年的 0.38。总体来看，中国对沙特的进口规模及其占全国进口总额的比重、进口依存度都呈现明显的"V"形变化趋势，预示着中国对沙特阿拉伯的货物进口规模会不断扩大。也就是说，沙特阿拉伯日益成为我国在西亚的重要进口目标市场。

表 5-2　"一带一路"倡议下中国对沙特阿拉伯的货物进口贸易发展

年份	进口额（亿美元）	进口额占全国进口总额的比重（%）	进口依存度
2013	534.51	2.67	0.56
2014	485.08	2.47	0.46
2015	300.21	1.78	0.27
2016	236.62	1.49	0.21
2017	317.62	1.73	0.26
2018	458.65	2.15	0.33
2019	541.82	2.57	0.38

数据来源：根据联合国贸易数据库（COMTRADE）、中国国家统计局的数据整理计算。

从进口贸易结构来看，按照 HS1996 分类方法，中国从沙特进口的主要商品除了原油外，集中在第 27 章矿物燃料、第 29 章有机化学品、第 39 章塑料及其制品、第 26 章矿石等大类，其中工业产品占了绝大比重。比如，2015 年，中国从沙特进口的商品除了原油外，主要是化工染料、塑料、矿石等，占比超过 99%。2016 年，中国从沙特进口的商品，除了原油外，主要是矿物燃料、有机化学品、塑料及其制品等，占比将近 98%。到了 2019 年，中国从沙特进口的商品除了原油外，以塑料橡胶等下游化工材料为主，而沙特非石油出口额达到 576 亿美元，其中中国为最大出口目的地，出口额为 95 亿美元，占比为 16.5%，其次是印度、阿联酋、新加坡和欧盟。尤其是，在 2014 ~ 2018 年，沙特对中国和印度的非石油出口都增长了近 50%。总体来看，中国进口沙特的商品主要是与能源相关的商品，除了原油外，非石油商品在我国产业结构优化升级过程中同样具有较大需求，而且，中国已经连续多年成为沙特的最大进口目标市场，是沙特最重要的战略贸易伙伴。

（三）进出口贸易发展的规模与结构

从进出口贸易规模来看，表 5 - 3 中的数据表明，中国对沙特阿拉伯的货物进出口总额从 2013 年的 721.91 亿美元先是持续降低到 2016 年的 423.18 亿美元，然后开始迅速反弹，持续增加到 2019 年的 780.38 亿美元；占全国进出口总额的比重从 2013 年的 1.72% 下降到 2016 年的 1.15%，同样迅速反弹，持续增加到 2019 年的 1.71%；相应地，中国对沙特阿拉伯的进出口依存度先从 2013 年的 0.76 持续下降到 2016 年的 0.38，之后迅速反弹，持续增加到 2019 年的 0.55。进一步分析，2013 ~ 2019 年，中国对沙特阿拉伯的贸易都处于逆差状态，从 2013 年的 347.11 亿美元持续降低到 2016 年的 49.06 亿美元；然后开始持续增加到 2019 年的 303.26 亿美元。这表明中国对沙特的贸易逆差正在呈现不断扩大的态势。

表 5 - 3　"一带一路"倡议下中国对沙特阿拉伯的货物进出口贸易发展

年份	进出口额（亿美元）	占全国进出口总额的比重（%）	贸易依存度
2013	721.91	1.72	0.76
2014	690.33	1.60	0.66
2015	516.34	1.30	0.47
2016	423.18	1.15	0.38
2017	501.36	1.22	0.41
2018	632.94	1.37	0.48
2019	780.38	1.71	0.55

数据来源：根据联合国贸易数据库（COMTRADE）、中国国家统计局的数据整理计算。

总体来看，中国和沙特阿拉伯的进出口贸易规模从 2013 年到 2019 年呈现与进口贸易规模基本类似的"V"形变化态势，说明两国之间的贸易紧密度正在不断提升，贸易条件持续向好，特别是在双边政府高层互访的积极推动下，两国贸易出现了快速发展的趋势。但是，中国在贸易关系中始终处于逆差状态，而且逆差的规模不断扩大。那么，一方面，从一般商品的贸易角度来考量，应该积极实施贸易平衡战略，扩大出口规模；另一方面，从原油这种战略贸易商品角度来考量，应该重视逆差状态可以满足我国整体的经济高质量发展需求，并且有助于增强我国在中沙贸易中的话语权和定价权。

三 新冠肺炎疫情影响下中沙货物贸易发展的主要困境

沙特虽然是石油大国，但大到工业设备小到日用吃穿都依赖进口。目前，沙特主要进口建材及工程机械、消费电子产品、日用消费品、纺织品、食品、机械设备和家具产品等。中国与沙特在经贸领域互补性强。从贸易结构来看，沙特对中国出口的前五大产品分别是原油、有机化工产品、塑料及其制成品、金属矿石、海产品；从中国进口的前五大产品分别是电器设备及其零部件、机械设备及其零部件、船舶、家具、钢铁。中国的商品不仅质量好，而且对比欧美商品在价格方面有很大优势，中国商品在沙特市场具有极强的竞争优势。同时沙特官方数据显示，中国是沙特第一大贸易伙伴，2018 年两国贸易额达 614 亿美元，同比增长 32%，占沙特同期外贸总量的 17%。其中，沙特对中国出口的原油和非石油商品金额分别同比增长 51% 和 56%，沙方贸易顺差为 169 亿美元，同比增长 210.8%。

根据中国海关数据，2018 年沙特对华出口额为 459 亿美元，其中 99.84% 为资源类产品，0.16% 为非资源类产品，主要为无纺织物、食品等，而食品是沙方在非资源类产品中最有潜力推动输华的产品。而在 2019 年前 11 个月中沙特非石油商品出口额达到 1969.3 亿里亚尔（525.1 亿美元），其中中国居首位，占 16.4%。

如果没有新冠肺炎疫情的发生，中国同沙特这种互补型贸易合作关系或将持续并得到进一步加强，但是疫情的冲击不仅使得包括中国、沙特在内的国际贸易合作在短期内出现明显下挫，同时也会导致各国在中长期阶段面临国际贸易格局出现重大变化的现实。中沙传统贸易合作面临诸多挑战和不确定性。

沙特阿拉伯自 2020 年 3 月 2 日确诊境内首例新冠肺炎病例以来，疫情一度呈现快速蔓延趋势，成为中东地区除伊朗以外确诊感染人数最多的国家，疫情防控形势严峻。为遏制疫情，沙特政府采取了严格的防控措施，这在一定程度上减缓了病毒传播速度，但宵禁和人员流动管控等措施对服务业和旅游业等非石油经济活动产生了深刻影响。与此同时，受国际石油需求锐减和价格战双重打压，国际油价出现暴跌，使得深度依赖石油收入的沙特遭遇巨大冲击。同世界上大多数国家一样，新冠肺炎疫情带来的经济打击对于沙特而言已经不可避免。

（一）疫情对沙特国家财政的影响

统计数据显示，2020 年第一季度，沙特阿拉伯的政府收入仅为 1920 亿里亚尔，同比下降 22%；石油收入同比下降 24%，至 1290 亿里亚尔，非石油收入暴跌 17%：财政收入全面告急。2020 年第二季度，负面因素对沙特经济的影响可能更大。在宣布新的紧缩措施之前，沙特阿拉伯的预算赤字已经达到 GDP 的 15%。

在疫情发生之前，沙特 2020 年财政的赤字目标原本定在 GDP 的 6.4%，按照这一赤字水平，油价需要维持在每桶 65 美元附近。而有专家预计，沙特政府的预算赤字在 2020 年可能会扩大到 GDP 的 15%。另外，根据沙特财政部的报告，2020 年 1 ～ 3 月，沙特石油出口收入同比下降 24%，仅为 340 亿美元，导致总收入同比下滑 22%。受此影响，沙特 2020 年第一季度预算赤字为 90 亿美元。相比之下，2019 年第一季度则实现了预算盈余 74 亿美元。

事实上，即使没有新冠肺炎疫情的大流行，沙特的经济状况也不容乐观。世界银行的数据显示，2019 年底，沙特的外债总额超过 1830 亿美元，高于 2018 年底的 1510 亿美元。据总部位于伦敦的"中东之眼"报道，2015 ～ 2019 年五年内，沙特的外债规模上涨了 1500%，而现金储备则减少了 2330 亿美元。

根据彭博社预测，2020 年，沙特政府的预算赤字仍可能超过国内生产总值的 13%。沙特财政部部长穆罕默德·贾丹表示，沙特阿拉伯 2020 年将把借款计划增加一倍，以减轻对该国外汇储备的影响，该国需要将外汇储备维持在一定水平以上，以支持里亚尔与美元挂钩。

据沙特《经济报》2020 年 6 月的报道，2020 年前四个月，沙特对外货物贸易总额为 3971 亿里亚尔（约合 1059 亿美元），较上年同期的 5219 亿里亚尔下降约 23.9%。

对于 2020 年下半年沙特经济与财政状况，有专家仍表示难言乐观，财政政策面临"稳经济"与"保财政"的两难局面。从沙特政府上半年公布的政策来看，政府似乎选择了保守路线，更加有意维持财政平衡的长期目标。企业和居民应该对紧缩政策抱有合理的心理预期，同时新政策对经济复苏、营商环境和社会预期的影响不容小觑。而不容忽视的是，沙特经济在上半年同时表现出一定韧性。沙特官方表示，该国经济正从疫情影响中反弹，外国投资开始恢复近年来的强劲增长势头，这与上半年末结束疫情下的封锁措施、一些部门正显示复苏迹象有关。例如，6 月沙特国内旅游业同比增长 18%，酒店入住率回升到 85%~90%。同时，得益于相对强大的政府管理能力和较为稳健的外部资产负债表，沙特主权信用评级将继续维持在 A-/A-2，信用评级机构仍对沙特保持"稳定"评级，国际市场对沙特债券发行同样表示了欢迎态度。另外据乐观估计，随着全球经济逐步回暖、石油需求和价格回升，沙特经济有望在 2021 年实现触底反弹，预计 2021~2023 年可达到 2.4% 的年均复合增长率。但 2020 年的处境依然艰难，全年 GDP 预计萎缩 4.5%，人均 GDP 则将从 2019 年的 2.33 万美元暴跌至 1.87 万美元。因此，沙特官方对本国经济恢复表示谨慎乐观，认为下一步经济发展形势将取决于抗击疫情的情况。

（二）疫情导致消费预期受挫，影响沙特进口市场

由于全球大流行加上能源价格下跌，沙特阿拉伯 2020 年的石油和非石油收入同步下降，这打击了沙特阿拉伯的公共财政。此前国际货币基金组织曾在一份报告中预测，沙特 2020 年国内生产总值将下降 6.8%。

在疫情蔓延的严峻经济形势下，沙特政府采取了前所未有的措施加以应对，包括将增值税税率提高了两倍，即自 7 月 1 日起实行 15% 的较高增值税税率，使年度通货膨胀率达到 6.1%，这是多年来最快的速度。同时从 6 月 1 日起，沙特所有政府公职人员和军人的津贴将暂停发放。分析人士认为，沙特政府希望增加非石油收入，下令大幅提高增值税税率并取消生活津贴，此举将导致民众购买力显著下降，很可能会抑制消费者的支出并减缓经济增长。

目前，沙特官方已经下调 2020 年本国消费者的支出前景，预测 2020 年实际家庭支出将仅增长 1.0%，而疫情暴发之前的 2020 年预测为同比增长 4.1%。由于在疫情严重期间政府的部分封锁措施限制了消费者的流动，诸如只允许超级市场、大卖场和药房等基本商店继续营业，因此民众的市场消费行为受到不少抑制。同时，在疲软的油价可能影响沙特经济增长前景的情况下，该国未来消费预测将面临进一步的下行风险。调查显示，中东和北非的消费者中有 69% 认为，由于新冠肺炎疫情，他们的生活方式已经长期改变，节俭正日益成为包括沙特在内的海湾国家生活消费的新常态。

安永发布的报告《未来消费者指数》显示，根据对来自沙特阿拉伯和阿联酋的 1018 位消费者的调查，84% 的消费者表示已经改变了购买标准，更加注重物有所值并加大了对消费本地制造产品的承诺力度。

正如沙特财政大臣所说，疫情冲击全球石油市场造成的油价下跌让沙特的石油财政收入锐减，国内外的种种封锁政策对非石油部门的经济增长产生负面影响。为减轻经济危机带来的后续影响，政府决定实施紧缩政策，除增税和取消部分人的补助外，政府还会取消或推迟本财年对一些重大项目的拨款。据统计，2020 年第二季度沙特承包工程市场累计授标额为 110 亿里亚尔（约合 29 亿美元），较上年同期暴跌 83%，较第一季度则环比下滑 76%。2020 年上半年，市场累计授标额为 562 亿里亚尔，较 2019 年同期大幅缩水 50.7%。基础设施的建设等会刺激对工业机械、电力相关设备等的需求，而大型基建项目与承包工程的减少，势必影响相关产品的进口需求。

为减轻经济困局带来的影响，沙特海关决定自 2020 年 6 月 10 日起提高部分商品的进口关税税率，提高进口关税税率的商品清单涉及 2600 多个税则号，涉及较多的产品有家电、汽车等机电产品，以及钢材等。

四　疫情防控常态化阶段中沙货物贸易发展的对策建议

新冠肺炎疫情在全球持续蔓延，不仅给全球公共卫生安全带来挑战，同时也给全球各国贸易合作带来冲击和影响。在全球化背景下，各国政府在做好疫情防控的同时，无不在思考如何保障产业链与供应链安全，恢复国际贸易合作、推动经济复苏。中国和沙特经济互补性强,双边贸易务实合作基础好,合作前景非常广阔,同时两国均为二十国集团(G20)成员国,不仅在联合抗击疫情中携手合作,在维护双方贸易合作、共同推动两国经济复苏与发展上也将有所作为。

(一)应对沙特的发展前景与中沙传统贸易合作保持信心

尽管受到新冠肺炎疫情的暂时冲击,但沙特是中东地区的重要经济体,加之沙特经济所具备的韧性与弹性,因此应当有理由相信沙特经济未来发展的前景以及该国市场所蕴含的巨大商机。

沙特是中东地区最大的终端消费市场,同时沙特拥有世界上最多的石油储备,该国人口的持续增长为建筑行业的兴旺提供了有力的保证,中国目前对沙特的出口额还不到沙特总进口额的10%,远远低于欧美日等发达经济体对该区域的出口额占比。

在中东地区,沙特是产业项目投资力度最大的国家。在疫情暴发之前,沙特正在全国建设六大经济城市,项目投资均高达数百亿美元,同时还计划在未来十年内投资1403亿美元用于电力项目,以满足民用及工业需求。这种大规模投资会刺激工业电力相关设备的需求以及建筑材料的大量需求。据估计,在上述项目背景下,沙特涂料需求量接近90万吨,仍是中东最大的涂料市场。尽管因为疫情导致不少项目推迟或暂时搁浅,但随着国家经济的复苏,沙特基础设施与产业项目恢复带来的市场商机仍值得期待。又如,预计到2030年,沙特总人口将增加约35%,达4500万人。预测到2025年医疗保健支出总额将达到2200亿里亚尔。医疗部门是沙特国家转型计划的重要组成部分,未来医疗部门将逐步实现医保范围扩大、健康数据库升级等改革措施,医疗保健行业前景广阔。

(二)中国与沙特应继续加强政策沟通与确保贸易渠道畅通,完善多双边合作机制,并确保产业链供应链安全

同为二十国集团成员国家,中国与沙特不仅可以借助该国际合作平台继续联手抗击疫情,同时可以继续注重加大经贸政策沟通协调力度,通过二十国集团贸易部长会议、二十国集团工商界活动以及世界贸易组织等多边渠道,共同维护多边贸易体制、维护全球市场开放。同时,借助"中沙

高级别联合委员会"的平台优势，保持沟通协作并完善合作机制，在巩固合作成果和扩展合作空间方面进一步发挥统筹协调作用。

在继续保持贸易畅通、保障产业链与供应链安全方面，数据显示，2020 年第一季度中沙两国进口额与出口额同比均保持增长，双边贸易总额在逆势中实现同比增长 4.73%，两国贸易合作在疫情冲击下展现出韧劲。在疫情防控常态化阶段，应更加重视将畅通贸易网络、保障产业链和供应链稳定作为双边贸易合作的重要基础性保障。在政府机构层面，在提供卫生安全保障的前提下，应该进一步完善管控措施，提高清关、物流、交通环节的效率，确保装备、物资、人员等的流通，为稳定两国传统贸易格局、保障产业链与供应链的安全创造良好的基础条件。

（三）中沙应继续巩固传统合作基础，为传统产业与传统贸易注入新的生机与动力

传统制造业的转型升级与高质量发展将成为国家竞争力的重要来源。尽管中国传统制造业的成本优势正在逐渐减弱，但产业链完整的优势依然存在，应当加快建设公共科技服务体系，注重先进适应性技术的应用、开发与推广，通过持续提升传统制造业的工艺、质量、设计与效率，来巩固既有竞争优势；通过应用先进技术提升与改造传统产业，将其发展成为先进制造的重要组成部分。

同样，在实现生产要素的升级以及由原本的成本、价格优势转变为技术优势方面，以价格优势、成本低廉为特色的中国传统贸易面临以科学技术驱动的新经济带来的危机。只有转而以科学技术作为贸易模式的驱动力，才能继续保持中国在全球市场中的地位。因此，在自身鼓励发展科学技术的同时，中国企业还要积极吸收其他国家或地区的先进技术。

（四）中沙两国应在传统领域合作的基础上，发掘新型产业合作机遇

对于发展中国同沙特在新兴业态领域的合作，习近平主席在同沙特国王萨勒曼通话时表示："中方愿同包括沙特在内的二十国集团成员加大对发展中国家帮助，建设开放型世界经济，维护全球产业链供应链稳定，便利人员有序流动，引领数字经济合作，打造开放、公平、公正、非歧视的

数字经济环境。"可以预见，随着各项摆脱困境、刺激经济复苏的政策出台，沙特经济将逐步复苏，营商环境也会进一步改善，沙特资源要素禀赋的优势更会日益显露。不少市场人士认为，沙特仍然被看作一片新兴产业的沃土，随着技术应用与商业模式日渐成熟，这些领域有望成为中沙合作新的增长点。例如，《美国商业资讯》的报告显示，到 2025 年底，海合会的智能家居市场预计将增至 34 亿美元。报告称，海合会智能家居数量正在大幅增长，预计未来几年将进一步增长。智能家居通过连接互联网的设备实现远程监视和系统与设备控制。海合会国家广泛显示出对家居自动化的偏好，因为这项新技术可提供便利的生活并节省能源。报告显示，沙特、阿联酋和卡塔尔在海合会国家中占有较大份额，其中沙特智能家居安全市场正在蓬勃发展，因为沙特内政部已强制要求所有企业必须在经营场所内安装监控摄像头，以防盗窃等犯罪。

（五）应继续利用互联网平台优势，促进中国同沙特开启云上贸易合作模式

受疫情影响，线上展会成为特殊时期国际买家采购商品、卖家获取订单的主要渠道。例如，为确保国际沟通对接渠道畅通，浙江省金华市搭建了"金华数字外贸公共服务平台"，截至 2020 年 1000 多家企业完成注册，并上传了 6500 余个产品，此外还联合沙特哈里喜展览公司驻上海办事处、香港贸发局等举办"金华制造 云参展云对接"10 场线上自办展，积极开展洽谈对接，努力达成互利双赢的合作成果。其中在 2020 年 7 月 20 日，中—沙特国际贸易线上对接会暨 2020 浙江金华出口网上交易会（沙特站—消费品专场）启幕，本次展会有来自沙特的 40 家境外采购商以及金华的 55 家供应商，它们在 15 天内通过在线平台配对洽谈，开幕当天意向成交额达到 1800 万美元。又如，首届浙江出口网上交易会（沙特站—酒店用品及家具家居专场）线上视频配对会于 2020 年 7 月 31 日成功落幕。官网的数据平台显示，首届浙江出口网上交易会（沙特站—酒店用品及家具家居专场）线上视频配对会达成意向订单超过百万美元。

在新冠肺炎疫情暴发的特殊背景下，尽管中国与沙特贸易合作面临诸多困难，线下贸易形式在某些方面的确具有在线贸易难以替代的特点与优势，但同时应意识到，在疫情蔓延的情况下，以直播为主要形式的云上交

易将有助于维护和稳定两国贸易合作格局和基础，同时有益于创造更多的合作商机。数字化新外贸的崛起，既是疫情影响下的一个必然选择，也可能成为中沙两国以及更多国家未来外贸转型发展的必然方向。

参考文献

［1］李晓莉：《"一带一路"背景下中国与沙特贸易互补性和竞争性研究》，《学习探索》2018 年第 4 期，第 51～55 页。

［2］任梦茹：《"一带一路"背景下中国与海湾国家贸易格局研究》，硕士学位论文，西南大学，2019。

［3］佟家栋、王艳：《国际贸易政策的发展、演变及其启示》，《南开学报》（哲学社会科学版）2002 年第 5 期，第 54～61 页。

［4］〔美〕查尔斯·金德尔伯格：《疯狂、惊恐和崩溃——金融危机史》，朱隽等译，中国金融出版社，2017。

| 第六章 |

中日韩三国数字服务贸易竞争力的
比较与提升

提要：中日韩是东北亚地区的三大主要经济体，三国数字服务贸易发展迅猛，但中日韩欲提升数字服务贸易竞争力，仍面临种种问题和挑战。本章先以中日韩数字服务贸易为研究对象，运用国际市场占有率、显示性比较优势指数以及贸易竞争力指数对其竞争力进行比较分析，后整理了中国 2005~2020 年共 16 年的时间序列数据，基于波特钻石模型建立多元对数回归模型，对中国数字服务贸易竞争力的影响因素进行研究。结果显示，研发支出占国内生产总值的比例、数字服务贸易开放度、服务贸易出口额、每百万人中 R&D 人员的数量、居民最终消费支出年增长率 5 个因素均对我国提升数字服务贸易竞争力有正向影响，且影响由强到弱。基于此，我国应加大研发支出力度，提高数字服务贸易开放度，积极优化产业结构，并培养数字服务贸易复合型人才，刺激国内的服务消费，从而提升数字服务贸易的竞争力。

引　言

　　中国、日本、韩国是东北亚地区的主要国家，且彼此长期互为贸易伙伴，合作与竞争关系共存，中日韩之间的经贸合作对东北亚地区的经济发展有着举足轻重的影响。中日韩三国数字服务贸易发展迅速，增势强劲，但仍面临种种问题和挑战，如数字服务贸易结构存在不合理性、贸易竞争力弱、传统服务贸易占服务贸易出口的比重大、贸易开放度低等。中日韩三国数字服务贸易潜力巨大，未来将在该领域展开合作与竞争。因此，研究三国数字服务贸易竞争力符合时代背景，也具有较强的现实意义。

本章在经济全球化和疫情发生的背景下，首先基于 UNCTAD 数据库对中日韩数字服务贸易的发展状况进行比较分析，主要从进出口、净出口及出口增速几个角度展开，再进一步细化到探究数字服务贸易相关产业的发展现状和趋势，从而对中日韩三国数字服务贸易结构进行比较分析。然后基于国际市场占有率、显示性比较优势指数以及贸易竞争力指数三个指标对中日韩数字服务贸易的竞争力进行评估。最后利用波特钻石模型，基于时间序列数据选取 9 个解释变量建立计量模型，针对中国进行多元对数线性回归分析，最终得出结论并提出相关对策建议。

国内外关于数字服务贸易的定量研究不多，选取多个国家进行对比分析的较少，且数据支撑度不高。本章丰富了对数字服务贸易竞争力的定量研究，同时对中日韩三个国家的数字服务贸易进行分析，有利于形成参照，清楚地看出发达国家的优势所在，以及不发达经济体可以继续提升完善的地方。我国正处于数字服务贸易发展初级阶段，本章实证分析得出的结论对于我国提升数字服务贸易竞争力有一定指示性意义，有助于我国有针对性地采取措施，加快经济数字化、服务数字化进程，提升数字服务贸易竞争力，推动数字经济发展。

一　数字服务贸易竞争力研究进展

（一）数字服务贸易概念界定

2015 年，联合国贸发会议（UNCTAD）提出了"数字可交付服务贸易"（international trade in digitally‑deliverable services）一词，并给出了数字服务贸易一个新的定义：通过信息通信网络跨境交付的所有服务贸易。2017 年，数字服务贸易被 OECD（经济合作与发展组织）定义为以信息通信网络为媒介进行跨境传输且完成交付的贸易。后来 OECD 又提出了更为简化的定义：通过电子网络提供的服务。2018 年，我国商务部提出，数字贸易涵盖数字服务贸易，贸易活动的开展基于数字化载体的存在，除了传统贸易的数字化，还包含在高新技术中不断衍生迭代的全新经济模式和贸易形态。马述忠、刘健琦和贺歌认为数字贸易是通过有效利用人工智能、云计算等技术来实现物理商品、数码产品和服务的相互交流，从消费者互联网到工业互联网，最后实现制造业的智慧化，使数字经济的发展成为高级阶段。[1]

综上，本章基于 UNCTAD 对数字服务贸易的定义，展开研究。为了统一定义和数据来源，实证分析部分的被解释变量 Y 即数字服务出口额用 UNCTAD 提出的"数字可交付服务贸易"对应数据表示。

（二）国外研究成果

1. 产业竞争力评价

国外运用理论分析法对产业竞争力进行研究比国内起步早，李嘉图率先提出"比较优势"一词，认为如果一国将本国优于他国的产品或服务放在国际市场中进行贸易，便可从中获利[2]。波特提出"钻石模型"理论，从 6 个维度对一国产业竞争优势进行衡量。[3]20 世纪 90 年代后，用指数评估竞争力的方法被广泛使用。Balassa 最早提出显示性比较优势指数（RCA），并用这个指标对国际贸易的比较优势进行测算分析。[4]Peterson 选取了 11 个国家的数据，通过计算这些国家旅游服务的贸易竞争力指数和基于显示性比较优势指数，得出"贸易竞争力指数和显示性比较优势指数越高，说明一国某产业的竞争力越强"的结论。[5]Nath、Liu 和 Tochkov 分产业选取中美印三国 16 个服务部门从 1992 年至 2010 年的时间序列数据，使用显示性比较优势指数等指标测算三国的服务贸易竞争力，发现印度的 ICT 产业比较优势明显，中印比较优势的持续性均相较于美国不足。[6]Guerrieri 和 Meliciani 以经合组织国家为研究对象，计算了各国金融服务、ICT 服务以及其他商业服务的国际市场占有率，认为完善信息网络有利于提升一国服务贸易整体及相关产业的竞争力。[7]Halilbašić、Brkić 和 Bosić 采用 RCA、MI 和 HHI 等指标对国家的出口竞争力进行全面评估。[8]

2. 产业竞争力影响因素

在开放经济条件下，人力资本的优势能够使一国在服务贸易上逐渐具备比较优势，而且这种优势随着时间推移越发显著。Rusu 和 Roman 选择 10 个国家为研究对象，对 2004～2016 年各国的面板数据进行了计量分析，从而研究影响中东欧国家竞争力的主要经济因素。[9]他们选取一个国家的竞争力为因变量，对全球竞争力指数进行量化处理，选择七项宏观经济和商业环境指标作为自变量，测算这些指标对一个国家竞争力产生的影响。

（三）国内研究成果

1. 数字服务贸易及相关产业国际竞争力评价

张佳宁使用国际市场占有率、贸易竞争力指数和显示性比较优势指数从总体和分行业两个方面分别对中美印三国的数字贸易国际竞争力进行了定量比较分析，认为中国应多多关注知识产权服务和ICT服务产业的发展，提升数字贸易出口能力，逐渐缩小与美印的竞争力差距。[10]魏景赋和张嘉旭站在全球价值链的视角上，选取增加值相关测度指标对中日两国数字服务贸易进行对比，得出的结论是：中国数字服务贸易增速更快、规模更大，全球价值链参与度也更高，但地位不如日本。[11]蓝庆新和窦凯运用"熵值法"，对比2008～2017年全球经济总量排名前十的国家数字贸易国际竞争力，进行综合评价，得出中国数字贸易国际竞争力呈现快速增强趋势的结论。[12]郑小渝分别从数字人才储备、数字与产业融合等五个层面构建综合评价指标体系，基于熵值法对中国2013～2019年数字贸易发展状况进行统计分析。[13]

2. 数字服务贸易及相关产业竞争力影响因素

赵宇捷以中印数字服务贸易为研究对象，结合指数分析法与实证分析法，对中印数字服务贸易竞争力展开对比分析，后对其影响因素进行研究。[14]杨慧瀛和项义军对比分析了中美印三国生产性服务贸易的竞争力，分析得出，中国金融和知识产权等知识密集型产业竞争力较弱，和印度相当。[15]宋加强和王强基于跨国面板数据，选用固定效应模型对现代服务贸易的竞争力及其影响因素展开研究，发现发展中国家与发达国家现代服务贸易部门竞争力存在一定差距，发展中国家更依赖传统货物贸易的出口来促进现代服务贸易的发展。[16]洪兆龙从OECD数字服务贸易限制指数数据库中选择了11个国家，分析了数字服务贸易出口规模的影响因素，得出结论：数字服务贸易限制指数越高，对数字服务贸易出口规模的负面影响越显著，进口国的数字服务贸易限制指数比出口国更高。[17]

国内学者在对贸易及产业竞争力进行研究的时候，主要基于波特的国家竞争优势理论,即"钻石模型"理论。钱凡凡基于波特钻石模型,分析六大要素对数字服务贸易竞争力的影响强弱,得出技术水平是影响数字服务贸易国际竞争力最重要的因素。[18]黄满盈和邓晓虹选择 1997～2008 年的时间序列数据,运用钻石模型,使用主成分分析法研究我国金融服务贸易竞争力的影响因素,发现资本、技术等内在生产要素与相关产业和金融服务贸易竞争力正相关,而企业组织、竞争与战略对我国金融服务贸易竞争力的影响是负面的。[19]蓝庆新和窦凯同样以波特的国家竞争优势理论作为研究的理论基础,选取 4 个基本变量和 2 个辅助变量,通过 Eviews 8.0 软件对 10 个变量进行逐步回归分析,最后得出有 6 个变量有显著影响,其他变量对竞争力无明显影响。[12]

二 中日韩数字服务贸易发展状况

(一) 中日韩数字服务贸易进出口额均呈上升态势

从表 6－1 和图 6－1～图 6－3 来看,2005～2020 年中日韩数字服务贸易的进出口额整体上均呈上升趋势,中国的进出口额增长幅度最大,进口由 315.11 亿美元增至 1396.10 亿美元,出口额由 173.48 亿美元增至 1543.75 亿美元,16 年间数字服务贸易出口额增加了 1370.27 亿美元;日本早期的数字服务贸易进出口额较中韩更高,一直稳定增长,但增势不如中国,2011 年中国出口额超过日本,并逐渐拉开距离;韩国的数字服务贸易发展态势不佳,前期基础较弱,增幅有限,近几年中日的进出口已达到韩国的 2～3 倍。

表 6－1　中日韩 2005～2020 年数字服务贸易进出口总额

单位:亿美元

年份	中国		日本		韩国	
	进口额	出口额	进口额	出口额	进口额	出口额
2005	315.11	173.48	488.92	439.24	193.66	127.21
2006	395.86	213.26	567.53	516.47	217.00	146.16
2007	532.88	409.04	638.45	572.72	256.50	181.57

续表

年份	中国		日本		韩国	
	进口额	出口额	进口额	出口额	进口额	出口额
2008	671.55	497.18	727.95	665.12	318.55	192.51
2009	618.73	483.54	686.48	635.30	328.99	164.08
2010	689.65	576.53	719.91	651.06	371.63	182.44
2011	898.31	750.07	798.51	736.12	373.06	218.80
2012	886.83	736.54	821.75	640.44	422.29	244.15
2013	1025.49	825.48	839.75	673.76	427.91	265.29
2014	1023.69	990.24	1025.91	872.14	456.40	322.65
2015	861.28	933.13	1031.94	862.02	440.69	320.52
2016	970.70	937.01	1102.48	970.24	436.60	347.34
2017	1053.84	1025.67	1138.32	1016.42	501.23	370.87
2018	1240.64	1321.66	1234.15	1070.72	509.20	394.14
2019	1282.63	1435.48	1416.36	1194.81	535.35	423.95
2020	1396.10	1543.75	1438.06	1161.73	542.52	440.35

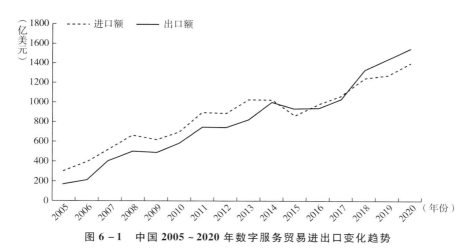

图 6 - 1　中国 2005 ~ 2020 年数字服务贸易进出口变化趋势

（二）中日韩数字服务贸易出口增速波动幅度大，且数字服务贸易逆差明显

从图 6 - 1 ~ 图 6 - 3 中可以直观地看到，日韩 16 年来一直呈现数字服务贸易逆差状况，唯有中国在 2015 年实现顺差，并在 2018 ~ 2020 年净出

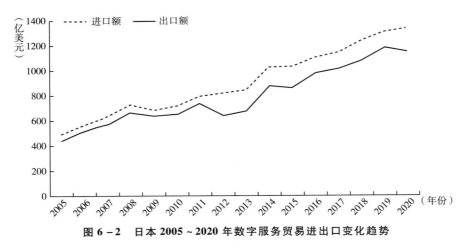

图 6 - 2 日本 2005~2020 年数字服务贸易进出口变化趋势

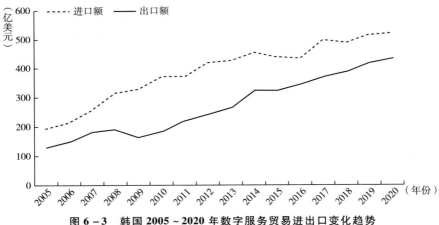

图 6 - 3 韩国 2005~2020 年数字服务贸易进出口变化趋势

口额增长明显。此外，中日韩三国的数字服务贸易出口增长率波动幅度大，极不稳定，受到金融危机影响，2009 年三个国家的出口增速都大幅度下降，中国出口额负增长最为显著（见表 6 - 1）。数字服务贸易增速不稳定和一国的数字服务贸易环境和国际经济环境息息相关，数字服务贸易是一种新型的贸易方式，到目前为止国际上还未制定出一套与之相适应的规则，而且很多国家的数字服务贸易体系尚不完善，数字服务贸易的发展仍处在摸索、成长阶段，这直接导致该产业的出口增速飘忽不定。

（三）中日韩数字服务贸易相关产业进出口状况整体呈上升趋势，中国 ICT 服务优势突出，但知识密集型产业表现不佳

从表 6－2 可以看出，中国的数字服务贸易中其他商业服务比重最大，早期进出口远高于其他产业，且增长迅速，在 2007～2020 年始终维持贸易顺差。电信、计算机和信息服务（ICT 服务）的出口增长呈现强劲态势，中国经过 16 年的发展，ICT 服务出口额从 2005 年的 23.3 亿美元增至 2020 年的 590.3 亿美元，一直呈贸易顺差，且贸易顺差增长明显。但同时可以看到，中国金融服务产业进口和出口均有所增长，但增势相当，于 2016～2020 年实现贸易顺差，但贸易顺差额不够稳定，2020 年有所收缩，个人、文化和娱乐服务出口增势较弱，贸易逆差明显增长，知识产权使用费从 2016 年开始涨势逐渐凸显，但其间贸易逆差呈大幅增长趋势，可见我国知识密集型产业的实力较弱，竞争力不强，仍需依赖服务进口。

表 6－2 中国 2005～2020 年数字服务贸易相关产业进出口额

单位：亿美元

年份	金融服务		保险及养老金服务		知识产权使用费		电信、计算机和信息服务		个人、文化和娱乐服务		其他商业服务	
	出口	进口	出口	进口	出口	进口	出口	进口	出口	进口	出口	进口
2005	1.5	1.6	5.5	72.0	1.6	53.2	23.3	22.2	1.3	1.5	140.4	164.5
2006	1.5	8.9	5.5	88.3	2.0	66.3	37.0	25.0	1.4	1.2	165.9	206.1
2007	2.3	5.6	9.0	106.6	3.4	81.9	55.2	32.9	3.2	1.5	335.9	304.3
2008	3.1	5.7	13.8	127.4	5.7	103.2	78.2	46.8	4.2	2.5	392.1	386.0
2009	3.6	6.4	16.0	113.1	4.3	110.7	77.1	44.4	1.0	2.8	381.6	341.4
2010	13.3	13.9	17.3	157.5	8.3	130.4	104.8	41.0		3.7	431.6	343.2
2011	8.5	7.5	30.2	197.4	7.4	147.1	139.1	50.3	1.2	4.0	563.7	492.1
2012	18.9	19.3	33.3	206.0	10.4	177.5	162.5	54.9	1.3	5.6	510.2	423.5
2013	31.9	36.9	40.0	220.9	8.9	210.3	171.0	76.2	1.5	7.8	572.3	473.3
2014	45.3	49.4	45.7	224.5	6.8	226.1	201.7	107.5	1.7	8.7	689.0	407.4
2015	23.4	26.4	49.8	87.9	10.8	220.2	257.8	112.3	7.3	18.9	584.0	395.4
2016	32.1	20.3	41.5	129.1	11.7	239.6	265.3	125.8	7.4	21.4	578.9	434.3
2017	36.9	16.2	40.5	104.1	47.6	285.7	277.7	191.8	7.6	27.5	615.4	428.5

续表

年份	金融服务		保险及 养老金服务		知识产权 使用费		电信、计算机 和信息服务		个人、文化 和娱乐服务		其他 商业服务	
	出口	进口	出口	进口	出口	进口	出口	进口	出口	进口	出口	进口
2018	34.8	21.2	49.2	118.8	55.6	356.0	470.6	237.8	12.1	33.9	699.4	472.9
2019	39.0	24.7	47.7	107.6	66.4	343.3	537.8	268.6	12.0	40.7	732.6	497.7
2020	42.7	31.7	54.5	123.4	88.8	376.3	590.3	299.5	13.0	30.1	754.5	535.1

表 6-3 列示了日本 2005～2020 年数字服务贸易相关产业的进出口额，可以看到，其他商业服务和知识产权使用费的出口额占比最高，几乎持平，数字服务贸易出口主要依赖这两个产业。其中日本的知识产权使用费出口额远超中国和韩国，且一直高于进口额，可见日本知识密集型产业的竞争力不错。相比之下，其他产业出口优势不太明显，日本的保险及养老金服务与个人、文化和娱乐服务出口增势平缓，近年还有下滑趋势。

表 6-3　日本 2005～2020 年数字服务贸易相关产业进出口额

单位：亿美元

年份	金融服务		保险及 养老金服务		知识产权 使用费		电信、计算机 和信息服务		个人、文化 和娱乐服务		其他 商业服务	
	出口	进口	出口	进口	出口	进口	出口	进口	出口	进口	出口	进口
2005	50.7	27.0	8.7	19.3	176.2	146.3	14.3	28.9	1.0	11.1	188.4	256.3
2006	61.5	29.9	15.8	45.7	201.0	155.0	13.2	36.5	1.4	13.0	223.6	287.5
2007	62.1	36.1	13.5	41.3	232.2	166.6	14.4	43.8	1.6	13.2	248.9	337.4
2008	54.5	39.8	9.4	51.2	256.9	182.9	15.2	47.7	1.5	12.2	327.6	394.2
2009	48.2	30.5	8.7	51.4	216.7	168.4	14.6	46.5	1.6	10.5	345.5	379.3
2010	36.1	31.5	12.7	68.0	266.8	187.7	16.9	43.6	1.5	9.4	317.0	379.8
2011	41.1	33.5	16.6	68.1	290.8	191.6	18.6	49.1	1.6	9.8	367.6	446.5
2012	46.4	32.2	-4.0	73.8	318.9	199.0	22.1	53.8	1.8	12.0	255.3	451.0
2013	45.6	36.1	1.8	67.5	315.7	178.2	25.6	60.1	1.6	11.3	283.5	486.5
2014	73.1	52.5	15.6	51.3	373.8	208.6	30.4	109.3	4.7	8.5	374.6	595.7
2015	103.0	60.0	15.8	47.9	364.5	170.3	30.9	127.2	6.5	12.8	341.3	613.7
2016	118.4	62.1	21.0	57.3	392.7	202.5	36.6	135.8	8.1	13.8	393.4	631.0
2017	105.0	76.9	22.2	63.3	417.4	213.8	48.2	136.1	10.4	12.1	413.3	636.2

年份	金融服务		保险及养老金服务		知识产权使用费		电信、计算机和信息服务		个人、文化和娱乐服务		其他商业服务	
	出口	进口	出口	进口	出口	进口	出口	进口	出口	进口	出口	进口
2018	113.1	82.3	23.9	69.5	455.4	220.1	46.3	165.1	6.5	6.8	425.6	690.4
2019	142.6	84.8	23.2	81.1	468.9	262.7	71.0	207.5	9.4	7.3	479.7	773.0
2020	157.1	106.4	21.9	102.7	428.0	276.9	99.6	210.7	6.2	4.1	449.0	737.3

注：保险及养老金服务出口额为负值是债务危机的一个具体表现，参见何玉、高海飞《日本国债问题分析》，《中国物价》2013年第12期，第56～58、73页。

日本个人、文化和娱乐服务的出口处于明显劣势，16年间出口额最高也只达到10.4亿美元。金融服务进出口逐渐增加，发展潜力大，金融服务出口状况优于中国；日本的电信、计算机和信息服务（ICT服务）优势不明显，进出口额虽呈上升趋势，但增速波动大，时正时负，时高时低，且贸易逆差逐步增大。

由表6-4可以直观地看出，韩国数字服务贸易相关产业的进出口状况均不佳，除其他商业服务贸易进出口额达到100亿美元以上，其余产业的进出口额几乎一直在100亿美元以下，大多数年份甚至没能超过50亿美元。据中国信通院在2020年12月发布的《数字贸易发展白皮书》，2019年知识产权使用费出口在本国数字服务贸易中占比最高的全部是最发达经济体，其中韩国排名第五，达到18.5%。由UNVCTAD的数据计算可得，2015～2018年韩国知识产权使用费出口占其数字服务贸易出口的比重在10%～21%区间波动。

表6-4　韩国2005～2020年数字服务贸易相关产业进出口额

单位：亿美元

年份	金融服务		保险及养老金服务		知识产权使用费		电信、计算机和信息服务		个人、文化和娱乐服务		其他商业服务	
	出口	进口	出口	进口	出口	进口	出口	进口	出口	进口	出口	进口
2005	7.7	2.4	1.7	7.3	20.4	47.2	5.7	9.4	1.0	1.4	90.8	126.0
2006	13.5	6.7	2.7	8.5	21.2	47.8	6.6	9.6	2.3	3.8	99.9	140.6
2007	20.6	13.6	4.1	10.0	18.3	53.3	7.5	9.7	2.7	5.0	128.4	164.9
2008	21.5	17.4	4.7	7.4	24.3	58.2	8.0	10.9	3.4	5.1	130.6	219.5

续表

年份	金融服务		保险及养老金服务		知识产权使用费		电信、计算机和信息服务		个人、文化和娱乐服务		其他商业服务	
	出口	进口	出口	进口	出口	进口	出口	进口	出口	进口	出口	进口
2009	15.8	24.5	3.4	7.3	32.6	73.6	7.6	11.0	3.8	4.7	100.9	207.9
2010	16.5	19.1	5.2	8.8	31.9	91.8	9.5	11.2	4.0	6.4	115.4	234.4
2011	17.9	20.2	5.2	6.9	44.0	74.2	11.0	11.5	5.2	6.1	135.5	254.2
2012	18.4	22.7	4.9	7.9	39.0	86.2	13.5	11.9	6.7	7.7	161.6	285.9
2013	12.9	20.5	6.4	9.2	43.6	98.4	18.3	14.6	7.3	8.1	176.8	277.1
2014	14.3	17.7	8.0	7.4	55.4	105.5	24.3	16.7	9.2	9.1	211.4	300.0
2015	16.4	17.2	7.4	8.3	65.5	100.6	30.0	24.0	8.9	6.6	192.3	284.0
2016	17.8	17.2	6.8	9.7	69.4	94.3	29.6	23.4	11.3	6.6	212.4	285.4
2017	22.4	19.4	11.1	12.2	72.9	97.0	34.4	30.6	9.3	7.3	220.5	334.8
2018	28.6	20.2	8.5	9.5	77.5	98.8	49.4	46.3	11.1	8.5	219.1	325.9
2019	32.2	22.6	7.1	12.7	77.6	99.8	49.3	46.6	12.9	9.8	244.9	343.8
2020	39.8	21.9	7.8	14.8	68.6	99.6	55.5	59.0	11.5	9.3	257.2	337.9

经比较得出，中国的 ICT 服务出口以及其他商业服务出口在中日韩三国中优势较为明显；日本的知识产权使用费出口额居三国榜首，是唯一一个呈贸易顺差的国家，中韩 2005～2020 年知识产权使用费的净出口额始终为负，需加大对知识密集型产业的投入力度，缩小贸易逆差额，但韩国 2019 年知识产权使用费出口在本国数字服务出口中的占比排名全球第五，说明韩国作为发达经济体，对自主创新的重视程度较高，知识产权服务产业发展潜力较大。中日韩三国在个人、文化和娱乐服务产业的出口表现均不佳。中日韩三国保险及养老金服务产业截至 2020 年总体而言均未能实现贸易顺差。

综合来看，中国和日本的数字服务贸易各产业的发展相对平衡，且出口增长速度可观，潜力巨大，尤其是中国 ICT 服务 2016～2020 年的出口增幅较大，2020 年中国 ICT 服务出口占本国数字服务贸易出口的比重达到 38.2%；韩国的各产业表现平平，增势较弱，数字服务贸易出口主要依赖其他商业服务，与中国、日本差距明显。

（四）中韩数字服务贸易出口占服务贸易出口的比重不如日本，日本数字服务贸易结构更佳

下面以 2020 年为例，比较分析中日韩数字服务贸易结构。图 6 - 4 ~ 图 6 - 6 分别展示了中日韩 2020 年数字服务贸易各产业出口占服务贸易出口的比重，可以看到中国非数字服务贸易的出口占比约为 50%，而日本非数字服务贸易出口不到服务贸易出口的 1/3，说明到 2020 年，中国的服务贸易发展仍依赖于传统服务贸易，服务数字化进程不如日本，很多传统服务形式仍不具备可数字交付能力。综合来看，日本的数字服务贸易结构相对更优，中国次之，而韩国的服务贸易中将近 95% 的出口额源于传统服务贸易产业，对传统贸易形式有极强的依赖性，经济服务化和服务数字化仍处于初期发展阶段。

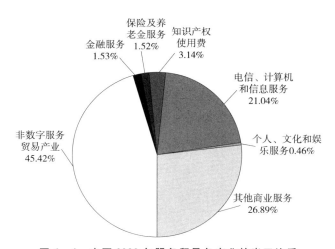

图 6 - 4　中国 2020 年服务贸易各产业的出口比重

虽然中日韩三国数字服务贸易差距明显，但三者仍有相似点。保险及养老金服务与个人、文化和娱乐服务这两个产业是三个国家数字服务贸易相关产业中的短板产业，保险及养老金服务出口占比在 1.6% 之下，个人、文化和娱乐服务出口占本国服务贸易出口的比重不足 0.5%。从 2005 ~ 2020 年各相关产业出口额来看，这两个产业虽发展缓慢，但中日韩三国对它们的重视程度有所提升。其他商业服务是中日韩三个国家占服务贸易的

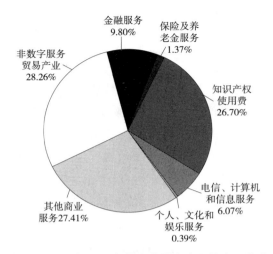

图 6 - 5　日本 2020 年服务贸易各产业的出口比重

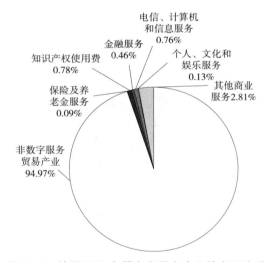

图 6 - 6　韩国 2020 年服务贸易各产业的出口比重

出口比例最大的数字服务贸易相关产业，中国、日本占比均超 1/4，韩国其他商业服务出口占服务贸易出口的比重甚至高于其他数字服务贸易相关产业占比之和。中国具有比较优势的产业是 ICT 服务，2020 年出口额达到590.3 亿美元，在日本一直呈现贸易逆差、韩国最大的贸易顺差也只有 7.6亿美元的情况下，中国 2020 年 ICT 服务的净出口额达到 290.8 亿美元；日本知识产权使用费的优势较为突出，出口额几乎与其他商业服务出口额持平，2020 年该产业出口占服务贸易出口的比重超 1/4，明显高于中国和韩国的占比 3.14% 和 0.78%。

三 中日韩数字服务贸易竞争力的指数比较

(一) 中国数字服务贸易的国际市场占有率高于日韩且增长迅速，日韩增势平稳

国际市场占有率 (MS) 是指一国某产业出口在世界市场中的比重。某产业的国际市场占有率越高，则某国该产业的国际竞争力越强，这一指标在国际竞争力的比较中被广泛认可且应用。用公式表示为：

$$MS_{ij} = \frac{X_{ij}}{W_{ij}} \qquad (6-1)$$

式中，X_{ij} 表示一国数字服务贸易的出口额，W_{ij} 表示世界数字服务贸易的出口总额。由图 6-7 可以看出，中国的数字服务贸易国际市场占有率在 2005~2010 年与日本的差距越来越小，2011 年超过日本，且后来几乎一直保持高于日本的态势，中国逐渐拥有更高的国际市场占有率；日本数字服务贸易的国际市场占有率在 2005~2020 年走向平稳，无大幅波动，均值约为 3.46%；相较于中日两国，韩国数字服务贸易的国际市场占有率较小，虽有小幅度增长，但与中日的差距日益显著。

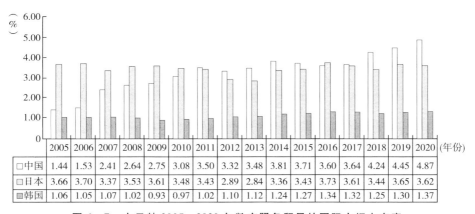

(%)	2005	2006	2007	2008	2009	2010	2011	2012	2013	2014	2015	2016	2017	2018	2019	2020
中国	1.44	1.53	2.41	2.64	2.75	3.08	3.50	3.32	3.48	3.81	3.71	3.60	3.64	4.24	4.45	4.87
日本	3.66	3.70	3.37	3.53	3.61	3.48	3.43	2.89	2.84	3.36	3.43	3.73	3.61	3.44	3.65	3.62
韩国	1.06	1.05	1.07	1.02	0.93	0.97	1.02	1.10	1.12	1.24	1.27	1.34	1.32	1.25	1.30	1.37

图 6-7 中日韩 2005~2020 年数字服务贸易的国际市场占有率

（二）日本数字服务贸易显示性比较优势更强，中韩的数字服务贸易显示性比较优势指数有待突破

显示性比较优势指数（RCA）是指一个国家某一行业出口额在国家出口总额中所占的份额与该行业出口总额在世界出口总额中所占的份额的比率，是体现一个国家产品或行业在国际市场上竞争力最有说服力的指标。RCA 的值和国际竞争力强弱正相关（见表 6-5）。

表 6-5 RCA 值及对应的国际竞争力强弱

取值范围	强弱
$2.5 \leqslant RCA$	极强
$1.25 \leqslant RCA < 2.5$	较强
$0.8 \leqslant RCA < 1.25$	中等
$RCA < 0.8$	弱

RCA 用公式表示为：

$$RCA_{ij} = \left(\frac{X_{ij}}{X_{tj}} \right) \div \left(\frac{X_{iW}}{X_{tW}} \right) \qquad (6-2)$$

式中，X_{ij} 表示一国数字服务贸易的出口总额，X_{tj} 表示该国服务贸易的出口总额，X_{iW} 表示世界数字服务贸易出口总额，X_{tW} 表示世界服务贸易出口总额，数据来源于 UNCTAD 数据库。

由图 6-8 可以直观地看出中日韩三个国家 16 年间数字服务贸易的比较优势，日本的数字服务贸易相较中韩两国更有优势，RCA 几乎一直在 1 以上，一直处于"中等"水平，但仍未突破 1.25 这个分界点；中国、韩国数字服务贸易的比较优势较弱，两国的 RCA 在 2005~2020 年基本上在 0.5~1.0 这个区间内逐步增长，但截至 2020 年未能超过 1.0，中国的 RCA 甚至有将近十年的时间处在"RCA < 0.8 弱"这个等级。若中日韩 RCA 能保持现有的增长趋势，稳中有进，中韩的 RCA 有望突破 1.0，日本有望跻身"$1.25 \leqslant RCA < 2.5$"即国际竞争力较强行列。

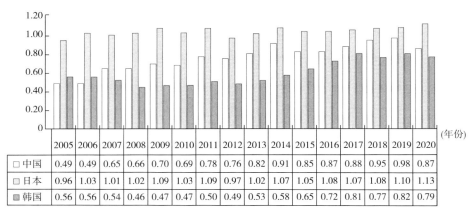

(年份)	2005	2006	2007	2008	2009	2010	2011	2012	2013	2014	2015	2016	2017	2018	2019	2020
□ 中国	0.49	0.49	0.65	0.66	0.70	0.69	0.78	0.76	0.82	0.91	0.85	0.87	0.88	0.95	0.98	0.87
□ 日本	0.96	1.03	1.01	1.02	1.09	1.03	1.09	0.97	1.02	1.07	1.05	1.08	1.07	1.08	1.10	1.13
■ 韩国	0.56	0.56	0.54	0.46	0.47	0.47	0.50	0.49	0.53	0.58	0.65	0.72	0.81	0.77	0.82	0.79

图 6 - 8 　中日韩 2005 ~ 2020 年数字服务贸易的显示性比较优势指数

（三）中日韩数字服务贸易竞争力指数常年为负，竞争力亟待提高

贸易竞争力指数（TC）是指一个国家某一行业的进出口贸易差额与其进出口贸易总额的比值，取值范围为（ - 1，1）。TC 的取值及对应竞争力强弱如表 6 - 6 所示。

表 6 - 6 　TC 取值及对应的竞争力强弱

取值范围	强弱
$TC \rightarrow 1$	越趋近于 1 越强
$TC > 0$	较强
$TC < -1$	较弱
$TC \rightarrow -1$	越趋近于 - 1 越弱

TC 用公式表示为：

$$TC_{ij} = \frac{X_{ij} - M_{ij}}{X_{ij} + M_{ij}} \qquad (6 - 3)$$

式中，X_{ij} 表示一国数字服务贸易的出口总额，M_{ij} 表示该国数字服务贸易的进口总额，数据由 UNCTAD 数据库中数据计算得出。

由图 6 - 9 可以直观地看到 2005 ~ 2020 年中日韩三个国家当中，只有中国的贸易竞争力指数有 4 年大于 0，日韩两国的贸易竞争力指数在选定的 16 年间一直小于 0。比较而言，中国的数字服务贸易较具竞争力，但 TC 与 1 仍有很大距离，在维持正值的基础上需努力提升自身竞争力；日韩的 TC 长期处于负值状态，发展态势不容乐观。

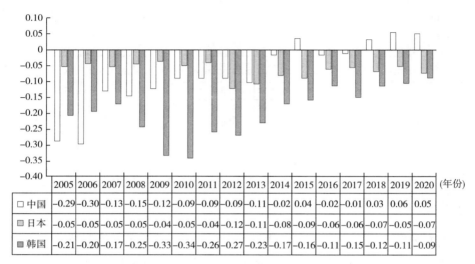

图 6 - 9　中日韩 2005～2020 年数字服务贸易竞争力指数

四　中国数字服务贸易竞争力影响因素的实证分析

本章选择波特的钻石模型作为研究的理论基础，从生产要素，需求要素，相关与支持性产业，企业战略、结构和同业竞争以及政府和机遇六个方面出发，对中国数字服务贸易竞争力的影响因素进行实证分析。

（一）变量选择及数据来源

1. 被解释变量

通常认为一国某一产业出口额越大，该产业拥有越强的竞争力。故本章选取数字服务出口额作为被解释变量（Y）。

2. 解释变量

（1）生产要素：从人力资本、技术水平以及信息化基础设施水平三个维度选取指标来对生产要素进行衡量。其中，选择高等教育入学率（EN-RR）和每百万人中 R&D 人员的数量（PRD）对人力资本加以衡量，数据来源于世界银行；选取研发支出占国内生产总值的比例（XPD）来反映一个国家的技术水平，数据来源于世界银行；选取使用互联网的人口占比（NUPC）来衡量信息化基础设施水平，数据来源于国际电信联盟。

（2）需求要素：选取居民最终消费支出年增长率（CEGR）来反映需求要素对数字服务贸易发展的影响，数据来源于世界银行。

（3）相关与支持性产业：选取服务业就业人员占就业总数的比例（SSE）以及服务贸易出口额（EST）来反映相关与支持性产业对一个国家数字服务贸易发展的影响，数据来源于世界银行及 UNCTAD 会议。

（4）企业战略、结构和同业竞争：选择外国直接投资净流入与 GDP 的比率（FDI）来衡量企业战略、结构和同业竞争在促进一个国家数字服务贸易发展方面的作用，数据来源于世界银行。

（5）政府和机遇：政府要素用数字服务贸易开放度（ODDST）来衡量，其中数字服务贸易开放度用数字服务贸易进出口总额占国内生产总值的比例来计算，数字服务贸易额选用 UNCTAD 提出的"数字可交付服务贸易"额。

3. 数据来源

根据数据的权威性、准确性、可获得性和可操作性，本章选取了中国 2005~2020 年的数据作为样本数据，各变量的数据来源于 UNCTAD、世界银行和国际电信联盟，选用的数据为各年份的发生额。

（二）中国数字服务贸易竞争力影响因素的实证分析

1. 变量描述性统计和相关性分析

表 6 – 7　中国各变量的描述性统计

统计量	lnENRR	lnPRD	lnXPD	lnNUPC	lnCEGR	lnSSE	lnEST	lnFDI	lnODDST	lnY
均值	3.442	6.968	0.579	3.499	2.279	3.630	12.09	0.992	− 0.091	11.081
最大值	3.985	7.235	0.775	4.160	2.711	3.855	12.55	1.516	0.142	11.874
最小值	2.949	6.734	0.270	2.142	1.861	3.447	11.27	0.270	− 0.276	9.761
标准差	0.393	0.156	0.182	0.632	0.207	0.143	0.361	0.441	0.118	0.612

表 6 - 8　中国各变量的相关性分析

变量	lnY	lnENRR	lnPRD	lnXPD	lnNUPC	lnCEGR	lnSSE	lnEST	lnFDI	lnODDST
lnY	1									
lnENRR	0.872	1								
lnPRD	0.767	0.798	1							
lnXPD	0.938	0.928	0.654	1						
lnNUPC	0.981	0.855	0.666	0.965	1					
lnCEGR	-0.502	-0.641	-0.653	-0.561	-0.490	1				
lnSSE	0.882	0.992	0.800	0.928	0.860	-0.636	1			
lnEST	0.994	0.833	0.758	0.915	0.975	-0.482	0.843	1		
lnFDI	-0.806	-0.919	-0.762	-0.855	-0.799	0.068	-0.937	-0.758	1	
lnODDST	0.260	-0.111	0.258	-0.076	0.151	0.165	-0.083	0.298	0.083	1

2. 模型构建

当原序列的前后数值相差较大或者数量级相差较大时，一般取对数将指数趋势转化为线性趋势，这不会改变变量之间的统计性质，同时得到较平稳的序列。所以本章对各变量取对数，构建模型如下：

$$\ln Y = C + \beta_1 \ln ENRR + \beta_2 \ln PRD + \beta_3 \ln XPD + \beta_4 \ln NUPC + \beta_5 \ln CEGR + \beta_6 \ln SSE +$$
$$\beta_7 \ln EST + \beta_8 \ln FDI + \beta_9 \ln ODDST + \delta \qquad (6-4)$$

其中，C 为常数项，$\beta_1 \sim \beta_9$ 为待估参数，δ 为残差项。

3. 实证分析

（1）单位根检验。构建好模型之后，对各变量进行单位根检验，从而尽可能避免因为序列不平稳导致回归方程出现伪回归的情况。中国各变量的单位根检验结果如表 6 - 9 所示。

表 6 - 9　中国各变量的单位根检验

变量	P 值	单位根检验结果
lnY	0.0006	一阶差分序列平稳（5%的显著性水平）
lnENRR	0.1664	一阶差分序列仍不平稳
lnPRD	0.0019	一阶差分序列平稳（5%的显著性水平）
lnXPD	0.0085	原序列平稳
lnNUPC	0.0006	原序列平稳

变量	P 值	单位根检验结果
ln*CEGR*	0.0547	一阶差分序列平稳（10%的显著性水平）
ln*SSE*	0.0203	一阶差分序列平稳（5%的显著性水平）
ln*EST*	0.0092	一阶差分序列平稳（5%的显著性水平）
ln*FDI*	0.0019	一阶差分序列平稳（5%的显著性水平）
ln*ODDST*	0.0131	原序列平稳

从检验结果中看到，ln*ENRR* 的一阶差分序列仍不平稳，其他变量的原序列或一阶差分序列平稳，所以本章舍去解释变量 *ENRR*。

通过 Eviews 10.0 的操作，可以从表 6 – 10 中看到 ln*NUPC*、ln*SSE*、ln*FDI* 与 ln*Y* 的相关性是不显著的，故舍去这三个解释变量继续进行分析。

表 6 – 10　中国解释变量与被解释变量间的相关性检验

变量	相关系数	标准误差	t 统计量	P 值
ln*ENRR*	0.182205	0.127365	1.420583	0.2120
ln*PRD*	0.265729	0.136691	1.944017	0.1095
ln*XPD*	1.905859	0.408106	4.670009	0.0055
ln*NUPC*	– 0.037990	0.133279	– 0.285040	0.7870
ln*CEGR*	0.083037	0.037260	2.228564	0.0764
ln*SSE*	– 0.490229	0.425602	– 1.151848	0.3015
ln*EST*	0.672880	0.192944	3.487434	0.0175
ln*FDI*	– 0.045468	0.055142	– 0.824575	0.4472
ln*ODDST*	0.910049	0.117894	7.719201	0.0006
C	1.213591	1.213705	0.999906	0.3633

（2）协整检验。协整检验用于分析变量间的长期均衡关系，如果解释变量和被解释变量是协整的，变量间才不会出现伪回归结果。下面进行协整检验。

本章采用 E – G 两步法对残差序列进行协整检验。这里先对单整性符合条件的变量 ln*Y*、ln*PRD*、ln*XPD*、ln*CEGR*、ln*EST* 和 ln*ODDST* 的原序列做线性回归，然后对生成的残差序列做单位根检验。如表 6 – 11 所示，检验得到的 P 值为 0.0017，拒绝原假设，说明上述五个变量的残差序列均没有单位根，残差序列平稳，ln*Y* 和 ln*PRD*、ln*XPD*、ln*CEGR*、ln*EST*、 ln$ODDST$ 存在协整关系。

表 6 – 11　中国变量的协整检验

统计量	t 统计量	P 值
ADF 检验统计量	– 3.698027	0.0017

（3）模型回归处理。由原序列单位根检验结果可知这里选取的变量并不是平稳的，所以需要在协整关系成立的基础上，建立误差修正模型。因此，由表 6 – 12 得到最终的回归模型：

表 6 – 12　中国实证研究回归结果

变量	相关系数	标准误差	t 统计量	P 值
lnPRD	0.370870	0.051777	7.162773	0.0001
lnXPD	2.057756	0.139674	14.73258	0.0000
ln$CEGR$	0.080833	0.030296	2.668089	0.0257
lnEST	0.542906	0.077833	6.975308	0.0001
ln$ODDST$	0.948336	0.089325	10.61674	0.0000
C	0.642949	0.797743	0.805960	0.4410
R^2（决定系数）	0.999584	F 检验的 P 值		0.00000
校正决定系数	0.999354			

$$\ln Y = 0.642949 + 0.371\ln PRD + 2.058\ln XPD + 0.081\ln CEGR +$$
$$0.543\ln EST + 0.948\ln ODDST \tag{6-5}$$

从表 6 – 12 可以看到，$R^2 = 0.999584 > 0.95$，说明模型拟合优度很高，能充分反映数字服务贸易的影响因素。

通过上述操作，我们得到以下结论：每百万人中 R&D 人员的数量、研发支出占国内生产总值的比例、居民最终消费支出年增长率、服务贸易出口额、数字服务贸易开放度五个因素对中国数字服务贸易出口额的影响系数分别是 0.371、2.058、0.081、0.543、0.948。由此可以看出，研发支出占国内生产总值的比例的影响程度最高，数字服务贸易开放度次之，然后是服务贸易出口额、每百万人中 R&D 人员的数量，居民最终消费支出年增长率的影响最小。

五 关于中国提升数字服务贸易竞争力的若干建言

综上所述，首先，数字服务贸易开放度对中国数字服务贸易的发展均有较为关键的影响，限制数据流动、数字服务贸易对外开放程度低会极大地阻碍数字服务业竞争力的提升，因此各国不仅要建立并完善本国的数字服务规则，还要主动了解数字服务贸易的国际发展形势和状况，关注并主动参与国际上数字经济领域多边贸易规则的谈判，表达自身的诉求，同时了解贸易合作伙伴的诉求，共同参与国际相关规则的制定，在国际谈判上争取话语权，制定对多边贸易往来有利的公平的贸易规则。其次，研发支出占国内生产总值的比例也对中国数字服务贸易的发展产生了重要影响。相比之下，中国的数字服务贸易结构不如日本，虽数字服务贸易出口额及相关产业出口情况优于韩国，但数字服务贸易开放度低，研发支出占国内生产总值的比例也是三者中最低的，作为发展中国家，我国要想缩短与发达经济体之间的差距，就要努力提升技术创新能力，为技术创新提供政策支持和政府资金支持，从而推动数字技术的快速更新与迭代。基于此，应该采取的主要措施包括以下几个方面。

（一）加大研发支出力度，完善网络技术基础设施

与传统的服务贸易不同，数字服务贸易更多的是不需面对面接触而达成的交易，所以离不开数字技术的支撑。技术的优化和提升对于数字服务贸易至关重要，技术基础设施、信息通信基础设施、经济技术数据库等产业的蓬勃发展是数字服务贸易实现可持续、健康发展的动力和源泉。因此，我国在制定数字服务贸易发展战略时，要加大对科研、开发等高端要素的投入力度，逐渐缩小与发达国家在核心技术、网络技术方面的差距，坚信夯实数字技术基础是提升我国数字服务贸易竞争力的必要条件。

（二）加快数字服务业"走出去"步伐

实证分析表明，数字服务贸易开放度对提升中国数字服务贸易国际竞争力有重要影响。但中国出于经济安全因素考虑制定的数据跨境流动限制等制度给本国数字产业发展带来了一定的壁垒与障碍，限制了数字服务业

的发展。故中国未来要加快数字服务业"走出去"的步伐,关注国际数字服务贸易发展变化,为国际规则的制定贡献力量。另外,应结合国情不断完善数字经济相关法律法规,并使之与国际法接轨,实现数字服务贸易的标准化与国际化。

(三)提升人才质量,培养数字服务贸易复合型人才

从实证分析结果可以看出,在我国每百万人中 R&D 人员的数量显著正向影响数字服务贸易出口额。这充分验证了人才培养的重要性。我国应高度重视数字服务贸易人才队伍的建设,提高劳动力素质,鼓励高校引进国际服务贸易课程,开设"数字经济""数字贸易""数字服务贸易"等公共课或选修课,让高校学生能够对数字经济产业有较为全面且深刻的了解与认识,以进一步加强培养熟悉服务贸易的高素质复合型人才,建设具备条件的机构,结合高等教育和职业教育,形成多层次的专业化教育体系,使受教育群体加深对这些新型产业发展、规则、现有挑战的了解,切实改善教育状况。

(四)推动相关产业发展,优化数字服务贸易产业结构

数字服务贸易的发展离不开相关产业的发展壮大,因为数字服务贸易涉及多种产业,并非单独存在,而是与相关产业紧密相关,一个产业的发展对其他产业的发展有促进作用。所以数字服务贸易相关产业实现发展,数字服务贸易会因此受到积极影响,产品价值提升;数字服务贸易的发展也会带动相关产业共同发展,这是数字服务贸易发展的附加作用。我国的知识密集型产业竞争力较弱,通过形成数据资产并赋能制造业、物流业等相关产业是完成产业转型的有效途径,将生产力从劳动密集型产业向知识密集型、技术密集型产业转移,实现关联产业协同发展,使我国的数字服务变得更高效、具有更优的品质,优化我国数字服务贸易产业结构。

(五)大力建设国民经济,提高服务消费比重

实证结果得出,居民最终消费年增长率对我国数字服务贸易出口额产生了一定正向影响。普遍情况下,发达国家居民对商品服务的消费需求强于不发达国家,虽然中国的人均收入有了很大的提高,但中国居民对商业

服务的消费需求还有很大的提升空间，这也导致我国的服务贸易比重偏低，数字服务贸易在 GDP 中的比重偏低。因此，我国政府可以给予数字服务相关企业适当扶持，引导居民优化消费需求结构，促进居民培育对数字服务的多元化需求，创造一个有利的国内市场环境，以提高数字服务贸易的国际竞争力。

参考文献

[1] 马述忠、刘健琦、贺歌：《数字贸易强国：概念理解、指标构建与潜力研判》，《国际商务研究》2022 年第 1 期，第 1～13 页。

[2] 〔英〕大卫·李嘉图：《李嘉图著作和通信集：政治经济学及赋税原理》（第一卷），商务印书馆，1981，第 114 页。

[3] Porter, M. E., "Toward a Dynamic Theory of Strategy," *Strategic Management Journal*, 1991 (12): 95 – 117.

[4] Balassa, B., "Trade Liberalisation and 'Revealed' Comparative Advantage," *The Manchester School*, 1965, 33 (2): 99 – 123.

[5] Peterson, J., "Export Shares and Revealed Comparative Advantage: A Study of International Travel," *Applied Economics*, 1988, 20 (3): 351 – 365.

[6] Nath, H. K., L. Liu, K. Tochkov, "Comparative Advantages in U. S. Bilateral Services Trade with China and India," *Journal of Asian Economics*, 2015, 38: 79 – 90.

[7] Guerrieri, P., V. Meliciani, "Technology and International Competitiveness: The Interdependence Between Manufacturing and Producer Services," *Structural Change and Economic Dynamics*, 2005, 16 (4): 489 – 502.

[8] Halilbašić, M., S. Brkić, V. Bosić, "The Comparative Analysis of Export Competitiveness of ex – Yu Countries," *Economic Analysis*, 2015, 48 (1 – 2): 108 – 129.

[9] Rusu, V. D., A. Roman, "An Empirical Analysis of Factors Affecting Competitiveness of CEE Countries," *Economic Research—Ekonomska Istraživanja*, 2018, 31 (1): 2044 – 2059.

[10] 张佳宁：《中国、美国、印度数字贸易国际竞争力及影响因素比较研究》，硕士学位论文，东华大学，2021。

[11] 魏景赋、张嘉旭：《中日数字服务贸易对比分析——基于全球价值链视角》，《沈阳工业大学学报》（社会科学版）2022 年第 1 期，第 27～35 页。

[12] 蓝庆新、窦凯：《基于"钻石模型"的中国数字贸易国际竞争力实证研究》，《社

会科学》2019 年第 3 期，第 44 ~ 54 页。

[13] 郑小渝：《中国数字贸易发展统计测度及其影响因素分析》，硕士学位论文，浙江科技学院，2021。

[14] 赵宇捷：《中印数字服务贸易竞争力比较分析与影响因素研究》，硕士学位论文，上海外国语大学，2021。

[15] 杨慧瀛、项义军：《中外生产性服务贸易国际竞争力比较及对策研究》，《经济纵横》2015 年第 7 期，第 117 ~ 121 页。

[16] 宋加强、王强：《现代服务贸易国际竞争力影响因素研究——基于跨国面板数据》，《国际贸易问题》2014 年第 2 期，第 96 ~ 104 页。

[17] 洪兆龙：《国际数字服务贸易壁垒对数字服务出口的影响研究》，硕士学位论文，江西财经大学，2021。

[18] 钱凡凡：《中国数字服务贸易国际竞争力变动及其影响因素的研究》，硕士学位论文，辽宁大学，2021。

[19] 黄满盈、邓晓虹：《中国金融服务贸易国际竞争力的影响因素：基于"钻石模型"的实证分析》，《世界经济研究》2011 年第 7 期，第 3 ~ 9 页。

第七章

中国推进贸易强国战略的
模式转型与范式选择

提要：自从资本主义生产方式在西欧萌芽、兴起，并逐渐向全球推广以来，对外贸易作为富国裕民的一种主要途径，一直受到谋求工业化发展的国家的普遍重视。但是，贸易强国并没有统一的模式和范式。其理论渊源可以追溯到古典的重商主义、自由主义和马克思主义三大范式，又进一步可以分解为国际等价交换和国际不等价交换两大模式。分析表明，这个两模式三范式不利于当代世界经济体系内各个国家的对等经贸合作，以及"共商、共建、共享"的互利双赢的均衡实现。于是在当代资本主义市场经济和社会主义市场经济共存交融的过程中，应该创新贸易主体之间合理分配经济剩余的有效机制，选择一种经济上平等互利、政治上包容合作和社会上公平正义的新型贸易强国的模式和范式。

引 言

改革开放 40 年以来，我国在对外经济上一直坚持开放发展的基本原则，贯彻实施自由公平、平等互利的多边合作共赢战略，而且随着"一带一路"倡议积极广泛的高效推进，对外开放的力度仍然不断加大，各领域的开放层次也持续提升。国家统计局官网数据表明，2013 年货物进出口总额达到 25.8 万亿元，其中：进口额为 12.1 万亿元，同比增长 7.3%；出口额为 13.7 万亿元，同比增长 7.9%；对外货物贸易顺差达到 1.6 万亿元，同比增长 12.8%，首次超过美国成为全球第一货物贸易大国。近年来，这种贸易增长势头继续走强，2017 年我国货物贸易进出口总额达到 27.8 万亿元，比 2016 年增长 14.2%，增幅创新高，约占全球市场的 15%。其中，出口额为 15.3 万亿元，同比增长 10.8%；进口额为 12.5 万亿元，同比增长 18.7%；对外货物贸易顺差增加到 2.9 万亿元，增幅回落到 14.2%。这些充分说明，我国的对外贸易发展战略被实践证明是卓有成效的，在改革开放不到 40 年的征程中就使我国在 2010 年成为仅次于美国的世界第二大经济体，成为名副其实的制造大国。但是，贸易大国并不意味着贸易强国，支撑贸易大国的劳动密集型制造加工业和知识密集型的智造加工业还有一定的差距。习近平总书记早在中共中央政治局第十九次集体学习时就强调大力推进贸易强国建设的重要性和迫切性，并在党的十九大报告中明确提出要进一步扩展对外贸易的发展空间，积极探索贸易业态的多元化和贸易模式的创新提升，从而可以分阶段地高标准推进我国贸易强国战略的有效落实。

那么，何为贸易强国呢？贸易强国的主要衡量标准是什么呢？国际政治经济学家罗伯特·吉尔平认为，长期以来很多帝国和政治利益团体都曾把贸易税收作为最主要的财政收入来源，甚至为了获得更多的贸易税收，不惜发动战争争夺亚洲、非洲和中东的贸易通道。[1]也就是说，历史上的区域性贸易强国应该很早就已经出现，但是，真正具有世界霸权性质的贸易强国，是从 16 世纪资本主义生产方式确立的西欧开始形成的，依次是 18 世纪商业资本主义时代的荷兰、19 世纪工业资本主义初期的英国和 20 世纪工业资本主义后期的美国[2]33~39。其中，荷兰凭借航海和中间人贸易，在重商主义的政府主导下，依靠拉丁美洲的白银和亚洲的香料最早完成了资本的原始积累，然后利用科技创新推进农业革命和工业化进程，尤其是商业流通体制上的创新，成为第一个全球性的贸易强国。英国借助政府有计划的圈地运动和产业保护政策，在与葡萄牙、西班牙和法国的竞争中，取得了工业革命优势，大力推行自由贸易，创造了用于资本积累的大量财富，从而取代荷兰成为资本主义世界经济的新领导者，也成就了资本主义世界经济的第一个发展黄金周期（1850~1900 年）[3]。美国作为二战之后的超级强国，凭借经济、政治和军事等实力成为国际经济秩序的主要建构者，也是自由贸易制度和美元霸权的主要受益者，并迎来了 1945~1970 年资本主义经济发展的第二个黄金周期，其间世界贸易额年均增长率近 8%，美国成为继荷兰、英国之后的第三个霸权国家。从荷兰、英国和美国的贸易强国特点来看，所谓贸易强国应该具有的条件包括：一是制度创新，能够提供充分保障资本有效积累的政策和法制环境；二是技术创新，能够促进生产方式的转型，极大地提升劳动生产率；三是资源垄断，通过对技术、知识产权、人力资本等的垄断，维护对外贸易竞争力；四是话语权力，通过制定并推广国际贸易规则和标准，实施有限的自由贸易，也就是说，根据利益需要，在不同发展阶段相机抉择地推行自由贸易或者贸易保护主义。这些条件归纳起来，贸易强国的对外贸易战略形成两种模式三种范式。其中，两种模式是基于比较优势理论的古典自由主义国际等价交换和基于阶级剥削关系的马克思主义国际不等价交换，三种范式是传承自古典自由主义的市场自由主义、传承自古典重商主义的国家实用主义和传承自马克思主义的制度批判主义。

诚然，贸易强国的两种模式三种范式是国际贸易体系的普遍标准，或者说，无论贸易条件是平等还是不平等，其他国家都只有模仿了这些贸易强国的模式和范式才能有机会成为贸易强国，才能融入贸易强国构建的资本主义国际贸易体系。但是，事实上，改革开放之后我国在保持较高经济增长速度的同时，也遇到了诸多发展问题。比如，环境污染与资源的无序开发、对国外资本及其核心技术的过度依赖、贫富分化现象严重等。在传统的国际分工格局中，发达国家凭借技术和品牌的比较优势，会使发展中国家在经济与技术上处于国际垄断资本的控制下，成为高度依赖发达国家、承受其金融危机和生态环境危机的重要载体。在发展中国家具有了一定的资本和知识产权优势之后，发达国家的贸易保护主义又成为它们对外开放发展的新的障碍。比如，受国际金融危机影响，一贯提倡自由贸易的发达国家，尤其是二十国集团发达经济体在 2008 年到 2016 年 5 月推出实施了共计 1583 项贸易保护规制。其中，美国带头出台的贸易保护措施竟然高达 636 项。2018 年 3 月以来，中美贸易摩擦愈演愈烈，涉及的产品数量和种类不断增加。所以，如何摒弃短期的狭隘的功利主义对外贸易政策，充分利用世界市场的资本、技术和资源，提高抵抗全球经济危机的能力，以及在"一带一路"倡议下，如何超越西方经济学以资源要素禀赋与比较优势为基础的国际分工理论，实现"共商、共建、共享"，解决发达国家给我国带来的发展问题，都是我国新时代对外开放发展战略中亟须解决的问题。

本章通过再审视古典政治经济学所蕴含的外贸理论范式，从历史唯物主义的视角重新解读自从资本主义生产方式在西欧开始萌芽、兴起，并逐渐向全球推广以来贸易强国的不同模式，比较说明传统贸易强国模式在新时代存在和可持续的主要约束条件。这对我国在更高层次的全面对外开放发展格局中探索一种经济上平等互利、政治上包容合作和社会上公平正义的新型贸易强国路径，推动中国特色社会主义市场经济贸易强国建设都具有重要的启示。

一 贸易强国两模式三范式的形成演变

贸易强国的两种模式是对外贸易中的等价交换和不等价交换。其中，等价交换的"价"是市场供求关系决定的均衡价格，而不等价交换的"价"是劳动价值或劳动价值转形的生产价格。以亚当·斯密、大卫·李嘉图为代表的古典自由主义和以托马斯·孟、弗里德里希·李斯特为代表的古典重商主义，都把对外贸易作为资本主义生产方式下富国裕民的一种主要途径，把对外贸易作为市场竞争机制下互利互赢的一种平等交换，这里的潜在假定条件就是国际等价交换。而以马克思、列宁为代表的古典马克思主义，在讨论对外贸易时，强调它是资本主义生产关系隐藏的国际不等价交换，是资本在全球范围内对劳动进行剥削的一种体现。

（一）等价交换模式的古典主义

斯密在《国民财富的性质和原因的研究》中所阐释的是，交换是人所特有的本能之一，是为了满足自身需求所必要的一种理性行为，而交换就会引起手工工场和社会的自然分工。随着分工的进一步深化，生产的专业化程度就会不断提高，使稀缺资源在市场的价值机制调节下得到高效率的配置，从而有效地提高了资本主义劳动生产率。在此基础上，斯密推断在一个自由竞争的世界市场上，国内的劳动分工和生产专业化同样可以在世界经济体系中应用推广，反对重商主义通过政府干预的形式保持贸易顺差的基本逻辑。于是提出了绝对优势理论，即所谓的绝对利益学说，倡导各国要想增加国民财富就应该生产与他国相比具有绝对优势的产品，然后通过自由贸易与他国生产的绝对优势产品进行交换，由此就会形成以绝对优势为基础的国际分工体系，从而提高整个世界的劳动生产率，加快各国的经济增长。[4] 所以，斯密开创了古典自由贸易理论的先河，阐释了市场这只"无形的手"在国际交换中无与伦比的力量，它可以最大限度地增加那些充分利用本国产品绝对生产优势融入国际分工，从而引导资本自然流向能产生最大利润行业领域的国家的社会财富。

但是，斯密的绝对优势理论并不完全是"绝对"的普适性原理，它是在英国从手工业工场时代向机器大工业时代过渡过程中被提炼出来的，是以英国较高的劳动生产率为基础的，尤其是后来逐渐产生的工业革命更是极大地提升了英国产品的国际竞争力。另外，英国拥有相对完善的法制环境，能够为市场有效配置资源提供良好的竞争秩序，从而可以不断增强本国贸易的绝对优势。也就是说，绝对优势理论适应了当时英国工业资本主义利益的膨胀扩张。进一步来看，斯密所倡导的自由贸易不是放任自由的对外贸易，而是有限自由的对外贸易。这种贸易自由的有限性主要表现在以下两个方面。一方面，特殊产业不宜实行自由贸易。比如，对于国防而言关乎国家的安全稳定，应杜绝自由贸易带来的国外威胁，所以，斯密提倡通过立法的形式来保障国防的垄断地位，指出航海法要确保英国对本国航运业的完全垄断，绝对禁止外来资本和劳动力流入该行业，或者利用经济手段，对外来船只征收足够高的关税，提高它们进入本国航运业的成本。另一方面，政府要干预国内由于自由竞争而产生的垄断现象。斯密提出政府有必要对国内外同样的产品征收同样的税收，无须采取重商主义所坚持的保护性关税措施，这不仅可以防止国内的某些产业凭借绝对优势垄断国内市场，而且可以使资本和劳动等生产要素在市场自由竞争的压力下自然流入利用效率最高的生产领域。

在《政治经济学及赋税原理》中，李嘉图除了在劳动价值论基础上比较系统地阐明了地租、工资和利润之间的资本主义分配关系，补充并发展了斯密提出的分工提高劳动生产率的资本主义生产关系之外，还批判了斯密的地域分工论，指出了绝对优势理论的逻辑问题，进一步提出了比较优势理论，即比较利益学说。比较优势理论表明，各个国家即使在所有的产业或者产品的生产上都不具有绝对优势，也不会影响自由贸易的正常进行，问题的关键是只要它们之间存在具有相对优势的产业或者产品，就可以在自由贸易中收获利益。那么，各个国家在比较优势的基础上形成国际分工，出口国内比较优势较大的产品，进口国内比较劣势较大的产品，就可以使贸易双方都能提高本国的收入水平。正如李嘉图所说："在商业完全自由的制度下，各国都必然把它的资本和劳动用在最有利于本国的用途上。这种个体利益的追求很好地和整体的普遍幸福结合在一起。由于鼓励勤勉、奖励智巧，并最有效地利用自然所赋予的各种特殊力量，它使劳动得到最有效和最经济的分配；同时，由于增加生产总额，它使人们都得到好处，并以利害关系和相互交往的共同纽带把文明世界各民族结合成一个统一的社会"。[5]114

（二）不等价交换模式的马克思主义

毋庸置疑，李嘉图的比较利益学说将古典自由贸易理论的发展推向了一个新的高峰，对后世国际贸易理论，主要是自由主义范式和马克思主义范式的演化产生了深远影响。其中，对于马克思主义范式而言，主要关注的是国际交换的不平等现象，而李嘉图通过不同国家不等量劳动交换的例证方法对这种国际经济现象给予了一定的阐释，由此也成为马克思主义国际不平等交换问题研究的理论来源。李嘉图说，100 个英国人的劳动产品可以交换 80 个葡萄牙人的劳动产品，也可以交换 60 个俄国人的劳动产品，甚至还可以交换 120 个东印度人的劳动产品，但是不可能交换 80 个英国人的劳动产品，就是说等量劳动交换只会发生在市场统一的资本可以自由流动的同一个国家，不等量劳动交换则会出现在市场分割的资本自由流动有限的不同国家之间。[5]114 诚然，李嘉图的比较利益学说是英国机器大生产时代的必然产物。当时的英国最早出现了工业革命，机器大规模生产能力遥遥领先于其他资本主义国家，工业产品具备了最强大的国际核心竞争力，在具有自由贸易的绝对优势前提下，自然也具有条件相对宽松的比较优势。

进一步来看，李嘉图在地主阶级和工业资产阶级关于《谷物法》的论战中，站在了代表先进生产力的工业资产阶级立场上，反对利用法律形式限制谷物进口来保护英国农业的发展，并且支持在自由贸易中壮大发展英国工业，不断增加英国工业的资本积累，有效提升英国工业的比较优势。不难发现，李嘉图的比较利益说是以劳动生产率而非劳动价值论为基础的自由贸易理论，迎合了机器大工业时代英国资本主义拓展海外市场、追逐高额利润的利益诉求。因而，马克思对李嘉图比较优势理论的庸俗观点进行了有力的批判，创新发展了以斯密和李嘉图为代表的古典劳动价值理论，在人类历史上第一次比较系统地提出了揭示资本主义剥削关系的剩余价值理论，并计划用来剖析资本主义世界经济体系内剩余价值在不同发展程度国家转移而产生的不平等交换问题。尽管马克思晚年长期受到病痛的困扰和资本主义经济发展阶段性的实践制约，没有完成构建国际不平等交换理论体系的历史重任，但是为经济学界留下了洞悉国际不平等交换规律的思想遗产。[6]

马克思关于国际不平等交换的主要思想可以从以下三个方面来讨论。一是国际不平等交换的理论体系必须建立在广义劳动价值论即所谓的国际价值理论的基础之上。马克思深信国际不平等交换关系本质上是国别资本剥削劳动的资本主义不平等交换关系在国际经济领域的进一步展开和推广，是资本在市场势力可及的世界范围内榨取剩余价值，无偿占有世界无产阶级的剩余劳动，从而攫取最大超额利润的必然结果，诚然，这是价值规律在资本主义世界再生产过程中发挥作用使然。但是，由于国家利益的对立非统一性，世界市场的分割其实是一种常态，导致"无形的手"在不完全自由竞争的国际分工体系中配置资本和劳动是缺乏经济效率的。于是价值规律在世界市场上表现出了与在国别市场上不同的作用特点，国际价值的形成不是由各国劳动生产率、劳动强度等劳动条件的平均化决定的，而是由它们的平均数计量的。这使国际交换关系与国别交换关系的不平等性在表现形式上出现了一定的差别。前者表现为发达国家的资本剥削欠发达国家的劳动，使剩余价值从欠发达国家转移到发达国家，也就是"比较富有的国家剥削比较贫穷的国家"①，而后者表现为国别资本剥削本国劳动，使剩余价值直接被资本家无偿占有。

二是国际交换的互利性与不平等性可以共生并存。马克思在剩余价值理论中系统地论证了任意资本的存在有且只有一个目的，就是最大限度地占有劳动力的剩余劳动，进而实现利润的最大化。由此，他认为任意国家在资本主导的世界经济中可以为了获得利润而进行国际交换，甚至是自由

---

① 《马克思恩格斯全集》（第 26 卷·第三分册），人民出版社，1974，第 112 页。

贸易。换句话说，在利润规律的作用下，任意国家之间的国际交换关系只要是互利的，就是符合生产力发展要求的，具有存在的合理性。不难发现，马克思意识到任意国家之间的商品交换性质不同于任意国家的资本和劳动的交换性质，前者交换的商品并不能在生产中转变为可以创造价值的劳动力，而后者交换的劳动力价值的最大秘密就是在生产中转变成了可以创造超过劳动力自身价值的价值。所以，前者具有了互利性的特点，这与古典自由贸易的效率原理一脉相承，而后者则表现出了纯粹的剥削性。进一步讲，马克思关注了古典自由贸易理论所忽视的国际贸易利益分配的公平性问题，指出两个国家在国际交换互利的同时，"一国总是吃亏"①，也就是说国际交换是不平等的。故马克思强调了国际交换的互利性与不平等性是辩证的对立统一关系，不能片面地因国际交换的不平等性而否定国际交换的互利性，指出了国际不平等交换是资本主义生产方式在世界经济发展中扩张推广所必要的一种市场行为。

三是国际交换的不平等性源于世界市场上的利润非平均化。马克思提出的利润平均化规律是在资本和劳动力可以充分自由流动的完全竞争市场上有效分配剩余价值的一种资本主义价格调节机制，使不同行业可以得到平均利润，而同一行业的劳动生产率则趋于平均化，由此产生的交换关系是商品所凝结的无差别劳动的等量交换，即所谓的"等价交换"。然而，资本，尤其是劳动力在世界市场上受到各国关于外商投资的法律规章制度和城乡劳动力市场分割等影响，在短期内是无法自由跨境流向利润最高的相关区域和行业的，于是不同国家的所有行业不容易实现利润的平均化，且不同国家的同一行业劳动生产率也很难趋于平均化，以致利润平均化规律发生作用的形式在国际交换中表现出了新的性质，即所谓的"不等价交换"。对于资本有机构成较高国家的劳动，"没有被作为质量较高的劳动来支付报酬，却被作为质量较高的劳动来出售"②，从而使资本有机构成较高的国家获得了超过平均利润的超额利润。诚然，这是从资本有机构成较低的国家额外转移而来的剩余价值。换言之，在利润非平均化的条件下，劳动生产率较高的国家的劳动相当于一种"复杂劳动"，而劳动生产率较低

---

① 《马克思恩格斯全集》（第 46 卷·下册），人民出版社，1980，第 401 页。
② 马克思：《资本论》（第三卷），人民出版社，2004，第 264~265 页。

的国家的劳动相当于一种"简单劳动"①，那么，"复杂劳动"可以交换数倍的"简单劳动"，于是国际交换是一种典型的不等量劳动交换。

（三）三种范式的演化发展

马克思在批判古典政治经济学的基础上，从生产力与生产关系的辩证统一关系出发，提出了关于贸易利益分配的国际不平等交换思想。这深刻影响了学界对贸易强国范式的进一步讨论和比较。总体来看，贸易强国范式主要形成三种相对独立且相互对立的理论体系，分别是市场自由主义、国家实用主义和制度批判主义。[2]358~362

1. 市场自由主义的贸易强国范式

这承袭了古典政治经济学自由贸易理论的基本原则，即市场是通过价格机制运作的完全市场，不需政府过多的干预，只需要政府创造一个有利于自由贸易的法制环境，那么自由贸易就可以促进经济增长、增加社会财富。具有代表性的是关税同盟理论以及赫克歇尔－俄林－萨缪尔森模型（H－O－S模型）。经济学家雅各布·维纳针对若干区域邻近国家的内部贸易自由化问题，主张如果这些国家构建的区域内贸易所产生的整体利益大于从该区域外比较有效的生产者转到该区域内不大有效的生产者的贸易体制（关税同盟）所产生的整体利益，那么根据市场自由主义的效率标准，就是可以接受并应该积极支持的一种贸易体制。这为解决多边自由化的次优办法问题奠定了理论基础。而H－O－S模型则进一步探讨了各国比较优势的形成根源，它主要取决于各国资源禀赋的丰裕程度及其优化组合。模型指出各国应该出口本国资源禀赋相对丰富及可以优化组合的产品，而且在自由贸易条件下，各国资源禀赋的相对价格会随着出口商品价格的均衡化而趋于均等化，于是为资本、技术密集型的发达国家与资源、劳动密集型的欠发达国家之间的垂直分工贸易结构提供了理论依据。该范式产生于资本主义经济发展的早期阶段，适应了当时规模报酬不变和完全竞争的产业间贸易特点。而随着资本主义经济发展到更高级阶段，规模报酬逐渐递增，市场的不完全竞争程度日益提高，发达国家之间的工业产业内贸易占据了主导地位，于是出现了以美国经济学家弗农的产品生命周期理论、克

---

① 《马克思恩格斯全集》（第 26 卷·第三分册），人民出版社，1974，第 112 页。

鲁格曼的规模经济贸易理论和波特的国家竞争优势理论为代表的新贸易理论，以及将生产率不同的企业异质性和运输成本不同的区位空间结构纳入贸易分析的新新贸易理论。

2. 国家实用主义的贸易强国范式

这可以追溯到重商主义。在资本主义积累原始资本的重要阶段，为了快速增加社会财富，摆脱中世纪时期经济长期停滞不前的困扰，并且受到荷兰商业帝国崛起的影响，重商主义先是积极倡导货币财富论，把贵金属作为衡量财富的唯一标准，后来又进一步主张有必要依靠政府的力量来控制本国贸易进出口结构，通过始终维持顺差状态，来稳定地增加本国贵金属的数量，以此最终实现贸易强国。诚然，这是最早出现的贸易强国范式，并且有效激发了商业资本在西欧其他国家的快速兴起和积累壮大，促使法国、意大利、英国等早期资本主义国家的对外贸易繁荣发展起来。进一步来看，重商主义注重实效而缺乏完整系统的理论体系，尤其是政策的实施往往早于理论的提出。但是，其主要的思想观点被继承发展且发扬光大，影响从近代重商主义国家学说的倡导者德国经济学家李斯特以及美国财政部前部长汉密尔顿，一直持续到 19 世纪末的德国历史学派以及 20 世纪末各种经济民族主义。其中，李斯特的《政治经济学的国民体系》是重商主义的集大成代表作，它提出的国家学说批判了以个人主义为中心的古典自由贸易理论，并构建了较为系统的以国家为中心的重商主义理论体系，强调围绕生产力，尤其是精神层面的生产力，发挥政府在工业化发展不同阶段的有效扶持和适时保护职能。正如李斯特所说，"政府的干预和恰当地利用保护手段、补贴及其他非关税壁垒，有选择地提供信贷，有时候甚至抑制竞争，所有这一切会很有助于企业增强在世界市场上的竞争力"[7]。

3. 制度批判主义的贸易强国范式

这主要继承和发展了古典马克思主义的资本主义制度批判传统，主要从坚持和发展马克思劳动价值论的两个视野阐释了资本主义世界经济分工体系主导的国际不平等交换的形成机理和福利效应。视野一是在马克思劳动价值论基本原理的基础上，大量运用西方主流经济学的数理逻辑研究范式，比较严谨地在数学上论证了马克思主义经济学的基本命题，而对国际交换问题也有所关注，被学界称为分析的马克思主义或数理马克思主义。

但是，由于这类学者过于注重分析形式，而异化了资本主义经济生产关系的剥削本质。更值得注意的是，在国际不平等交换领域，几乎没有发表比较有影响的能引起共鸣抑或争论的研究成果，甚至许多结论还遭到大多数马克思主义学者的普遍批评，比如分析马克思主义代表人物罗默的很多理论表面上坚持但实际上否定了马克思的劳动价值论。

视野二是从资本主义世界经济发展的现实条件出发，以当代马克思主义劳动价值论的应用创新为发展导向，探讨发达国家与发展中国家之间剩余价值分配不平等的国际交换机制。按照分析方法的不同，主要有三个研究分支，分别是技术决定论、综合因素影响论和结构依附论。一是技术决定论。顾名思义，不同国家的技术水平差异是国际交换不平等性的形成根源。换言之，由于不同国家的资本有机构成不同，那么，劳动生产率也就有高低之分，从而决定了高生产率国家凭借技术优势可以在国际交换中获得垄断利润。比如，鲍威尔曾比较分析了不同发展程度国家的资本有机构成，发现资本有机构成高的国家可以转移资本有机构成低的国家的剩余价值，即前者的资本家也可以"剥削"后者的资本家。[8]伊曼纽尔和名和统一则进一步提出了国际不平等交换是导致发达国家和发展中国家在同等条件下工资差异的重要成因，表明发达国家的高工资是建立在发展中国家低工资的基础之上。[9~10]国内部分学者鉴于经济全球化背景下国际价值形成的条件变化，进一步讨论了国际交换所隐藏的不等量劳动交换关系。[11~12]

二是综合因素影响论。除了肯定劳动生产率对国际不平等交换的传统影响之外，很多马克思主义经济学者还关注到当代国际政治经济条件变化的新特点。二战后，随着维持传统国际经济秩序的殖民体系瓦解，新兴民族独立国家纷纷仿效发达国家积累资本，谋求工业化发展，而发达国家也急需从战争破坏中恢复国民经济发展，加快工业化转型升级。所以，资本主义世界经济分工体系不断深化，覆盖范围极速扩大，为国际贸易的繁荣发展创造了机遇。但是发达国家之间的产业内贸易规模逐渐超过了发达国家与发展中国家之间的产业间贸易规模；更为严重的是，发展中国家与发达国家之间经济增长差距越来越大，贸易条件不断恶化。[13]进一步的研究表明，发达国家在国际经济新秩序中一直处于主导地位，在技术创新、企业规模、产业结构和国际经济组织话语权等方面具有比较优势，综合起来就导致发展中国家在与发达国家的对外贸易中长期处于被支配的地位，并

且路径依赖效应进一步强化了它们的不平等交换关系。[14~16]

三是结构依附论。基于发达国家和发展中国家在世界资本主义经济体系中的分工结构和专业化层次，结构依附论者强调发达国家和发展中国家在经济上存在不平等的依附关系。20 世纪 50 ~ 60 年代西方学界从不同角度围绕发展中国家的发展和现代化问题开始进行研究，阿根廷经济学家劳尔·普雷维什在《制定积极的拉丁美洲发展政策》中提出了"中心—外围"理论，即依附理论。之后，多斯桑托斯的《依附的结构》、安德烈·弗兰克的《资本主义和拉丁美洲的低度发展》和萨米尔·阿明的《拉丁美洲依附性资本主义的社会形态》等，都把世界存在单一资本主义体系、不等价交换和二元社会结构作为基本假定条件，深刻反思了发展中国家在模仿学习西方主流经济学所倡导的发达国家工业化模式之后，不但没有成功实现工业化发展而且引发了更多的经济危机，于是质疑并批判了市场自由主义维护并推广的所谓普遍的、唯一的、现代化的发达国家工业化模式。进一步来看，这与经济分析史学家熊彼特在《资本主义、社会主义和民主》中对资本主义道路的制度批判、经济社会学家波兰尼在《大转型》中对自我调节的市场的逻辑批判，一起成为 20 世纪 70 年代之后兴起并引起学界关注的世界体系学说的重要思想来源。在此基础上，美国社会科学家伊曼纽尔·沃勒斯坦在《现代世界体系》（第一卷）中比较系统地建构了"核心—半边缘—边缘"的世界体系结构理论。同时，在研究方法上则吸收了法国年鉴学派的长时段和大范围研究方法、康德拉季耶夫的经济周期分析方法以及马克思的资本积累理论，从单一世界经济、多元国家体系和世界文明三个层次上对单一劳动分工和多元文化的世界体系结构进行了分析，阐明了资本主义世界体系结构整体演变的历史阶段特性和发展趋向。

二 贸易强国两模式三范式的逻辑缺陷

贸易强国的两种模式三种范式是以资本主义生产方式为基准，在资本主义经济从西欧逐渐向全球推广普及的过程中形成的以典型国家为代表的贸易增长路径。经济史表明，这些增长路径对不同时期的不同国家的财富增长都产生过不同程度的影响，也表明并不存在"放之四海而皆准"的统一的普遍的工业化和现代化模式。但是，对于当代对外贸易发展来说，需要注意两种模式三种范式共同存在的四个主要问题，即不平等交换、相对自由贸易、资本利益主导和世界经济一元。

（一）不平等交换

无论是"等价交换"，还是"不等价交换"，都是"不平等交换"。所谓"不平等交换"，是指收益与成本"不对等"的交换，也就是说，贸易双方存在不公平的利益分配。比如，"不等价交换"就是沿袭了马克思的不平等交换思想，本质上就是劳动生产率高、劳动强度大的国家转移劳动生产率低、劳动强度小的国家的剩余价值，也就是前者无偿占有了后者的剩余劳动，或者说，"核心区"对"边缘区"经济剩余的转移，体现的是一种资本剥削劳动关系。再比如，"等价交换"是在基于比较优势的传统国际分工中进行的，交换双方都能得到"好处"的一种交换。确实，如果从短期来看，也就是从功利主义的视角来讲，自由贸易确实对贸易双方国民经济的增长有一定的拉动作用，尤其对于发展中国家而言，是推动本国工业化发展的必由之路。但是，如果从长期来看，就会使发展中国家遇到诸多发展问题。

（二）相对自由贸易

无论是古典自由贸易，还是新古典自由贸易，都不是绝对的自由，而是相对的自由。这种相对的自由贸易，一方面表现为先贸易保护后贸易自由，另一方面表现为贸易自由之后的贸易再保护。一般倡导自由贸易的国家，是在产业保护和贸易保护之后具有了先进的生产力，具备了较强的国际竞争力，尤其是核心技术的创新能力，从而在国际竞争中具有先发优势，通过推动自由贸易能够取得更多的社会财富。比如，英国早于其他西欧资本主义国家而发生工业革命，要归功于纺织业的技术革新和引领示范。但是，工业革命前英国纺织业的国际核心竞争力与法国、荷兰等相比并没有明显的比较优势，甚至与封建主义生产方式下的印度和中国比较也旗鼓相当。容易推理得出，若仅仅依靠市场的力量，英国纺织业是无法引爆整个工业革命的。从经济史来看，当时英国纺织业生产方式的创新发展与英国政府的大力扶持和政策保护是密不可分的。实际上，在工业革命之前很长时期内，英国政府为了刺激纺织业的发展，对内有计划地出台了大量法律条规保障著名的圈地运动落实，从而为纺织业积累了大量原始资本和廉价劳动力；对外则限制从法国和荷兰进口毛纺织品、从印度和中国进口棉纺织品，并于 1699 年制定实施了《羊毛法案》，为纺织业的发展提供法律制度保护。此外，后起的贸易强国美国也曾是贸易保护主义的积极倡导者。在英国殖民时期，美国经济被英国所主导和垄断，只是为了满足英国资产阶级的利益需求，才被定格为英国的重要原料来源地和工业制成品销售市场。为了摆脱工业滞后的传统国际分工束缚，美国首任财政部部长汉密尔顿仿效德国经济学家李斯特提出的产业保护方法，针对成长阶段的钢铁、铜、煤等多个产业采取保护措施，着力培育制造业的国际竞争力。进一步讲，推行自由贸易的国家在遇到经济危机，国内经济增长乏力，需要扶持新的产业形成新的经济增长点时，自然又会掀起贸易保护主义，加剧贸易摩擦和贸易制裁。

（三）资本利益主导

贸易强国之路径与不同资本利益的形成和演变密切相关。在 1500～1750 年的欧洲资本主义兴起阶段[①]，商业资本主义最先崛起，伴随着银行和信贷体系的建立，商业资本利益占据主导地位，于是重商主义成为当时的国家发展战略。从 19 世纪中期到 20 世纪初，资本主义生产方式出现了重大革新，从以分工协作为主的工场手工业逐渐转型为以工具机引动为主的机器大工业，这支撑工业资本主义开始成为世界经济运行的主要力量。而工业资本利益也就取代了商业资本利益，为自由贸易繁荣发展奠定了生产力基础。之后，金融资本逐渐兴起，并与工业资本融合在一起，形成垄断组织、金融寡头及资本同盟，开始向全世界输出资本，分割世界市场，进行不等价交换，并奠定了核心区与边缘区的世界经济结构基础。

（四）世界经济一元

所谓一元的世界经济，主要是指资本主义世界经济。在"地理大发现"之后，西欧资本主义经济逐渐向全球扩展。到了 19 世纪末，就已经形成以资本主义生产方式为主导的世界经济。进入 20 世纪以后，经济全球

---

① 关于资本主义世界经济历史时段的划分，可以参阅王正毅的《国际政治经济学通论》。

化不断深化，范围继续扩展，统一的资本主义世界市场逐渐建立起来。正是在这个发展了近 500 年的资本主义世界经济体系中，才出现了以上提出的不平等交换、相对自由贸易和资本利益主导的问题。但是，世界经济一元的假定并不现实。在二战之后的冷战时期，以美国为首的资本主义阵营和以苏联为领导的社会主义阵营相对立，而且在社会主义阵营中，计划经济是贸易发展的本质特征，经济援助在贸易中也占了很大的比重。到了 21 世纪，随着中国奇迹的出现，中国特色社会主义市场经济成为世界经济体系的主要构件。也就是说，世界经济多元化才是未来经济全球化的主要发展趋势，必定对贸易强国的两模式三范式产生深远影响。

三　中国贸易强国模式范式的选择创新

（一）贸易强国模式范式的创新动力

贸易强国的两模式三范式表明在资本主义生产方式从西欧兴起并逐渐推广到全世界的进程中，对外贸易一直是资本原始积累较早国家富国裕民的主要手段，也是后起国家追赶先发国家，加快实现工业化和现代化而扩大化积累资本的主要途径。所以，无论是否存在贸易保护主义，长期内对外贸易作为拉动一国经济增长的主要动力都将是一种常态。但是，对外贸易的模式范式又不是固定不变的，而是随着国家、时代和经济发展阶段的不同而产生新的变化，即使贸易保护主义不会被彻底根除而退出历史舞台，也具有区域性、结构性和时段性的差异。重要的是，在一个开放型的世界经济体系内不可能再滋生这种逆全球化潮流长期存在的土壤，而且制衡这种逆全球化潮流的体制机制也不断地推陈出新。比如双边贸易、多边贸易、区域自由贸易、自由贸易区等贸易体系的构建都会成为应对违反 WTO 规则的贸易保护主义的有效方式，并进一步加快贸易保护主义之外国际交换的繁荣和发展。于是贸易强国战略在当代仍然具有旺盛的生命力，其模式范式的选择创新值得新兴市场国家在推进工业化和现代化的过程中积极探索。

（二）贸易强国模式范式的创新经验

新中国成立 70 年以来，我国对外贸易战略转型大体经历了四个主要时

期，分别是 1949～1978 年全面计划经济时期的进口替代发展战略，1979～
1991 年中国特色社会主义经济摸索时期的出口导向发展战略，1992～2011
年中国特色社会主义市场经济有限开放时期的混合发展战略，以及 2012 年
以来的习近平新时代中国特色社会主义市场经济全面开放时期的贸易强国
战略。其中，进口替代发展战略是在当时国际上美苏主导的两大阵营对立
分化和国内工业基础薄弱的社会主义建设时期被迫实施的一种消极的应对
之策，这为建成门类相对齐全的工业经济体系，从而为改革开放奠定了物
质基础。在这一战略背景下，中国几乎隔离于世界经济之外，不能充分享
有对外贸易红利，并出现大量资源配置的无效低效和城乡二元经济的非均
衡发展。改革开放以来，我国开始尝试转变计划经济体制，逐渐打开国门
发展外向型市场经济，并于 1986 年开始积极申请复关以发展自由贸易，结
果利用资源禀赋优势先是以出口资源密集型产品为主，继而转型为以出口
劳动密集型产品为主，这为中国经济奇迹提供了比较优势。但是，由此我
国承受了大量战略资源的过度无序开发和恶性价格竞争之痛，且诱导大量
廉价剩余劳动力成为世界资本主义产业国际转移的后备军，直接或者间接
地为发达国家的资产阶级创造了大量剩余价值。在邓小平同志发表南方谈
话之后，中共十四大报告确立了我国的社会主义市场经济发展道路。此
后，中央先后规划并出台了对外贸易转型发展的大经贸、市场多元化、以
质取胜、科技兴贸和对外自由贸易区等组合式贸易战略体系，从而不仅促
使我国的出口贸易规模不断扩大，而且有效地提升了我国的出口贸易竞争
力，由此我国于 2010 年超越美国成为名副其实的第一货物贸易大国，出口
产品也转型为以资本密集型为主。但是，由此也招致越来越多的来自发达
国家以及其他发展中国家的贸易摩擦和冲突，甚至仍然不被很多欧美发达
国家承认市场经济地位，于是经常遭受因其贸易双重标准而产生的不平等
对待。

更应引起重视的是，2012 年中共十八大以来，美国主导的 TPP 和
TTIP，覆盖亚太主要经济体和欧盟发达国家，制定了更高水平的贸易标
准，推出了更为严格的贸易规则。显而易见，美国正在积极重构世界贸易
格局，量身打造新的全球贸易秩序，这对我国贸易强国战略提出了更为严
峻的挑战。在新时代，习近平主席高瞻远瞩，站在全人类共同发展的历史
高度，围绕实现人类命运共同体的伟大梦想，适时提出了"一带一路"倡

议，这不仅得到发展中国家的积极响应和广泛支持，而且受到越来越多发达国家资本的青睐。但是，贸易强国的两模式三范式逻辑缺陷表明传统的贸易强国路径并不利于各个参与国家的对等合作，以及实现"共商、共建、共享"的互联、互通、互利的共赢发展，故有必要在新时代探索创新贸易强国的模式范式。

（三）贸易强国模式范式的创新战略

基于我国高水平高质量的对外开放实践创新，比如"一带一路"倡议下构建的"六廊六路多国多港"的互联互通合作机制，辐射东部区域城市群的沪、津、闽、粤自由贸易（园）区和中国特色自由贸易港的制度创新，汇集 130 多个国家和地区的近 3000 家贸易商的国家级进口博览会等，新型贸易强国模式范式必须建立在务实对等合作、畅通自由贸易、普惠各国民生和变革全球治理的基础之上。故从学理上，要超越以资源要素禀赋与劳动生产率比较优势为基础的国际分工理论，在马克思主义对资本主义社会全面批判分析的理论指导下，寻求国际对等交换的劳动价值基础。也就是说，在马克思国际价值理论的基础上阐明国际对等交换的基本原理，揭示经济全球化及区域经济一体化背景下，在当代资本主义市场经济和社会主义市场经济共存交融过程中贸易主体之间的等量劳动交换及合理分配经济剩余的有效机制，探索一种经济上平等互利、政治上包容合作和社会上公平正义的新型贸易模式。

具体来看，新型贸易强国模式范式在理念上从应对不平等交换向推动对等交换转变，在更高层次对外开放中创造多层次宽领域的贸易合作机会。正如习近平所提出的，"秉持开放、融通、互利、共赢的合作观，拒绝自私自利、短视封闭的狭隘政策，维护世界贸易组织规则，支持多边贸易体制，构建开放型世界经济"①。在目标上，有必要从传统贸易强国的追逐经济利润向新型贸易强国的实现人类命运共同体转变。正如习近平倡导的，要在共商共建共享原则下探索各国经贸合作形式的多样化，推动各国线上线下的互联互通，激发各国的经济优势和发展潜能，最终实现开放、包容、普惠、平衡、共赢的繁荣发展。在政策上，需要从鼓励促进短期效

---

① 参阅习近平在 2018 年 6 月 10 日上海合作组织成员国元首理事会第十八次会议上的讲话。

益贸易向引导扶持长期质量贸易转变，增强"支柱"产品产业的比较优势，培育"主导"产品产业的潜在优势[17]，加强科技创新开放合作，"同各方一道推进科技人文交流、共建联合实验室、科技园区合作、技术转移四大举措"①，且要发挥我国"世界市场"的大国担当，继续扩大高质量货物和服务产品的进口规模，促进贸易结构的平衡优化。总体来看，有必要积极推动基于比较优势的传统国际分工体系向基于各国国家潜在竞争优势的新型国际分工体系转型，使新兴市场国家有机会在全球价值链中提高对等交换的国家核心竞争力，有效跨越长期经济发展中的比较优势陷阱。

进一步讲，国家潜在的竞争优势应该不再完全以物质资本和金融资本追逐利润最大化为主导，而是要以人民为中心。一方面要实现充分就业，提高人民生活水平；另一方面则要以大多数人的充分自由和全面发展为目标。在重视人的自由和发展的基础上，积极实施国家潜在的创新竞争力培育战略，着力克服核心技术和优质品牌对外高度依赖的问题，加快探索在更高层次对外开放中充分利用世界市场资源，增强在战略资源和知识产权上对外对等交换的长期国家调控能力，围绕全球产业链优化经济结构布局，积极加快推动实体经济和金融产业中的供给侧结构性改革，提升主导产业的国家核心竞争力，从而在确保国家经济金融安全底线的开放型经济发展中，提升应对发达国家贸易保护主义、有效化解歧视性贸易摩擦、加强宽领域广渠道贸易合作伙伴关系建构的经济实力。而在国际经贸话语权上，要注重大国信用体系建设，坚决贯彻执行已经签订的双边或多边经贸协议，不断提升国际公信力，积极参与构建符合各国人民利益的国际经贸规则。这是新时代贸易强国战略的新型模式范式，是一条不同于市场自由主义、国家实用主义和制度批判主义等传统对外贸易范式的中国贸易强国道路。

参考文献

[1] 〔美〕罗伯特·吉尔平：《国际关系政治经济学》，杨宇光等译，上海世纪出版集

---

① 参阅习近平在 2019 年 4 月 26 日第二届"一带一路"国际合作高峰论坛开幕式上的主旨演讲。

团，2006，第 159 页。

［2］王正毅：《国际政治经济学通论》，北京大学出版社，2010。

［3］〔美〕查尔斯·金德尔伯格：《世界经济霸权（1500—1990）》，高祖贵译，商务印书馆，2003，第 201～242 页。

［4］〔英〕亚当·斯密：《国民财富的性质和原因的研究》（上卷），商务印书馆，1997，第 28～29 页。

［5］〔英〕大卫·李嘉图：《李嘉图著作和通信集（第一卷）：政治经济学及赋税原理》，商务印书馆，1981。

［6］宋树理：《马克思国际不平等交换思想的动态博弈新解》，《当代经济研究》2013年第 5 期，第 11～13 页。

［7］〔英〕苏珊·斯特兰奇：《国家与市场》，杨宇光等译，上海世纪出版集团，2006，第 209～210 页。

［8］〔加〕M. C. 霍华德、〔澳〕J. E. 金：《马克思主义经济学史》，中央编译出版社，2003。

［9］〔希腊〕A. 伊曼纽尔：《不平等交换》，中国对外经济贸易出版社，1988。

［10］张忠任：《马克思主义经济思想史》（日本卷），东方出版中心，2006，第 108～109 页。

［11］杨玉生：《不平等交换和国际剥削——伊曼纽尔不平等交换理论评述》，《当代经济研究》2004 年第 12 期，第 17～40 页。

［12］李翀：《马克思主义国际贸易理论的构建》，中国财政经济出版社，2006，第 109 页。

［13］〔匈〕拉吉斯·兹尔科：《国际价值与国际价格》，对外贸易教育出版社，1986，第 3 页。

［14］程恩富：《经济全球化与反全球化观析——程恩富教授在复旦大学的讲演（节选）》，《文汇报》2003 年 4 月 20 日，第 4 版。

［15］马艳：《经济全球化的风险利益分析与对策研究》，《财经研究》2000 年第 11 期，第 49～53 页。

［16］李真、马艳：《国际不平等交换理论的再探索》，《当代经济研究》2009 年第 4 期，第 33～38 页。

［17］宋树理：《中国对外经济关系发展路径的国际价值论》，《管理学刊》2016 年第 12 期，第 13～18 页。

浙 江 篇

| 第八章 |

改革开放以来浙江民营经济的
发展历程与转型演变

提要： 浙江民营经济的发展奇迹彰显了中国特色社会主义市场经济体制改革的显著成效。在系统回顾改革开放 30 年来浙江民营经济发展历程的基础上，总结提炼浙江民营经济发展特色、发展优势和发展经验，深入分析制约发展的劣势和发展的问题，预判进一步发展的趋势，对今后民营企业国际竞争力的有效提高和区域经济结构的优化升级有着重要启示意义。

引　言

　　一般而言，"民营"是一个与"官营"相对的概念①，其形式在于无政府干预的自主经营。关于民营经济的属性和范围，历来存有争议。狭义的民营经济的属性一般公认为是私有制经济，与公有制经济相对，主要表现为财产的私人所有、企业经营的雇佣关系和企业利润的雇主占有；而广义的民营经济的属性还包括部分混合所有制经济。对于民营经济的范围一般也有广义与狭义之分。广义的民营经济是对除国有和国有控股企业以外的多种所有制经济的统称，包括个体工商户、私营企业、乡镇集体企业、港澳台投资企业和外商投资企业；狭义的民营经济则不包含港澳台投资企

---

① 通过梳理文献归纳国内学术界目前对"民营"的内涵界定，主要有六种类型：一是与私营等同论；二是官营之外的经济成分论；三是经营主体非国营论；四是非官经济组织综合论；五是民间经济实体论；六是经济机制论。[1] 207~208

业和外商投资企业。① 但是，在国家统计局企业调查总队课题组的《民营
经济发展和民营企业成长研究》中，民营经济不包括集体企业，却包括外
商投资企业中的港澳台投资企业；其中，对于个体私营企业，具体细分为
纯私营企业和混合私营企业。另外，以是否从事自主经营活动的法律意义
上的资产所有者为标准，民营经济的主体包括个体工商户、私营企业主、
股东、合伙人等所有的自然人市场主体。[2]71

本章认为民营经济是一个历史范畴，应该从其发展过程来理解它的产
权属性及范围，那么，民营经济应该有静态和动态之分。从静态的视野来
看，民营经济是具有私有属性的，主要包括个体工商户和私营企业；从动
态的视野来看，民营经济则不仅包括直接建立的个体私营经济，也包括民
营化的国有和国有控股经济、乡镇集体经济，与国有经济和外资经济构成
中国特色社会主义市场经济体系的三大支柱。

一　浙江民营经济发展的历程与特色

（一）浙江民营经济发展的历史回顾

关于浙江民营经济发展历程的分类标准，目前主要有四种。第一，根
据党和国家有关方针政策的调整和变化可以划分为四个阶段，即允许民营
经济的存在和发展阶段（1979～1986 年）、鼓励民营经济的存在和发展阶
段（1987～1992 年）、民营经济健康有序发展阶段（1992～2000 年）、民
营经济高速起飞阶段（2000 年至今）。第二，根据民营企业组织制度的变
迁可以划分为三个阶段，即以家族企业为普遍形式的初始阶段（20 世纪
70 年代末至 80 年代中期）、由家族制转变为股份合作制的过渡阶段（20
世纪 80 年代中期至 20 世纪 90 年代前期）、以公司制为代表的多元形式的
新阶段（20 世纪 90 年代前期至今）。第三，根据民营经济增长方式的转型
可以划分为三个阶段，即从"地下微量型"到"数量积累型"阶段、从
"数量积累型"再到"规模数量型"阶段、从"规模数量型"向"规模质

---

① 毋庸置疑，乡镇集体经济本质上是具有公有属性的。但是，有学者认为它的运作和利益
分配非常接近非公有经济，在历史上，许多集体经济就是"戴帽"的私营企业。因此，
把乡镇集体经济划入民营经济是合理的。[1]142-143

量型"转型阶段。第四，根据企业规模的变化可以分为三个阶段，即民营经济以乡镇企业"集体经济"形式为主、个体私营经济总量很小的阶段（1979 年至 20 世纪 90 年代初），集体经济纷纷"摘帽"、个体私营经济发展阶段（20 世纪 90 年代初至 90 年代中后期），民营经济产权出现多元化特征阶段（20 世纪 90 年代末至今）。[3]本章在借鉴已有研究成果的基础上，以中国特色社会主义经济体制转轨中浙江民营经济自发成长的过程为线索，将其划分为五个阶段。

1. 休眠阶段（1978 年以前）

民营经济的萌芽根源于"人多地少"导致的生存危机。自明清以来就如此，据史料记载：明万历年间，"龙丘之民，往往糊口于四方，诵读之外，农贾相半"；明天启年间，"龙游之民，多向天涯海角，远行商贾，几空县之半"。在中国经济发展史上商业活动的空前繁荣并不是偶然出现的，而是因为农村为应对人多地少的生存危机而采用农工相辅的劳动模式，即家庭在从事耕作的同时，兼做手工业和其他家庭副业，以弥补家庭收入不足。所以，人口密度大的浙江地区，在历史上也是家庭手工业和商业发达的地区。[1]1~5比如，费孝通在《小商品大市场》中指出，温州地区的历史传统是"八仙过海"，是石刻、竹编、弹花、箍桶、缝纫、理发、厨师等百工手艺人和挑担卖糖、卖小百货的生意郎周游各地，挣钱回乡，养家立业。还有义乌的"鸡毛换糖"、永康的"小五金"、宁波的"奉帮"裁缝、台州的"制陶""造纸""制盐"、富阳的"造纸"等历史传统。在这一地区，家庭手工业的收入甚至占到家庭总收入的一半。虽然这种做法抑制了专业化分工，阻碍了农村走上工业化道路，却是在传统技术条件下解决人口压力问题的便捷途径。[1]1~5

计划经济体制的建立，打破了农村的农工相辅模式，实行城乡分割、以农辅工，结果不但没有彻底解决广大农民的生存问题，反而导致城乡生活必需品的严重短缺和日益增大的城乡就业压力。如 1978 年，温州市区有待业青年 4.5 万人，他们经常到市政府要求解决就业问题，影响市政府的正常工作。乐清还发生了待业青年成群结队涌入县政府食堂抢饭吃的事件。[4]231970 年，北方农业会议提出，要加快农业机械化的进程，为此，会议鼓励各地兴办与农业机械化有关的小型农村工厂。浙江同江苏、广东等有手工业传统的省份首先行动起来，纷纷借农机厂、农具厂及与农业有关的其他企业之名，在计划经济体制之外创办各类社队企业（即后来的乡镇企业）。但是受到当时极"左"思潮的影响，发展社队企业被戴上"搞资本主义""挖社会主义墙脚"的帽子，社队企业受到严重冲击。1975 年 9 月 5 日，浙江省永康县人民银行干部周长庚写信给毛泽东，建议改变 1962 年中央农业"六十条"中社队一般不办企业的规定，为农村剩余劳动力寻找出路。毛泽东和邓小平做了批示，下发中央有关部门和北方农业会议讨论。为此，《人民日报》发表调查报告《伟大光明灿烂的希望》，并配发评论文章，对社队工业予以肯定和支持。此后，社队工业加快发展。[5]703~704

其实，计划经济体制建立之后，公开合法的民间自主商业活动虽然几乎绝迹，但实际上只是处于"休眠"状态，并没有真正地被"斩草除根"。首先，从根源来说，还是应对生存危机的迫切需求。比如，1978 年温州地区有人口 561.26 万人，农村劳动力 188 万人，耕地面积 290 万亩，人均耕地面积仅为 0.52 亩，每个农村劳动力平均占有耕地 1.54 亩，只及全国平均水平的 1/3。按当时温州农业生产条件推算，每个劳动力可耕作 5 亩地，温州农村至少有 100 万个农业剩余劳动力，像平阳县在改革开放前有一大批农民外出逃荒要饭，钱库、宜山、金乡一带，外出要饭的农民超过劳动力总数的一半。[4]22 其次，从直接原因来看，则是从禁绝民间自主商业活动到 1978 年允许自主创业，中间时隔最多不过二十几年，差不多是一代人，所以商业意识和技能的代际传递并未中断。[2]71 比如，义乌廿三里镇即使在"文革"严厉打击投机倒把的时期，外出鸡毛换糖依然兴盛。据统计，当时从业人员多达 5000 人，经营范围不仅涉及浙江周边的江西、福建等省，而且扩展到全国各地。① 当时，温州的无证商贩在 1970 年有 5200 人、1974 年有 6400 人、1976 年达到 11115 人。"地下包工队""地下运输队"、民间市场和生产资料"黑市"也广泛存在。著名的"温州柳市八大王"之一的"螺丝大王"刘大源在 20 世纪 70 年代就开始做生意，不仅是温州地区第一个买私人摩托车的人，还最早安装了私人电话。还有"五金大王"胡金林、"矿灯大王"程步青、"目录大王"叶建华、"翻砂大王"吴师濂、"线圈大王"郑祥青、"胶木大王"陈银松和"旧货大王"王迈仟等温州第一批知名的商界风云人物。到 1976 年底，柳市已有生产五金、低压电器

---

① 参见《廿三里拨浪鼓及其历史文化》（http://tieba.baidu.com）。

等的工业企业 256 家，总产值高达 2052 万元。[①] 可以发现，即使在计划经济体制下，温州民间经济的活跃程度及规模都是十分高和大的，从而为改革开放后民营经济的发展积累了丰富的人力资源和奠定了坚实的工业基础。

2. 兴起阶段（1978～1988 年）

1978～1986 年，国家政策调整，个体私营经济与乡镇企业迅猛发展，浙江地区的专业市场和块状经济也自然形成并初具规模。党的十一届四中全会通过的《中共中央关于加快农业发展若干问题的决定》提出："社队企业要有一个大发展……国家对社队企业，分别不同情况，实行低税或免税政策。"1979 年 7 月，国务院颁布了《关于发展社队企业若干问题的规定（试行草案）》，赋予社队企业合法的身份，并对社队企业的所有制、经营管理、税收、分配等 18 个方面做了明确规定。特别是在农业耕作上实行家庭联产承包责任制，提高了农业生产效率，释放出大批农业劳动力，为社队企业的发展提供了资金积累和劳动力来源。所以，这一时期，社队企业高速发展。

但是对浙江民营经济以后的发展影响更大的是个体私营经济的兴起。1979 年 2 月全国工商行政管理局局长会议提出，各地可以批准一些有正式户口的闲散劳动力从事个体劳动性质的修理、服务和手工业，但不准雇工。经党中央、国务院批准转发各地。这是党的十一届三中全会之后第一个允许个体经济发展的文件。1981 年 10 月 17 日中共中央、国务院发布《关于广开就业门路，搞活经济，解决城镇就业问题的若干决定》，文件规定："对个体工商户，应当允许经营者请两个以内的帮手；有特殊技艺的可以带 5 个以内的学徒。"这个规定实际上允许个体户雇工，雇工可以在 7 人以内。[1]7 以温州柳市为例，1978 年在柳市镇的后街出现了第一家个体经营的低压电器门市部，到 1981 年发展到 300 家，从事购销业务的有 1 万多人。[6]170 但是 1982 年上半年，风云突变，全国经济领域掀起打击严重犯罪活动的运动，浙江把温州作为打击重点，温州把乐清作为重点，乐清又把柳市作为重点。结果导致柳市经济顿时萧条。此后，温州市政府开始保护和鼓励民营经济发展。1982 年 12 月，温州市公开表彰各种行业的经营大

---

① 转引自民间资料《乐清民营经济发展简史》。

户，柳市的低压电器生产逐渐恢复。1982 年 12 月 4 日，第五届全国人大第五次会议通过的《中华人民共和国宪法》第十一条规定："在法律规定范围内的城乡劳动者个体经济，是社会主义公有制经济的补充。国家保护个体经济的合法的权利和利益。"这是国家根本大法第一次承认个体经济的合法地位。1984 年 10 月党的十二届三中全会通过的《中共中央关于经济体制改革的决定》，第一次系统地阐述了我们党对发展个体私营经济的基本指导方针。以十二届三中全会为标志，党发展民营经济的方针政策基本形成。

浙江省的个体户 1978 年末只剩下 2086 户，至 1982 年末达到 79444户，增长了 37.1 倍。到 1985 年底，全省个体户猛增到 637236 户，其中城镇个体户为 89262 户。[2]88~89。更为重要的是，浙江在缺乏资源和缺乏大中城市工业辐射的情况下，选择了通过发展家庭工业和专业化市场的集群化模式来发展市场进入门槛低的"小商品"，主要集中于第二产业中的建筑业和加工制造业，如劳动密集型的文具、纺织、服装、袜子、塑料等；第三产业的商业、餐饮、交通、运输等。因此，在家庭工业的基础上，永嘉桥头、义乌、绍兴、台州路桥等特色专业市场产业集聚在这一阶段开始形成并初具规模。以温州为例，1985 年温州家庭工业企业 13.3 万家，农村工农总产值 25.3 亿元，其中家庭工商业占 66.3%，初步形成以农村家庭工业为支柱的经济结构。到 1986 年温州农村从业人员达 40 余万人，此外还有 20 余万名购销员在外从事商品购销业务。在沿海平原地区，家庭工业聚集成片，形成十大产销基地，有：苍南县宜山区的再生纺织品；金乡镇的徽章、证件、卡片和商标；平阳县肖江镇的塑料编织袋；乐清县柳市区的五金、电器；瑞安县仙降乡的塑料皮革鞋；塘下莘塍两区的塑料编织袋、松紧带、汽车配件；欧海县的登山鞋等。[4]43在家庭工业和专业市场的基础上，浙江形成了以"一村一品""一乡一业"为特征的"块状经济"。

3. **波动阶段**（1988~1992 年）

1988 年 4 月，第七届全国人大第一次会议通过《中华人民共和国宪法修正案》，规定："国家允许私营经济在法律规定的范围内存在和发展，私营经济是社会主义公有制经济的补充。国家保护私营经济合法的权利和利益，对私营经济实行引导、监督和管理。"从而确定了私营经济的法律地位和经济地位。1987 年和 1988 年，国务院先后颁布了《城乡个体工商户管理暂行条例》和《私营企业暂行条例》，进一步促进了个私经济的发展。但是在 1988 年下半年，国家宏观经济运行出现严重失衡，私营经济的外部环境走向紧张。在 1989 年出现关于姓资姓社问题的讨论，一些言论打击了私营经济从业者的信心。结果是个体私营企业大幅度减少，而集体所有的社队企业由于不受政府计划控制，如雨后春笋一样迅速发展。到 1990 年，当集体经济占 GDP 的比重高达 53.1% 时，个私经济所占比重仅为 15.7%。1991 年，浙江省经工商登记注册的个体工商户和私营企业分别为 100.26 万户和 9.2 万家，从业人员分别为 155.8 万人和 16.9 万人，注册资金分别为 40 亿元和 7.3 亿元。[7]

4. 腾飞阶段（1992～2000 年）

1992 年，邓小平的南方谈话阐明了计划和市场的关系，提出了社会主义的本质是发展生产力，从此彻底消除了人们在认识上对发展民营经济的顾虑，解放了思想，增强了发展民营经济的信心和勇气。1993 年党的十四届三中全会通过的《中共中央关于建立社会主义市场经济体制若干问题的决定》指出："坚持以公有制为主体、多种经济成分共同发展的方针。在积极促进国有经济和集体经济发展的同时，鼓励个体、私营、外资经济发展，并依法加强管理。"之后，党和政府在理论上和制度上继续创新并积极出台保障和促进民营经济发展的规章条例，由此激发了浙江民营企业家"促发展、促转型"的创业热情，个私经济、乡镇经济和国有改制经济等各类民营经济迎来快速发展的大好时机。截至 2000 年底，浙江省个体工商户总量为 158.86 万户，从业人员 272.38 万人；私营企业 17.88 万家，从业人员 300.48 万人。[7]浙江个体、私营企业的注册资本总额、工业总产值、社会商品零售总额均居各省区市首位。

这一阶段浙江民营经济的发展途径主要有三种。首先，是以温州为典型的个体私营经济的发展。温州民营企业尤其是家族企业为了扩大市场份额，开始进行产权改革。一是将股份合作企业转制，重新注册为产权明晰的有限责任公司，以改善企业的经营机制。二是通过兼并与联合组建企业集团，以扩大企业规模及市场覆盖面。[1]25~26其次，是以绍兴为典型的乡镇企业改制发展。1993 年浙江省出台《关于乡村集体企业推行股份合作制的试行意见》。最后，国有企业从一般竞争性领域退出，为民营企业腾出更多发展空间。

5. "走出去"阶段（2000 年至今①）

所谓"走出去"，主要包括对外贸易、跨国投资与跨国经营三个层面。其中，跨国投资与跨国经营是企业国际化的主要标志。2000 年，政府正式推出"走出去"战略，标志着民营经济国际化进入正式探索阶段。② 之后，政府又多次放开对民营企业自营进出口权的限制，在 2004 年 6 月出台了《对外贸易经营者备案登记办法》，规定自 2004 年 7 月 1 日起，取消对所有外贸经营主体外贸经营权的审批，改为备案登记制。浙江省委省政府及时提出了推动民营经济新飞跃的目标，实施"创业富民、创新强省"的发展战略。浙江民营经济开始了以提升国际竞争力为核心的第二次创业，在增长方式上进一步实现速度型增长向质量型增长转型。特别是自 2001 年中国加入 WTO 以来，浙江对外贸易连续保持 7 年的快速增长，年均增长速度达到 32.4%，比同期全国外贸年均增幅高 5.4 个百分点，其中出口年均增长 33.2%，比同期全国出口增速高 5.2 个百分点。[8]浙江 2005 年外贸依存度基本达到 50%，2006 年和 2007 年继续上升超过 50%。2008 年第三季度的外贸依存度达到 54.4%，其中出口外贸依存度为 39.7%，进口外贸依存度为 14.7%。从浙江与国内其他地区外贸依存度的比较（见表 8-1）可以发现，浙江外贸依存度仅低于外贸大省广东，明显高于全国外贸依存度平均水平。但是，由于受到国际金融危机的影响，从 2008 年 11 月开始，浙江外贸形势急转直下，据杭州海关统计，浙江省外贸当月进出口总额为143.6 亿美元，同比下降 9%；当月出口额为 110.7 亿美元，同比下降2.6%，略低于全国 2.2% 的平均降幅；进口额为 33 亿美元，同比下降25.6%，比全国 17.9% 的平均降幅还低 7.7 个百分点，这也是浙江外贸 9年来首次出现"双降"局面。

---

① 本章原文主要于 2008 年国际金融危机在世界市场上全面爆发之前完成，这里主要对在此之前浙江民营经济发展的历史阶段性特征进行了归纳总结。当然，金融危机之后浙江民营经济发展在新的国内外政治经济形势下演化出了新的阶段性特征，完全可以将 2000 年之后的时间做进一步的阶段划分。但为了体现笔者早期的研究痕迹，本章保持原有论述。至于结合当下新的形势对浙江民营经济发展做进一步探究，则是笔者后续的工作重点。

② 2000 年之前，民营企业国际化处于非正式探索阶段，受到诸多限制。比如，包括民营企业在内的中国企业跨国投资，必须获得中央政府主管部门批准。

表 8 – 1　浙江与其他地区外贸依存度的比较

单位：%

年份	全国	浙江	广东	湖北	安徽	四川	西藏
2002	33.4	35.1	63.6	6.2	9.0	7.2	6.4
2003	34.5	42.1	66.4	8.1	10.5	8.1	6.3
2004	37.8	46.7	67.8	8.9	10.8	7.8	6.2
2005	40.0	49.8	65.6	11.0	12.5	7.9	4.2
2006	42.0	52.9	67.6	11.3	14.8	9.0	6.2
2007	42.0	53.6	67.5	11.3	14.1	10.8	7.0
2008	40.6	51.7	64.3	12.1	14.8	10.8	7.7

数据来源：根据国家和各省区市官方统计网站"统计数据"及"统计公报"栏目的相关数据计算而来。

　　浙江民营企业对外投资增长也十分迅速。从 1999 年到 2003 年 7 月底，浙江省民营企业累计设立境外企业 405 家，占全省境外企业总数 1229 家的 32.9%，占同期新增境外企业数 705 家的 57.4%；中方总投资额达 8379 万美元，占全省历年中方投资累计金额 37219 万美元的 22.5%，占同期中方新增投资总额 17529 万美元的 47.8%。到 2008 年 6 月，浙江省境外企业和机构累计达到 3257 家，其中民营企业占 90% 以上，中方投资额累计达到 21.52 亿美元，遍布全球 129 个国家和地区。从投资流量来看，浙江对外投资保持了较为稳定的快速增长趋势。2008 年受金融危机冲击，浙江民营企业对外投资增速下滑严重。由此，浙江民营经济开始进入全面转型升级阶段。

（二）浙江民营经济发展的现状

　　改革开放 30 年，浙江发展为中国民营经济第一大省。到 2008 年底，全省注册资本金超过百万元的私营企业达 12.1 万家，总资产亿元以上的私营企业 1500 家、私营企业集团 1132 家。2009 年中国民营企业 500 强中浙江占 182 席，中国社会科学院公布的全国民营企业综合竞争力 50 强中浙江占 23 席。全省拥有驰名商标 278 件、省著名商标 1586 件、知名商号 524 个，民营企业均占 90% 以上。到 2009 年 9 月底，全省在册民营企业 66.9 万家，占全省企业总数的 93.3%，个体工商户总量达到 198.8 万户。在批发和零售业企业法人单位中，国有企业 884 个，占 0.9%；集体企业 1732 个，占 1.9%；私营企业 79336 个，占 85.1%；港澳台商投资企业 229 个，占 0.2%；外商投资企业 544 个，占 0.6%。[9]

与其他省区市相比，浙江民营企业国际竞争力强劲提升，表现在以下方面。第一，民营企业出口占比位居全国第一。2009 年 1~11 月，浙江民营企业出口达到 654 亿美元，占全省出口的 55%，民营企业是浙江省出口贸易的主力军。第二，民营企业境外投资企业数列全国第一。截至 2009 年 11 月，浙江民营企业境外投资企业数共计 405 家，是中国拥有境外企业数量最多的省份。2009 年 1~11 月，浙江省境外投资总额达到 11.2 亿美元，中方投资达到 10.4 亿美元，较 2008 年同期分别增长 22% 和 21%；单个项目投资额分别为 215.6 万美元和 201.6 万美元，同比增长 36.8% 和 39.7%，位列全国前茅。同时，多数企业投资于国外的资源能源型行业，在投资数量和质量上都有较大提升。第三，以专业化产业区和专业市场为载体的商品出口模式。在民营企业的对外开放中，始终以"块状经济"为依托，浙江省拥有年产值超亿元的"块状经济"区块 601 个，总产出占全省工业的 64%。第四，建立在丰裕企业家资源优势上的对外贸易。截至 2009 年 11 月底，浙江私营企业达 56.9 万家，每万人中企业家人数达 111.2 人，居全国各省区市首位，从而弥补了自然要素资源稀缺的不足。第五，体现区域经济比较优势的以劳动密集型为主导的出口产品。劳动密集型产品的出口本身基于浙江的比较优势，同时劳动密集型产品的出口又进一步强化了浙江省的区域经济比较优势。第六，以境外合作区与集群式扩展为特色的海外投资模式。截至 2009 年 11 月底，浙江拥有 4 个境外经济贸易合作区，占全国总数的 20%，位居全国第一。合作区的发展模式，为"集群式"海外发展创造了良好的基础条件。[10]

（三）浙江民营经济的发展特色

1. 发展模式：由内源式到开放式

"内源式（endogenesis）发展"，作为官方正式的政策概念最早出现在联合国教科文组织的 1977~1982 年中期规划中，本意是"尊重文化的同一性和各国人民享有自己的文化权利"。也就是说，社会发展的最终动力源于其内部制度的自然演化过程。区域经济发展视角下的内源式发展，是指主要依靠区域内部的资源和要素动员推动的经济发展方式，尤其是指依靠民间资本、民营机制和专业市场发展区域经济的道路。黄先海和叶建亮认为这种发展模式至少应该包含经济运行的三个层面含义：一是市场的内源性，二是生产过程的内源性，三是投入要素的内源性。[1]574~580 与之相对的是"外源式发展"，即指依靠区域外部的资源和要素（尤其是海外市场的经济要素）推动的区域经济发展方式。典型的代表是"珠江三角洲"发展模式，珠三角就是主要依托接近港澳的地理优势，依靠大规模地利用外资、发展外向型经济，来推动本地工业化进程和经济发展。

浙江民营经济，主要依靠本地资金、技术、人才、市场、组织等生产要素，推动本地工业化和城市化发展，属于典型的内源式发展模式。首先，市场的内源性主要体现为产品以"轻、小、集、加"的中低档消费品为主，市场以国内为主，营销以人员行销为主。这主要是因为浙江民营经济是在计划经济体制之外利用社会消费品严重短缺的生存商机和"血缘、地缘、亲缘"等社会关系网络而发展起来的，由此形成了专业市场体系。其次，生产过程的内源性主要体现为以终端产品为主、区域内分工和产品的低附加值。主要是因为浙江民营经济在起步时缺乏资本、技术和管理人才，所以主要从事投入少、技术简单的消费品行业，并利用区域内的协调分工，降低交易成本，提升竞争力。最后，投入要素的内源性主要表现为民间资本的投入与积累和家庭的生产与管理。这主要因为：一方面，浙江与台湾隔海相望，处于当时的战略考虑，中央对浙江的资本投入很少，而且浙江地区基础设施不完善，导致外商投资也很少；另一方面，浙江地区民营经济大多起源于家庭作坊，所以采用家族管理模式最为普遍。

随着中国特色社会主义市场经济体制改革的深化和经济全球化的不断发展，浙江民营经济利用强大的市场开拓能力逐渐实现了内源式发展模式向开放式发展模式的转变，民营企业参与国际竞争与合作的程度不断加深。2005年，在全省规模以上工业企业出口交货值中，民营企业占55.1%，成为对外贸易的主力军。同时，民营企业努力"引进来""走出去"，利用外资嫁接改造，多途径到境外建立营销机构、研发中心、生产和原材料基地。2005年，全省批准境外投资的民营企业达397家，占当年批准企业总数的90%以上。

2. 经营主体：由草根老板到民营企业家

浙商的"草根性"主要表现在两个方面：一是出身以农民为主，二是学历普遍较低。浙江省工商联 1995 年、1999 年和 2003 年的调查结果表明，农民出身的浙商占到总数的八成以上，农民是浙商群体人力资本的最重要供应者，充分显示了"草根性"特点。比如最早的一次较大规模的私营企业主调查是 1995 年浙江省工商联主持的，调查结果显示：出生地为"乡镇"及"村"的占 84.8%，出生地为"中等城市"和"大城市"，相当于地级市和省城的仅有不足 5%，也就是说农民出身的占绝对多数（见表 8 - 2）。1999 年同样口径的调查数据显示，浙商（私营企业主）创业前的职业构成没有明显变化。其一，以生活在农村的人为主，纯农民职业的就占 28.7%。如果把创业前在农村、乡镇从事各种职业的企业主合在一起，几乎占了九成以上。其二，目前仍有 62.4% 的浙商居住在乡（镇）或村，68.6% 的私营企业办在乡（镇）或村。2003 年的调查结果显示：私营企业主 80.98% 出生在乡村，但已有 73.49% 的私营企业主在小城镇安家，84.6% 的私营企业建在小城镇。从学历层次来看，浙商大多是小学文化水平，每 10 万人中中专及以上文化程度的人数在全国位次偏后。[11]

表 8 - 2　浙商出生地和目前生活、工作地点

单位：%

类型	大城市	中等城市	小城市	乡镇	村
出生地	2.3	2.0	10.9	28.5	56.3
家庭所在地	2.6	0.6	28.4	37.4	31.0
主要产业所在地	4.0	1.0	26.1	44.4	24.5

数据来源：1995 年浙江省非公经济人士调查统计。

具有代表性的是：小学毕业打铁出身的万向集团董事局主席鲁冠球，43 岁还踩三轮车进货的娃哈哈集团董事长兼总经理宗庆后，15 岁开始走街串巷做补鞋匠的正泰集团董事长兼总裁南存辉，到东三省做补鞋匠的飞跃集团董事长邱继宝，高小毕业 14 岁进胡庆余堂当学徒的中国青春宝集团董事长冯根生，放牛养牛 20 多年的中国青年汽车董事局主席庞青年，开过拖拉机的万丰奥特集团董事长陈爱莲，摆过地摊的美特斯邦威集团董事长周成建，拉过板车的中国神力集团董事长兼总裁郑胜涛，做过木匠的奥康

集团董事长王振滔等。在浙江非公有制企业 100 强中，约有 90% 的浙商精英出身均很"低微"。[12]150~151

但他们最具熊彼特式"企业家精神"，能够大胆而富有想象力地突破现行的商业模式和管理方式，不断地寻求各种机会推出新的产品和新的生产工艺，进入新的市场并且创造新的组织形式。

3. 企业规模：由以中小型为主到大型

浙江民营经济起源于农村家庭的工业化。从当初的小货商、小作坊等起家，企业规模普遍较小，单个资本量不大。根据 2003 年的统计，浙江省规模以上企业的平均规模仅为 0.50 亿元，在东部最低，仅相当于同期上海的 54%、江苏的 67%、广东的 53%。[3]5 近年来，一大批民营企业在竞争中发展壮大，逐步向规模经营、综合经营、集团经营迈进。2003 年全省年销售收入上亿元的民营工业企业已达 1367 家，其中年销售收入在 10 亿元以上的有 78 家。2005 年，全省年销售收入超亿元的民营制造企业达 2851 家，其中超 50 亿元的 27 家，超 100 亿元的 12 家；总资产超亿元的私营企业 1111 家，设立民营企业集团 928 家，分别比 2000 年增长 15.6 倍和 3.5 倍。全省百强企业入围门槛则从 2004 年的 18.2 亿元销售额跃至 2005 年的 22.5 亿元，增幅达 24%。[13] 2009 年，从注册资本规模来看，新设民营企业中注册资本规模在 100 万元以上的企业 1.9 万家，占 29.36%。

总体来看，浙江民营企业规模的扩张主要通过四种途径。第一，收购兼并。如温州人本集团在购并了河南西平轴承厂、上海中国轴承厂青浦分厂后，又整体购并原浙江省行业龙头企业杭州轴承厂；德力西集团在 1999 年 2 月收购上海整流器总厂后不久，又以合资控股方式购并了山东济南开关设备厂，同年 12 月又整体收购了杭州西子集团公司。浙江民营企业通过这种购并行为，实现了低成本的快速扩张。第二，股权多元化改造。如正泰集团的南存辉，用稀释家族股权的方法，使公司的股东增加到 100 多个，而自己的股份下降至不足 20%，从而使正泰集团由家族企业变成了企业家族，员工增长了 1000 倍，资产涨了 2 万倍，产值增长了 10 万倍，利税增长了 15 万倍。第三，与国外资金、品牌联合和合作。如温州夏蒙服饰公司与世界著名的意大利杰尼亚服饰集团公司合资，组建夏梦·意杰服饰公司，把"夏梦"品牌的西服推到全国、推向世界。第四，强强联合。2003 年 5 月，中国十大锁王中的四大锁王五洲、坚士、霸力、宝得力和其他 4

家制锁企业合并，组建中国锁业航母强强集团公司，注册资金高达 1 亿元，原固定资产、流动资金总额约 15 亿元并入集团进行运作。之后，温州 40 家拉链企业又进行了资源整合，65 家温州家具企业组成的经济联合体也横空出世。它们统一品牌、统一管理、统一营销网络，成为一种新的企业组织。[2]115~117

浙江民营经济发展中的另一亮点是农民专业合作社稳步发展，注册资本规模也逐渐增大。这是一种新型的合作经济组织，它有利于提高农民进入市场的组织化程度。2005 年 1 月 1 日起施行了全国首部地方立法《浙江省农民专业合作社条例》，5 月全国第一批农民专业合作社营业执照在浙江首发。金融危机下浙江省农民专业合作社仍快速发展，2008 年全国在册农民专业合作社中浙江占 10.19%，总量为 19329 户。2009 年 9 月，当年累计新设农民专业合作社 2002 户，累计同比增长 83.23%，从注册资本来看，同比增长 121.4%，农民专业合作社的注册资本规模明显扩大。

4. 创业模式：由创业创新到与时俱进

浙江民营企业创业模式经历了三个阶段：家族创业、公司创业和网络创业。采用家族创业，主要是受资源束缚和文化传承的影响。浙江民营经济发展之初，由于缺乏资源，浙商只有依靠家人，依赖亲朋好友。比如，浙江瑞明汽车部件公司的董事长韩玉明在回忆 1984 年创业的情景时曾说："我是靠丈母娘家借的 5000 元，开汽车摩托车配件店起家的。"[12]153 像这样创业的人在浙江地区比比皆是。并且浙商文化传统下的家族主义及其泛化倾向十分显著。汪丁丁认为，从那个最深厚的文化层次流传下来，至今仍是中国人行为核心的，是"家"的概念。而且家族中所形成的生活经验、思维方式、行为习惯对个人产生了强烈的影响，以至于他们在参与家族以外的组织活动时，往往会自然而然地将家族中的结构形态、关系模式及处事方式推广、泛化或带入非家族性的团体或组织。在这样的经济和文化条件下，家族管理是自然选择的必然结果，但是在当时发挥了积极的作用，比如企业管理决策的统一性和行为的一致性；反应敏捷，信息传递耗散率低；人际关系融洽，集体精神降低了企业监督成本从而降低了企业经营成本，提高了企业的市场竞争力。

随着经济发展，企业内外环境出现了许多新特点，比如企业规模扩大，资金、技术和人才资源短缺，劳动力成本上升，国家宏观调控，经济全球化，以及金融自由化等。这些使企业既遇到新的机遇，也面临严峻的挑战，家族创业越来越制约企业的进一步发展。20 世纪 90 年代以后，随着国家先后出台《有限责任公司规范意见》《股份有限公司规范意见》和《公司法》，浙江民营企业掀起"二次创业"浪潮，即公司创业的初始形态。公司创业的本质是一个公司整体的风险承担和内部创业行为，它会对组织转型、新业务拓展和组织绩效提高等起到重要作用。[14]这次创业以浙商第一代接班人为主，他们很多有海外留学及国内 MBA 教育的经历，文化程度普遍高于他们的父辈，努力尝试对企业进行公司制改革，培育核心竞争力，适应新的市场竞争环境。

随着互联网以惊人的速度在我国快速发展，网络经济时代已经向我们走来。浙江网络创业有两个特点。一是科技含量高。以马云为代表的新生代浙商在网络和 IT 行业的创业创新可以与老一代浙商在传统制造业中的业绩相媲美。除了著名的阿里巴巴 B2B 网站外，浙江都市网、中国化工网、全球纺织网、中国包装网、中国建材网等数十家行业门户网站，都取得了良好的绩效。并且促使环杭州湾 IT 产业迅速崛起，杭州由此成为继北京、上海、深圳后我国重要的 IT 产业基地，带动了浙江网络新经济的迅猛发展。二是专业网站依托传统产业。浙江专业网站创建伊始大多依托浙江的传统产业，因而，它们具有明显的传统产业特征。目前，浙江的专业网站是中国网络企业中盈利状况最好的，有着较好的资金积累基础，而且直接面向企业，具有很好的社会效益。浙江网盛科技股份有限公司的中国化工网，企业会员费一年结算一次，目前企业交费十分及时，没有一个会员退出。对于浙江的中小企业而言，专业网站的服务优势显著，因为网上只认产品，不论企业规模。专业网站的市场容量非常大。如中国化工网，固定会员现有 1500 多家，省内会员仅 300 多家，而全国目前化工企业超过 6 万家，仅浙江就有超过 5000 家，市场开拓潜力巨大。专业网站容易开拓电子商务及相关业务，目前全球电子贸易中，企业间贸易占到 77%。像化工这类只需品名和规格就能确定的商品，易于实现电子交易。[12]158~166

5. 产业结构：由低级向高级自然演进

改革开放之初，浙江利用体制先发优势和自身的技能条件，培育了以"小商品"为主要特征的轻工业竞争优势。当时，浙江轻工业产值占全国轻工业总产值的 4.25%，到 1992 年则上升到 10.44%。[3]3浙江已形成了以宁波为主的服装、以绍兴为主的轻纺、以义乌为主的小商品、以温州为主的打火机、以台州为主的多功能缝纫机等轻工业加工基地，并涉足除了国家垄断经营行业之外的几乎所有的领域，主要集中在制造业、批零业、餐饮业等劳动密集型产业。近年来，民营经济科技创新步伐加快，特别是利用高新技术改造传统产业的力度加大，进入技术密集型产业领域的企业明显增多。

2009 年，浙江信息化发展水平和信息产业综合实力已跃居全国前列，信息化发展水平居全国第四、各省区第一。全省电子信息产业年均保持约3 倍于国民经济的增长速度持续发展，初步形成了软件、集成电路、光电子、微电子、通信与网络、基础材料和新型配套元器件七大主导产业集群，全省国民经济支柱产业的基础进一步巩固。另外，第三产业增加值的增速较高和比重上升，产业结构趋向高级阶段。自 2000 年以来，浙江第三产业增加值保持年均 13.2% 的增长速度，高于第二产业的 12.8% 和第一产业的 3.2%（见图 8 - 1）。三大产业在国内生产总值中的比重由 2000 年的 10.8%、53.0%、36.2%，调整为 2009 年的 5.1%、51.9%、43.0%（见图 8 - 2），第三产业的比重明显上升，已经接近第二产业的比重。可以发现，浙江产业结构已经初步完成"一二三"向"二三一"的转变，正在向"三二一"过渡。

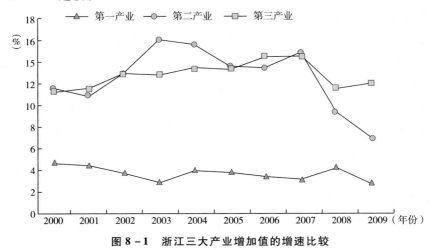

图 8 - 1　浙江三大产业增加值的增速比较

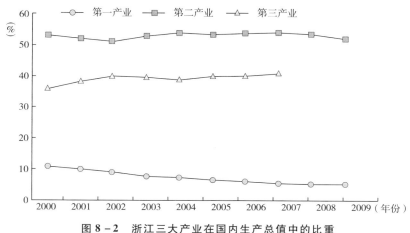

图 8 - 2 浙江三大产业在国内生产总值中的比重

6. 产业布局：由点到面集聚成块

"块状经济"是指一定的区域范围内形成的一种产业集中、专业化极强的，同时又具有明显地方特色的区域性产业群体的经济组织形式。浙江块状经济的发展最早出现在 20 世纪 80 年代初的温州和台州，80 年代中期辐射到宁波、绍兴等地区，随后扩展至金华等地区，90 年代末基本覆盖全省范围[3]200。

浙江产业集聚主要有两种途径：一是内生的，二是外生的。内生途径是当地农民利用传统技术优势创业集聚；外生途径则是个别农民获得某种技术或偶然获得某种商机，开始经营生产某种产品或相关产品的家庭作坊。这两种途径都以某一行业一两个产品为龙头，大量关联企业相互竞争和合作，在空间上集聚成块，即所谓的"小企业，大集聚"，具有产品齐全、相互配套、信息成本低、竞争激烈等优势，形成了具有一定规模的生产、销售基地，产生了区域性的规模效应和品牌效应，提高了市场的抗风险能力和国际竞争力。如温州鹿城区的鞋、服、眼镜、打火机，永嘉桥头的纽扣，瓯海的泵阀、阀门，柳市的低压电器，仓南金乡的标牌、包装，钱库的印刷，湖前的塑料纺织，宜山的再生纺织，虹口的电子元件，萧山的轴承、冥币，湖州织里镇的童装，上虞崧厦的制伞，嘉善的木条，濮苑的羊毛衫，分水的制笔，绍兴柯桥的轻纺、化纤，永康的小五金，海宁的皮革、服装，余姚的轻工模具，鄞县的服装，奉化的服饰、塑胶，慈溪的鱼钩、长毛绒，嵊州的领带，诸暨店口的铝塑复合管，大唐的袜业，牌头的蚊香，义乌的小商品，东阳的木雕，椒江的精细化工，温岭的摩托车配件，路桥的日杂百货，玉环的小农具，新昌的胶囊，安吉的转椅，等等。

浙江产业集聚规模不断扩大。据国家统计局对全国 532 种主要工业产品的调查，浙江有 56 种特色产品产量全国第 1，居前 10 位的有 336 种，占总数的 63%。[15] 据省经信委调查统计，截至 2008 年底，浙江全省共有 10 亿元产值以上的块状经济 312 个，实现销售收入 2.81 万亿元，出口交货值 6122 亿元，从业人员 831 万人，分别占全省总量的 54%、62%、56%。可以说，浙江产业集聚通过精细的产业链分工和专业的产业差异化使之从"资源小省"成长为"经济强省"。

7. 专业市场：由规模成长到规范发展

专业市场是指同类产品聚集起来进行交易、流通和配送，即相同系列的专业店、专卖店高度聚集的特色商业场所。浙江专业市场兴起于 80 年代初，据考察，全国第一家专业市场是温州市永嘉县的路边简易竹棚市场——桥头纽扣市场，第一家专业批发市场是义乌小商品市场。当时由个体私营企业自发组织，在各级政府保护和扶持的情况下，涌现出越来越多的农村专业户、专业村。随后，各地积极设置各类农副产品专业批发市场，建立乡镇企业、家庭工业所需的原材料和工业品市场，永嘉桥头纽扣市场、湖州织里绣品市场、新昌羊毛衫兔毛市场、路桥小商品批发市场等一大批富有特色的专业市场应运而生。1978～1984 年，浙江城乡的集贸市场就从 1051 个增加到 2241 个，增加了 113.2%，市场交易总额从 8.6 亿元增加到 26.93 亿元，增长 213.1%。① 到 1999 年，全省共有各类市场 4347 个，成交额达 3606 亿元，其中年成交额超亿元的市场有 409 个，超 10 亿元的市场有 89 个，超百亿的市场有 3 个，义乌的小商品、绍兴的轻纺产品、海宁的皮革、嵊州的领带等商品成交量连续多年稳居全国同类市场首位。

浙江专业市场的发展有三个特点。第一，与块状经济互为依托，联动发展。"建一个市场，带动一批产业，兴一个城镇，活一块经济，富一方百姓"，浙江大批的专业市场基本上都是依托本地传统的产业而发展起来的，而市场的集聚效应与龙头效应又引动加工和生产基地的跟进发展，最

---

① 数据来源：浙江省工商局的相关统计资料。

终形成最具浙江民营经济特色的"一村一品""一乡一业"的块状经济。浙江的块状经济又通过专业市场的强大流通渠道来组织原材料供应和制成品销售。因此,浙江块状经济与专业市场形成良性互动的循环发展模式。[1]616第二,规范发展。1994 年,浙江以地方性法规形式率先推出《浙江省商品交易市场管理条例》,从此浙江专业市场走上规范发展之路。2004 年,省人大重新修订并颁布了《浙江省商品交易市场管理条例》,进一步引导市场规范发展。这一时期,浙江省大型批发市场改造提升走出新道路,电子商务有了新突破,市场品牌建设大步推进。2006 年,浙江省出台《浙江省"十一五"商品交易市场发展规划》,对商品市场的总体思路、发展原则、目标、重点等进一步做出明确。这一时期,浙江省许多重点市场的业态发生了质的变化,成为集交易、会展、购物、商贸、旅游与中介于一体的现代商品市场。第三,跨区域发展。从 20 世纪 80 年代初至 90 年代中期,以跨省为主要特征的浙江专业市场大量出现,正是以在全国各地的千百万浙江商人与专业市场及综合市场为网络,浙江小商品开始推向内地市场,不断向省外扩展。这一时期,对省外投资的目标主要是市场开拓,先后在省外创办了一大批"浙江村""温州村""义乌路""台州街"等,并开始在服装、轻纺、日用小商品等行业投资,进行"销地生产",最终完成了全国市场网络布局。

(四)浙江民营经济发展的主要贡献

改革开放 30 年,民营经济的快速发展使浙江较早地冲破计划经济体制的束缚,实现了由计划经济向市场经济的根本转变,经济保持了又好又快的增长态势,社会小康生活全面推进,可以说,民营经济功不可没。具体表现在以下方面。

1. 民营经济成为国民经济的重要支撑

30 年来,浙江民营经济的发展使全省生产总值从 1978 年的 123.72 亿元增长到 2009 年的 22832 亿元,位次从全国第 12 跃居全国第 4。浙江民营经济贡献了全省地区生产总值的 70%,全省税收总额的 60%,全省出口总额的 45%;此外,浙江 25 个百强县的民营经济在当地生产总值中的占比平均超过 80%,在当地工业总产值中的占比平均超过 90%。

2. 民营经济成为就业的主渠道

就业问题关系国计民生，是宏观经济关注的主要问题，也是每一个工业国家努力要缓解的社会问题。浙江省通过发达的民营经济，不仅缓解了省内各种人力资源的就业问题，而且吸纳了大量省外的务工群体。从表8-3可以看出，1995年以来，国有经济和城镇集体经济吸纳人力资源的规模没有扩大，而其他经济单位和私营、个体劳动承担的就业比重增加。2009年浙江政府工作报告显示，浙江省新增就业人口的90%以上都是民营经济吸纳的。民营经济的发展，为缓解社会就业压力、促进社会和谐稳定发展，做出了重要贡献。

表8-3 城镇新就业人数（按安置去向分类）

单位：万人

类型	1995年	2000年	2004年	2005年	2006年	2007年	2008年
国有经济单位	12.99	6.9	10.29	19.88	10.01	10.54	11.01
城镇集体经济单位	7.06	2.38	3.95	4.26	3.14	3.23	3.21
其他经济单位	4.63	13.37	39.67	56.98	81.87	94.73	127.59
城镇私营和个体劳动	14.05	45.32	24.42	28.09	39.44	54.48	37.92
总计	38.73	67.97	78.33	109.21	134.46	162.98	179.73

数据来源：《浙江统计年鉴》。

3. 民营经济成为城乡居民实现小康生活的重要途径

从1978年到2009年，浙江省城镇居民人均可支配收入年均实际增长8.1%，由332元增加到24611元，由全国第9位上升到第3位；农村居民人均纯收入年均实际增长8.4%，由165元增加到10007元，由第8位上升到第3位；城乡居民人均收入已分别连续9年和25年保持全国各省区第一位。2009年，城镇居民收入的基尼系数为0.2935，农村居民收入的基尼系数为0.3634。2009年，城镇居民人均消费支出16683元，比2008年实际增长11.6%；农村居民人均消费支出7375元，实际增长6.2%；城镇居民家庭的恩格尔系数为33.6%，农村居民家庭的恩格尔系数为37.4%，分别比2008年下降2.8个百分点和0.6个百分点。

4. 民营经济成为孕育创业创富群体的摇篮

浙江省已经成为全国市场主体最多的省份之一，是浙商的发源地。浙商作为中国改革开放以来率先崛起的草根商人，是一个规模庞大的商人群体，不仅人数多和分布广，而且内部又有许多次级群体。[2]254~387省内浙商群体依据地理环境、历史传统、社会经济和人文精神的不同，可以分为温商、台商、婺商、甬商、越商和杭商。截至 2008 年底，省外的浙商群体大约有 440 万人，主要分布在广东、海南、天津、北京和上海，还有 100 万名浙商在世界各地创业经商，他们创造的财富总量，与浙江全年的地区生产总值相仿，相当于分别在省外、国外再造一个浙江。

5. 民营经济成为工业化、城市化的推动力

改革开放 30 年，浙江城镇人口由 1979 年的 550 万人，占总人口的 14.5%，增长到 2009 年的 2999.2 万人，占总人口的 57.9%。浙江城市化进程快速推进的主要原因有两个：一是早期浙江农村工业化的兴起和发展，二是后期浙江政府的大力推进，从而有效地实现农村剩余劳动力向周围城镇转移。2007 年，浙江省的城市化水平已经达到 57.2%。老乡变老板、集市变城市、农民变居民是改革开放以来浙江经济社会的真实写照。

6. 民营经济成为新农村建设的生力军

2005 年 10 月，党的十六届五中全会通过的《中共中央关于制定国民经济和社会发展第十一个五年规划的建议》指出："建设社会主义新农村是我国现代化进程中的重大历史任务。"浙江民营企业积极响应中央的号召，将企业的发展重心转向农村，以促进农民增收为宗旨，推动社会主义新农村建设。2009 年底，浙江农民人均纯收入已经达到 10007 元（见图 8 - 3），连续 25 年居于全国省区之首。

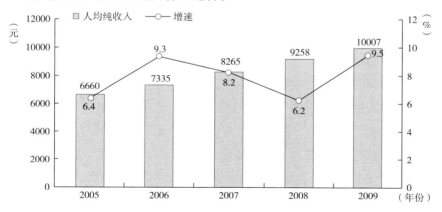

图 8 - 3　2005~2009 年农村居民人均纯收入及其实际增长速度

7. 民营经济成为国企改革的助推器

浙江民营经济的崛起与发展，也促进了国企的改革和发展，这主要得益于以下几点：一是民营经济发展的良好示范作用；二是转变了人们的思想观念，造就了大量经济管理人才；三是参股国企改革，为其注入活力，从而形成了民营企业与国有企业互促互进的良好局面。改革开放初，浙江国有经济占国民经济的比重远远低于全国平均水平，截至 2008 年底，浙江省国有企业资产总额居全国第 5 位，总资产报酬率居全国第 1 位，净资产利润率居全国第 2 位，利润总额居全国第 3 位。国有经济增加值年均增长速度 1979~1990 年为 15.1%，1991~2007 年为 17.2%。国有工业布局形成能源、交通、现代商贸物流、中高端化工、优特钢铁五大优势产业板块。改革后的能源、交通、杭钢、机场四家集团公司的国有资产约 500 亿元，较改革前增长了 40% 以上，占省属国有企业总量的 70.4%。

二　浙江民营经济发展的优势与劣势

(一) 浙江民营经济发展的优势

1. 领先的体制机制

市场体制机制方面的先发优势是浙江民营经济发展的主要优势。经验表明，市场是优化资源配置的有效制度，市场体制机制的确立和正常运转则是市场功能得以有效发挥的重要保障。从市场经济发展的历程来看，市场体制机制由主张自发调节的古典模式逐渐演变为重视政府宏观调控的现代模式，并趋向于"多元"组织协同管理的当代模式。改革开放后，浙江省各级党委政府对民营经济的形成和发展坚持先放开后引导、先搞活后规范、先发展后提高的原则，冲破计划经济体制的束缚，赢得了市场体制改革的先发优势。30 年后，浙江进一步强化了体制机制的领先优势，民营经济发展、块状经济推进、专业市场培育等处于全国前列。尤其是"十一五"时期以来，浙江在经济、社会、农村、政府等改革上均取得了重大进展，改革全面推进、亮点持续显现，体制机制继续保持全国领先优势，在全国率先实施扩权强县、地方金融创新、环境有偿使用等一系列改革探索，为经济社会发展提供了强有力的体制保障。

根据中国各省区市市场化进程评价，浙江所有制结构调整、政府职能转变、市场体系发育等改革在保持全国领先地位的同时，不断深化。2004～2008 年浙江市场化指数基本呈上升态势，从 2004 年的 9.29 分上升至 2007 年的 9.88 分，2008 年略有下降，为 9.77 分，一直稳居各省区市首位。千人专利数是反映创新活力的一项指标，2004 年浙江千人专利数为 32.3 件，2008 年增加至 103.4 件，增长了两倍多。所以，"十一五"期间浙江市场化水平一直稳居全国第一。①

2. 丰富的企业家资源

丰富的企业家资源是浙江民营经济持久不衰的根基。自从理查德·康替龙（Richard Cantillon）于 1755 年把"企业家"这一术语引入经济学界以来，企业家的社会价值就一直受到西方理论界的高度重视，不断形成新的企业家学说。一般认为，企业家资源是市场经济发展过程中能够敏锐地把握市场需求，善于领导、管理、创新经济活动的人力资本，是一个国家或一个地区社会经济发展的核心要素。截至 2009 年 11 月，浙江私营企业达 56.9 万家，每万人中企业家人数达 111.2 人，居全国各省区市首位。浙江全省第二次经济普查结果显示，杭州、宁波和温州三地的法人单位数和产业活动单位数均占全省法人单位总量和产业活动单位总量的 52.7%，其中杭州单位数最多，其次是宁波和温州。而温州个体经营户数量为全省最多，占 14.9%，其次是杭州、金华、宁波和绍兴。

3. 天然的海洋资源

浙江海洋资源丰富，表现在深水港口资源、海洋渔业资源、东海陆架油气资源、潮间带滩涂资源、海洋旅游资源和海洋能资源等方面。浙江拥有的海域面积约为 26 万平方千米，大陆海岸线和海岛岸线长达 6500 千米，占全国海岸线总长的 20.3%，面积大于 500 平方米的海岛有 3061 个，占全国岛屿总数的 40%。浙江可建万吨级以上泊位的深水岸线有 253 千米，其中岸线前沿水深可建 10 万吨级以上泊位的有 106 千米。浙江的深水港口资源具有地处中国沿海中部、出海航道及锚地优越等特点，有良好的开发前景。现在共有大小天然港口 60 多处，万吨级以上泊位达 40 多座，已经

---

① 数据来源：浙江省发展和改革研究所课题组的《浙江体制机制优势评估和再造研究》（浙江省"十二五"规划课题之一）。

形成以宁波、温州、舟山、乍浦和海门五大港为主的港口群，其中宁波北仑港是中国四大国际深水中转港之一，货物吞吐量居全国第二位。浙江海域历来是中国最大的渔场，渔业资源的蕴藏量在 205 万吨以上，年可捕量在 105 万吨以上。沿海的海洋生物有 1700 多种，大部分为鱼类及药用生物。东海陆架盆地是一个有着良好开发前景的油气资源区，正在勘探开发之中。目前，东海油气田已有多处气井展开勘探工作，其中春晓油气田累计探明储量丰富。另外，浙江海洋旅游资源丰富，在海岛和滨海地区拥有两个国家级风景名胜区和 5 个省级风景区，开发潜力较大。

4. 块状的产业布局

块状经济的形成和发展，是通过精细分工和专业化使浙江民营经济克服资源短缺、提升区域竞争力的主要途径。在浙江，中小企业占绝大多数，就单个企业而言是没有规模经济优势的，但是由于企业在空间上的集中，企业间的分工相当细密，从而使得企业通过工序专业化实现较小资本投入规模上的工序规模经济，同时由于同类企业的地理集中而形成了强大的外部经济，使得企业可以相互共享基础设施、市场信息、生产技术等，极大地降低了单位产品的生产成本。例如，苍南县金乡镇是全国最大的徽章生产基地，具体来看，这种小商品的生产工序多达 18 道，每道工序的加工都由独立的企业进行，而且每道工序产生的半成品都通过市场交换，这样一来，一条完整的生产流水线就形成了 800 多家企业参与的"产业链"。[1]621

这种分工精细化形成了庞大的生产协作体系，培育了大量熟练技术工人，创造了区域品牌效应，提高了产品的竞争力、品牌影响力和抵御风险的能力。而且，依托产业发展，企业实力不断增强，表现为：一是生产规模迅速扩大，开始产生一批龙头企业和企业集团；二是销售渠道趋向多元化，由传统的专业市场集散销售转向直接向外销售、投资建立独立的销售渠道、建立网络销售渠道等；三是科研投入不断增多，企业创新能力有了新发展。

5. 健全的市场体系

俗言浙江三宝：一宝龙井茶在虎跑，二宝企业家像海潮，三宝大小市场如牛毛。截至 2009 年底，浙江已建立各类商品交易市场 4194 个，比 1978 年底增加了 3143 个；商品市场成交额达 10744.9 亿元，比 1978 年底增长 1083 倍；百亿元市场、十亿元市场、亿元市场分别达到 18 家、162 家和 453 家。像义乌中国小商品城、绍兴中国轻纺城、永康中国科技五金城、海宁中国皮革城、余姚中国塑料城、颐高数码连锁市场、绍兴钱清轻纺原料市场、嘉兴中国茧丝绸交易市场、路桥中国日用品商城、舟山中国国际水产城十大龙头市场和杭州东站小商品市场、浙江省家电市场、桐乡濮院羊毛衫市场、宁波中国液体化工产品交易市场、温州商贸城、湖州织里童装市场、义乌农贸城、衢州粮食批发市场、乐清柳市电器城、庆元香菇市场十大先锋市场一直保持较为稳定的发展态势。

现在，浙江基本形成了一个以消费品市场为基础、以专业批发市场为骨干、以生产资料和生产要素市场为支撑的市场体系，推动了资源和商品的巨额交易，保障了本省经济发展的领先地位。[①] 近年来，浙江民营经济网上交易市场发展迅猛，截至 2009 年底，浙江省累计登记网上商品交易市场 38 家，市场成交额从 2004 年的 167 亿元，增加到 2009 年的 942.6 亿元。为了适应这种新的经济形势，浙江在全国率先推出《浙江省网上商品交易市场管理暂行办法》，并积极采取措施鼓励、指导、服务、监督网上市场的规范发展，以此引导市场竞争新优势的形成。

6. 优越的区位条件

浙江区位条件得天独厚。该省位于中国东南沿海长江三角洲南翼，东濒东海，南接福建，西与江西、安徽相连，北与上海、江苏接壤，有丰富的海洋资源，天然港湾众多，形成了以宁波、温州、舟山、乍浦和海门五大港为主的港口群。境内的钱塘江、浙东运河和京杭大运河等内河交通与陆上交通，不仅沟通了浙江腹地，而且连接了江南、华北广大地区。这种自然条件有利于开辟海外交通，有利于吸引外资和开展海外贸易，有利于引进人才、技术和先进的机器设备，有利于发展海洋经济。1992 年以来，浙江省在全国率先实现了"县县有外贸"的发展格局。2000 年之后，在"走出去"开放战略的指引下，逐渐形成全方位、多层次、宽领域的对外开放格局，进一步促进了外贸经济的发展。

---

① 资料来源：第四届中国商品市场峰会（会议主题为"中国商品市场创新——30 年回顾与展望"）。

(二) 浙江民营经济发展的劣势

1. 贫瘠的自然资源

在绿色技术普及之前，不可再生资源仍然是民营经济发展的主要投入要素。浙江作为资源小省的典型特征是"七山二水一分田"。全省陆地面积为 10.18 万平方千米，为中国陆地面积的 1.06%。其中山地丘陵占了70.4%，平原和盆地占 23.2%，河流湖泊占 6.4%。这种自然条件导致浙江的人均耕地面积小、矿产资源短缺和水资源贫乏。首先，人均耕地面积只有 0.55 亩，不到全国平均数 (1.41 亩) 的一半、世界平均数 (3.75亩) 的 1/6，明显低于联合国粮农组织规定的人均耕地面积 0.7965 亩的警戒线。并且随着工业化、城市化的发展和人口的刚性增长，耕地面积将持续减少。[16]26~85 其次，浙江缺铁、缺煤、缺油、缺大宗工业原料。从国家统计局颁布的 45 种矿产工业储量的潜在价值来看，浙江仅为 55.7 亿元，占全国的比重仅为 0.09%。最后，浙江水资源也比较紧张。比如宁波市，名义上是水乡，但实际上全市人均水资源占有量仅为 1315 立方米，是全国平均水平的 62%，远低于国际公认的人均 1750 立方米的用水紧张线。近些年，随着经济发展，浙江水资源呈现阶段性、区域性、污染性短缺的特点[3]39，由此迫使浙江不得不大量开采地下水，从而导致地面下沉的不良后果。按"主要自然资源人均拥有量指数"，以中国大陆平均数为 100 计，浙江水资源为 89.6，能源为 0.5，矿产为 4.9，可利用土地为 40，耕地和气候为 117.2。浙江的"自然资源人均拥有量综合指数"为 11.5，只高于天津 (10.6) 和上海 (10.4)，为全国倒数第三。

2. 短缺的高层次人才

浙江短缺的高层次人才主要有科技型人才、技能型人才、经管类人才三大类，高层次人才短缺是制约浙江民营经济转型升级的瓶颈。首先，由于历史的原因，浙江科研院所总体偏少，导致高端科技型人才严重短缺。自 2003 年以来，浙江省首创的引进大院名校、共建创新载体机制取得了明显的成效，浙江清华长三角研究院、中科院台州应用技术研发和产业化中心、中科院长春应化所杭州分所等 500 多家科研机构落户浙江，为浙江带来了大批高端人才，创造了大量科技成果。但是，仍然不能够满足浙江民营经济快速发展的需求。其次，浙江努力打造全国的先进制造业基地，对高技能人才的需求量持续上升。根据浙江省劳动和社会保障厅课题组对该省技能人才的调研，"十一五"期间技能人才短缺十分严重（见表8-4），而且由于短期内民营企业主动培训意识不强、市场培训体系滞后、优惠政策不如上海和苏州等城市，技能人才短缺压力难以缓解。最后，随着浙江民营企业规模的扩大和国际化竞争的加剧，经营管理矛盾日益突出，民营企业一方面转变传统的家族管理模式，另一方面迫切需求大量高层次经管类人才。

表8-4 "十一五"期间浙江省规模以上企业所需高技能人才

单位：人，%

项目	高技能人才	高级工	技师	高级技师
现有高技能人才	46882	32651	11526	2705
所需高技能人才	140860	82052	40278	18530
人才缺口	93978	49401	28752	15825
需求增长幅度	300.46	251.30	349.45	685.03

数据来源：浙江省劳动和社会保障厅课题组对该省技能人才的调研。

目前，浙江许多城市都在定期发布人才短缺目录。比如杭州发布的《杭州市"十一五"重点发展产业紧缺人才开发导向目录（第一批）》显示，电子信息业、现代医药业、装备制造业三大类产业最缺高级经营管理人才，商贸物流业最缺跨国经营管理人才，旅游与会展业最缺高星级酒店管理岗位人才。宁波向全球发布的第三轮"人才紧缺指数体系"显示，文化创意及体育、教育、金融服务等行业共计511个岗位人才处于紧缺状态，其中紧缺程度较高岗位人才类型主要集中在高学历、高职称、高级经营管理和具有特殊专业技术方面。义乌发布的《义乌市紧缺人才导向目录及义乌市人才薪酬指导价白皮书（2010）》显示，基础性人才基本能够满足需求，但现代服务业人才、高级管理人才、科技创新型人才、人文社科人才、高技能人才等中高级人才依旧紧缺。

3. 滞后的融资体系

浙江民营企业融资难源于企业规模以中小型为主和产业特征以劳动密集型为主，表现为融资渠道狭窄、民间融资不规范、优惠政策难享受。首先，融资渠道狭窄。对于中小企业融资，尽管政府鼓励民营企业上市融资，并深化上市融资体制改革，出台中小企业上市融资优惠政策，但是大多数中小企业并不符合上市条件，其主要资金来源依然是自有资金、银行贷款和民间融资。从问卷调查情况来看，把自有资金作为首要资金来源的占被调查企业的 72.2%，把银行贷款列为第二位来源的占 66.5%，小企业对自有资金的依赖程度基本与其业务规模呈现负相关关系，业务规模越小，对自有资金的依赖性越强，销售收入在 100 万元以下的小企业，85.7% 以自有资金作为第一来源。[17]178 截至 2009 年末，全省中小板上市公司数量居全国第二位，但是只有 60 家，占全国中小板上市公司总数的18.3%；创业板上市公司 5 家，占全国创业板上市公司总数的 13.9%。其次，民间融资不规范。改革开放 30 年来，浙江聚集了大量民间资本，但是利用效率很低。比如根据温州市银监会的匡算，温州民间资本高达 6000 亿元之巨。① 由于缺少与中小企业有效的对接平台，一直游离在金融市场边缘的温州民间资本流向房地产、煤矿、金矿等领域，大约 30% 的温州民间资金回归实体经济，而 65% 则流向股市和楼市，从而使全国经济承受了巨大风险。而且政策上没有保障和鼓励民间资本进入中小金融机构，导致非法的地下钱庄猖獗。目前，对于如何有效引导和管理民间融资并未破题。最后，优惠政策难享受。国家已经明确调整出口导向战略，不鼓励高能耗、高耗材、低附加值的产品出口。而浙江大部分中小企业属于传统的劳动密集型产业，具有"两高一低"的显著特征。大多数出口生产企业会受到这一调整的影响，真正享受国家政策优惠的中小企业并不多。

4. 有待增强的科研创新保障

科研创新的保障主要体现在四个方面。一是科技资金投入占财政支出的比重。浙江全省地方财政科技拨款虽然逐年增加，由 1978 年的 0.43 亿元，占地方财政支出的比重为 2.45%，增加到 2008 年的 86.8 亿元，占地方财政支出的比重为 3.93%；但是，30 年只提高 1.48 个百分点，投入的比重相对较小，而且重点对象是研究机构和高等院校，民营企业很少得到政府的科技资金资助，而且申请条件较为苛刻。二是科技人才的支撑。根据《2008 年全国科技进步统计监测报告》，2007 年浙江每万人专业技术人员数为 288.99 人，列国内第 11 位，比 2001 年的第 16 位上升 5 位；万人

---

① 数据来源：温州市政协九届四次会议上，黄伟建委员的发言《积极探索金融创新，引导民间资本理性投资》。

R&D 科学家和工程师数为 17.61 人，居国内第 5 位，比 2001 年的第 11 位上升 6 位，科技人才队伍初具规模。但是相对于浙江是民营经济发展最快的省份之一，科技人才队伍还应进一步壮大。三是知识产权的保护。浙江中小企业有两类：科技型和非科技型。科技型企业重视知识产权保护，但是遭遇产品被仿冒，或者在申请国外专利时对高昂的费用问题束手无策。政府在知识产权市场维权、预警及相关信息咨询服务上应采取更多切实可行的措施。非科技型企业重视模仿学习，所以侵权现象严重。《2009 年浙江省知识产权保护状况》显示，2009 年司法机关共新收和审结知识产权一审民事案件 2838 件和 2598 件，分别比 2008 年增长 73.68% 和 53.36%，表明知识犯罪现象仍然很严重。四是科技基础设施的完善。目前，浙江科技研究基本覆盖全省经济社会发展的各个方面和领域，科技基础设施与条件得到了显著改善，但仍需努力。

5. 薄弱的经济基础

浙江经济基础薄弱主要表现在国有经济和产业结构两个方面。首先，国有经济基础相当薄弱。改革开放前，由于地处国防前线和缺乏重工业原料等原因，国家对浙江的投资很少。从固定资产的投资来看，1952～1980 年浙江全民所有制单位固定资产投资总额只有 134.02 亿元，占中国大陆同期投资的 1.56%；1952～1978 年，浙江人均国有单位固定资产投资额只有 411 元，是中国大陆同期水平的 1/2：两项指标都为全国倒数第一。改革开放后，1979～1992 年，浙江的国家投资人均 1732 元，是全国平均水平的 3/4，为全国各省区市第 22 位，而温州、丽水、金华等地区的国家投资水平更低。其次，产业结构中第一产业比重很高。1978 年的产业结构为 38.1∶43.3∶18.6，其中第一产业的比重比中国大陆平均水平高 9.4 个百分点；就业结构为 74.8∶17.1∶8.1，其中第一产业的比重比中国大陆平均水平高 4.13 个百分点。城市化水平在 1977 年仅为 13.8%，比 1949 年只提高了 3 个百分点。[18]

6. 严峻的市场竞争环境

外贸依存度高是浙江民营经济发展的重要特征。浙江民营企业曾利用低成本竞争优势发展外贸经济，创造了令人叹为观止的"浙江奇迹"，但是，这种优势正在激烈的市场竞争环境下逐渐减弱。一方面，国际竞争加剧。遭遇印度、越南、柬埔寨等劳动力低成本国家竞争的压力。2008 年春季广交会上，浙江企业的外贸订单流失明显，尤其是纺织品、工艺品、服装和玩具等行业。[2]404而且发达国家贸易保护主义的势头不断增强，导致国际贸易摩擦急剧增多。2002 年至 2008 年 8 月，浙江省外贸企业遭受的贸易摩擦案件占全国总数的 1/3；直接涉案金额为 60 亿美元，占全国的 1/4；尤其是 2008 年，浙江省遭遇了来自欧盟以及美国、加拿大、印度、阿根廷等 18 个国家和地区的贸易摩擦 81 起，直接涉案金额为 15 亿美元。而 2008 年 9 月金融危机爆发以后，从奥巴马"新政"中的"购买美国货"条款，到欧盟对奶酪、黄油和奶粉的出口补贴，无不带有明显的贸易保护主义色彩。另一方面，国家政策法规的不断完善。比如《环境保护法》《产权保护法》、新《劳动合同法》等法规的出台，对企业的长远发展固然是有利的，但是浙江大部分中小企业的自主创新能力不足、科研投入不多，虽善于模仿学习，但有自主知识产权的产品数量不多，所以这些短期内会提高它们的生产成本，削弱其国际竞争力。

三 浙江民营经济发展的经验与问题

（一）民营经济发展的经验

1. 浙江精神是原动力

"自强不息、坚韧不拔、勇于创新、讲求实效"的"浙江精神"是浙江民营经济快速发展的原动力。自古以来，浙江地区一方面一直存在人多地少的生存压力，另一方面则具有丰富的事功文化传统，从而塑造了浙江人艰苦创业、大胆务实的企业家精神。在改革开放之初，浙江人就领先其他地区迈出了艰难的第一步，比如温州的修鞋匠、理发师、弹棉花匠，东阳、诸暨、上虞等地的建筑工人，台州的豆嫂等，几十万名浙江务工人员，不畏艰辛和歧视，在全国各地艰苦谋生。这一批最早走出去的浙江人凭借"走遍千山万水，说尽千言万语，想尽千方百计，吃进千辛万苦"的"四千精神"，足迹遍布天南海北，创造了许多中国第一，如第一批个体工商户、第一批私营企业、第一批专业市场、第一座中国农民城等。具有代表性的企业家有：徐传化，在 1986 年借了 2000 元钱开始创业，当时因为儿子患病，家里已经欠了 26000 多元的债务，创业资产就是一口大缸、一个铁锅和一辆破自行车，20 年后，当年的家庭作坊发展成为位列中国民营企业 500 强、中国品牌 500 强的大企业；周晓光，1978 年借了几十元当本钱，拿着中国地图，沿着公路、铁路往前走，经常是白天摆地摊，晚上坐车赶路，6 年跑遍了大半个中国，一分一厘地赚到了 2 万元，后来在义乌创办新光集团；马云，1995 年在出访美国时接触到互联网，回国后创建企业黄页网站，但是当时他被视为骗子，在北京流浪两年多，花光所有积蓄，也一事无成，到 1999 年，他正式辞去公职，带领 24 人团队"没日没夜地工作，地上有一个睡袋，谁累了就钻进去睡一会儿"，创办起了阿里巴巴网站，成为中国大陆第一位登上美国权威财经杂志《福布斯》封面的企业家。正是这种企业家精神激发了浙江人人创业的热情和勇气，奠定了浙江民营经济发展的坚实基础。

2. 解放思想是引动力

浙江精神的实践化，即浙江民营经济真正的发展，始于邓小平理论的形成和发展。邓小平理论的精髓在于解放思想，实事求是，一切从实际出发，这为浙江民营经济的发展提供了理论指导和创新动力。改革开放之初，浙江省委、省政府坚持一切从实际出发，充分尊重群众的首创精神，不搞"成分论"，主动给个私经济"松绑放权"，从而调动了群众的积极性和创造性，并且在政策上支持和鼓励民营经济的快速发展。20 世纪 80 年代初，结合浙江人外出务工经商的现实和历史传统，浙江各级政府积极培育各种专业市场；80 年代末浙江许多地方政府从发展的观点出发，使民营企业"挂户经营"而获得生存机会；90 年代初政府结合浙江实际，多次提出坚持以公有制为主体、多种经济成分共同发展的方针，降低了民营企业的市场准入门槛和扩展了民营企业的投资经营领域，鼓励和扶持乡镇办、村办、联户办与外商办等多种企业形式，使民间商业资本向工业资本转变；90 年代末，抓住国有经济改革的时机，赋予民营经济更多投资机会，使之发展壮大。21 世纪以来，浙江各级政府积极采取措施让民营经济充分享受国民待遇，并创新发展理念，引导民营经济从依赖市场经济的"先发效应"转向依靠体制和机制创新；从依赖政策优惠转向依靠规范竞争和信用支撑，从低成本生产、低成本扩张转向差异性竞争。

3. 体制创新是保障力

浙江民营经济的体制创新和完善是它发展壮大的重要保障，主要表现在以下几个方面。

第一，坚持市场改革取向。改革开放之初，浙江从实际出发，站在发展的战略高度，以放权让利、开放搞活为目标，实施政府放权、无为而治，较早地摆脱了社会主义姓"资"姓"社"的争论，保护民营经济茁壮成长。90 年代初，浙江各级政府继续解放思想，以培育市场、规范市场、调节市场为中心，实施政府职能调整，率先积极主动、大力推动国有经济改革，通过多种所有制经济的优势互补来改革和壮大国有经济。90 年代后期，浙江又率先推动国有经济布局调整，引导中小国企退出竞争性领域，给浙江民营经济腾出发展空间。21 世纪以来，以践行科学发展观、构建和谐社会为目标加快政府改革。2003 年以后，浙江省委、省政府坚定不移地贯彻科学发展观，继续推动体制创新，做出进一步发挥"八个优势"、推进"八项举措"的重大战略决策和部署。

80 年代的财政体制改革、90 年代的效能革命、2000 年以来的扩权改革以及审批制度改革等，浙江一直走在全国前列。由此，浙江形成了以自然人为投资主体，家庭经营、合伙经营、股份合作制经营、股份制经营和私人经营等多种经营形式并存的经济发展格局，越来越多的自然人从单纯的劳动生产者变成投资经营者。

第二，坚持"藏富于民"的收入分配制度。浙江的"藏富于民"表现为城乡居民收入的基尼系数低于国内平均水平。截至 2009 年，城乡居民人均收入已分别连续 9 年和 25 年保持全国各省区第一位。这主要得益于浙江在收入初次分配和再分配领域的不断创新和发展。浙江在初次分配中坚持"创业富民"，鼓励农民创业，并积极支持生态高效农业发展，使农民收入不断提高。在再次分配中重视完善社会保障体系，缩小收入差距。浙江在 1997 年摘掉了最后一个贫困县的帽子，成为全国第一个没有贫困县的省份；实行"全覆盖"社会保障的重点是农村、生活困难群体和外来务工人员，使社会弱势群体也能充分享受社会保障的权益；还在全国率先建立了以县为单位的大病统筹农村新型合作医疗制度。另外，基于慈善捐赠的第三次分配，成为再次分配的有益补充。伴随浙商社会责任意识的增强，慈善捐赠行为的影响力正在增强。据统计，浙江 80% 的善款来自民营企业家。

第三，创新政府行政管理体制。浙江以发展为中心，不断深化政府行政管理体制改革，理顺和规范政府与企业、市场、社会等各个方面的经济关系，以服务为主，履行"有限作为"的职能，加快服务型政府和法治政府的建设。经过三轮审批制度改革，行政审批事项从 3251 项减少到 846 项，减少了 74%。各级政府还大力发展金融市场和人才、技术、信息、土地等要素市场，鼓励发展行业商会等市场中介组织，促进了民营经济的快速发展。[3]18

第四，建立现代企业产权制度。浙江民营企业以建立现代企业制度为最终目标的产权制度改革逐步深化，截至 2009 年，全省乡村集体企业的改制面达到 98%。全省私营企业集团中，原集体控股的企业集团通过股份转让绝大多数已成为自然人控股的私营企业集团。

4. 专业块状经济是推动力

专业块状经济最显著的特点是空间的集聚性和产业的关联性。改革开放之后，浙江各地区自发形成许多具有专业特色的集贸区，不仅彰显了"小商品、大市场"的竞争优势，也引起各级政府的高度关注。此后，各地政府纷纷根据本地区的传统经商特色和企业偏小的特点，开始大力培育区域块状经济，兴办各类商品交易市场。浙江各地区通过大力发展各类专业市场，解决了民营企业商品流通和资源配置问题，并依托各类市场大力培育和发展区域块状经济，形成了企业的集聚效应。

主要表现在以下方面。第一，采购费用的降低。区域内许多企业联合起来采购原材料，会带来采购的定价优势和运输费的减少，从而大大降低采购成本。第二，生产效率的提高。浙江民营企业中小企业占绝大多数，它们通过精益分工，联合起来做一张订单，带了生产效率的大幅提高。第三，外部效应的扩散。浙江民营企业的集聚，使各企业可以利用低成本的市场信息，学习其他企业的技术和管理经验，促进产业链条的延伸，吸引人才的流入，并提高整体的抗风险能力。第四，区域品牌的形成。产业集群具有根植性属性，这种特性成为区域经济的象征性符号，形成区域品牌。这构成了浙江民营经济、专业市场和区域块状经济"三位一体"的鲜明特色和明显优势。

5. 技术创新是永动力

科学技术是第一生产力，技术创新则是生产力永远保持领先地位的永动力。浙江民营经济的技术创新体现在两个层面。

一是企业技术创新。企业技术创新，经历了三个阶段，依次为技术模仿阶段、研发自主知识产权阶段和创建品牌阶段。在改革开放之初，以"技术模仿"为主，比如浙江飞跃集团模仿技术生产缝纫机，浙江吉利集团模仿技术生产汽车，正泰集团模仿技术生产低压电器等。随着市场竞争的加剧，"技术模仿"导致知识产权保护摩擦与日俱增，技术改革与创新形式的改变，对民营企业竞争力的影响越来越重要。所以，民营企业开始重视自主知识产权研发和品牌创建。特别是在我国加入 WTO 以后，大手笔的技改投入，加快高科技和高学历人才引进，成了浙江民营企业发展的新特点。有实力的民营企业纷纷建立科研中心、技术开发中心、产品设计院。截至 2009 年，浙江省拥有驰名商标 278 件、省著名商标 1586 件、知名商号 524 个，其中民营企业均占 90% 以上。并形成了以宁波为主的服装、以绍兴为主的轻纺、以义乌为主的小商品、以温州为主的打火机、以台州为主的多功能缝纫机等区域性品牌。

二是区域技术创新。区域技术创新不仅是一个资源配置和投入产出过程，而且是创新主体之间互动、结网和协同的过程，即创新主体通过创新行为连接成网络的过程。此时，区域技术创新体系表现为应对投入产出技术体系的一个制度安排，是创新主体之间互动与合作关系的综合，其实现机制为区域社会网络的扩散和放大机制。[1]701浙江企业集聚形成块状经济，可以产生技术创新的外部规模经济和外部范围经济，并有利于各种新思想、新观念、新技术和新知识的传播，促进知识和技术的转移扩散，具有集群式创新优势。

6. 行业商会是联动力

在民营经济发达地区，行业商会的兴起和壮大与民营经济发展之间有着重要的内在联系，使以往的市场与政府的两极关系日益改写为社会与市场、政府的"三足鼎立"关系，从而形成一种更为有效的地方治理格局。行业商会一般具有三个特征：一是自治的社会组织，由具有同一、相似或相近市场地位的特殊部门的经济行为人组织起来，界定和促进本部门公共利益；二是服务于市场，弥补市场失灵和政府失灵；三是推动公共管理的社会化，使政府管理不再停留于政府内部机制以及政府和市场的关系，而引入政府与社会关系来探讨解决社会问题的新途径。

浙江发育良好的市场经济和经商文化传统孕育了一批"自发组建、自愿入会、自选领导、自聘人员、自理经费"的商会。现在各式各样的行业商会不仅数量众多，而且分布广，几乎涵盖全省工业和商业的各个领域。其中，主要集中在轻工行业、商业及物质流通业，机械工业、纺织工业、石化工业以及建材、冶金、煤炭等工业的行业商会也较多，基本实现了"一业一会"，而有些行业甚至出现"一品一会"。这些商会大体可以分成三大类：一是由民营企业家自发组建或由当地工商联牵头建立的、民间特征最明显的行业商会；二是由地方政府相关职能部门组建，以市经贸委或授权的其他部门为业务主管的商会；三是浙商在全国各地建立的异地商会。在民营经济发展过程中，行业商会的作用越来越重要，主要发挥以下功能：开展对全行业基础资料的调查、收集和整理工作；对本行业新办企业申报、新产品和企业技术改造进行前期咨询调研，提出论证意见，为有关部门决策提供依据；建立行业自律性机制，制定行业职业道德准则、行规行约，规范行业自我管理行为，维护行业内公平竞争；等等。大量行业商会的存在使浙江克服了民营企业规模小的缺陷，提高了民营资本的组织化程度，形成了民营企业整体规模竞争优势。

7. "走出去"是扩张力

外出经商是浙江人民一直延承的商业传统。改革开放之后，浙江民营经济先后经历了20世纪90年代中期以前的区际商品输出，90年代中期出口贸易的大幅度增长，以及21世纪以来海外投资的强势增长。这得益于以下两个方面。一是浙江强大的市场开拓能力。改革开放之初，浙江外出务工大军就领先其他地区浩浩荡荡奔赴全国各地买卖日常消费用品，逐渐利用亲缘、血缘、地缘等社会关系建立起了一个遍布全国各地的庞大的营销网络和要素吸收网络，之后延伸到海外大部分国家和地区，形成强大的市场开拓能力。然后，浙江民营经济逐渐加入全国与全球分工协作体系。企业生产体系的开放带动企业家的成长和企业治理结构的变革，通过与外部下游企业的合资合作达到生产体系、治理结构和投融资过程的全面改造，从而形成开放型经济。这对浙江民营企业利用国内外两个市场和国内外两种资源，创造了良好环境，也对浙江经济的快速发展、产业结构的转型升级、企业竞争力和区域品牌的提升产生了重要影响。二是发挥劳动密集型产品出口的竞争优势。浙江外贸出口产品集中在本省优势产业上，以劳动密集型工业产品为主，其中轻纺产品比重最大，其次是各类轻工业品及机电产品。除了劳动力成本优势之外，相对其他发展中国家和地区，浙江在纺织、服装和其他轻工业及机电工业等劳动密集型产业上具有经营优势和技术优势。并且在境外设立专业市场和开展境外加工贸易，比如在越南、南非、阿联酋、巴西、俄罗斯等地区开办了专业市场，有效地带动了产品的出口。[1]581

（二）民营经济发展的问题

1. 粗放式增长模式降低经济效益

经济增长方式是指推动经济增长的各种生产要素投入及其组合的方式。判断经济增长方式，要看经济增长是靠投入增加还是靠效率提高。如果主要靠劳动力、资本和其他物质资源等数量因素投入的增加，为粗放（或外延）型增长；如果靠技术创新、人力资本积累、知识存量增加、学习效应以及结构转变等质量因素而推动生产效率提高，则称集约（或内涵）型增长。评价经济增长方式的主要经济指标为劳动生产率、能源产出率、投资产出率、工业增加值比率等。

虽然自 20 世纪 90 年代中后期开始，浙江省对传统产业进行大规模技术改造，提高了制造业的产业技术水平，技术进步对经济增长的贡献率不断提高，部分行业、企业和产品的能耗、物耗水平有所降低，工业劳动生产率大幅提高。目前，各项指标高于全国平均水平，但是落后于上海、北京、江苏等地区，产品增加值率低、产业结构高度化进展缓慢、部分行业粗放经营现象比较突出等表明浙江以高投入、低产出，高速度、低效益，高消耗、低质量的粗放型为主的增长方式并没有得到根本性转变。

浙江粗放式的经济增长使经济效益不断下降。第一，投资率明显下降。1980 年浙江省投资率（固定资本形成占支出法 GDP 的比重）为18.5%，1995 年为 38.0%，2000 年为 37.5%，呈不断走高的趋势，2002年以来更是一直维持在 40% 以上的水平，2004 年达到 47.8% 的高点。2004 年至今，浙江投资增长一路回落，出现了持续低增长趋势。一方面，这确实是长期投资高增长之后的理性回落；另一方面，近年来投资增长回落已经过大，开始对省内经济产生了一定的不利影响。2004～2008 年，浙江全社会固定资产投资年均增长速度仅为 11.3%，全国则高达 25.0%。这一期间累计，浙江投资占全国的 6.4%，生产总值占全国的 7.3%，投资比重低了 0.9 个百分点。制造业投资也持续低增长。2004～2008 年，浙江制造业投资年均仅增长 14.5%，全国则为 31.2%，浙江比全国低 16.7 个百分点。投资低增长导致浙江经济竞争力弱化，2009 年初遭受国际金融危机重创，工业出现了持续 5 个月的负增长。[19]

第二，投资效率下降。固定资产投资效果系数是新增生产总值与同期固定资产投资额的比率，反映单位固定资产投资额所增加的生产总值数量。虽然浙江省的投资效率高于全国平均水平，但纵向比，"九五"时期以来呈现下降趋势。在"六五"时期、"七五"时期、"八五"时期、"九五"时期、"十五"时期固定资产投资效果系数分别为 0.8635、0.5608、0.7199、0.2697 和 0.2955，即每增加 1 亿元生产总值需要的固定资产投资分别是 1.16 亿元、1.78 亿元、1.39 亿元、3.71 亿元和 3.38 亿元。"十一五"期间投资效果系数有所回升，但改革开放以来投资效果系数总体上处于下降趋势，反映出浙江省每创造 1 亿元生产总值所付出的投资代价越来越大。

第三，能源消耗过度。随着经济总量的迅速扩大，浙江能源消费总量保持较高增长态势，按照平均汇率换算，2007 年每 1 亿美元生产总值的能源消费量为 5.89 万吨标准煤当量。2005 年全世界每 1 亿美元 GDP 的能源消费量为 2.22 万吨标准煤当量，OECD 成员国平均仅为 1.61 万吨标准煤当量，浙江的单位生产总值能耗数倍于美国、日本、德国、法国等发达国家。

第四，生态环境遭破坏，经济可持续增长受挑战。废水、废气和工业固体废物的产生和排放对全省生态环境构成巨大威胁，环境污染与破坏事故带来的直接经济损失和治理环境污染的费用不断增加。近年来，随着环境保护的努力和治理投入力度的加大，环境质量局部改善，但总体形势依然严峻。

2. 体制机制的先发优势逐渐减退

随着市场经济体制的完善，特别是其他省区市市场经济体制改革力度的加大，浙江体制机制的领先优势出现了弱化的趋势。一方面，浙江市场化改革所形成的微观制度基础、市场组织、产业组织，反映的是市场经济初级阶段的特征。如今浙江面临由市场经济初级阶段向更高阶段演进的迫切需要，虽然浙江各地区积极引导和推动传统企业向现代企业制度转变、传统的市场组织向现代市场组织转变、传统的产业组织向现代产业组织转变，从而促成浙江现代经济部门的形成和发展，但是这并未从根本上解决体制机制先发优势减弱的问题。[20]176另一方面，其他省区市改革进程明显加快，上海、天津、深圳、成都、重庆等地在被批准设立全国性的综合配套改革试验区后，全面深化改革、积极抢占先机，已呈现强劲的发展势头，形成新的竞争优势。根据浙江省发展和改革研究所建立的市场化评价监测制度，2004～2008年各省区市市场化均有较大进展，尤其是东部沿海地区的市场化综合指数①相对较高，浙江、江苏、广东、上海列市场化水平前4位。但是地区之间市场化水平差距有所缩小。2007年与2000年相比，浙江市场化综合指数从高于全国平均数的55.2%，下降到38.4%，下降了16.8个百分点。不同省区市间市场化综合指数呈收敛趋势，反映离散程度的标准差逐年减小。2004年不同省区市间市场化综合指数的标准差为0.22，2008年缩小至0.18。这些表明市场化进展具有较强的均衡性，后发省份会形成跨越赶超式的发展格局，区域改革差距日益显示缩小态势。

3. 技术创新动力不足

浙江民营企业技术创新动力不足主要表现在以下方面。第一，企业规模以中小型为主，创新能力匮乏。熊彼特强调垄断大企业的持续创新是经济发展的最有力发动机，尤其是总产量长期扩张最有力的发动机。但是，浙江民营企业一般靠民间资本通过原始积累自然演进而成，很少通过嫁接外资或改造国有企业而形成，结果导致企业规模普遍偏小，大多为家族式企业。民营企业家文化程度较低，而且排斥外来人力资本，从而限制了技术创新效率的提高。据统计，浙江大、中、小型企业未开展创新活动的比重分别为9.0%、29.9%、48.7%，开展创新活动与企业规模成反比，有1/3的中型企业和近半数的小型企业未开展任何形式的创新活动。[21]

第二，基础研究薄弱。陈佳洱院士认为，"某种意义上说，基础研究是支撑自主创新能力的筋骨和脊梁"。据《2007年高等学校科技统计资料汇编》，浙江省高校科技研究项目排名第3位，比较靠前，但基础研究项目排名第5位，基础研究投入经费排名第6位。浙江省忽视基础研究，重

---

① 以2000年为基年，从所有制结构、政府职能转变、市场发育状况、外向程度与经济活力四个方面，选取16项指标，构成市场化综合指数。

视应用技术导向，使得省内高校基础研究的原始创新能力明显不足。

第三，高新技术产业发展缓慢。近年来，浙江新能源、新材料、电子信息等新兴产业快速发展，但高新技术产业发展规模总体仍偏小，发展速度相对缓慢，自主创新能力偏弱。比如，在电子信息产业结构上，浙江以通信设备制造业为主，而高知识密集度、高附加值的软件业、信息服务业等发展相对缓慢。同时，由于地方性产业资本市场发育滞后，丰富的民间资本未能转化成大规模的高新技术产业投资，高新技术产业发展的创业创新条件亟须进一步改善。

第四，区域技术创新能力不均衡。由于历史的原因，浙江的科技资源主要集中在杭州。杭州有近40%的企业有产学研合作背景，其中产学研合作联合申报市级科技计划项目和科技进步奖项目的达50%以上。而在杭州以外，特别是浙东南和浙西南的地区，大多数企业仅停留在设备、技术的引进和模仿阶段，而且存在企业间的恶性竞争。

4. 产业集聚的竞争优势弱化

浙江产业集聚的竞争优势集中在传统的劳动密集型产业，如纺织、服装、化纤、普通机械制造、塑料等，以满足国内外消费需求为主，以低价竞争为手段，适应了中国经济发展的阶段性特征，也融入了全球价值链分工体系。但是随着全球价值链分工的调整，浙江民营企业国际化竞争的战略意识并未增强，只是通过海外市场的拓展和面向西部的产业转移来维持传统的产业竞争优势。结果出现如下问题。

第一，企业规模偏小，严重制约企业竞争力提升。第二，产业体系的分工协作松散。有些区块仅仅是产业集聚，企业间的分工协作较少。例如，杭州的十六大块状经济中，企业间的关系主要为产业协作关系的仅5个，即2/3以上块状经济内的企业间是竞争关系，各自接订单，"虽鸡犬声相闻，老死不相往来"。第三，缺乏龙头企业的支撑。龙头企业在产业集聚中起着"领头羊"的作用，可以承担开拓市场、创建品牌、创新技术等重任。虽然浙江涌现了一批龙头企业，如德力西、正泰、吉利等，但是总体上龙头企业数量偏少。第四，产业缺乏核心竞争力。传统产业表现为，企业研发投入与销售收入的比率低；块状经济中与大专院校、科研院所建立科技协作攻关关系的企业比重比较低；块状经济内企业独立设立研发机构的比重较低。新兴产业表现为，高技术含量制造业只有电子及通信设备制造业产品。而江苏和上海虽然也存在传统劳动密集型的产业，但与浙江不同，江苏还存在很多高技术、高资本密集度的集群，主要有航空航天制造、电子及通信设备制造、电子计算机及办公设备制造、医药、医疗设备制造等，而上海的制造业集群还有信息通信、现代生物与医药、新材料、电子计算机及办公设备制造、微电子、电子及通信设备制造、数字视频电子产品等，并且江苏的基础设施建设远远领先于浙江。

这些问题制约了浙江产业结构的转型升级，使浙江民营企业越来越难以适应全球产业链分工协作向精细化方向发展的趋势。

5. 行业商会发展滞后

尽管行业商会在浙江经济奇迹中扮演了十分重要的角色，但是与浙江高速增长的经济相比，行业商会的发展还是滞后的。

第一，无法可依，职权受限。以法国、德国等大陆法系国家为代表的公法型，以英国、美国等英美法系国家为代表的私法型和以日本与韩国为代表的中间型，都重视明确行业商会的性质、设立原则，积极制定相关法律法规，从而保障了行业商会的健康发展和功能健全。而改革开放 30 年来，我国还没有专门统一的行业商会立法，现行的相关法规比较零乱和分散，以致行业商会普遍存在法律地位缺失、职能模糊、人事关系混乱、资金来源匮乏，以及缺乏政府支持等问题。虽然目前国务院法制办正在起草《行业协会商会法》，而且该法已经列入全国人大 5 年立法规划，但是真正付诸实施，彻底实现行业商会的民间化和市场化，还需克服很多难题。在民营经济发达的浙江地区，行业商会的功能比其他地区更为重要，但是除了出现上述问题之外，还发现有些商会假借或放大政府给予的权力，做出收费评奖、收费评牌等行为，不仅损害了商会形象，而且导致违法事件与经济、法律纠纷，损害了会员企业的利益。

第二，管理机制混乱，效率低下。我国行业商会的管理机制主要包括三个层次关系。一是行业商会与政府部门的关系。由于行业商会成立要经主管部门同意，如果工商业企业想挂靠工商联成立行业商会，就需要经贸委或其他业务主管部门同意。然而，经贸委或其他部门下已成立有协会，因此可能出现"一业多会"。这不仅会引起管理混乱，还会影响政府授权，包括在反倾销应诉、行业管理、参与经济政策的制定等方面，使商会职能不能有效发挥，也影响了商会与政府、商会与会员企业之间的良性互动。

二是行业商会之间的关系。同一个区域的行业商会，随着市场经济与专业分工的发展，分工越来越细化。但是因为具有法人资格，与较大行业商会并不具有隶属关系，如在眼镜行业，有浙江省眼镜行业协会、温州市眼镜商会、鹿城区眼镜行业协会和瓯海区眼镜协会等，这限制了同业不同商会的资源整合。虽然浙江地区出现联合型、总分型等商会创新形式，但是商会的组织边界及功能定位还有待深入探索。不同区域的行业商会则受到行政区划的限制，大部分浙江行业商会很少进行跨区域的交流协调，使不同区域的同行业企业不能进行有序竞争，降低了国内民营企业的国际竞争力。三是行业商会内部的关系。大部分商会的内部治理问题主要表现为治理结构不全、民主机制欠缺。由于商会的主要经费来源是会费和赞助等比较刚性的收入。而赞助费是中小型企业难以承受的，主要由龙头企业承担，导致资本的力量严重影响了行业商会的治理结构。

第三，职能单一，服务体系不健全。从西方发达国家的实践经验来看，行业商会的职能应该包括维护权益、行业自律、公共服务、政策建议、调查研究、信息提供、行业咨询、协调监督、经营指导、接受委托、教育培训、会议展览、书籍出版、资格认证、优劣评估、写作交流16个方面。目前浙江很多行业商会受资金、人力资本、权力等限制，难以发挥更大功能，特别是在研究全行业的经济、技术和社会关系等问题，确定全行业发展的主要方向，协调企业竞争，负责产品标准化、质量保证、信息等方面，不少商会没有深入开展工作。它们只是为会员企业提供一定的政府部门信息与行业信息，介绍会员企业参展，为会员提供联谊平台等，因此被称为"企业联谊会"或"企业俱乐部"。

第四，政治依赖性强。很多受工商联管理的行业商会愿意接受经贸委的管理，而受经贸委和工商联管理的行业商会很羡慕受协作办管理的异地商会。原因主要在于经贸委是正式的政府职能机构，相比名义上是民间团体的工商联更能解决实际问题；协作办比经贸委更接近政府官员，异地商会的负责人在每年的活动中能成为政府的座上宾。商会政治依附性的另一重要表现是商会与政府之间的关系极不平衡，政府处于资源的上端，商会需要通过各种方式进入政府的视野，谋取利益。比如有相当比例的商会常务负责人是政府退休官员，商会需要借助这些退休官员的人脉关系处理与政府的关系。在对温州市经贸委和工商联主管的行业协会进行调查的58份有效问卷中，有 26 个行业协会的秘书长是行政部门离退人员，占 44.8%。①

6. 出口依赖制约国际化

浙江民营经济利用体制机制先发优势和经商传统等条件较早地确立了区际与国际贸易的比较优势——低附加值、低劳动力成本的劳动密集型产业，比如轻纺产业、机电产业等。按照日本经济学家筱原三代平的理论，一国或一个区域的比较优势是动态的，劳动密集型产业在发展之初成为优势产业，从而鼓励区域内企业从事劳动密集型产品生产并出口。但是资本和技术的积累、劳动力成本的提高以及对更大利润空间的追逐会推动企业提升产品技术，向价值链高端移动，或者转而生产更高技术的产品。由此导致区域比较优势的动态变化和区域产业结构的升级。但是，浙江出口增长长期依赖中小型出口企业、劳动密集型出口产品，以及各大洲出口市场的开拓，从而使浙江民营经济的国际化面临三大问题。

第一，抗风险能力差。浙江出口增长模式极易遭受经济危机冲击而导致出口大幅振动，并可能导致贸易条件恶化从而陷入"贫困化增长"陷阱。[22]在这次危机中，依据浙江省审计厅的审计结果，从中小企业的主要经济指标来看，已受到不同程度的影响，2008 年中小企业从业人员、利润总额比上年同期均有减少，营业收入、出口额、上缴税金虽比上年增长，但增幅回落。据对 2106 户规模以上中小企业的实地调查，从 2008 年 10 月至 2009 年 2 月，企业从业人员连续 4 个月环比减少，2008 年 12 月至 2009 年 2 月企业内外贸订单、产品出口额、营业收入、上缴税金连续环比减少，而且银行融资困难且融资成本高，贷款结构性矛盾突出。② 2009 年 2 月，像温州处于停工、半停工状态的中小企业就有 1486 家，比例达到 6.3%，全市紧固件行业 3 年前拥有 3000 多家企业，目前尚存 2000 多家。温岭市已有 45 家企业倒闭。

第二，产业结构锁定制约产业升级。随着经济全球化的深入和国际竞争压力的增大，浙江民营经济一般通过产业的中西部转移和海外市场的拓展来固化已有的比较优势，尤其是中小企业选择传统浙江模式抢占生产链

---

① 《温州行业商会深陷机制困境》，新浪网，http：//finance. sina. com. cn/leadership/sxypx/20100316/00037569300. shtml，2010 年 3 月 16 日。

② 根据《中华人民共和国审计法》的有关规定，浙江省审计厅于 2009 年 2 ~ 4 月组织 63 个审计机关对国际金融危机对中小企业的影响状况进行了审计调查。

条的下游环节，如原材料的买卖、产品的粗加工和广营销等，更能立足于国际市场，但是这种路径依赖滞缓了产业结构的调整与升级。

第三，市场势力弱化。市场势力，也称为垄断势力，是指企业在边际成本之上确定可控价格的能力，一般用企业的相对价格加成能力测度。浙江民营企业出口的劳动密集型产品，比如鞋子、衣服、打火机等，整体在国际市场上具有较高的市场份额，但是它们并不具有相应的市场势力。以1987～1998年的平均出口价格为例，鞋类、电动剃须刀类和电动毛发推剪类出口产品的平均价格仅为3.4美元、2.5美元和4.6美元。造成这种结果的直接原因在于浙江中小出口企业之间的低价竞销的恶性竞争行为，而根本原因是产业结构的固化导致产品以低附加值、低技术含量为主，结果大量中小企业竞相模仿，不断涌入外贸行业，难以形成规模优势、提升垄断势力。

四　浙江民营经济发展的趋势与路径

浙江民营经济发展的总趋势是由"浙江制造"走向"浙江创造"，从而融入全球产业链分工的高端环节，实现产业结构的优化升级，最终提升民营企业的国际核心竞争力。这一切具体表现在以下六个方面。

（一）增长模式集约化

浙江民营经济增长模式的集约化发展是一种必然趋势。一方面由于经济全球化导致低附加值产品的竞争加剧，另一方面由于经济发展面临土地、劳动力、能源等生产要素的瓶颈约束。因此，2007年党的十七大报告明确提出：加快转变经济发展方式，推动产业结构优化升级，是关系国民经济全局的紧迫而重大的战略任务。经济不仅要求数量增长，而且要求质量提升、结构优化、资源利用效率提高、增长的环境成本降低。

近年来，浙江各地政府积极发挥产业引导功能，实施的"零土地技改""零土地招商""成本倒逼"等举措取得了良好的绩效，宁波富舜、方正股份、德信控股、南方通信等民营科技企业不断涌现，促进了经济增长模式的集约化发展。一是资源利用效率提高。2003年以来全省能源消费弹性系数总体呈缓慢下降趋势，从2003年的1.02下降至2007年的0.67。

二是劳动生产率提高。2007 年全省整体劳动生产率为 55155 元/人，是 1978 年的 80 倍。三是企业创新能力增强。浙江省科技综合实力、区域创新能力、知识获取能力、企业技术创新能力都居于全国前列，专利授权量连续多年居全国第 2 位。浙江网上技术市场日趋活跃，现已成为我国规模最大、影响最广的信息化、网络化的技术交流交易平台。[12]438~440 总之，21 世纪伊始，浙江经济发展方式已经逐渐从单一发展转变为全面协调发展，从以物为中心转变为以人为中心，浙江经济走上了集约发展、科学发展的道路。

（二）产业结构高级化

产业结构高级化是经济发展的普遍规律，各个国家或地区的产业结构都遵循产业演进规律以不同的速率趋向高级化。浙江民营经济的产业结构也按照自然顺序升级变化，但是又具有跨越式发展的特点。

一是第三产业的比重不断上升。近年来，浙江三次产业中，第三产业的比重稳步提升。截至 2009 年 9 月，从全省企业总数来看，第三产业占比为 51.42%，其中民营企业中第三产业占比为 52.11%；从新设企业数量来看，民营企业中第三产业占比高达 67.67%，比 2008 年 9 月、2007 年 9 月分别增长 3.15 个百分点、7.77 个百分点。

二是浙江服务业内部结构的转换与升级正在加快。物流、金融、信息服务等生产性服务业的带动作用开始显现，旅游、文教、医疗卫生、会展、中介服务、动漫、创意、商务、信息等需求潜力大的技术型、知识型服务业发展迅速。特别是杭州，2009 年产业结构由"二三一"变为"三二一"，即第三产业成为拉动经济的主导产业。①

三是浙江民营经济越来越多地进入文化产业，对文化产业的投资规模越来越大，经营领域越来越宽。比如黄巧灵创办了宋城集团，以文化理念发展旅游休闲产业，先后开发了 7 个主题文化旅游景点，成立了宋城艺术团；吴建荣创办了浙江中南集团卡通影视有限公司，成功打造了一条以自主知识产权为核心的动漫产业链；徐文荣创立了被誉为"中国好莱坞"的横店影视城，基本涵盖从投资、剧本创作到拍摄、后期制作等各环节的产

---

① 杭州市 2009 年产业结构数据来自浙江省人民政府官方网站。

业链。

四是高附加值的先进制造业和高新技术产业的快速发展。自 2003 年以来,浙江紧紧围绕培育和建设先进制造业基地,大力发展高新技术产业,积极运用高新技术和先进适用技术改造传统产业,设计并组织实施了制造业信息化、纳米技术应用、生物技术示范、农业科技成果转化等重大科技专项和一大批重大重点科技创新项目、火炬星火计划项目。现在具有较高科技含量的电气机械及器材制造业、交通运输设备制造业、通信设备和计算机及其他电子设备制造业等的比重逐步上升。

(三) 产业布局现代化

浙江块状经济的现代化趋势表现在两个方面。一是产业集聚的区域特色转向国际化。随着国际产业分工的细化和外向型经济的不断发展,向国际性专业化产业区转型和升级已经成为浙江特色产业区进一步提升国际竞争力的必然趋势。这种现代模式的功能主要体现在国际性产品生产基地、国际市场的主导占有者、价格形成中心、信息与知识流转中心以及研发与创新中心等方面。如今,浙江的许多特色产业区已经具备了相应的条件,比如生产总量大、市场份额高、成本与价格优势显著以及高效的本地信息与知识网络等。但是这些产业区在市场势力、信息交易、知识共享、创新创造等方面与国际性专业化产业区还有较大差距。今后,浙江块状经济的转型与升级除了不断增强自主研发能力外,还要积极主动吸引外资、技术、人才等资源,提高要素集聚的创新能力。二是浙江文化产业集聚出现较快发展。除了横店影视产业实验区外,在杭州,高新区国家动画产业基地、西湖区数字娱乐产业园和 LOFT49 创意产业园区等,已吸纳上百家文化企业落户发展。同样,各地政府大力扶持本地文化产业园的建立和发展,比如云和的木制玩具、龙泉的青瓷和宝剑、宁波的海伦钢琴等专业特色文化产业园都已形成,集聚了大量民营企业。

(四) 企业制度公司化

浙江民营企业制度的公司化主要表现在三个方面。一是家族持股比例的大幅下降。通过稀释股权打破家族制所固有的集权管理模式,促使企业所有权和经营权的分离,是家族制迈向现代企业制度的第一步。目前,很多民营企业已经做出了典范。比如温州正泰集团总裁南存辉主动将自己的家族持股比例从原来的60%，降低到28%，股东由原来的10人增加到100人；天正集团董事长高天乐的家族股份从最初的100%，下降到40%左右，股东增加到100多人；华峰氨纶股份公司董事会的9名成员中，非家族成员有5名。二是企业管理人员的职业化。发达国家市场经济发展史上的管理革命表明，职业经理人的引入是提高企业管理效率的关键所在。现在很多浙江民营企业开始突破家族观念的束缚，在企业重要岗位上安排职业经理人。比如，浙江恒逸集团邱建林解除了自己家属、亲戚在公司重要岗位上的职位，虚席以待，重金聘请职业经理人入主企业，使得企业迅速成长为全国知名的纺织化纤企业集团。三是上市融资的比例逐渐提高。目前，浙江上市公司中，民营控股上市公司的数量逐渐增多，它们已经成为浙江上市公司的主要力量。

（五）企业组织集团化

企业组织集团化是企业竞争力增强的明显标志，也是企业长远发展的必然趋势。依据科斯定理，企业替代市场降低了交易费用。而企业演变为企业集团同样可以降低交易费用，最大限度地发挥企业集团的抗风险和融资优势。浙江民营企业集团化有三种形式。一是企业自身的扩张。比如正泰、德力西、奥康、万向、恒逸等浙江民营企业集团迅速成长，取得了相应行业的领先地位，显示出强劲的竞争实力。这对于其他中小民营企业，无疑具有十分重要的借鉴意义和导向作用。二是企业间相互参股，形成巨大的一体化企业集团，代替原先的企业间不固定的协作方式。如乐清柳市的低压电器专业化产业区，原先是分散的家庭生产方式，通过主导企业的参股和控股，产业区内的企业产值比重得到极大的提升。三是企业合股投资成立更大的企业集团。例如，台州路桥区家家户户的模具生产企业，为了避免不必要的价格竞争，合股形成一个规模较大的台州模具厂。

（六）企业发展国际化

浙江民营企业发展的国际化趋势，是浙江民营经济由内源式发展转向开放式发展的具体体现，表现在两个方面。一是"引进来"，即主动承接跨国企业制造业和服务业的外包业务，或融入其采购体系和供应链管理网络。从而利用跨国企业对直接供应商严格而规范的供应链管理和治理，倒逼民营企业提升产品质量和国际竞争力。二是"走出去"，即逐渐由世界廉价加工厂转向对外直接投资和对外创新营销网络。一方面，对外直接投资要注重利用传统竞争优势积极强化贸易导向型趋向，也要不断增强培育新竞争优势引导的技术和品牌导向型趋向。贸易导向型对外投资包括两个方面。一是积极推动企业开展境外加工贸易。对于浙江而言，应重点推动轻工、纺织、小家电和医药类企业到亚洲周边国家、非洲和拉丁美洲等国家和地区开展加工贸易。二是积极推动专业市场向海外扩展。利用传统专业市场的竞争优势和发展经验，积极探索在境外设立以浙江名、特、优产品为主的专业市场。技术与品牌导向型对外投资则是把获取国外的先进技术和国际知名品牌作为首要目的。这主要针对发达国家，投资方式包括新建、合资和兼并收购等形式。另一方面，对外创新营销网络。随着企业规模的扩大和国际竞争的加剧，浙江民营企业的市场营销模式应不断创新转变。主要有三种趋势，分别是将本地的专业市场集散销售转向直接向外销售、网络营销和直接建立海外独立的销售渠道。

主要结论

第一，民营经济是一个历史范畴，应该从其发展过程来理解它的产权属性及范围。从静态的视野来看，民营经济是具有私有属性的，主要包括个体工商户和私营企业；从动态的视野来看，民营经济则不仅包括直接建立的个体私营经济，也包括民营化的国有和国有控股经济、乡镇集体经济，与国有经济和外资经济构成中国特色社会主义市场经济体系的三大支柱。

第二，改革开放 30 年，浙江民营经济的发展以它在中国特色社会主义经济体制转轨中自发成长的过程为线索，可以划分为五个阶段，即休眠阶段（1978 年以前）、兴起阶段（1978～1988 年）、波动阶段（1988～1992年）、腾飞阶段（1992～2000 年）、"走出去"阶段（2000 年至今）。到金融危机影响最严重的 2009 年，浙江发展为中国民营经济第一大省，且浙江民营企业的国际竞争力呈现强劲提升态势。

第三，浙江民营经济具有发展模式由内源式到开放式、经营主体由草根老板到民营企业家、企业规模由以中小型为主到大型、创业模式由创业创新到与时俱进、产业结构由低级向高级自然演进、产业布局由点到面集聚成块、专业市场由规模成长到规范发展 7 大发展特色。

第四，浙江民营经济具有领先的体制机制、丰富的企业家资源、天然的海洋资源、块状的产业布局、健全的市场体系、优越的区位条件 6 大发展优势，同时又困于贫瘠的自然资源、短缺的高层次人才、滞后的融资体系、有待增强的科研创新保障、薄弱的经济基础、严峻的市场竞争环境 6 大发展劣势。

第五，浙江民营经济形成了以浙江精神为原动力、以解放思想为引动力、以体制创新为保障力、以专业块状经济为推动力、以技术创新为永动力、以行业商会为联动力、以"走出去"为扩张力 7 大发展经验，同时又面临着粗放式增长模式降低经济效益、体制机制的先发优势逐渐减弱、技术创新动力不足、产业集聚的竞争优势弱化、行业商会发展滞后、出口依赖制约国际化 6 大发展问题。

第六，浙江民营经济发展的总趋势是由"浙江制造"走向"浙江创造"，从而融入全球产业链分工的高端环节，实现产业结构的优化升级，最终提升民营企业的国际核心竞争力，具体表现在六个方面：增长模式集约化、产业结构高级化、产业布局现代化、企业制度公司化、企业组织集团化、企业发展国际化。

参考文献

[1] 史晋川主编《中国民营经济发展报告》（上册），经济科学出版社，2006。

[2] 吕福新：《浙商的崛起与挑战——改革开放 30 年》，中国发展出版社，2009。

[3] 裴长洪、黄速建主编《浙江经验与中国发展》（经济卷），社会科学文献出版社，2007。

[4] 张仁寿、李红：《温州模式研究》，中国社会科学出版社，1990。

[5] 武力主编《中华人民共和国经济史》，中国经济出版社，1999，第 703 – 704 页。

[6] 史晋川等：《温州模式研究》，浙江大学出版社，2002。

[7] 单东：《浙江民营经济 30 年：发展历程与宝贵经验》，《浙江经济》2008 年第 21 期，第 28 ~ 31 页。

[8] 宋树理：《金融危机下浙江发展外贸经济的挑战与机遇》，《浙江教育学院学报》

2009 年第 3 期，第 56 ~ 62 页。

［9］《浙江民营经济发展历程及最新运行情况》，http：//v. zj. gov. cn/html/showvideo/200910/28/0948283055. shtml，2009 年 10 月 28 日。

［10］《〈浙江民营企业国际竞争力报告〉揭示国际化趋势》，http：//unn. people. com. cn/GB/22220/75293/10793077. html，2010 年 1 月 19 日。

［11］叶明德、孙胜梅：《"浙江现象"与人口素质》，《人口与经济》2004 年第 2 期，第 32 ~ 38 页。

［12］吕福新等：《浙商论》，中国发展出版社，2009。

［13］陈广胜：《创新浙江民营经济发展模式的对策研究》，《政策瞭望》2008 年第 2 期，第 31 ~ 35 页。

［14］Zahra, S. A. , "Corporate Entrepreneurship and Financial Performance：The Case of Management Leveraged Buyouts," *Journal of Business Venturing*, 1995, 10 （3）：225 – 247.

［15］郭占恒、刘晓清：《快速成长中的浙江区域块状经济》，《浙江经济》2002 年第 9 期，第 4 ~ 7 页。

［16］宋林飞主编《长三角可持续的率先发展》，社会科学文献出版社，2006。

［17］吴家曦主编《浙江省中小企业发展报告（2008）》，社会科学文献出版社，2009。

［18］张仁寿：《民营经济与浙江发展道路》，http：//www. huaxia. com/20040803/00228406. html，2004 年 8 月 3 日。

［19］卓勇良：《浙江"十二五"固定资产投资趋势分析》，http：//www. drri. gov. cn/news_ view. asp? nNewsid = 527。

［20］浙江省哲学社会科学规划办公室编《浙江民营经济的发展与创新》，中国社会科学出版社，2002。

［21］万彭军：《浙江省科技创新能力分析评价与对策研究》，《宁波大学学报》（人文科学版）2009 年第 3 期，第 93 ~ 96 页。

［22］张友仁：《基于产业组织创新视角的外贸竞争秩序规则》，《浙江工商大学学报》2009 年第 1 期，第 75 ~ 77 页。

| 第九章 |

金融危机下浙江对外贸易转型发展的
挑战与机遇

提要：金融危机使浙江外贸经济的发展面临萎缩的全球需求市场、多样化的贸易保护主义和并存的通货紧缩与通货膨胀等挑战，但是也存在海外市场拓展的加速、进出口产品结构的优化、人力资源培训和储备的强化，以及国家外贸出口政策的调整等机遇。所以，有必要探索浙江外贸经济应对金融危机的战略抉择，包括转变民营企业的研产销模式、有效应对贸易保护主义、塑造区域品牌和降低外贸经营风险等，以提升浙江外贸企业的国际竞争力。

引　言

自 2001 年中国加入 WTO 以来，浙江对外贸易连续保持 7 年的快速增长，年均增长速度达到 32.4%，比同期全国年均增幅高 5.4 个百分点，其中出口年均增长 33.2%，比同期全国年均增幅高 5.2 个百分点。[1]但是，由于受到金融危机的影响，从 2008 年 11 月开始，浙江外贸形势急转直下。据杭州海关统计，浙江省外贸当月进出口总额 143.6 亿美元，同比下降9.0%；当月出口额 110.7 亿美元，同比下降 2.6%，略低于全国 2.2% 的平均降幅；进口额 33.0 亿美元，同比下降 25.6%，比全国 17.9% 的平均降幅还低 7.7 个百分点，这也是 9 年来首次出现"双降"局面。[2]①2009

---

①　上一次"双降"出现在 1999 年 1 月，当时，受亚洲金融危机的影响，浙江外贸自 1998 年下半年开始出现大幅滑坡，外贸进出口额连续 5 个月出现下降。

年第一季度，浙江外贸形势继续趋紧。据杭州海关统计，浙江省该季度实现进出口总额 372.6 亿美元，同比下降 19.3%；其中，出口 270.6 亿美元，同比下降 17.6%，进口 102.0 亿美元，同比下降 23.6%；实现贸易顺差 168.6 亿美元，同比下降 28.9%。[3] 显然，浙江外贸经济正面临金融危机的严峻考验，那么，如何转危为机就成为亟须探索的问题。

一　浙江发展外贸经济的挑战

（一）萎缩的全球需求市场

凯恩斯的有效需求理论表明，消费和投资是经济增长的根本成因，而经济增长则是市场有效需求扩大的重要推动力。2007 年以来，受金融危机的影响，全球经济衰退趋势明显（见图 9 - 1）。国际货币基金组织（IMF）对 2009 年世界经济增长率的预期进行大幅下调，将原先预期的世界经济增长率 0.5% 下调到 - 0.5% ~ - 1%；其中，日本经济增长率从原来的 - 2.6% 调至 - 5.8%，美国下调至 - 2.6%，欧盟区调至 - 3.2%。由于浙江省外贸经济对美国、欧盟、日本市场的高度依赖性，所以相比全国其他省区市，美国、欧盟、日本的经济衰退和进口需求的收缩对浙江省出口产生了更大的影响。如果这些地区的经济持续较长时间的衰退，人们的财富就会进一步大幅度缩水，失业率则会屡创新高，以致社会消费群体的购买力持续减弱，导致消费需求更加疲软。并且，经济衰退可能会进一步引发金融市场动荡，致使消费者因来自资产和股票的负财富效应而降低他们的收入预期，由此他们的负债消费能力受到限制，而消费需求的降低，必然引起企业销售额的下降，进而可能会引发证券市场新一轮的恐慌。可见，外需不足是浙江外贸经济要面对的严峻形势。

（二）多样化的贸易保护主义

金融危机下，随着各国面临的封闭国内市场的政治压力渐增，贸易保护主义的势头不断增强，而且贸易保护主义的形式呈现多样化。除了采用传统的关税壁垒形式外，部分国家还越来越倾向于采用配额、补贴、反倾

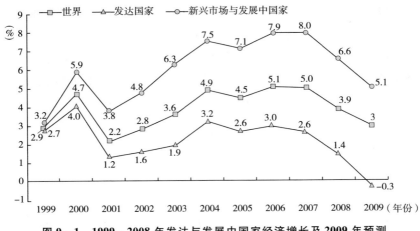

图 9 - 1　1999～2008 年发达与发展中国家经济增长及 2009 年预测

数据来源：IMF 2008 年发布的《世界经济展望》（*World Economic Outlook*）。

销等非关税壁垒①，从而导致国际贸易摩擦急剧增多。其实，多年来，中国一直是全世界遭受贸易摩擦最多的国家之一，而浙江省则是中国受贸易摩擦影响较大的地区。2002 年至 2008 年 8 月，浙江省外贸企业遭受的贸易摩擦案件占全国总数的 1/3；直接涉案金额 60 亿美元，占全国的 1/4；尤其是 2008 年，浙江省遭遇了来自欧盟以及美国、加拿大、印度、阿根廷等 18 个国家和地区的贸易摩擦 81 起，比 2007 年增加 28.6%，直接涉案金额 15 亿美元，同上年基本持平，其中反倾销 65 起、反补贴 12 起、保障措施 2 起。[4]2008 年 9 月金融危机爆发以来，从奥巴马 "新政" 中的 "购买美国货" 条款，到欧盟对奶酪、黄油和奶粉的出口补贴，无不带有明显的贸易保护主义色彩。世界银行的报告披露，自 2008 年 11 月二十国集团华盛顿峰会以来，二十国集团已有 78 项贸易保护主义措施被提出，其中 47 项已付诸实施，发达国家占 12 项，全部采取出口补贴，而发展中国家的 35 项中，有 30% 是提高关税，31% 是出口补贴，从而使贸易保护主义的认定变得更加困难。另外，由于现有 WTO 规则不健全，一些国家进入制度真空的 "灰色地带" 实施低强度的保护主义。[5]可见，贸易保护主义的多

---

① 新贸易保护形式还包括：绿色壁垒，主要涉及绿色标志制度、绿色包装、环境成本；技术壁垒，主要涉及产品准入条件、技术认证；外贸管理；劳工标准；区域性协议；关税升级保护和 "灰色区域" 措施。

样化必然导致贸易摩擦的增加，从而影响浙江外贸经济的发展。

（三）并存的通货紧缩与通货膨胀

由于金融危机，虚拟经济的泡沫最终破灭，全球金融资产大幅缩水，国际油价和大宗商品价格下跌，以致短期通货膨胀压力释放，甚至发达国家有可能发生通货紧缩的风险，所以 2009 年全球通货膨胀率会大幅下降。据 IMF 的预测，发达国家的通货膨胀率会从 2008 年的 3.6% 下降到 2009 年的 1.4%，发展中国家的通货膨胀率会从 9.2% 下降到 7.1%。如果发达国家实体经济复苏缓慢，居民、企业和金融机构调整资产负债的过程延长，金融机构惜贷倾向显著，通货紧缩风险就有可能发生。但是，全球通货膨胀存在死灰复燃的可能性。这是因为各国为遏制金融危机，将陆续注入大量流动性资金（见表 9 - 1）。其中包括连续大幅降息，美国联邦基金利率甚至有降到零的可能性；各国中央银行通过向金融市场直接注入大量资金，缓解流动性短缺问题；政府发行债券，提高赤字水平救助金融机

表 9 - 1　2009 年发达国家经济刺激预算额度及截至第一季度的利率水平

国家	预算额度	基准利率（%）
美国	7870 亿美元	0 ~ 0.25
日本	9741 亿美元	0.10
英国	1600 亿英镑	0.5
德国	368 亿欧元	1.25
法国	260 亿欧元	1.25
澳大利亚	420 亿澳元	3

数据来源：兴亚《美两院通过 7870 亿元经济刺激计划》，http：//finance. sina. com. cn/stock/usstock/c/20090214/12085856337. shtml，2009 年 2 月 14 日；盛甫《澳大利亚参议院通过 420 亿澳元经济刺激方案》，http：//finance. sina. com. cn/money/forex/20090213/10035852122. shtml，2009 年 2 月 13 日；余乔乔《2009 年法国财政赤字率将占到 GDP 的 5.6%》，http：//finance. sina. com. cn/roll/20090320/18252741989. shtml，2009 年 3 月 20 日；Takashi Nakamichi《日本通过历史上最大额度预算草案》，http：//biz. bossline. com/？ action - viewnews - itemid - 4594，2008 年 12 月 25 日；宋凌霄《英财政大臣：公众借贷增至 1750 亿英镑》，http：//www. eeo. com. cn/finance/other/2009/04/17/135 428. shtml，2009 年 4 月 17 日；陆群新《2009 财年德国政府借款大幅上升》，http：//news. xinhuanet. com/fortune/2009 - 01/27/content_ 10724940. htm，2009 年 1 月 27 日；中国人民银行政策分析小组《2009 年第一季度中国货币政策执行报告》，http：//www. gov. cn/gzdt/2009 - 05/06/content_ 1306030. htm，2009 年 5 月 6 日；朱周良《澳大利亚维持利率不变　印尼六度降息》，http：//finance. jrj. com. cn/2009/05/0602244930020. shtml，2009 年 5 月 6 日。

构。由于各国政府和中央银行分别采取积极的财政政策和过于宽松的货币政策刺激经济发展，那么，当全球经济实现复苏时，世界可能陷入高水平通货膨胀的困境，致使世界经济形势进一步恶化。

更令人担忧的是，国际货币体系改革虽然呼声渐高，但是实质进展异常缓慢，美元仍然是世界上最主要的国际储备货币，以至于美元的涨跌还是直接关系全球经济的发展，而美国"印钞自救"的行为最直接的后果就是美元贬值。近年来，由于中国产业结构升级的宏观调控促使贸易政策更倾向于自我紧缩外部市场，以影响中国企业在国际产业链分工体系中长期以加工贸易为主的地位，所以，保持了人民币不断升值的趋势，按照汇率年平均价计算，2005 ~ 2008 年 4 年间，每年升值幅度分别是 1%、3%、5% 和 11%[6]，并且，到目前为止，国家仍然没有出台有关人民币汇率的调控政策。所以，人民币的升值压力无疑也成为外贸企业提升国际竞争力的严峻挑战。

二　浙江发展外贸经济的机遇

（一）海外市场拓展的加速

金融危机下，西方发达国家市场需求急剧减少，在冲击浙江外贸经济发展的同时，也刺激浙江企业寻求海外其他市场，尤其是开拓发展中国家的潜在市场，提高潜在市场的出口份额，从而降低对发达国家和地区的出口依赖程度，优化出口市场结构。据浙江省国际经济贸易研究中心主任张汉东分析，2001 年浙江对新兴市场的出口额占到全省出口总额的 44%，2008 年前 10 个月对新兴市场出口的比重已提高到近 50%，同期出口总额已经是 2001 年的 6 倍。[7] 2009 年第一季度，浙江对拉丁美洲出口 24.6 亿美元，增长 11.0%；对东盟出口 23 亿美元，下降 37.4%；对韩国出口19.1 亿美元，下降 19.3%。[4] 很明显，浙江对新兴市场的出口不断增加，对东盟、韩国等地区的出口逐渐减少。所以，在发达国家经济形势不断恶化的情况下，延续对开拓全球新兴市场的重视，是浙江外贸经济可持续发展的关键所在。

（二）进出口产品结构的优化

　　严峻的经济形势成为倒逼企业优化进出口产品结构的动力。金融危机加速了进出口企业在市场竞争中优胜劣汰的"洗牌"过程，推动企业和商品改变过去单纯以低廉价格取胜的形象，更多地依靠科技进步、研发设计、节能减排、品牌质量和综合服务占领市场，创造更好的经济效益。据浙江统计公报，2008年，浙江机电产品和高新技术产品出口继续保持较快增长（见表9-2），船舶出口增长85.4%，紧固件、医药品、晶体管等附加值较高的商品出口增长较快，分别增长43%、58.2%和2.3倍，而国家限制出口的"两高一资"（高耗能、高污染、资源性）产品以及劳动密集型产品出口大幅回落，钢材的出口增幅由上年的87.5%回落到27.3%，塑料制品出口仅增长5.2%。在2008年下半年国际市场大宗原材料价格回落的情况下，浙江企业积极扩大进口，成品油、铁矿石、大豆、食用油、纸浆等原材料进口分别增长59.8%、1.8倍、1.35倍、1倍、28.9%。可见，浙江进出口产品结构日趋合理，有利于浙江企业实现转型升级，为提升浙江企业在全球产业链中的分工地位奠定了基础。

表9-2　浙江省进出口贸易主要分类情况

单位：亿美元，%

指标	2006年		2007年		2008年	
	绝对数	比上年增长	绝对数	比上年增长	绝对数	比上年增长
出口额	1009.0	31.4	1283.0	27.2	1542.9	20.3
一般贸易	773.2	28.3	993.8	28.5	1218.7	22.7
机电产品	423.9	40.1	555.9	31.2	680.7	22.5
高新技术产品	101.7	68.9	101.8	0.1	106.5	4.7
进口额	382.5	25.1	485.4	26.9	568.6	17.0
一般贸易	214.3	15.3	292.3	36.4	344.0	17.7

（三）人力资源培训和储备的强化

　　人力资本理论的创始人西奥多·舒尔茨在20世纪60年代就提出人力资本的积累是社会经济增长的源泉[8]，而王忠明认为应在危机时加紧人才培养战略的实施以迎接下一个发展阶段的到来[9]。人力资源培训是获得高素质人才的有效途径，不仅为职工创造持续学习的机会，同时也可以提高企业绩效，达到企业和职工双赢的目的。历史上的德国、意大利等西方发达国家，都是利用经济大衰退时期引导全民技能培训，储备经济发展人才，尤其是培养蓝领技工。鉴于危机时期企业普遍缺乏资金，可以挖掘与利用内部资源，采用岗位轮换等成本较低的培训方式。另外，金融危机的爆发使得国外很多人才面临发展的困境：一类是大型金融机构破产后失业的高级金融人才，另一类是大量海外就业的中国出国留学生，从而形成高端人才的相对过剩。2008 年，与广东、北京、上海等地区一样，浙江积极举办人才交流会以招揽海外"相对过剩"的高端人才。[10]所以，只要危机还将持续，浙江外贸企业就会有更多时间和精力来加强人才方面的管理，进入一个相对集中的"人才储备期"，为今后国际竞争力的提升奠定基础。

（四）国家外贸出口政策的调整

2005 年以来，为保持国际收支平衡，应对贸易顺差对经济的影响，中国进行了一系列的政策调整，包括：统一内外资企业所得税；加工贸易升级，禁止并限制一些产品的加工贸易；调整出口退税政策，降低资源性、高能耗和高污染产品的出口退税水平；调整土地政策；公布实施《劳动合同法》等，尤其是 2007 年 4 月、6 月和 12 月连续三次出台范围更大、力度更大的降低和取消出口退税的政策。从而，减少了对出口贸易的激励，并提高了外贸企业的经营成本，降低了外贸企业的竞争力。但是，2008 年9 月，国际金融危机爆发，促使中国政府开始转变宏观经济调整政策，并逐渐扭转了出口贸易政策倾向。在"保增长"的目标主导下，开始部分取消出口关税措施，取消加工贸易限制性规定，并分步骤调整和提升出口退税的政策力度、扩大出口信用保险的覆盖面，这些都有利于外贸企业的快速发展。

三 浙江发展外贸经济的战略

随着金融危机的蔓延，世界经济还有进一步恶化的可能。所以，浙江不仅要应对金融危机的严峻挑战，而且应该转危为机，充分利用危机带来的新机遇，探索外贸经济的发展战略，实现外贸经济发展的全面转型，提升区域竞争力。

（一）转变民营企业的研产销模式

台湾宏碁集团董事长施振荣提出的微笑曲线（见图 9-2）可以说明，产品开发的核心技术和品牌优势，以及营销和售后服务实力越强，产品的价值也就越高。浙江应该转变民营企业在国际分工体系中以低技术含量为特征的加工制造比较优势，提升它们在自主知识产权、营销、品牌等方面的竞争力。一是要优化出口产品结构，控制"两高一资"产品出口，鼓励企业运用先进技术改造传统产业，支持出口企业自主创新，同时充分发挥开发区、保税区、出口加工区在对外开放中的重要作用，使之带动相关服务业和服务贸易的发展。二是要增加先进技术装备和重要资源的进口，提升产业技术水平和促进产业升级。三是要鼓励企业培育自主品牌和自主营销网络，大力推进创品牌建设和创名牌活动，同时注重发展大型品牌生产集团和商贸集团，适时培育本土型跨国公司，推动企业"走出去"。四是要继续加大招商选资力度，利用全球的科技资源提高本土企业的产业技术水平和自主创新能力。

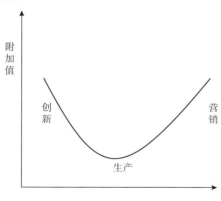

图 9-2　微笑曲线示意

（二）有效应对贸易保护主义

不可否认，提高关税水平不再是各国保护国内市场而采用的主要方式，新形式的贸易保护主义成为各国尤其是发达国家设置贸易壁垒的主要倾向。由于浙江出口贸易一直以轻纺、服装、鞋类等劳动密集型产品为主，这些商品的竞争优势源于低廉的劳动力成本，而不是较高的科技含量和附加值，这导致浙江外贸企业只能依靠低成本、低价格和低质量进行竞争，甚至竞相压低价格，盲目降低成本和质量，从而容易遭到进口国家利用反倾销、保障措施以及"劳工标准"等保护国内市场措施的抵制。所以，企业应该强化技术创新意识和规则理念，高度重视并努力开展国际认证工作，健全质量管理体系和环境管理体系，研发符合国际标准尤其是进口国家产品规则的绿色产品。政府则应该大力推行国际标准化战略，加快国内技术和措施的国际标准化进程，参与国际标准的制定、修订和协调工作，而且要鼓励企业注重自主知识产权和自主品牌的出口，提高产品的附加值。此外，企业需要学会利用世界贸易组织的规则和国外市场的技术限制与标准，依法保护自身合法权益。还应利用《技术性贸易壁垒协议》的例外条款，根据协议在产品法规、标准、认证和检疫制度方面实施非歧视的原则和国民待遇，坚决抵制贸易保护国家违反规定的壁垒形式。

（三）塑造区域品牌，提升国际竞争力

浙江民营经济的一大特色是"块状经济"，即以某种制造业为主体的相关企业和其他机构集聚在一定的小范围区域内，具有产业集群的地理特征，如绍兴的轻纺产业块、海宁的皮革产业块、永康的五金产业块、永嘉的纽扣产业块、乐清的低压电器产业块、诸暨的袜业产业块等。但是，这并不代表浙江民营经济的这种扎堆现象实现了真正的产业集群。[11]波特认为产业集群是某一特定领域内相互联系的企业及机构在地理上的聚集体，包括一系列相关联的产业和其他一些与竞争有关的实体，甚至包括政府和培训、教育、信息、研究和技术支持机构，从而形成以信任为基础的各主体紧密协作的网络体系。[12]政府要引导浙江企业集群化的发展，加强产业集群的建设，在此基础上塑造区域品牌，提升企业的抗风险能力和国际化竞争力。首先，加强和完善融资体系，创新融资渠道，规范民间融资形式，并鼓励中介服务机构的发展，强化信用担保体系的建设，从而加强金融机构和企业间的信任关系，降低搜寻企业信息的成本；其次，鼓励企业同大学、科研机构的合作，共同致力于共性技术的研发和应用；最后，强调信用体系的建设，夯实分工、交流和合作的基础，否则，一旦某一企业出现信用问题，很容易波及整个企业集群。

（四）降低外贸经营风险

政府应加大对外贸出口的扶持力度，努力营造外贸出口发展的良好环境。一是要积极向国家争取有利于外贸发展的政策，努力在提高出口退税率、稳定人民币汇率、加大出口信用保险对出口的支持力度等方面做好建议和推动工作，要切实解决民企融资难的问题，还要加快中小企业融资担保体系的建设、健全中小企业信用担保补偿机制和初步设立风险投资。二是要确保各级政府对外贸出口政策的扶持力度能够随着金融危机影响程度的加深而不断加大，优化外经贸的政策结构，加快兑现速度，同时积极鼓励企业参加出口信用保险，降低出口经营风险。三是要积极建设民企法律保障体系。《中小企业促进法》的颁布实施，标志着我国中小企业工作被纳入了法制化的轨道，但为了更好地促进浙江民营企业的发展，还需要出台配套的地方性法规，如《浙江省民间资本利用条例》《浙江省民营企业品牌保护法》《浙江民营企业海外发展规范法》等政策法规。

参考文献

［1］浙江省统计局：《2008 年浙江对外贸易在挑战中稳步发展》，http：//www. stats. gov. cn/tjfx/dfxx/t20090311_402544132. htm，2009 年 3 月 12 日。

［2］杭州海关：《11 月份浙江省外贸进出口骤降　金融危机致外贸形势全面趋紧》，http：//hangzhou. customs. gov. cn/publish/portal120/tab6974/module21552/info158536. htm，2009 年 2 月 1 日。

［3］浙江电子口岸：《2009 年 1 季度浙江省外贸进出形势分析》，http：//www. zjport. gov. cn/statistical/detail. jsp？fid = 125344&category = zjfx，2009 年 4 月 16 日。

［4］钟闻：《浙江预警：贸易摩擦形势空前严峻》，http：//finance. ifeng. com/news/hgjj/20090507/628989. shtml，2009 年 5 月 7 日。

［5］陆志明：《低强度贸易保护潜在的危害尤甚》，http：//finance. sina. com. cn/roll/20090424/01346143705. shtml，2009 年 4 月 24 日。

［6］裴长洪：《中国贸易政策调整与出口结构变化分析：2006—2008》，《经济研究》2009 年第 4 期，第 4 ~ 6 页。

［7］冯源：《浙江外贸企业开拓新兴市场应对金融危机》，http：//www. zjsr. com/news/1575. htm，2009 年 2 月 3 日。

［8］〔美〕西奥多·舒尔茨：《论人力资本投资》，北京经济学院出版社，1990，第20～35页。

［9］惠普培训部：《共享共赢——在金融危机下的人才培养战略》，http：//h41156. www4. hp. com/education/article. aspx？cc = cn&ll = zh&id = 10330，2009 年 1 月 13 日。

［10］陈超、杜国平：《金融危机引发海外人才退潮：浙江企业海归潮涌》，http：//xn－－ 8sqz5e45eg2f. cn/lxs/hgdt/200812/08/141156. shtml，2008 年 12 月 8 日。

［11］朱柏铭、李冲：《从"块状经济"到产业集群——浙江民营企业进一步发展的出路》，《经济论坛》2008 年第 22 期，第 23～27 页。

［12］Porter, M. E. , "Clusters and New Economics of Competition," *Harvard Business Review*, 1998 (11): 77 – 90.

| 第十章 |

金融危机后浙江对外贸易转型发展的困境及战略

提要：浙江外贸转型的现状及面临的困境是阐释其外贸转型战略选择机理的实践基础。经实证分析发现，危机后浙江外贸转型实效不显著，并遭受国内外不利经济条件的影响。浙江外贸应适应市场需求结构的变化，扬弃传统竞争优势，来厘清转型战略。

引 言

自 2001 年中国加入 WTO 以来，浙江对外贸易连续保持 7 年的快速增长，年均增长速度达到 32.4%，比同期全国年均增幅高 5.4 个百分点，其中出口年均增长 33.2%，比同期全国年均增幅高 5.2 个百分点。[1] 但是，由于受到金融危机的影响，从 2008 年 11 月开始，浙江外贸形势急转直下，自 1999 年 1 月以来当月首次出现"双降"局面。[2] 之后，学术界积极倡导外贸转型是应对危机的根本出路。但是，浙江经济实践证明外贸转型实效并不显著，外贸发展将继续遭受金融危机的严峻考验。所以，如何选择转型战略是浙江外贸亟须破解的难题。

一 浙江外贸转型实效

（一）进出口结构严重失调，制约企业提升核心竞争力

浙江外贸转型表现之一就是调整进出口结构、增加进口比重，这是积

累资本和技术以提高企业核心竞争力的重要途径。2008 年 9 月金融危机爆发之前，浙江外贸出口总额上升幅度最为显著，外贸依存度达到 51.7%，高于全国的 40.6%。[3]124 结果，危机导致浙江外贸进出口规模急剧下滑，2009 年为 1877 亿美元，同比降低 11.1%，略高于 2007 年的 1769 亿美元。其中，出口为 1330 亿美元，同比降低 13.8%，略高于 2007 年的 1283 亿美元；进口为 547 亿美元，同比降低 3.7%，略高于 2007 年的 486 亿美元。[3]126 但是 2010 年开始，外贸规模又急剧扩大，同比增速直线上升，截至 7 月，进出口总额为 1635 亿美元，同比增加 38.6%。其中出口额为 1162 亿美元，同比增长 39.4%；进口额为 472 亿美元，同比增长 36.7%。① 可见，高出口低进口的外贸结构不仅使浙江外贸容易受到国际金融危机引发的外需缩减的严重冲击，而且制约着企业资本和技术的原始积累，导致企业核心竞争力难以有效培育和提升。

（二）劳动密集型产品的出口依然强劲，而资本密集型产品的出口规模小、波动大

浙江外贸转型表现之二就是由劳动密集型出口方式转变为资本密集型出口方式，争占全球产业链的高端环节，变"浙江制造"为"浙江创造"。浙江外贸出口的主要商品是机电、纺织服装等传统的劳动密集型产品，而高新技术产品这种资本密集型产品出口多年来一直处于较低水平。受危机影响，机电产品和纺织服装产品的出口规模显著下滑，2009 年的出口额分别为 555 亿美元和 273 亿美元，同比分别下降 18.4% 和 5.9%，基本回落到 2007 年的水平。2010 年开始出现强劲反弹态势，截至 7 月底，出口额分别达到 441 亿美元和 273 亿美元，分别同比增长 51.7% 和 25.5%。而高新技术产品出口额在 2009 年下降到 98 亿美元，同比下降 28.2%，大于机电产品和纺织服装产品出口的下降幅度。2010 年开始直线上升，截至 7 月底，达到 78 亿美元，同比增长 55.5%，又超过机电产品和纺织服装产品出口的增长幅度。② 所以，高新技术产品出口与机电产品和纺织服装产品出口相比，不仅规模小，而且波动剧烈。这是因为高新技术产品主要是非

---

① 数据来源：根据浙江统计信息网的相关数据整理而得。
② 数据来源：根据浙江统计信息网的相关数据整理而得。

生活必需品，而纺织服装等劳动密集型产品是生活必需品，它们的需求价格弹性不同，所以抵御经济危机的强度就存在差异。可见，浙江外贸转型的有效性在于：短期内拓展劳动密集型产品的出口市场，保障外贸企业的基本生存空间；长期内则应重视高新技术产品研发和生产的资本积累，循序渐进地推动外贸出口方式由劳动密集型转向资本密集型，以增强出口产品的不可替代性，高效地扩大企业获利空间。

（三）出口市场结构的多元化进程比较缓慢

浙江外贸转型表现之三就是实现出口市场结构的多元化，在推动传统出口市场优势不断增强的基础上，积极开拓新兴出口市场，从而提高抗击国际经济危机的能力。从出口市场所在国家（或地区）来分析，浙江外贸出口对象一直以美国、日本为主。受金融危机影响，2009 年浙江对美国的出口额大幅下降，但是占浙江出口总额的比重还是最大的，而且危机后反弹迹象明显，更凸显了对美国的依赖性。浙江近年来对日本的出口额没有明显的变化，保持了一般水平的稳定态势；对德国的出口额则不断上升，截至 2010 年 7 月底，德国已经超过日本，成为浙江第二大出口国。另外，浙江对香港地区的外贸出口份额逐渐上升，仅次于日本和德国。可见，浙江外贸非传统出口市场的出口规模不断扩大，表现出良好的增长态势，对传统出口市场的出口增速逐渐下降，但是对传统市场的依赖性没有根本转变。所以，原有的出口市场结构只是受危机冲击发生了微调，并没有出现实质性的转变。

从出口市场所在大洲来分析，自 2005 年开始，浙江外贸出口市场主要集中在亚洲、欧洲和北美洲，当时的出口额分别为 264 亿美元、200 亿美元和 176 亿美元，而对拉丁美洲的出口额只有 40 亿美元。之后，对主要出口市场的增长速度都表现出持续下滑的态势，尤其是受金融危机的影响，2009 年出口额分别同比下降 11.1%、18.1%、13.3%，而对拉丁美洲的出口增速显著且较为稳定，受危机的影响不明显，只是出口比重一直处于较低水平。2010 年对各洲的出口额都开始出现明显的回升态势，截至 7 月底，出口同比增长率分别为 38.7%、40.4%、32.3% 和 72.4%。[①] 可见，

---

① 数据来源：根据浙江统计信息网的相关数据整理而得。

浙江出口市场的结构特征是以发达国家为主的传统出口市场比重大，但是增速趋于下降；而以发展中国家为主的新兴出口市场增速较快，但是比重太小。这样的外贸体系比较脆弱，容易受到经济危机的冲击。所以，浙江出口市场的多元化结构有待进一步优化调整。

二　浙江外贸转型困境

（一）全球需求型与供给型通货膨胀交织爆发的可能性增大

有效需求理论表明，经济萧条期通过积极的财政政策可以刺激经济复苏，宽松的货币政策则由于流动性偏好陷阱会导致政策无效。但是，市场经验表明，经济一旦出现衰退，各国政府偏好两种刺激性政策的综合运用，而且政策传导的时滞效应往往诱导政府加大政策的刺激力度。危机后，过度的财政支出导致财政赤字的大幅上升，加剧主权债务危机；过于宽松的货币政策使经济体内的货币流通量急剧增加。这些都会引起需求型通货膨胀和资产泡沫，使全球经济形势再度恶化。2008 年下半年，各国政府纷纷实施经济刺激政策，使世界经济从 2009 年第三季度开始复苏。但是，近期美国、欧洲和日本等经济体出现复苏势头减弱的迹象，从而让"退出"刺激计划变得举步维艰，退出刺激计划可能使低迷的经济雪上加霜，而继续推行经济刺激计划将进一步恶化各国政府财政状况。我国在保增长的目标驱动下，2009 年实施 4 万亿元的公共投资计划，2010 年继续实施积极的财政政策和适度宽松的货币政策：中央财政赤字达到 10500 亿元，新增人民币贷款的目标定为 7.5 万亿元左右。[4] 可见，由于全球过激的刺激性政策，以及不稳定的宏观经济形势，财政政策产生棘轮效应，使以控制物价为己任的货币政策难以发挥效力。虽然，2010 年 10 月 19 日中国央行上调金融机构人民币存贷款基准利率 0.25 个百分点，释放出紧缩货币政策的强烈信号，能够抑制国内需求型通货膨胀的爆发。但是，由此引发的人民币升值会加速外汇的贬值，结果，国外需求型通胀压力的增大引起国际生产要素的价格上涨，进而容易导致国内供给型通货膨胀。所以，国外的需求型通货膨胀和国内的供给型通货膨胀可能会交织在一起，中国则面临经济"滞胀"的潜在威胁。

（二）消费疲软、投资缺乏创新，导致经济增长劲力不足

经济危机的本质就是投资过剩、消费不足，从而制约了社会再生产的良性运转。所以，成功实施刺激性政策的关键：一是增加社会需求总量，二是调控社会需求结构，使消费和投资（包括私人投资和公共投资）之间保持适当比例。只有投资创新能力和消费能力保持适当比例的互动发展，才能有效地克服投资过剩和消费不足的严重问题。否则，刺激性政策只会在短期内引起 GDP 的数字增加，而不会在长期内形成有效需求驱动的经济发展。2008 年的金融海啸迫使市场经济国家纷纷实施刺激性组合政策，主要用于增加投资需求：一是通过税收减免、利息补贴、出口优惠等手段，刺激私人投资，促进经济增长；二是通过加强基础设施建设，增加社会需求总量，弥补私人投资对经济刺激的不足。但是，现阶段，私人投资缺乏引导技术革命的宏观创新环境；公共基础设施投资则由于投资回报期较长和重复投资的机会主义行为，短期内不能快速引动消费和私人投资。更重要的是，国内外的有效消费能力增长缓慢，表现为发达国家居高不下的失业率和日益见长的通货膨胀，降低了外需消费能力；我国收入差距的持续扩大和通胀压力，则降低了内需消费能力。据国家统计局公布的数据，我国 2010 年前三个季度的 CPI 涨 2.9%，PPI 涨 5.5%，9 月 CPI 同比上涨 3.6%，涨幅创 23 个月新高，PPI 涨 4.3%，即使 CPI 的增长在可控范围内，也会助长人们的价格上升预期，形成通胀。所以，全球刺激性政策最终会导致经济增长的劲力不足。2010 年下半年以来，主要发达国家经济增长已经显示出疲软迹象，所以，IMF 在 7 月 7 日更新的《世界经济展望》虽然将 2010 年全球经济增长预期上调至 4.6%，但警告称全球经济面临更大风险，主要就是政府财政高赤字引发的主权债务危机将威胁金融市场的稳定性，并预测 2011 年全球主要经济体的经济增速将有所放缓。

（三）贸易保护主义重燃

20 世纪 70 年代末 80 年代初兴起的经济全球化，是西方市场经济自由化价值理念在全世界范围内的有效推广。从理论上说，这一进程可以实现在全球市场上有效率地配置各国资源，从而增进所有参与经济全球化国家的经济福利。但是，市场经验表明，只有在经济正常期，经济全球化才能

使各个市场经济国家分享它所带来的经济红利；一旦爆发经济危机，贸易保护主义就成为一种政府干预自由贸易来抵御经济衰退的国家的市场自救行为。因为，危机使各国政府迫于经济衰退和失业率居高不下的社会压力，而保护国内市场。因此，中国遭受贸易摩擦的领域就从货物向服务、知识产权和投资领域扩展；从家电、纺织、鞋帽等转向钢铁、汽车、通信设备等。并且保护主义形式呈现多样化，除了采用关税、配额、补贴、反倾销等传统形式外，发达国家还利用其规则话语权，试图通过法制手段提高贸易标准，变相地实施贸易保护政策。比如，欧盟和美国计划对进口产品征收"碳关税"。浙江主要的出口商品如纺织、钢铁、机电等产品，几乎都是国外实施贸易保护的重点对象，而近年来编织的贸易摩擦"预警网"，也很难应对发达国家主导的贸易规则变化。所以，2008 年，浙江省遭遇了来自欧盟以及美国、加拿大、印度、阿根廷等 18 个国家和地区的贸易摩擦 81 起，比 2007 年增加 28.6%，直接涉案金额 15 亿美元。[5] 如果不能有效掌握贸易规则话语权，即使能够适应 WTO 规则，浙江外贸转型也是被动的，容易遭受歧视性的贸易摩擦困扰。

（四）国际货币体系遭遇严峻挑战

在黄金非货币化之后，新的国际货币体系即牙买加货币体系加速了经济全球化和国际金融市场的一体化。但是，在世界经济发展不平衡格局下，该国际货币体系有两大软肋：一是浮动汇率制，二是美元储备。浮动汇率制度的主要缺陷是各国货币政策的调控会引起汇率的剧烈波动，不利于国际贸易的稳定发展。在金融危机的冲击下，各国政府因为国内经济发展的不平衡而可能破坏货币交易规则，竞相加速本币贬值来转嫁危机对本国经济的不利影响，从而可能引发货币战争。而美元作为美国货币和国际储备货币的双重身份，则使国际经济承受着美国巨大贸易赤字的压力，分担着美国金融高度自由化的风险。所以，国际货币体系改革呼声渐高，但是实质进展异常缓慢，美元仍然是世界上最主要的国际储备货币和结算货币。美国次贷危机爆发后，联邦政府的"印钞自救行为"彰显无遗，在 2009～2010 年初共花费 1.7 万亿元购买政府债券与抵押证券，美联储甚至在零利率政策的情况下进一步强化量化宽松政策，从而挑起与新兴市场国家在货币政策上的冲突。[6] 近期表现出的货币战争，就直接暴露了国际货币体系的脆弱性，严重地影响了国际贸易的正常发展。

三　浙江外贸转型战略

从学理上分析，浙江外贸经济为了摆脱国际金融危机的严重冲击，需要优化调整进出口结构、出口产品结构和出口市场结构等外贸结构，不断创造出有效的市场需求，包括出口产品的创新、消费能力的提升和出口市场的拓展，如此才能适应危机导致的市场需求结构转变。所以，理解市场需求结构的动态演变是浙江外贸转型成功的根本立足点。但是，实践表明，浙江外贸转型实效并不显著，而且面临国内外消费不足、投资缺乏创新、贸易保护主义重燃和人民币升值压力等困境。由此推断，国内外市场消费能力短期内会受到多重力量的抑制，必然对出口产品产生新的要求，发达国家的市场容量也将进一步调整。自然，浙江外贸转型只有适应危机后国内外市场条件的变化，才能取得显著的转型实效。以下，我们就从转型的保障条件和路径选择两个层面阐释浙江外贸转型战略。

（一）浙江外贸转型的保障条件

浙江外贸转型依赖内需消费质量的提高。由于金融危机的影响，浙江外贸传统的外需拉动力量短期内难以发挥效力，国内市场经济的快速企稳回升则显示出内需潜力的巨大。内需消费是社会经济扩大再生产的原动力，主要表现在内需消费总量的增长和质量的提高两个方面。随着我国城镇居民和农村居民人均收入的不断增长以及城镇中产阶层的日益壮大，社会各群体的消费能力不断增强，而且消费理念正在逐渐转变，消费品位日渐提升，尤其是浙江地区，市场经济发达，各群体人均收入增长连续多年居国内前列。所以，这将促使内需消费结构由以消费总量为主逐渐转变为以消费质量为主。

保障消费质量的提高，一是通过积累人力资本和增强科技研发投资，提高外贸生产创新能力，提供具有不可替代性的高附加值优质产品，即通过培育新的经济增长点创造新的消费需求，也使外贸出口可以克服国内积极财政政策和稳健货币政策引起的本币升值压力。浙江外贸发展的路径依赖，导致浙江中小外贸企业人力资本积累的短视化和科研投资的乏力，这不仅制约了浙江外贸转型，而且外贸环境一旦受危机影响，就诱导大量外贸投资资金流入股市和楼市，长期则将动摇浙江外贸加工制造业的根基。二是通过不断出台和落实外贸行业的地方法律法规，保障外贸企业信用，即外贸产品的货真价实。信用是市场交易能够发展壮大的必要条件，企业信用则是克服柠檬市场悖论、扩大消费群体的最终手段。但是，面对企业信用与企业机会主义行为博弈的囚徒困境，则需要市场法制环境的不断改善。浙江外贸企业以中小型为主，大多通过机会主义行为，以低价格、低附加值、简单包装等特征取得国际竞争优势，所以浙江外贸摩擦程度深、频率高和数额大。这表明浙江外贸行业的法律法规（比如知识产权、商业欺诈、违约等方面）有待完善，执行力度亟须加大。

（二）浙江外贸转型的路径选择

浙江外贸转型的核心是保持传统竞争优势，并进一步挖掘新的竞争优势。以此，提升外贸产品的定价权，增强贸易规则话语权，从而提高应对转型困境的主动控制能力。

浙江外贸的传统优势在于出口产品的生产环节。浙江外贸长期以劳动密集型产品出口为竞争优势，虽然增长速度逐渐下降，但是经受住了金融危机的严重冲击，并迅速回升拉动经济增长。高新技术产品虽然是高附加值的资本密集型产品，但是危机期出口波动剧烈，这是因为该类产品主要是非生活必需品，而纺织服装等劳动密集型产品是生活必需品，它们的需求价格弹性不同，抵御金融危机的强度也就存在差异。所以，浙江外贸转型如果采用休克疗法，将劳动密集型贸易优势完全转变为资本密集型贸易优势，大力发展集约式外贸加工业，不利于外贸的稳定发展。但是，危机后劳动力成本的增加、要素资源价格的上升、国际劳工标准的提高、贸易保护主义的升级等因素必然会削弱浙江外贸"廉价加工厂"的竞争优势，依据罗斯托的经济成长阶段论，浙江外贸转型趋向资本密集型贸易。因此，浙江外贸的持续稳定发展应以提高劳动密集型产品的科技含量为主、以积累高新技术产品研发生产的资本为辅，提升传统劳动密集型外贸行业的核心竞争力，融入全球产业链的高端环节。

浙江外贸优势将体现在出口产品的国际营销环节和研发设计环节。一方面，浙江省拥有天然的海洋资源和优越的区位条件，而经过30多年的改革开放，浙江专业市场特色显著，营销网络遍及国内外。浙江外贸转型则更要重视国际网络营销体系的构建和国际营销团队的打造。浙江外贸国际网络营销嫁接在其传统专业特色市场上，发挥电子网络和传统产业优势，将扩大市场规模，降低营销成本，提高外贸国际竞争力。国际营销团队是国际营销的主体，也是国际营销竞争力的本质体现，所以国际营销团队是外贸企业发展必须积累的人力资本。当然，亚当·斯密的分工理论预示，随着国际营销重要性的增强，国际营销团队的培训、组建、推销都会从外贸企业分化出来，由专门机构承担，以提高国际营销竞争力升级的效率。

另一方面，研发设计环节的优势表现为改革开放 30 多年来，浙江"经济奇迹"已经积累了所需的丰裕资金和企业家资源，而企业家的转型是最终的决定因素。因为自从理查德·康替龙（Richard Cantillon）于 1755 年把"企业家"这一术语引入经济学界以来，企业家的社会价值就一直受到西方理论界的高度重视，不断形成新的企业家学说。一般认为，企业家资源是市场经济发展过程中能够敏锐地把握市场需求，善于领导、管理、创新经济活动的人力资本，是一个国家或一个地区社会经济发展的核心要素。所以，随着企业竞争的加剧，企业家会逐渐意识到研发设计在企业核心竞争力中的重要性，并能够组织企业资源开展相关工作。截至 2009 年 11 月，浙江私营企业达 56.9 万家，每万人中企业家人数达 111.2 人，居全国各省区市首位。[7] 但是浙江以中小企业家为主，大企业家和高级管理人才短缺。因此，追求短期利润最大化的机会主义行为造成外贸产品低价竞争、外贸企业侵权造假、企业信用和品牌价值降低等问题，削弱了外贸产品的价格市场势力，制约了外贸企业研发设计竞争力的培育。因此，应通过鼓励外贸企业的并购、重组和改制，挖掘一批大企业家，吸引一批高级管理人才，进一步培育外贸产品的研发设计竞争力。

参考文献

[1] 浙江省统计局：《2008 年浙江对外贸易在挑战中稳步发展》，http：//www. stats. gov. cn/tjfx/dfxx/t20090311_402544132. htm，2009 年 3 月 12 日。

[2] 杭州海关：《11 月份浙江省外贸进出口骤降　金融危机致外贸形势全面趋紧》，ht-tp：//hangzhou. customs. gov. cn/publish/portal120/tab6974/module21552/info158536.

htm，2009 年 2 月 1 日。

［3］吕福新主编《浙商崛起与危机应对》，浙江工商大学出版社，2010。

［4］《中国财政赤字规模将首次突破万亿元　创历史新高》，http：//www. chinanews. com. cn/cj/cj – gncj/news/2010/03 – 05/2154782. shtml，2010 年 3 月 5 日。

［5］钟闻：《浙江预警：贸易摩擦形势空前严峻》，http：//finance. ifeng. com/news/hgjj/20090507/628989. shtml，2009 年 5 月 7 日。

［6］张斐斐：《美联储或将降低美国经济增长预期》，http：//www. eeo. com. cn/Politics/international/2010/09/25/181766. shtml，2010 年 9 月 25 日。

［7］浙江省工商局：《〈浙江民营企业国际竞争力报告〉揭示国际化趋势》，http：//unn. people. com. cn/GB/22220/75293/10793077. html，2010 年 1 月 19 日。

|第十一章|
金融危机对浙江对外贸易转型发展的
冲击与消解

提要：高外贸依存度对区域经济具有双重效应，在正常情况下既能有力促进区域经济增长，又会产生外贸依存度风险，而在爆发国际金融危机时则会使区域经济遭受严重冲击。浙江是高外贸依存度的典型区域，实证分析表明危机对其外贸依存度、外贸结构、外贸竞争力等冲击严重。浙江外贸经济应适应市场需求结构的变化，扬弃传统竞争优势，调整竞争战略。

引　言

经验表明，高经济外贸度对区域经济具有双重效应，而在正常情况下既能有力地促进区域经济的增长，又会产生外贸依存度风险，而在爆发国际金融危机时则会使区域经济遭受严重的冲击。因此，高经济外向度的区域如何应对国际金融危机，正确处理经济外向度与区域经济发展的关系，是一个值得探究的问题。本章以在此次国际金融危机中遭受严重冲击的浙江为例，分析危机对高经济外向度区域外贸经济冲击的程度、方向及其原因，在此基础上提出高经济外向度区域短期和长期应对危机的若干建言。

一　对经济外向度的内涵界定

经济外向度即对外贸易系数或外贸依存度，它反映一个国家或地区的经济与国际经济联系的紧密程度，可以衡量一个区域的开放程度和发展水平。经济外向度根据贸易方向的不同，分为出口经济外向度和进口经济外向度；按照传统标准统计与实际相关度的差异，又分为名义经济外向度和实际经济外向度。目前，学术界关于经济外向度的测算和应用主要采用两种方法：一种是依据传统国际衡量标准的名义经济外向度，另一种是考虑到具体统计偏差的实际经济外向度。理论界起初都使用名义经济外向度指标来衡量区域经济的外向度。如闫敏认为，世界各国平均的经济外向度为 40% 左右，美国稳定在 25%，日本保持在 20%[1]；裴长洪和彭磊认为发展中国家经济外向度平均水平为 50% 左右[2]：他们都使用的是名义经济外向度指标。但是，随着对经济外向度研究的深入，传统国际衡量标准的内在缺陷受到越来越多的批评，一批经济学者通过分析中国外贸经济的特殊性、GDP 构成、汇率变动等修正了传统的经济外向度测量方法[3~5]，由此得出的经济外向度与名义经济外向度相差甚远。至今，关于经济外向度的测算仍然没有形成普遍接受而又容易量化控制的方法。

我们在此分析国际金融危机对高经济外向度区域外贸经济的影响，重点是分析危机对出口水平高的区域外贸经济的影响，其次考虑进口问题，而不是考察包括外资外经、体制机制在内的实际综合性经济外向度高的区域外贸经济受到的影响。因此，所采取的经济外向度指标只要能够反映一国或地区的外贸活跃程度及开放水平即可。出于此考虑，本章所采用的经济外向度指标，用一定时期内该区域外贸活动量与总的经济活动量的比值表示，公式为：

$$DFT = (X + M)/(C + I + X + M) \qquad (11-1)$$

其中，DFT 为经济外向度，X 为出口，M 为进口，C 为消费，I 为投资。

中国社会科学院的沈利生在 2003 年提出了一个基于投入产出核算等式的外贸依存度测算方法，将总产出和进口之和定义为经济活动总量，本章认为这个指标虽然将内需和外需统一起来，比直接用 GDP 更加合理，但是重复计算的价值不容易区分，所以不能比较客观地反映一定时期内的经济活动总量。因而，本章用最终产品的市场价值衡量一定时期的经济活动总量，即消费、投资、出口和进口的总和。为了方便测量，将国内生产总值

（GDP）引入该公式，表示为：

$$DFT = (X + M)/[(C + I + X - M) + 2M] = (X + M)/(GDP + 2M) \quad (11-2)$$

另外，还引申出出口经济外向度和进口经济外向度两个子指标，表示为：

$$DFT_X = X/[(C + I + X - M) + 2M] = X/(GDP + 2M) \quad (11-3)$$

$$DFT_M = M/[(C + I + X - M) + 2M] = X/(GDP + 2M) \quad (11-4)$$

以上设计的经济外向度指标，即可以避免传统国际衡量指标因分子与分母代表不同经济活动内容而无法直接进行比较的非议，又可以克服经济活动总量因为重复计算而引起的不精确，从而有利于科学比较不同区域的 *DFT* 差异，为判定区域经济外向度的高低提供客观依据。

经济外向度的实质就是贸易开放度。新古典理论学派关于贸易开放对经济增长的积极效应早有研究。他们认为，贸易开放可以带来规模经济，促进资本的形成，或者提高资源配置的效率。以 Romer 和 Lucas 为代表的新增长理论则阐明贸易开放主要通过加快本国技术进步以提高要素生产率来促进经济增长。Barro 和 Sala – i – Martin 也表示，开放国家有更强的吸收先进国家技术进步的能力。[6]20 世纪 90 年代，西方经济理论界着重于贸易开放与经济增长关联的实证分析。Krugman 和 Helpman 运用 Lucas 的两部门内生增长模型发现，外贸经济促进了区域内资源在物质生产部门和知识产品生产部门之间的要素优化配置，从而促进了经济增长。[7]Edwards 则使用 9 种度量贸易开放度的指数分析经济外向度与生产率增长的关系，得出贸易开放度的提高可以加快生产率增长的结论。[8]当然，高贸易开放度与经济增长的正相关性没有得到理论界的完全认同，如 Lee 就认为贸易开放度与经济增长之间具有显著负相关关系[9]。

国内经济学者基于中国近年来经济外向度与经济增长持续多年同步走高的事实，更注重研究高经济外向度所引发的潜在风险。这些潜在风险按照外贸形式的不同，可以分为出口依存度和进口依存度两类风险。出口依存度风险源于中国出口产品具有价格低廉、行业集中和技术低端等特点。出口产品价格低廉容易导致进口国采取反倾销等措施；出口产品主要集中在轻纺、家电等劳动密集型行业，会严重威胁到国内就业的稳定性；出口产品的技术处于产业链低端环节，会影响产业结构的转型升级。进口依存度风险是指中国新型工业化和城镇化进程的加速，需要进口大量的能源和战略资源以及关键技术和核心设备，这会遏制中国企业自主创新能力的提高[10]，还会使中国经济发展受制于国际垄断资本，不利于经济增长方式的转变和经济质量的提高[2]。

我们认为，高经济外向度对区域经济存在双重效应。在一般情况下，高经济外向度区域可以利用本区域的要素价格低、生产效率高等比较优势，从全球化的贸易往来中获取相对利益，积累大量资金，提供大量就业。虽然此时也有一些负面效应，但正面效应是主要的。然而在危机时期就不同了，一旦爆发世界性经济危机，区域经济会因与国际经济关系密切而受到严重冲击。因为经济危机的起因无非两个，或是相对生产过剩，或是有效需求不足，国际市场上必然出现需求下降；再加上人们在危机期间会产生悲观的投资和收入预期，结果是需求进一步减少。这样，国际市场对高经济外向度区域的产品需求就减少，高经济外向度区域内外贸企业的出口订单就大幅度减少，一些企业会因此破产倒闭，该区域的经济增长速度就会下滑，政府财政收入必然减少，失业会不可避免地增加，人们收入会减少，收入减少又会导致消费减少，由此导致经济进一步萎缩，直至过剩的产能消耗殆尽。

进一步分析，危机对经济外向度高的区域经济冲击的程度，会因经济外向度高的类型不同而不同。一般来说，出口依存度越高的区域经济遭受冲击的程度越高。也就是说，出口大于进口型区域经济会遭受最严重的冲击，出口等于进口型区域经济遭受的影响比前者要小，而出口小于进口型区域经济遭受的影响会最小。

危机对经济外向度高的区域经济冲击的程度，还会因出口产品的性质不同而不同。同样是高出口依存度的区域经济，以出口生活必需品为主的区域经济遭受冲击会较轻，以出口非生活必需品为主的区域经济遭受冲击会较重，各出口一半的区域经济遭受的冲击会居中。因为经济危机对消费的影响，一般是先压缩非生活必需品，随着危机的深化，再压缩生活必需品。当然，这是理论上的分析，现实究竟如何，还需要进行实证分析。

二　浙江外贸经济的危机影响

（一）金融危机前浙江的经济外向度

浙江 2005 年的 DFT 基本达到 50%，2006 年和 2007 年继续上升超过 50%（见表 11−1）。2008 年第三季度的 DFT 达到 54.4%，其中 DFT_X 为 39.7%，DFT_M 为 14.7%。[①]

表 11−1　浙江与其他地区经济外向度的比较

单位：%

时间	全国	浙江	广东	湖北	安徽	四川	西藏
2002 年	33.4	35.1	63.6	6.2	9.0	7.2	6.4
2003 年	34.5	42.1	66.4	8.1	10.5	8.1	6.3
2004 年	37.8	46.7	67.8	8.9	10.8	7.8	6.2
2005 年	40.0	49.8	65.4	11.0	12.5	7.9	4.2
2006 年	42.0	52.9	67.6	11.3	14.8	9.0	6.2
2007 年	42.0	53.6	67.5	11.3	14.1	10.8	7.0
2008 年前三个季度	40.6	51.7	64.3	12.1	14.8	10.8	7.7

数据来源：运用全国和各省区官方统计网站"统计数据"及"统计公报"栏目的相关数据计算而成；余表同。

从浙江与国内各地区的比较可以发现，浙江的 DFT 仅低于外贸大省广东，明显高于全国平均水平。以湖北和安徽为代表的中部地区，与以四川和西藏为代表的西部地区，近年来 DFT 也持续上升，但是变化幅度不大，表明其外贸活动一直不很活跃，明显地落后于以浙江和广东为代表的东部地区。但是，自 2007 年 6 月开始，美国次贷危机的"多米诺骨牌效应"逐步向其他国家扩散，像浙江、广东这类高经济外向度区域的外贸活动量出现缩减，DFT 开始降低，而中西部低外经济向度区域的外贸活动量并没有下降的迹象，DFT 同比略微上升。

从浙江 DFT_X 和 DFT_M 与国内各地区 DFT_X 和的 DFT_M 的比较（见表 11−2 和表 11−3）可以发现，这两种经济外向度指标的变化属性与 DFT

① 数据来源：根据浙江统计信息网 2008 年的相关数据计算而成。

是趋于一致的。

表 11 - 2　浙江与其他地区出口经济外向度的比较

单位：%

时间	全国	浙江	广东	湖北	安徽	四川	西藏
2002 年	18.0	24.7	34.1	3.3	5.3	4.3	4.0
2003 年	18.0	28.2	35.3	3.6	5.1	4.2	4.3
2004 年	19.0	30.2	35.9	3.8	5.5	4.1	4.5
2005 年	21.0	32.8	36.0	4.6	6.9	4.2	3.4
2006 年	23.0	35.6	38.1	5.5	8.0	4.8	5.6
2007 年	24.0	36.9	38.6	5.9	7.6	5.8	6.4
2008 年前三个季度	22.2	37.2	37.3	6.7	8.1	6.3	6.6

表 11 - 3　浙江与其他地区进口经济外向度的比较

单位：%

时间	全国	浙江	广东	湖北	安徽	四川	西藏
2002 年	15.0	10.5	29.5	2.9	3.7	2.8	2.4
2003 年	17.0	13.9	31.1	4.5	5.4	3.9	2.1
2004 年	18.0	16.5	31.9	5.1	5.3	3.7	1.8
2005 年	19.0	17.0	29.6	6.4	5.7	3.7	0.8
2006 年	19.0	17.4	29.5	5.8	6.8	4.2	0.6
2007 年	19.0	16.8	28.9	5.4	6.5	5.0	0.6
2008 年前三个季度	18.4	14.5	27.0	5.4	6.7	4.7	1.1

　　浙江的 DFT_X 与其 DFT_M 相比较，DFT_X 明显高于 DFT_M，说明出口贸易活动量大于进口贸易活动量。广东有所不同，DFT_X 略高于 DFT_M，相差不大，而且 DFT_M 表现出下降的趋势，尤其是国际金融危机使广东的 DFT_M 下降到自 2002 年以来的最低点；湖北、安徽、四川和西藏的 DFT_X 也略高于 DFT_M，但远低于浙江 DFT_X 高于 DFT_M 的程度。国内比较说明，浙江是高出口经济外向度区域。

　　浙江经济外向度与国外比较的情况是，以美国、日本为代表的发达国家的 DFT 一直稳定在 20% 左右，美国平均的 DFT 为 17.2%，日本平均的 DFT 为 22.0%（见图 11 - 1）。以印度和巴西为代表的发展中国家的 DFT 与发达国家相差不多，印度平均的 DFT 为 22.7%，巴西平均的 DFT 为

23.2%。可见，浙江的 *DFT* 水平不仅高于全国平均水平，而且高于发达国家和发展中国家的一般水平。

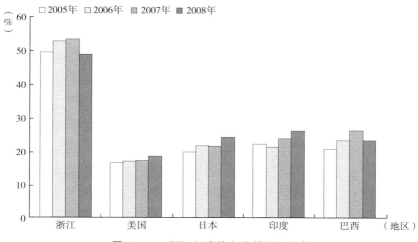

图 11 - 1　浙江经济外向度的国际比较

数据来源：4 个国家的经济外向度均根据中国国际贸易促进委员会网站相关数据整理计算而成。

（二）金融危机对浙江外贸经济的冲击

国际金融危机对浙江外贸经济的影响通过进出口数量、出口产品结构、外贸企业效益等相关经济指标的变化表现出来。

1. 进出口数量的急剧缩减

2008 年 10 月，浙江进出口总额为 1762175 万美元，同比增长 24.9%，环比增长 -10.6%；出口额为 1346137 万美元，同比增长 24.3%，环比增长 -7.3%；进口额为 416038 万美元，同比增长 26.5%，环比增长 -19.9%：危机对浙江外贸经济的影响开始显现。① 2009 年 1 月，浙江进出口总额为 1464157 万美元，同比开始出现负增长，增长率为 -17.4%，环比增长 -5.3%；出口额为 1174779 万美元，同比增长 -10.7%，环比增长 -1.4%；进口额为 289378 万美元，同比增长 -36.8%，环比增长

①　本章中，浙江外贸经济的相关数据，包括进出口数量和出口产品结构，均根据浙江省对外贸易经济合作厅官方网站"统计数据"栏目中的数据整理而得。

－18.4%。2009 年 2 月，浙江进出口总额为 869561 万美元，同比增长率达到历史最低水平，为 －32.0%，环比增长率也达到历史最低点，为 －40.6%；出口额为 550559 万美元，同比增长率降低到 －38.3%，环比增长率降低到 －53.1%；进口额为 319002 万美元，同比增长 －17.4%，环比增长率开始出现积极变化，为 10.2%。2009 年 3～5 月，浙江进出口总额开始稳中上升，环比出现上升态势，但同比增长速度仍然为负，平均为 －19.6%（见图 11－2）。可见，浙江 2008 年第四季度的进出口总额同比增长依然迅猛，但是呈现递减趋势，环比已经开始持续降低；2009 年 2 月以后环比上升幅度也不大，而且 2009 年上半年进出口总额同比下降 18.9%，其中出口下降 19.6%，比全国下降幅度低 2.2 个百分点，且低于江苏的 24.8% 和上海的 22.2%，比山东的 17.8% 和广东的 18.6% 略高①。

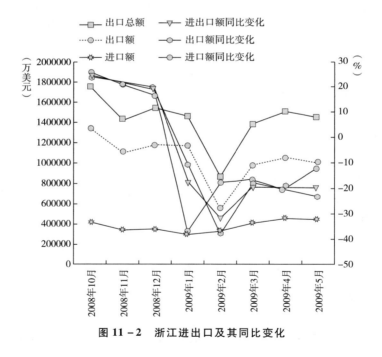

图 11－2　浙江进出口及其同比变化

2. 出口产品结构的变化

国际金融危机对高出口经济外向度的浙江出口贸易的影响可以进一步

① 数据来源：《浙江经济冷暖调查之数字篇》，《今日早报》2009 年 7 月 22 日，第 A2 版。

从贸易方式、商品项目和商品种类三个方面分析。按贸易方式，从图 11 - 3 可以发现，一般贸易出口额从 2008 年 10 月的 1067388 万美元降到 2009 年 2 月的 401558 万美元，之后，出口额开始缓慢上升，幅度并不大，5 月达到 808861 万美元；同比增长率也由 2008 年 10 月的 26.1% 下降到 12 月的 22.6%，从 2009 年 1 月开始同比负增长，2 月同比增长率达到历史最低水平，为 -41.9%，5 月同比增长率为 -21.9%。2008 年 10 月，一般贸易出口额环比增长 -7.3%，12 月至 2009 年 1 月，环比持续上涨，2 月环比骤然降低，幅度达到 -58.8%，3 ~ 5 月，环比保持略微上升的态势。加工贸易出口额在 2008 年 10 月至 2009 年 5 月基本上是持续下降的。其中，2009 年 2 月降低到 139504 万美元；同比增长率由 2008 年 10 月的 17.81%，下降到 12 月的 13%，从 2009 年 1 月开始负增长，到 5 月平均下降幅度达到 29.6%。2008 年 10 月，加工贸易出口额环比增长 -10.2%，11 月至 2009 年 5 月，环比基本上是持续下降，其中 2 月环比下降幅度最大，达到 27.9%。其他贸易出口额在出口贸易总量中的比重较小，但与一般贸易和加工贸易不同，同比只有在 2008 年 12 月和 2009 年 1 月出现负增长，而在 2009 年 2 月同比增长率竟然达到 121.63%，3 ~ 5 月，增长幅度分别为 39.5%、53.7%、18.8%。

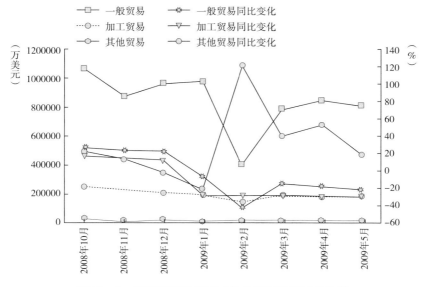

图 11 - 3　浙江不同贸易方式的出口额及其同比变化

从商品项目来看，机电产品的出口额由 2008 年 10 月的 611956 万美元降低到 2009 年 5 月的 419788 万美元，2009 年 2 月最低，为 239279 万美元；同比增长率由 2008 年 10 月的 27.0%，下降到 12 月的 4.0%，2009 年 1 月同比开始负增长，增长率为 −16.9%，2 月达到 −37.9%，3～5 月分别为 −17.2%、−26.4% 和 −28.4%（见图 11−4）。机电产品的出口额在 2008 年第四季度环比持续下降，2009 年 2 月环比降低幅度达到最大，为 48.5%，之后，环比开始略微上升。纺织服装产品出口额变化不稳定，2008 年 12 月同比增长率达到 33.0%，2009 年 2 月同比增长率达到 −46.3%。高新技术产品出口额由 2008 年 10 月的 99121 万美元，降低到 2009 年 1 月的 42516 万美元，而后又逐渐上升到 5 月的 67359 万美元，同比增长率 2008 年 10 月为 17.6%，11 月开始变为 −12.5%，之后，负增长速度逐渐加快，2009 年 2 月同比增长率达到历史最低水平，为 −39.9%，5 月又创新低，为 −46.6%。

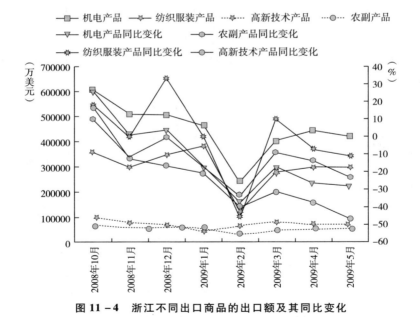

图 11−4　浙江不同出口商品的出口额及其同比变化

从商品种类来看，在出口中比重比较大的有纺织服装、鞋类等生活必需品，还有一些非生活必需品，像钢材、船舶、汽车零部件等机电产品，以及自动数据处理设备等高新技术产品。这些主要出口商品受到国际金融危机冲击的情况不尽相同。据统计分析，鞋类商品出口额 2008 年 10 月同比增长 21.5%，12 月同比增长率达到 32.9%，2009 年 1 月同比增长 11.2%，依然保持较高的增长速度，2 月同比出现大幅度下滑，增长率达到 –47.6%，之后同比变化开始呈现增长趋势，没有再次剧烈变动。汽车零部件出口额在 2009 年 2 月同比负增长，达到 –56.3%，3～5 月平均增长速度为 –24.5%；自动数据处理设备及其部件出口额从 2008 年 12 月开始同比负增长，一直持续到 5 月，平均速度为 –36.4%。船舶出口额同比变化除了 2009 年 3 月负增长外，2008 年 11 月至 2009 年 5 月都保持了较高的增长速度，其中 2008 年 11 月达到 181.3%。

此外，统计数据还表明，国际金融危机使浙江外贸所有的出口市场都出现不同幅度的萎缩，进口市场依然扩大的拉丁美洲和大洋洲，增幅分别为 28.62%、28.35%，其中巴西市场进口增幅达到 201.46%、澳大利亚进口增幅为 53.99%。

可见，浙江外贸经济是以出口简单加工制造类产品为支撑的，纺织、机电等产品的出口贸易受到危机冲击而波动很大，同比降低一般出现在 2009 年，环比降低则始于 2008 年 10 月（也就是国际金融危机全面爆发以后）。由于这些商品可替代性较强，国际竞争力自然较弱，出口额急剧下降，出口降低速度也明显加快，而能源性要素进口额在危机期爆炸式的增加，表明对国际市场重要生产要素的过分依赖。这样的外贸结构致使整个经济体系较为脆弱，不容易抵御危机的强烈冲击。

3. 不同规模的企业经营均发生困难

受到国际金融危机的冲击，浙江规模以上企业经济效益明显下降。据统计，2009 年 1～2 月，浙江工业增加值增幅比全国平均水平低 2.8 个百分点，利润增幅比全国平均水平低 9.8 个百分点，工业经济效益综合指数持续低于全国平均水平。而且这些企业的亏损面达到 26.1%，亏损额达到 64.8 亿元。更为严重的是石化、纺织、通信、电子设备制造等已出现全行业亏损趋势，最突出的是石油加工业。在原油价格大幅震荡下，化纤制造业 1～2 月利润从上年同期猛增 157% 落至降低 8.5%。而通信设备、计算机及其他电子设备制造业，1～2 月主营业务收入和 1～3 月出口交货值，分别同比下降 38.2% 和 33.8%。部分行业龙头企业，如镇海炼化 1～2 月巨亏 12.7 亿元，而杭州摩托罗拉、东信移动和东芝信息的产值分别下降

64.16%、39.9%和40.8%。①

中小企业受到危机的影响更大。依据浙江省审计厅的审计结果，从中小企业的主要经济指标来看，它们已受到不同程度的影响。2008年中小企业从业人员、利润总额比上年均有减少，营业收入、出口额、上缴税金虽比上年增长，但增幅回落。据对2106户规模以上中小企业的实地调查，从2008年10月至2009年2月，企业从业人员连续4个月环比减少，从2008年12月至2009年2月企业内外贸订单、产品出口额、营业收入、上缴税金连续环比减少，而且银行融资困难且融资成本高，贷款结构性矛盾突出。② 像温州市2009年2月处于停工、半停工的中小企业就有1486家，比例达到6.3%，全市紧固件行业3年前拥有3000多家企业，目前尚存2000多家。温岭市已有45家企业倒闭。

企业经济效益的下降，直接导致生产总值、财政收入、人均收入等相关经济指标联动下滑。其中，2009年第一季度浙江省生产总值为4632.1亿元，环比下降25.1%，同比增长速度只有3.4%，不仅低于广东省的5.8%和江苏省的10.2%，而且低于全国的平均增长速度6.1%。财政一般预算总收入和一般预算收入在2008年11月环比分别下降44.4%和43.7%，2009年之后，两个指标环比保持上升趋势，但是同比依然下降，第一季度财政一般预算总收入和一般预算收入同比分别下降2.0%和1.4%。③

（三） 对国际金融危机冲击浙江经济的思考

在国际金融危机中，浙江经济下降程度比其他区域要高，原因显然与浙江的高出口经济外向度有关。一般来说，经济外向度与遭受国际经济危机的冲击程度正相关，但是，高出口经济外向度类型的区域要高于其他类型的区域。贸易方式与遭受冲击的程度也有相关性，加工贸易比一般贸易受冲击的程度要高。出口商品的种类也有影响，并非技术含量高的出口产品受冲击小，技术含量低的产品受冲击大。实证分析，情况正好相反：高

---

① 数据来源：浙江省经贸委法发布的《2009年一季度浙江省工业和贸易经济形势分析》。
② 根据《中华人民共和国审计法》的有关规定，浙江省审计厅于2009年2~4月组织63个审计机关对国际金融危机对中小企业的影响状况进行了审计调查。
③ 数据来源：根据浙江省统计局官方网站"统计数据"的相关数据整理计算所得。

科技出口产品受冲击最大，低技术出口产品受冲击最小。一是因为高技术产品不是基本生活用品，低技术产品是基本生活用品。二是因为出口的高技术产品在国内横向产品系列内是高技术产品，在国际纵向产品系列内并不占据高端位置；出口的低技术产品在国内横向产品系列内是低技术产品，在国际纵向产品系列内却具有竞争优势。三是因为产品销售渠道状况对出口有较大的影响。

经济危机周期性爆发是两百来年世界经济运行的客观规律，至今无论各国政府如何干预都无法熨平经济波动，而发展中国家或地区通过提高经济外向度来发展本地经济也是普遍有效的做法，弃之便不能有效地发展。因此，保持高经济外向度的区域经济今后还必然会多次遭受经济危机的冲击，对此应有充分的认识。基于对此次危机影响的思考，我们认为，高经济外向度区域应对国际经济危机，要从策略和战略、近期和长期两个层面思考对策，不仅要考虑如何尽快走出此次危机，还要考虑今后如何应对不断发生的危机，避免再度遭受严重冲击，以保持经济持续稳定的高速增长。

三　浙江外贸经济的危机应对

高经济外向度区域应对国际金融危机，应有短期应急性对策和长期战略性对策。

（一）短期应急性对策

短期应急性对策的目的是保增长、保企业存活。

（1）解决资金短缺难题。危机期间，大部分企业资金空前紧张，对于资金问题必须特殊时期特殊处理，否则因资金短缺导致大批企业倒闭会使危机的负面影响向纵深发展，引起连锁反应，加剧危机冲击。具体对策：一是增加贷款风险补偿资金，以此引导和鼓励金融机构加大对中小企业的贷款力度；二是增加财政对外贸企业的扶持资金，各市县相应配套，形成组合政策效应；三是出台特殊金融政策使企业盘活资金，缓解资金压力，如出台股权出资、股权出质、承认民间贷款机构的合法地位、商标专用权质押等政策。

（2）解决出口大幅度下降难题。除了兑现出口退税之外，还应采取出口转向、品牌增效、开辟新市场、收集销售信息、出口市场进一步多元化、技术创新、设计创新等措施，减少出口下降，增加产品出口。

（3）扶持民营企业，对初次的、轻微的且能及时改正的违法行为实行"不处罚、不追缴、不吊销"的"柔性执法"政策。

（4）统筹协调国外国内两个市场，以扩大内需来弥补外需的不足。

（5）解决就业问题，建立下岗失业人员、高校毕业生、残疾人、退役军人和返乡农民工自主创业绿色登记通道，提供免费开业政策、法规、信息的咨询指导，实行申请、受理、审批"三优先"的一站式服务，对符合条件的当场登记。对于暂时开工不足或停产的企业，要鼓励开展技术培训，政府不应大幅度发放消费券，而应该补贴不裁员且开展技术培训的企业。

（6）加大政府投资力度，并大力引导和鼓励民间投资。符合结构优化和发展方式转变要求的投资项目多多益善，但要使每个投资项目既着眼于应对当前困难，又经得起历史的检验。

（二）长期战略性对策

长期来看，应对危机的根本在于刺激新的经济增长点，满足多样化的市场需求，保持出口产品合理和灵活的结构，优化内需和外需的转换机制，抢占产品系列高端。这需要转变以简单加工制造为主的贸易方式，通过生产研发的增加和营销方式的创新，带动知识型服务贸易的发展，从而实现整个区域经济体系的转型升级。

（1）实行比较优势战略。比较优势战略是遵循市场经济发展规律的客观结果，但是比较优势是个历史范畴，同一时期不同地区或同一地区不同历史阶段都会形成不同的比较优势。因此，一个地区经济发展的比较优势有别于其他地区，而一个地区不同经济发展阶段亦有不同的特征。高经济外向度区域应当根据自身实际动态地确定比较优势，根据经济社会的变化及时做出有利于市场经济健康发展的战略调整，处理好出口加工贸易和一般贸易的关系。

（2）优化外贸进出口结构。优化外贸进出口结构包括三个层面。一是外贸出口结构的优化，不是一味追求提高出口产品的技术密集度，而是合理安排生活必需品和非生活必需品的比例，最重要的是要力争在出口产品系列中占领高端位置。二是外贸进口结构的优化，应该逐步降低对钢铁、能源、一般机器设备等的进口依赖程度，提高先进技术专利和高端设备的进口比重，从而既缩短技术研发的时间又加快融入高端产业链的速度。三是外贸进出口结构的优化，出口规模远远大于进口规模的区域应当适当提高进口比重。

（3）构建灵活的兼顾型多元化销售网络。内外市场兼顾，不同国外市场兼顾，改变一些外贸企业单纯依靠国外市场或某一国家市场即"在一棵树上吊死"的状况，在危机期间能够有效地将外销产品在国内市场销售或国外市场销售。

参考文献

［1］闫敏：《外贸顺差继续扩大 政策调控仍需加强》，http：//futures. money. hexun. com/2441271. shtml，2007 年 8 月 16 日。

［2］裴长洪、彭磊：《对外贸易依存度与现阶段我国贸易战略调整》，《财贸经济》2006 年第 4 期，第 3～8 页。

［3］沈利生：《中国外贸依存度的测算》，《数量经济技术经济研究》2003 年第 4 期，第 5～12 页。

［4］王检贵：《中国的外贸依存度过高了吗?》，《财贸经济》2004 年第 7 期，第 68～70 页。

［5］易行健：《我国外贸依存度高低的判断与长期趋势预测：一个发展阶段假说》，《国际贸易问题》2006 年第 6 期，第 10～14 页。

［6］Barro，R. J.，X. Sala－i－Martin，*Economic Growth*（New York：McGraw－Hill Inc.，1995）.

［7］Krugman，G.，E. Helpman，*Innovation and Growth in the Global Economy*（Cambridge：MIT Press，1991）.

［8］Edwards，S.，"Openness，Productivity and Growth：What Do We Really Know?" *Economic Journal*，1998，108：383－398.

［9］Lee，J. W.，"International Trade，Distortion and Long－Run Economic Growth," *International Monetary Fund Staff Papers*，1993，40（2）：299－328.

［10］赵瑾：《精算实际外贸依存度——我国外贸依存度变化的风险分析与主要对策》，《国际贸易》2005 年第 1 期，第 4～9 页。

| 第十二章 |
浙江产业转型发展的安全问题
及其影响与应对之策

提要： 产业安全是在经济全球化持续推进和国际分工日益深化状况下，一个国家或地区经济可持续发展的现实问题。通过对浙江产业对外依存度、产业国际竞争力和产业控制力等相关指标的量化实证分析，说明浙江产业的基本面总体上是安全的；但是，对于影响浙江产业健康发展的不安全问题及隐患，应该给予足够的重视。这需要针对浙江在产业转型期凸显的阶段性发展特点，充分发挥市场机制在社会主义经济体制改革推进中的主导功能，有效增强和提高政府在保障产业安全中的法治意识和服务水平。

引　言

产业安全是在经济全球化日益推进和国际分工日益深化条件下，一个国家或地区经济可持续发展的现实问题。目前，国内外学界对产业安全的界定并未达成共识，国外主要讨论产业的国际竞争力和跨国公司直接投资对目的国家产业的影响，国内则形成了产业控制力说、产业竞争力说、产业发展说和产业权益说四种代表性论点，并构建了多种测量产业安全的评价指标体系。[1~2]

总的来说，产业安全主要包括产业对外依存度、产业国际竞争力和产业控制力三个维度。本章试图通过对相关指标的量化实证分析来说明，当前虽然没有必要危言产业安全对浙江产业集群融入国际产业分工链以实现结构转型升级的诸多不利影响，但是对影响浙江产业健康发展的不安全问题及隐患应该给予足够的重视。下面对近年来浙江产业安全存在的主要问题及其影响展开若干粗浅分析并建言。

一　浙江产业转型的主要安全问题

（一）对外依存度相对较高

产业对外依存度主要由外贸依存度和外资依存度两个层面构成，以此可观察一个国家或地区产业结构的抗风险能力和转型升级能力。一般而言，产业对外依存度越高，相对独立性越弱，越易受其他国家经济波动、贸易保护主义和产业结构调整等影响，抗风险能力相对较弱。同时从长期来看，较高的产业对外依存度容易导致陷入比较优势陷阱，影响产业转型升级和竞争优势增强。改革开放以来，浙江对外贸易加快增长，一方面推动了经济连续多年高速发展，另一方面也形成了较高的外贸依存度。浙江进出口贸易依存度在 2007 年高达 70% 以上，其他较低年份也在 50% 以上（见表 12 - 1）。这一指标明显高于 2012 年主要发达国家和发展中国家，以及全国和世界的平均水平（见表 12 - 2）。同时，浙江出口贸易依存度明显高于进口贸易依存度。不过需强调的是，近年来浙江外贸依存度已呈下降趋势，就一定程度而言，应是有利于提高产业安全程度的。

表 12 - 1　浙江外贸依存度

单位：%

年份	进出口	出口	进口
2007	70.7	52.0	18.7
2008	68.3	49.9	18.4
2009	55.8	39.5	16.3
2010	61.9	44.1	17.8
2011	61.8	43.2	18.6
2012	56.9	40.9	16.0
2013	55.3	41.0	14.3

数据来源：根据 2008 ~ 2014 年《浙江统计年鉴》相关数据计算得出。

表 12 - 2   世界各国 2012 年的外贸依存度

单位：%

地域	进出口	出口	进口
世界	51.4	25.6	25.9
中国	47.0	24.9	22.1
美国	24.7	9.9	14.9
日本	28.2	13.4	14.8
印度	42.9	16.1	26.8
巴西	19.9	10.1	9.7

数据来源：根据 2013 年《中国统计年鉴》相关数据计算得出。

在响应国家倡导的"引进来、走出去"发展战略下，浙江积极吸引外商直接投资。具体可通过生产总值、三次产业以及主要行业对外商直接投资的依赖度，来反映外商直接投资在浙江经济发展中的作用。无论是从全省生产总值和固定资产投资来看（见表 12 - 3），还是从三次产业结构来分析（见表 12 - 4），对外商直接投资的依赖度基本都在 10% 以下，且总体上表现出下降趋势。同时，第三产业的"科学研究、技术服务和地质勘查业"，对外商直接投资的依赖度较高，上升趋势显著，2012 年已超过 10%（见表 12 - 5）。

表 12 - 3   浙江生产总值和固定资产投资对 FDI 的依赖度

指标	2007 年	2008 年	2009 年	2010 年	2011 年	2012 年
FDI/GDP	0.042	0.032	0.029	0.027	0.023	0.024
FDI/GDI	0.102	0.082	0.069	0.065	0.054	0.048

数据来源：根据 2008 ~ 2013 年《浙江统计年鉴》相关数据计算得出。

表 12 - 4   浙江三大产业对 FDI 的依赖度

产业	2008 年	2009 年	2010 年	2011 年	2012 年
第一产业	0.003	0.005	0.004	0.007	0.001
第二产业	0.042	0.037	0.032	0.024	0.024
第三产业	0.024	0.023	0.023	0.025	0.026

数据来源：根据 2009 ~ 2013 年《浙江统计年鉴》相关数据计算得出。

表 12 - 5　浙江主要行业对 FDI 的依赖度

行业	2008 年	2009 年	2010 年	2011 年	2012 年
工业	0.045	0.041	0.036	0.027	0.027
交通运输、仓储、邮政业	0.017	0.016	0.008	0.009	0.032
信息传输、计算机服务、软件业	0.084	0.033	0.042	0.027	0.024
房地产业	0.076	0.074	0.097	0.111	0.086
科学研究、技术服务和地质勘查业	0.047	0.071	0.075	0.079	0.108

数据来源：根据 2009 ~ 2013 年《浙江统计年鉴》相关数据计算得出。

（二）国际竞争力总体较弱，尤其是高新技术产品

以管理大师波特为代表的产业国际竞争力理论，具有一套评价产业国际竞争力的指标系统，如世界市场份额、国内市场份额，以及产业国际竞争力指数等。我们采用产业国际竞争力指数来大体评估浙江产业的国际竞争力。从表 12 - 6 可以发现，相对于第一产业而言，第二产业具有较强的国际竞争力，近年来主要进出口产品的国际竞争力指数都超过 0.50，尤其是机电产品的国际竞争力指数，近年来不仅都超过 0.60，而且保持了逐渐增长的良好势头。但是，高新技术产品的国际竞争力不强，指数近年来都低于 0.30。

表 12 - 6　浙江产业的国际竞争力指数

年份	第一产业	第二产业		
	主要进出口产品	主要进出口产品	机电产品	高新技术产品
2008	0.12	0.54	0.64	0.23
2009	0.28	0.51	0.65	0.23
2010	0.18	0.53	0.66	0.24
2011	0.18	0.52	0.67	0.23
2012	0.16	0.56	0.72	0.26

数据来源：根据 2009 ~ 2013 年《浙江统计年鉴》相关数据计算得出。

（三）规模以上工业外资形成了一定的产业控制力

产业控制力主要是指外资通过独资、合资、参股、控股、并购等形式，控制本地区主导行业、支柱产业，或者规模以上企业的能力。随着改

革的深化以及经济全球化的推进，外资流入我国各个产业的水平不断提高。[3]浙江作为我国市场化程度较高省份，是吸引外资流入的主要地区之一。近年来，规模以上工业外资企业产值年均占比达到26.2%，利润年均占比达到16.2%，主营业务收入年均占比达到14.2%（见表12-7），这说明规模以上外资工业企业具有超过10%的市场占有率。然而，从利润占比和主营业务收入占比发展态势来看，均呈现下降趋势，表明外资企业市场占有率降低。若从产值占比来看，说明规模以上工业外资企业保持了较为稳定的市场占有率。同时，外资并购浙江民企的案例（见表12-8）说明，外资在浙江民企构建现代企业产权制度的过程中，充分发挥市场竞争优势，抢占企业控股权，对浙江民企的国际化发展和民族品牌建设产生了越来越大的压力。

表12-7　规模以上工业外资企业市场占有率

单位：%

指标	2007年	2008年	2009年	2010年	2011年	2012年
产值占比	26.6	27.1	25.2	25.5	26.9	25.9
利润占比	16.5	18.1	16.9	17.2	14.4	13.9
主营业务收入占比	15.3	15.4	13.9	14.0	13.7	13.0

数据来源：根据2008~2013年《浙江统计年鉴》相关数据计算得出。

表12-8　浙江省外资并购民营企业案例

并购企业	并购时间及所在行业	并购后控股比例	并购后的企业品牌、自主权等
施耐德并购德力西	2006年12月17日签署协议，低压电器行业	分别出资50%建立德力西电器有限公司	施耐德掌握合资公司的经营和销售两大控制权
赛博并购苏泊尔	2006年8月16日达成并购协议，炊具行业	赛博持有苏泊尔61%的股权	不改变原有的管理团队和品牌，赛博不进入中国市场
丹佛斯并购海利	2005年11月1日，变频器行业	丹佛斯重新组建海利普电子科技有限公司	海利普成为丹佛斯传动部的子公司
达能并购娃哈哈	2007年4月达能公司宣布欲强行低价并购娃哈哈的非合资公司，饮料行业	若收购成功，达能将持有娃哈哈非合资公司51%的股权	达能将掌握"娃哈哈"品牌的使用权，若使用该品牌要经过达能公司董事会许可

资料来源：徐艳、李淑贞《外资并购民营企业对浙江产业安全的影响及对策》，《经济论坛》2007年第22期，第13~16页。

（四）关键技术引进削弱了产业转型升级的主动权

多元化的技术引进是浙江产业发展起步的重要途径之一，近年来浙江在技术引进方面一直居全国前列。技术引进主要分为四种类型，分别是引进成套与关键设备、合资生产与合作生产、专利技术与专有技术的许可或转让，以及技术咨询与技术服务。娃哈哈于 1997 年前后投入巨资引进 20 多条具有当时世界先进水平的流水生产线，然后进行消化吸收，提升了自主创新能力。杭州汽轮于 1975 年开始选派人员奔赴德国进行技术培训，近年又邀请西门子技术人员每年定期来企业进行技术交流，提升了技术人才的创新能力。从表 12 - 9 可以看出浙江自主创新能力提高的一些情况，浙江在技术改造和技术引进方面的支出比重有所降低，消化吸收方面的支出比重有所上升。不过，后发优势在一定条件下往往伴随着后发劣势，从而对产业安全有若干不利影响。技术引进，尤其是成套和关键设备进口，也在一定程度上削弱了浙江产业进步的技术主动权。[4] 如杭州西子电梯通过与奥的斯合资生产，引进先进设备及技术，提高了自主创新能力，但导致奥的斯最终控股。再如杭氧集团股份有限公司在与法国液化空气国际公司合资生产的过程中遭遇了对方对关键技术的封锁。这些都导致浙江产业结构优化升级缺少足够的主动权，并且在全球价值链中深陷低端环节。

表 12 - 9　浙江工业企业技术改造和技术获取情况

单位：%

指标	技术改造经费支出		技术引进经费支出		消化吸收经费支出		购买国内技术经费支出	
	第一次	第二次	第一次	第二次	第一次	第二次	第一次	第二次
浙江占全国的比重	11.6	8.3	5.2	4.9	7.5	8.9	7.3	9.0
浙江占东部的比重	19.8	16.9	7.5	6.4	11.7	12.7	12.9	13.3

数据来源：国务院第二次全国经济普查领导小组办公室编《中国经济普查年鉴（2008）》，中国统计出版社，2008。

二　浙江产业安全问题的主要影响

(一)　外贸依存度高容易引发歧视性的贸易摩擦

2008 年国际金融危机爆发之后，国外贸易保护主义卷土重来，保护对象从货物向服务、知识产权和投资领域扩展；从家电、纺织、鞋帽等转向钢铁、汽车、通信设备等。并且保护主义形式呈现多样化，除了采用关税、配额、补贴、反倾销等传统形式外，发达国家还利用其规则话语权，试图通过法制手段提高贸易标准，变相地实施贸易保护政策，如欧盟和美国计划对进口产品征收"碳关税"。浙江主要的出口商品如纺织、钢铁、机电等产品，几乎都是国外实施贸易保护的重点对象。近年编织的贸易摩擦"预警网"，很难应对发达国家主导的贸易规则变化，以及贸易摩擦总量的急剧上升。尤其是金融危机之后，2011 年浙江出口产品遭遇摩擦案件 93 起，涉案金额 14.1 亿美元；2012 年遭受了欧盟、美国、东盟、日本、韩国、海湾地区和拉美等市场的技术性贸易壁垒，直接损失额达 64.5 亿美元。值得注意的是，走向转型升级的浙江民企，面临着同样"升级换代"的贸易摩擦；也就是说，贸易摩擦正在向产业链的高端产品扩展。比如，美国和欧盟对我国太阳能电池的反补贴裁定，以及欧盟对我国有机涂层钢板等发起的反补贴调查。

(二)　传统比较优势容易导致低层次产业路径依赖

所谓的比较优势陷阱，就是后发经济比较容易形成产业低层次发展的路径依赖。这就难以实现比较优势的动态发展，难以摆脱传统国际分工对经济长期发展的不利影响。改革开放以来，浙江利用劳动力成本低廉、专业化分工程度较高，以及产业集聚等优势，形成了以纺织服装、鞋类、汽车零部件、机电产品等传统劳动密集型产品出口为主的发展路径。从短期来看，这使浙江分享了经济全球化带来的多重"红利"；但从长期来看，也使浙江承担了产业低层次发展路径的高额"成本"。[5]一方面，国内劳动力成本的上升、周边国家竞争压力的增大，以及国际新兴产业的快速发展等变化，降低了传统比较优势的竞争潜力。另一方面，市场竞争机制还很难在短期内将经济资源自由地吸引到国际产业链高端环节，如产品的研发、设计，品牌的国际营销，以及主导行业的物质和人力资本积累等。

（三）跨国企业的市场机会主义可能影响浙江产业转型升级

跨国企业的市场机会主义主要表现在两个方面：一是在投资国的本土化经营，二是利用不同国家的产业政策差异从事套利活动。在投资国的本土化经营，一方面，通过采购、生产、营销、品牌等本土化来充分利用投资国有利条件和优惠政策，最大限度地强化比较优势以提高市场占有率；另一方面，通过控股和并购等手段，扩大在投资地区的企业规模，扩展业务范围等。虽然，跨国企业带来了先进的管理经验、技术和生产模式，具有较强的外部经济效应，激励省内企业的创新创业活动。比如，世界500强在浙江的投资领域涉及石化、机电、电子信息、商贸等多个技术含量较高、带动能力较强的重点行业，而且在省内设立研发中心、销售采购中心、区域配送中心等区域总部的数量日益增加。然而，跨国企业以长期的整体利润最大化为经营目标，以形成市场垄断势力为手段，借助大规模的资本运作，控制地方品牌和重点行业。[6]而且，跨国企业善于利用跨国经营优势，根据不同国家的产业政策差异来优化资源的跨区域配置。这就将在一定程度上规避当地政府的产业调控，弱化当地政府产业政策的实施效果。

三　保障浙江产业安全的应对之策

总体来看，浙江产业的基本面是安全的，但也存在若干不安全因素。如果能做到国际化收益最大而成本最小，显然是大有利于浙江产业转型升级的，这就需要理性对待所谓的产业不安全问题。

（一）积极借鉴发达国家经验，落实法规条例和规章制度

发达国家的产业发展经验表明，产业安全保障政策的法制化、动态化和高端化是政府支持、鼓励和引导产业现代化可持续发展的战略举措。其中，法制化是在考虑国际经济法制环境的前提下针对本国产业发展的具体情况，主要通过本国的立法形式来维护产业安全，并且对违法行为实施严

厉的处罚。动态化是根据国内外经济形势的变化,在产业发展的不同阶段采取不同的有效保护形式,一般是在产业发展初始阶段采取不同程度的产业保护和产业支持政策;在产业具有一定的国际竞争力之后再积极推动经济全球化,尤其是贸易自由化和资本流动自由化;在产业发展进入成熟阶段之后,仍不断推出新的产业安全维护政策。高端化是重视新一轮引领世界经济发展的高层次产业,尤其是高新技术产业,不仅给予法律上的充分保护,而且提供必要的财政扶持和配套项目。

(二) 充分利用市场规则来有效应对歧视性贸易摩擦

从全国来看,近年来浙江企业在贸易摩擦中的应诉率和胜诉率位居前列,在应诉中取得市场经济地位的企业数量居全国之首。其应对之策是,一方面,发挥市场功能,使"走出去"的浙江企业适应国际市场的竞争环境,具有更强的抗风险能力和争取市场地位的主动性。另一方面,加快政府的体制改革,提高服务职能。比如设立贸易摩擦预警点,跟踪主要贸易对象国贸易摩擦政策的动态变化;省商务厅针对浙江企业的案件在立案后及时发布立案公告和应诉通知,并积极与商务部、行业商会和企业协作应诉;平时注重对企业应对贸易摩擦的宣传和指导。这些来自实践的宝贵经验需要继续总结和推广,尤其是提高预警贸易摩擦的效率,使企业可以及早规避歧视性贸易摩擦案件的发生。除此之外,应该进一步利用法制来规范行业商会在贸易摩擦案件中的服务职能,促进行业商会的市场化发展。

(三) 有效推动传统比较优势的转型发展

根据产品内分工特点,浙江传统比较优势主要体现在劳动密集型产品的加工制造环节。长期来看,随着产品内分工的深化和发展,这一比较优势存在因低附加值而令企业难以获得高额回报,因低技术含量而易于被其他企业模仿和超越,因劳动力的成本上升和权益保障而降低企业竞争力等问题,是不可持续的。所以,应该主动"升级"传统比较优势。根据微笑曲线原理可以说明,"升级"趋向是产品的国际营销环节和研发设计环节。一方面,浙江拥有专业市场特色,营销网络遍及国内外,需要进一步加强国际网络营销体系的建设,包括电子商务体系的国际化、品牌的国际化和国际营销团队的国际化。同时,应加强品牌和知识产权保护,特别是中华老字号和当代民族企业品牌，加大宣传力度，加强品牌保护意识。另一方面，重视产品，尤其是高新技术产品的研发和设计。政府应该提高科技研发投入资金的使用效率，重视高新技术创新环境的完善和配套基础设施及相关项目的及时跟进。尤其重要的是，促进创新人才结构的多元优化发展，创造留住人才的社会环境。

（四）积极培育主导行业的核心竞争力

不言而喻，主导行业的核心竞争力水平决定了它在未来国际产业链分工中的位置。当一个国家或地区的主导行业具有较强核心竞争力时，它可以抢占国际产业链高端环节，进而利用比较优势强化在高端环节中的垄断势力。反之，当一个国家或地区的主导行业不具有较强核心竞争力时，只能根据资源禀赋的静态比较优势原理，放弃该主导行业，发展国际产业链的中低端环节，长此以往，就容易陷入比较优势陷阱。各级政府应对重点培育的主导行业加大财政支持力度，增强财政政策实施效果。一方面，可以鼓励主导行业的龙头企业在经济全球化过程中，通过参股、控股等对外投资形式扩展发展领域，提高市场竞争力；另一方面，发挥中小企业的集聚优势，提高企业创新能力和专业化分工水平。由此，发挥浙江主导产业的规模经济和范围经济效应，提升核心竞争力。

（五）加快装备制造业的自主创新发展

提升浙江在全球产业链及价值链中的地位，必须加快装备制造业发展。装备制造业是具有技术主动控制权的资本和知识兼备的基础行业，是技术创新能力的重要表现。浙江加快装备制造业发展：一是发挥组装加工产业的优势，形成良好的技术基础和较强的吸收能力，切实提高自主创新水平；二是科技投入不仅要有量的增加，而且要有质的提升，从短期来看要重视一般科技成果的市场转化，从长期来看则要从制度上保障科技前沿的基础理论研究，尤其是把后者提升到战略层面，杜绝急功近利行为；三是继续弱化对关键设备和成套设备的进口依赖，增强知识产权保护意识，重视专利技术与专有技术的产权转让，积极为技术咨询和技术服务创造有利环境，重视人力资本积累，加强对技术骨干和技术创新团队的政策支持。

参考文献

［1］景玉琴：《产业安全概念探析》，《当代经济研究》2004 年第 3 期，第 29 ~ 31 页。

［2］朱建民、魏大鹏：《我国产业安全评价指标体系的再构建与实证研究》，《科研管理》2013 年第 7 期，第 146 ~ 153 页。

［3］王维、高伟凯：《基于产业安全的我国外资利用思考》，《财贸经济》2008 年第 12 期，第 91 ~ 95 页。

［4］向一波、郑春芳：《中国装备制造业产业安全的含义及对策研究》，《兰州学刊》2013 年第 3 期，第 92 ~ 97 页。

［5］宋树理：《浙江外贸转型困境与战略选择》，《浙江教育学院学报》2011 年第 1 期，第 62 ~ 67 页。

［6］刘婷、张宇杰：《中外企业联盟中的"合资—亏损—并购"路径沦陷》，《管理世界》2013 年第 11 期，第 184 ~ 185 页。

第十三章

浙江外贸转型发展的复合型应用人才培养模式及其创新

提要：培养适应浙江外贸转型的外语外贸类复合型应用人才是浙江高等教育应该承担的重要职责。基于对浙江主要财经类高校外贸专业大学生的抽样调查，以及对外贸企业主的访谈，发现浙江高校外贸专业人才培养模式与浙江外贸转型对外语外贸类复合型应用人才的需求存在较大的偏差。培养模式在培养理念、培养主体的利益相关者、培养内容和方法上都需要创新改革。

引　言

浙江省一直十分重视对外贸人才的培训、对高校外贸学科和外贸专业实训基地的建设。浙江省早在 1994 年就建立了省级外贸发展基金，每年安排资金用于补充省级外贸发展基金，并采取"一年一定"的办法会同省外经贸厅研究出台相关外经贸促进政策。其中，2008 年外贸发展政策中有两项专门针对外贸人才培训的问题做了专门部署。[1]浙江省还在 1998 年建立了外经贸培训中心，在 2004 年做出了《关于大力实施人才强省战略的决定》。

但是，实践表明外贸人才的数量和质量与浙江外贸企业国际化发展对人才的需求还存在较大的差距。尤其是，自 2008 年 9 月国际金融危机全面爆发以来，浙江省外贸企业开始积极寻求"转型升级"之路。这种发展模式的转变更需要有相应的外语外贸类复合型应用人才体系作为保障。然而，《中国人才发展报告（2010）》显示，中国不仅普通外贸人才供不应求，而且既熟悉外贸业务和外贸法规又具有较高的商务英语写作和对话能力的复合型涉外应用人才更加紧缺。[2] 作为外贸大省，浙江的外贸人才短缺瓶颈更为突出。所以，培养外语外贸类复合型应用人才已经成为浙江高等教育面临的重要任务。

在以人才为本的知识经济发展中，美国高等院校的教育家在 20 世纪 90 年代就指出了本科课程体系改革的迫切性，如 Clark Kerr、Derek Bok 等人提出整体知识观课程思想，积极倡导在本科教育中树立整体知识观并以此为理论基础，改革本科课程体系。[3] 在整体知识观的理论引导下，面对电子商务时代国际贸易领域的变革，Albrech 和 Sack 等人提出了国际贸易专业人才培养的创新理念，建议国际贸易专业课程应该多涉及技术在商业和决策中的应用。[4] 所以，21 世纪以来，电子商务技能融入整体知识观的思想，成为美国国贸专业人才培养体系改革的主要特征。

国内高等院校的教育家适应我国外贸转型发展的需求，沿着理论分析和调研论证两个方向探索外贸类复合型应用人才培养模式的改革路径。理论分析主要包括三个方向。第一，关于外贸人才培养的一般模式。从总体上，设计人才培养模式的定位、战略和制度安排。陈小虎提出了以应用为主导的人才教育理念与培养目标、以"职业元素"为中介构建的专业及课程设置、以产学融合为主特征的人才培养过程和以能力为主导的多元化考核制度与评价。[5] 丁玉梅认为，应以培养合格的国际贸易、高级应用型人才（外贸岗位群工作人员）为目标，以应用知识技能教育为主线，以实践能力培养为中心，以基本理论知识传授为基础，以"三大融合"为特色，促使受教育者的知识、能力和素质结构优化并且全面协调发展。[6] 还有一些学者探索了国贸专业应用型人才培养的其他一些改革方案。第二，关于外贸人才技能的复合型指标。外贸人才除了基本的外贸理论知识和业务技能外，还应增强适应外贸发展形势和国际化环境的复合型技能。张丰河认为，应具有较强的实践能力和创新意识。[7] 吕西萍提出应借鉴美国国贸人才培养的经验，培养外贸人才掌握电子商务技术与方法。[8] 还有些学者表示，跨文化交际能力、职业素质和专业实践技能等也是必要的。第三，关于外贸人才培养的学科设置。一般认为，随着经济全球化的发展，国际贸易学科理论与实践都有了新发展，从而对外贸人才提出了新要求。课程设置交叉复合相关内容，体现贸易经济特色，强化实验实践环节。

调研论证主要围绕外贸人才服务于地方外贸发展和适应行业特征进行。吴勤通过对宁波100多家外贸企业进行国际贸易类人才适应需求的问卷调查发现，毕业生的知识和能力与企业的要求还有一定差距。[9]余文静提出，云南省要围绕"桥头堡建设"，培养大批与南亚、东南亚国家开展交往合作的外语、外经、外贸"三外人才"。[10]李志刚则通过调查认为，精通外语、商学知识的高职业素养人才更加受企业的青睐。[11]吕西萍以武汉科技学院为例，提出了针对纺织特色型大学外贸人才的个性培养理念。[12]

综上分析，外贸人才培养明确了以就业和国际化为导向的实践教学改革目标，探索了外贸人才需要拓展的复合型技能，为我们理解外贸类复合型应用人才提供了理论视野和实践经验。但是，外贸人才复合型的界定标准依然是模糊的，也没有形成比较权威、客观、可操作的模式。

我们结合已有的研究成果，认为外贸类复合型应用人才应当既能熟练掌握国际贸易流程中的业务操作和外贸法规，又掌握电子商务综合运用技能，同时具有流畅的外语交流、写作能力和对国外市场环境十分了解和适应。这种人才一般包括通才和专才两类：通才一般是适用于各行各业的外语外贸类复合型应用人才，而专才主要是适用于某行某业的外语外贸类复合型应用人才。其指标体系主要有三个构件。一是外贸业务技能，主要包括外贸业务操作能力、外贸调研分析能力、外贸法规运用能力等。二是国际环境适应技能，主要包括外贸理念的渗透、外贸营销方法的实践、营销形象的传播和信息营销的处理。三是发展技能，指超越职业领域，对职业活动的顺利进行起至关重要作用的能力。具体讲有三个方面：方法能力，包括注意力、分析能力、解决问题能力、判断能力、抽象能力、准确性；社会能力，包括责任心、独立能力、执行能力、团体能力、交流能力、合作能力；学习能力，包括求知欲望、自学能力、收集信息能力、系统思考能力。这是一种专业能力高度抽象而形成的能力，培养层次越高，要求就越高。所以，我们应创新传统外贸人才培养模式，不再局限于培养外贸技能宽而不精、广而不细的一般外语外贸类复合型应用人才，而是区分外语外贸类复合型应用人才培养的方向，有阶段性、有针对性地规划实践教学和企业培训，最终培养出适应浙江外贸转型的外语外贸类复合型应用专才。

本章以培养适应浙江外贸转型的外语外贸类复合型应用人才为目标，基于对浙江高等教育外贸人才培养体系的调查分析，以及对外贸企业主对外贸人才需求的访谈，从培养理念、培养主体的利益相关者、培养内容和方法等层面，探索涉外复合型应用人才培养的有效模式，从而为浙江高等教育外贸人才培养体系改革提供实践经验。

一 适应外贸转型的复合型应用人才培养现状调查与分析

选择财经类高校浙江外国语学院、浙江工商大学、浙江大学、杭州师范大学、浙江财经学院的外贸专业大学生作为抽样调查对象。根据一般的市场调查研究，5% 的误差是定量设计的参考线，即 95% 的代表性，所需要的样本总量为 250 个。因此，计划样本数量为 250 ～ 350 个，并依据不同学校的外贸专业学生总人数分配抽样数量，使之基本反映浙江整体的外贸人才培养现状。这次调查从 2011 年 5 月发放问卷到 6 月回收问卷，持续将近一个月，回收有效问卷 251 份（调查分布见表 13 - 1），基本符合科学抽样调查标准。

表 13 - 1　浙江外语外贸类复合型应用人才培养现状的调查分布

变量	性别		年级			学校				
	男	女	大二	大三	大四	浙外院	浙商大	浙大	杭师大	浙财院
样本数量（人）	70	181	48	129	74	116	26	43	31	35
所占比例（%）	27.9	72.1	19.1	51.4	29.5	46.2	10.4	17.1	12.4	13.9

以下从学习能力、知识结构、实践技能和职业素养四个层面分别调查分析浙江外语外贸类复合型应用人才培养的现状特征，并探究外贸企业用人存在的主要问题，从而阐释浙江高校外贸人才培养模式与浙江外贸转型对人才需求转变的结构均衡性。

（一）学习能力的调查与分析

关于学习能力的考量主要指向学习兴趣和学习方法。从教育心理学的角度来说，兴趣是一个人倾向于认识、研究获得某种知识的心理特征，是可以推动人们求知的一种内在力量。教育家赫尔巴特就认为兴趣引起对物体正确的、全面的认识，有助于对知识的学习和积累。而学习方法的精妙论述要推圣人孔子的"学而不思则罔，思而不学则殆"。所以，问卷设计了"国贸专业兴趣""非国贸专业兴趣""学习的主要方式"和"教学方式的偏好"四个问题（见表 13 - 2）。

表 13 - 2　浙江高校外贸专业大学生的学习能力

变量	专业兴趣				学习方式				非专业兴趣				教学方式偏好			
	非常喜欢	不喜欢	感觉一般	比较迷茫	课堂学习	课后自学	请教他人	综合以上	非常喜欢	不喜欢	感觉一般	比较迷茫	填鸭教学	实践教学	独立思考	课堂讨论
样本数量（人）	34	19	140	58	99	31	6	114	49	22	147	33	15	174	38	23
所占比例（%）	14	8	56	23	40	12	2	46	20	9	59	13	6	70	15	9

注：251 份有效问卷中，个别问题存在漏答，所以总的样本数量存在不足 251 人的情况，余表同。

从表 13 - 2 反映的调查结果来分析，浙江高校外贸专业大学生不管是对本专业的兴趣还是对其他专业的兴趣，"感觉一般"的人数都超过 55%，对本专业"比较迷茫"的达到 23%，表明外贸专业学生的学习兴趣较为冷淡。对于学习方式，46% 的大学生运用综合学习方法，其中以"课堂学习"为主的人数比例达到 40%，"课后自学"的只有 12%；对于教学方式，70% 的学生偏好"实践教学"，只有 15% 的学生偏好"独立思考"和 9% 的学生偏好"课堂讨论"。分析表明，外贸专业学生的学习以传统的教师引导学习为主，偏重实务，这与大学的"独立之精神，思想之自由"精神相违背，不能达到国学大师王国维所谓的"独上高楼，望断天涯路"之境界，自然，学生缺乏较强的综合学习能力。

（二）知识结构的调查与分析

大学是知识的集聚中心和创造载体。经过 18 世纪哈勒大学的创办、19 世纪柏林大学的改革和 20 世纪美国威斯康星理念的出炉，作为知识的集大成者，大学的社会经济服务功能逐渐增强，对社会经济的发展影响深远。[13] 因此，大学的课程安排直接影响大学生的知识结构和可应用于社会经济发展的知识含量。鉴于此，问卷设计了与国贸专业课程安排相关的 4 个问题（见表 13 – 3 和表 13 – 4）。

表 13 – 3　浙江高校外贸专业大学生的知识结构（1）

变量	国贸专业课程安排的合理性				目标国环境了解的必要性			
	非常合理	不合理	感觉一般	没有感觉	非常	没有	有点	视情况而定
样本数量（人）	29	92	95	35	208	5	23	13
所占比例（%）	11.6	36.7	37.8	13.9	83.5	2.0	9.2	5.2

表 13 – 4　浙江高校外贸专业大学生的知识结构（2）（多选）

变量	课程安排不合理的主要影响因素				学习哪些课程是非常有必要的			
	师资力量薄弱	实践课程偏少	外语专业不强	电子、商法、金融、营销等课程偏少	英语实践	金融银行	国际营销	交际礼仪
样本数量（人次）	130	223	167	99	220	181	186	158
所占比例（%）	51.8	88.8	66.5	39.4	87.6	72.1	74.1	62.9

从表 13 – 3 反映的调查结果来分析，认为课程安排"不合理"的比例达到 36.7%，而认为"非常合理"的只有 11.6%。表明国贸专业课程设置存在一定的不合理性，并没有得到大学生的普遍认同。从表 13 – 4 反映的调查结果可以发现，课程安排不合理的主要影响因素是"实践课程偏少"，比例为 88.8%，其次是"外语专业不强"和"师资力量薄弱"，比例分别为 66.5% 和 51.8%，而认为复合型课程偏少的只有 39.4%。另外，表 13 – 3 和表 13 – 4 还显示，认为了解目标国环境非常必要的比例高达 83.5%，对于复合型课程学习的必要性分布则相对比较平均。分析表明，大学课程安排还是比较综合、全面的。

（三）实践技能的调查与分析

顾海良认为大学服务社会，是大学发展的新功能，也是现代大学发展的新理念。[14] 尤其是对于西方发达国家，任何一所著名的高校，它的影响首先体现为对本地发展的影响，体现为服务于当地的经济、社会发展，为它们培养人才。所以，为社会培养具有实践技能的复合型应用人才是大学的重要使命和社会职责。但是，麦肯锡曾通过对 60 多个跨国公司人事部门的了解，认为中国大学毕业生能力不强，特别是英语沟通能力，而且按照目前的培养方式，中国的教育机构不能适应中国未来经济发展和全球化发展。所以，问卷设计了与表征外语外贸类实践技能相关的 7 个问题① （见表 13 - 5 和表 13 - 6）。

表 13 - 5　浙江高校外贸专业大学生的实践技能 （1）

变量	外贸类单证累计数量				电子商务知识			外贸法规掌握程度			
	0 个	1 个	2 个	其他	初级	中级	高级	熟练	中等偏上	中等偏下	较差
样本数量 （人）	197	47	3	2	218	25	5	8	56	108	78
所占比例 （%）	79.1	18.9	1.2	0.8	87.9	10.1	2.0	3.2	22.4	43.2	31.2

表 13 - 6　浙江高校外贸专业大学生的实践技能 （2）

变量	商务英语写作成绩				口译、托福、雅思等外语口试测验	
	优秀	良好	中等	中等以下	参加	没有参加
样本数量 （人）	15	105	78	48	66	183
所占比例 （%）	6.1	42.7	31.7	19.5	26.5	73.5

从表 13 - 5 反映的调查结果来分析，浙江高校外贸专业 79.1% 的学生没有取得外贸类单证，只有 2% 的学生取得 2 个及以上的相关证书；87.9% 的学生掌握电子商务的初级知识，只有 12.1% 的学生达到中级及以上水平②；而 43.2% 的学生掌握外贸法规的程度处于 "中等偏下" 水平，31.2% 的学生处于 "较差" 水平。

从表 13 - 6 反映的调查结果来分析，42.7% 的学生的商务英语写作成绩为 "良好"，31.7% 的学生为 "中等"，只有 6.1% 的学生为 "优秀"；而 73.5% 的学生没有参加过口译、托福、雅思等外语口试测验。分析表明，浙江外贸专业学生的外语外贸类复合型应用技能较差，与企业国际化发展对人才的需求出现较大的偏差，与麦肯锡的分析报告基本一致。因

---

① 本章在此重点分析其中的 5 个问题。
② 初级知识 = 计算机基础 + 电子商务 + 信息管理系统 + 国际贸易实务 + 国际结算 + 国际营销；中级知识 = 初级知识 + 项目管理；高级知识 = 中级知识 + 面向对象的程序设计。

此，浙江高校作为浙江地方社会经济发展的"轴心机构"，应该不断探索适合"服务浙江企业"和"引领浙江社会"的人才培养模式。

（四）职业素养的调查与分析

职业素养，又称职商，英文"career quotient"，简称 CQ，强调除了本职专业技能外，敬业精神和道德修养同样决定一个人职业生涯的成败。吴甘霖在《一生成就看职商》中，总结了包括自己在内多个商界成功人士的职场经验，指出了职商在人生职业发展中的不可替代作用。所以，问卷设计了"见习态度评价""工作能力突出表现"和"工作成效"3 个问题（见表 13 - 7）。

表 13 - 7 浙江外贸专业大学生的职业素养（多选）

变量	见习态度评价				工作能力突出表现				工作成效			
	认真负责	应付了事	专业对口认真	专业不对口草率	独立能力	执行能力	团队合作能力	交际能力	领导赏识	同事赞扬	老师表扬	感觉良好
样本数量（人次）	190	20	92	24	76	137	98	45	69	106	26	120
所占比例（%）	75.7	8.0	36.7	9.6	30.3	54.6	39.0	17.9	27.5	42.2	10.4	47.8

从表 13 - 7 反映的调查结果来分析，对待工作都能"认真负责"的学生比例达到 75.7%，"应付了事"的只有 8.0%，"专业不对口草率"的只有 9.6%；工作能力突出表现为"执行能力"的学生比例达到 54.6%，"团队合作能力"的也有 39.0%，"交际能力"的只有 17.9%；工作成效"感觉良好"的学生比例为 47.8%，"同事赞扬"的为 42.2%，"领导赏识"的为 27.5%，"老师表扬"的比例则最低。分析表明，浙江外贸专业大学生的"见习态度"较为端正，但是，职业素养还是普遍处于中等偏下的水准，东方典型的人文情怀缺失非常严重，尤其是工作能力方面的"团队合作能力"和"交际能力"，以及"领导赏识"和"同事赞扬"，都难以满足职场需求。

（五）外贸企业用人的调查与分析

笔者所在课题组于 2011 年暑假期间走访绍兴市商务局、浙江向日葵光能科技股份有限公司、浙江亿邦兴业箱包有限公司、海亮集团有限公司和宁波市外经贸局、宁波均胜投资集团有限公司、TCL 通讯研究院、宁波美博进出口有限公司、恒达电器有限公司等，与相关领导和负责人进行了有关浙江外贸转型对人才的需求现状和今后相关人才培养的交流。发现现阶段外贸企业用人存在的主要问题表现在以下方面。

1. 外贸人才业务技能的复合性难以满足企业需求

随着"走出去"步伐的加快，外贸企业的国际化水平越来越高，所以，传统的外贸人才技能严重制约了外贸企业的国际化发展和国际竞争力提高。传统的外贸人才技能培养一般偏重外贸专业理论知识的积累和应用，以及实践技能的形式化，从而导致外贸人才较低的商务英语写作和日常交流能力、空白的外贸产品知识背景、迟钝的国际环境洞察力和较弱的国际环境适应能力等。特别是国际金融危机后，浙江外贸企业"走出去"有两个主要特征：一是在欧洲和美国的企业收购案例增多；二是依赖外贸产业进行海外相关资源开发的投资量增加。因此，外贸企业一方面利用当地具有专业背景的人力资源，另一方面对国内外贸人才的复合型技能提出了更高的要求。

2. 外贸人才的职业素养令企业担忧

中国传统文化是以"德才双馨"作为衡量人才的一般标准，从实践经验来看，外贸企业衡量人才的第一标准依然是"德"，其本质就是人才的职业素养问题。根据我们的访谈，企业扩大再生产面临以下问题。

（1）人力资源的流动性较强，表现为员工的高跳槽率和人才的难留住。这不仅发生在工资待遇低、工作环境差和工作强度高的企业，在比较人性化管理的企业也存在这种现象。所以，这与员工缺乏敬业精神的价值理念和职业素养有很大的关联性。由于企业没有稳定的技术员工队伍和管理人员团队，企业的产品不能越做越精，从而不能比较有效率地打造企业品牌，使企业做大做强。

（2）员工的综合素质不高。虽然国家素质教育改革已经持续了很长时间，但是，传统以分数和证书作为"优秀"标准的旧观念，不仅在大学生，而且在一部分用人单位根深蒂固。当然，信息经济学原理表明，"分数"和"证书"在信息不对称的情况下，是一种衡量人才的有效信号。但是，目前已经有了很多比较有效的考评人才综合素质的方法。我们了解到，企业发现的普遍现象就是，那些"优秀"大学生，在考评中表现出比较差的心理素质、交际能力、应变能力和较狭窄的知识视野等不足。

（3）外贸类复合型应用人才的储备和培养增加了企业的竞争成本。一般随着企业规模的扩大，需要有更丰富的人才储备和持续的人才培养，但是对于国际激烈的竞争环境，这无疑会增加发展中国家外贸企业的竞争成本，导致企业国际竞争力的下降。由于历史原因，发达国家的企业较早地具有雄厚的资本积累和有利的国际竞争制度，从而具有规模大、技术先进和创新意识强等优势。发展中国家"走出去"的企业，既要同台竞技，又要积累资本，所以国际竞争力上升空间相对较小，需要政府支持，给予更为宽松的政策环境。而且，现在企业扩大再生产，最缺的就是高级管理人才和高级营销人才，对于外贸企业，就是高级的外贸类复合型应用人才。国外在 20 世纪 90 年代就已经开始探索复合型应用人才的培养改革，我们是在进入 21 世纪之后，随着外贸经济转型的需要，才开始探索外贸类复合型应用人才的培养改革。所以，外贸类复合型应用人才的储备还不丰富，企业的培养条件也不成熟，引进这类人才成本又比较高，但是对于企业又是迫切需要的。因此，关于外贸类复合型应用人才的储备和培养，需要政府和社会更多的支持和引导。

二　调查结论以及外贸类复合型应用人才培养模式的创新

通过以上的调查分析，可以发现浙江高校外贸专业人才培养模式与浙江外贸转型对外贸类复合型应用人才的需求存在较大的偏差。

（一）调查结论的具体表现

1. 外贸专业大学生综合学习能力不强

大学教育应该激发大学生的自主积极性，培养大学生广泛的学习兴趣和对知识和社会的认知能力。因此，应该运用新建构主义教育理论指导外贸专业的教学改革。

2. 外贸专业大学生知识结构不均衡

复合型外贸人才适应外贸企业发展，体现在专业技能上，不仅要掌握外贸基本知识，而且要重视产品、行业知识的积累和应用；体现在英语水平上，不仅要有等级水平，而且要有实际交流能力；体现在涉外性上，不仅学习外语和在外贸公司实训，而且要了解国外的市场环境、消费需求和国际游戏法则，有条件的应该多参加国际交流活动。所以，高校应该从整体知识观的视角，不断提高课堂授课的知识含量，并开辟校内第二课堂和校外第三课堂，使学生掌握更多的复合型知识。

3. 外贸专业大学生实践技能劣势突出

实践技能的培养，不仅仅要形式多样化，更重要的是注重实训内容。应该通过创新培养模式，为大学生实践创造更多的机会。

4. 外贸专业大学生职业素养缺失严重

外贸转型强调大学生具备适应企业发展的综合职业素养，包括心理素质、职业道德和企业忠诚度等。应该从工作理念、工作报酬和工作前景等各个方面转变大学生工作的"游击"战术，提高他们的"德"觉悟。

5. 复合型应用人才储备成本较高

人才储备应该成为大学生人才培养模式中的一个重要环节或后续环节，是整个人才培养模式的有机构成部分。除了高等院校具有培养人才的社会责任外，政府也应该积极参与到社会人才培养体系中，给予大学生短期出国留学、访问交流和与国外学校网络视频互动等更多的宽松政策和支持。

因此，浙江高等教育外贸人才培养模式在培养理念、培养主体的利益相关者、培养内容和培养方法上都需要创新改革。

（二）培养理念

我们在浙江外贸类复合型应用人才培养调查分析的基础上，认为培养模式创新应该坚持五大理念。

1. 培养目标坚持促进地方经济发展的服务理念

我们立足浙江外贸企业转型升级的发展趋势，根据企业对外贸类复合型应用人才的需求特点和技能要求构建了外贸类复合型应用人才的技能指标体系，以期所培养的人才能充分为浙江外贸行业的转型升级服务。所以，我们坚持培养既适应外贸转型的国际化发展需要，又具有产品知识积累的外贸类复合型应用专才。

2. 培养力量坚持社会化改革理念

持传统理念的学者认为，培养人才是高等院校的社会职责，是它们存在的根本，这种理解是片面的、是孤立的，没有发现人才的本质特征。任何人都不会否认，人才只有在满足社会需求时才是真正的人才，才能发挥价值。所以，人才是社会化的存在，只有在社会活动中才能实现自身的价值。自然，培养人才就需要社会化的力量，每种力量都应该承担一定的职责，如此才能分享人才创造的价值。

3. 培养内容坚持新建构主义教学改革理念

新建构主义将能动创新、教师传授和情感催化融合在认知过程中，既能激发学习者的能动创新性，又可以发挥教师和情感在认知过程中的积极作用，从而能够在更大程度上激发学习者的认知潜能。

4. 培养方法坚持实践过程的实体化改革理念

所谓实体化，就是学生在企业不仅参与实践活动，而且能够像普通员工一样参与企业培训，参与企业正常经营活动和其他一些集体活动，使在校学生能够体验到融入企业的真实感。

5. 培养链坚持各环节协调创新的系统改革理念

从广义来说，外贸类复合型应用人才的培养，除了外贸类复合型应用人才培养体系的规划外，还包括外贸类复合型应用人才技能应用的效果和外贸类复合型应用人才培养体系的动态发展。这三个模块是统一协调的有机整体，构成培养外贸类复合型应用人才的系统工程。所以，完整的培养模式，需要对外贸类复合型应用人才的应用效果进行有效的追踪调查和信息分析。

（三）培养模式的总体设计思路

根据浙江外贸转型的特点，培养适应具体产品外贸的复合型应用专才。笔者研究发现，浙江外贸转型的特点是保持传统比较优势，并进一步挖掘新的比较优势。以此，提升外贸产品的定价权，增强贸易规则话语权，从而提高应对外贸转型困境的主动控制能力。浙江外贸的传统比较优势在于出口产品的生产环节。因此，浙江外贸的持续稳定发展应以提高劳动密集型产品的科技含量为主，以积累高新技术产品研发生产的资本为辅，提升传统劳动密集型外贸行业的核心竞争力，融入全球产业链的高端环节。而浙江外贸的潜在优势将体现在出口产品的国际营销环节和研发设计环节。因此，通过鼓励外贸企业的并购、重组和改制，挖掘一批大企业家，吸引一批复合型应用人才，进一步培育外贸产品的研发设计竞争力。

所以，我们需要培养既能熟练掌握国际贸易流程中的业务操作和外贸法规，又掌握电子商务综合运用技能，同时具有流畅的外语交流、写作能力和对国外市场环境十分了解和适应的，适应具体产品外贸的复合型应用专才。并进一步构建，从培养目标、课程体系的设置、教学方式的改革到国际营销实践活动的开展、师资队伍的建设、外向型企业的参与等的整个培养链，融入以进出口贸易实务为核心的进出口操作技能和国际法规运用技能、以国际市场营销为核心的营销技能、以外语为核心的语言交流和写作技能三大技能群的复合型应用人才培养模式。

（四）培养模式的具体构建

（1）协调培养主体的利益相关者，实现外贸类复合型应用人才培养模式的社会化——五位一体，即教师、学校、政府、企业、行会五种力量相互协调培养学生的外贸类复合型应用技能。这种社会化模式要以学生为中心，以教师为导向，以学校为平台，连接政府、企业、行会，实现六体联动。学校要发挥连接学生、教师、政府、企业、行会的中介职能，引导学生自我实践应用技能的培养和推动教师专业团队的组建，并争取政府的大力支持，与企业和行会保持友好关系，从而为适应浙江外贸转型的具体产品外贸类复合型应用专才培养提供实践载体。这就有效地克服了原有培养模式力量单一的缺陷，而且更有利于适应国际市场需求和学生的实践创新能力培养。

（2）从培养内容上，实现新建构主义的教学内容改革。新建构主义强调情景实践、理论体系和实用技能对意义构建的重要性，所以，外贸专业教学程序应该体现外贸业务的真实情景、系统的外贸理论和外贸业务操作技能。首先，明确教材每章节知识点的教学目标，使学生能够明确认知主题，从而进入特定知识的认知角色。其次，通过设计相应的外贸问题，模拟外贸业务的情景实践，激发学生掌握外贸理论、从事外贸业务的实用趋向。作为课程导入的情景实践，需要具备三个要素：一是外贸问题产生的重要性和迫切性；二是外贸问题解决的挑战性；三是外贸专业术语的运用。最后，合理安排理论授课与实训交互学习的时间，并根据知识认知的基本逻辑，按照基本概念、理论阐释、实践比较、问题发现等设计外贸授课的结构体系。

（3）从培养方法上，实现适应具体产品外贸的复合型应用专才培养模式的联动化，即实践教学与企业培训的联动。传统的外贸类复合型应用人才培养方法注重课程内容、课程教学方法的实践化，也注重实操实训设备、时间安排、实训模拟、企业锻炼等实践形式。可以说，现在学校安排的实践形式已经趋于多样化。在培养学生实践技能方面，发挥了重要作用，也为学生理论联系实际、从学校走向社会搭建了平台。但是，实践的最好形式就是外贸企业的人力资源培训，与学校安排的实习、见习不同，它注重实用型人才培养的针对性、应用性和灵活性。当然，根据劳动经济学的有关人力资源培训原理，学校教育与企业培训各自承担了不同的职能，企业培训具有较高的机会成本，一般只培训适用于所在企业的技能，从而降低员工流走给自己带来的损失，而把一般技能的培训留给了学校。虽然，理论上这种分工具有培育人才的高效率，但是，往往造成复合型应用人才技能培育的脱节，使学生难以融入企业正常经营活动过程中，缺失员工角色的定位，丧失技能提高的激励约束机制。只要能够降低企业培训在校大学生的机会成本，无疑，实践教学和企业培训就能够有机结合在一起。笔者认为，这种实践教学的新方法，需要政府和行会的积极参与，通过建立大学生实践信息库，记录大学生的诚信档案，有效地监管有损企业的违法行为，并鼓励在企业实习的优秀大学生能够就地择业。这样，一方面有利于为企业储备人才，增加短期人才供给量；另一方面有利于在社会化的人才培养体系中，增强外贸人才的复合型应用技能。

（4）完善复合型应用专才培养体系的追踪考评机制。社会化的人才培养模式，其实内含着两个层面：一是社会化的力量参与到人才培养体系中，二是社会化的人才培养体系。社会化的人才培养体系具有开放性、动态性和系统性的特征，也是由社会经济的发展演变决定的。传统的人才培养模式，不仅缺乏社会化力量的协调和凝聚，而且是封闭的、静态的，过度依赖传统的教育理念、课程体系安排和实习、见习或模拟实训等，与社会经济的发展，尤其是金融危机后的经济转型，以及学科自身的发展脱节。因此，复合型应用专才培养体系还应该包括学生就业之后的追踪考评机制。所谓的追踪考评就是追踪考察就业学生的技能需求及其转变，及时了解经济转型或发展对人才技能提出的新需求，从而不断推进人才培养模式的创新演变。而不是把学生推向社会，就完成了人才培养的社会职责，而应该更重视就业后学生技能与企业需求的交互变化，将之作为人才培养模式创新的起点，进而培养出更适应地方经济发展的人才。笔者认为，这种新的制度安排必然存在较高的成本，操作难度较大，却是完善人才培养体系的必然构件，而且通过制度创新，降低成本是可行的。比如，学校通过外贸类复合型应用专才信息库，与毕业生保持持久联系，及时收集这些人员的工作信息，了解外贸类复合型应用专才培养体系的亮点和不足；通过政府搭建平台，与行会、工商联等机构建立联系，了解企业对人才的评价及需求等。然后，实现培养体系的转型升级，保持该体系的开放性、动态性和创新性，以适应外贸转型发展需求。

参考文献

[1] 浙江省财政厅课题组：《改革开放30年浙江省财政改革发展回顾与展望》，http：//cks. mof. gov. cn/crifs/html/default/caizhen gs hihua/_ history/3252. html，2009年7月9日。

[2] 王誉颖：《我国外贸人才供给总量不足催化走出去培养模式》，http：//www. 177 liuxue. cn/info/2010 - 8/141404. html，2010年6月22日。

[3] Astin，A. W.，*Achieving Educational Excellence*（San Francisca：Jossey – Bass Publisher，2008）.

[4] Gaff，J. G.，*Handbook of Undergraduate Curriculum：A Comprehensive Guide to Purposes，Structures，Practices，and Change*（San Francisco：Jossey – Bass Publisher，2002）.

[5] 陈小虎：《"应用型本科教育"：内涵解析及其人才培养体系》，《江苏高教》2008年第1期，第86～88页。

[6] 丁玉梅：《国际贸易专业应用型人才培养模式的改进》，《长春理工大学学报》2010年第5期，第102～103页。

[7] 张丰河：《论大学本科外贸人才的定位与培养》，《科技信息》2008年第2期，第18～22页。

[8] 吕西萍：《美国国际贸易人才培养的创新理念及其对我国的启示》，《高教论坛》2010年第2期，第122～126页。

[9] 吴勤：《国际贸易人才综合素质与企业需求匹配分析——以宁波大学国际贸易专业为例》，《宁波大学学报》（教育科学版）2008 年第 8 期，第 113～116 页。

[10] 余文静：《围绕建设 "桥头堡" 培养云南外语外经外贸人才》，《经济问题探索》2010 年第 5 期，第 172～178 页。

[11] 李志刚：《外贸转型期国际经贸专业人才需求特征及对策》，《黑龙江对外经贸》2010 年第 10 期，第 124～125 页。

[12] 吕西萍：《纺织特色型大学国际经济与贸易人才的培养——以武汉科技学院为例》，《武汉科技学院学报》2010 年第 1 期，第 56～60 页。

[13] 衡旭辉：《时代背景下的大学功能新论——评〈大学教育与社会发展论〉》，http：//www. sinoss. net/2011/0317/31453. html，2011 年 3 月 17 日。

[14] 顾海良：《服务社会：大学的新理念新要求》，http：//news. xinhuanet. com/comments/2008－11/20/content_10385060. htm，2008 年 11 月 20 日。

附录 1　"适应浙江外贸转型的国际化营销人才技能培养"调研方案

一、调研背景

浙江的很多民营企业开始通过推动国际营销网络体系建设和境外生产加工体系建设，以境外投资带动外贸出口。外贸企业在战略上的这种转变，必须有相应的人才保障。尽管近年来我省高校培养了大批国际经济贸易以及其他与进出口贸易相关专业的人才，但这些专业培养方案是传统的重出口观念下的产物，强调培养的是学生在进出口贸易各环节中的操作技能，营销课程所占的比例十分有限，学生不可能成为掌握国际营销技能的人才。同时，虽然目前各高校都在兴办市场营销专业，但国际性的指向并不强，学生往往外语能力不强，对国际贸易的相关知识掌握得非常有限，缺乏国际营销的观念、知识和技能，难以适应企业在国际营销中的工作需要。显然这样的人才培养现状难以适应我省外贸转型的需要，加快培养适应浙江省外贸转型的国际化营销人才成为高校的一项紧迫任务。

基于以上的背景，我们设计了"适应浙江外贸转型的国际化营销人才技能培养"调研方案。

二、调研目的

（一）有利于改善当前专业人才培养滞后、市场需求和人才培养不协调的局面。充分结合省情，根据当前浙江省外贸企业的转型升级现状，来设计国际化营销人才实践技能培养方案。这将充分改善目前的外贸人才培养现状，为浙江外贸企业的转型升级提供人才保障。

（二）有利于提高营销人才的培养质量，凸显营销人才的培养特色。紧紧围绕"技能"展开研究，根据企业对国际营销人才技能的要求，来设计实践教学模式，突出人才培养的职业性、应用性、实践性。从而提高营销人才的培养质量，凸显特色。

三、调研对象

（一）浙江省主要财经类高校学生。获得学生技能水平和技能需求的第一手资料。

（二）浙江省主要财经类高校。获取这些教育机构的人才培养模式，分析其特色和不足。

（三）各用人单位。抽样调查外贸大省浙江不同出口行业和企业对国际营销人才技能的需要。

四、调研内容

（一）学生问卷，主要从大学生的学习能力、知识结构、实践技能和职业素养四个层面分别设计 3 ~ 5 个能够集中体现该方面技能的相关问题。

（二）企业问卷，主要针对企业国际化对国际营销技能的需求设计相关问题。

（三）高校访谈，获取学校培养人才的制度和规划方案。

五、调研方法

（一）调查法。设计面向学生和企业的调查问卷。

（二）访谈法。通过实地考察，与学生和企业人员交流，获取相关资料。

（三）地区选择法。选取外向型经济比较发达的义乌、宁波、台州等地区。

附录 2　浙江外语外贸类复合型应用人才培养现状调查

致同学们的话

同学，您好！为了适应"后金融危机时代"浙江省外贸企业"转型升级"对复合型应用人才的需要，现在，我们正在对浙江省外语外贸类复合型应用人才培养现状进行抽样调查。根据中华人民共和国相关法律法规，我们将对您的个人信息严格保密。谢谢合作！

非专业信息：

1. 您的性别？（　　　）（单选）

　　男　1　　　　　　　　　　女　2

2. 您的就读学校？（　　　）（单选）

　　浙江外国语学院　1　　　浙江工商大学　2

　　浙江大学　3　　　　　　杭州师范大学　4

　　浙江工业大学　5　　　　浙江财经学院　6

3. 您是大几的学生？（　　　）（单选）

　　大一　1　　　　　　　　大二　2

　　大三　3　　　　　　　　大四或毕业　4

4. 您的家庭背景？（　　　）（单选）

　　家族企业　1　　　　　　普通职员　2

　　公务员　3　　　　　　　一般农民　4

专业信息：

一、学习能力

5. 您选择国贸专业的初衷？（　　　）（单选）

　　热门专业　1　　　　　　个人偏好　2

　　利于就业　3　　　　　　父母意愿　4

6. 您目前对国贸专业的兴趣？（　　　）（单选）

　　非常喜欢　1　　　　　　不喜欢　2

　　感觉一般　3　　　　　　比较迷茫　4

7. 您学习国贸专业课程的主要方式？（　　　）（单选）

　　课堂学习　1　　　　　　课后自学　2

　　请教老师与同学　3　　　综合以上三种方式　4

8. 您对非国贸专业课程的兴趣？（　　　）（单选）

　　非常喜欢　1　　　　　　不喜欢　2

　　感觉一般　3　　　　　　比较迷茫　4

9. 您喜欢的教学方式？（　　　）（单选）

　　填鸭式教学　1　　　　　实践性教学　2

　　独立思考　3　　　　　　课堂讨论　4

　二、知识结构

10. 您认为学院对国贸专业培养复合型人才的课程安排是否合理？
（　　）（单选）

　　非常合理　1　　　　　　不合理　2

　　感觉一般　3　　　　　　没有感觉　4

11. 您认为学院对国贸专业培养复合型人才的课程安排不合理的原因？
（　　）（多选）

　　师资力量薄弱　1　　　　实践课程偏少　2

　　外语专业不强　3　　　　电子、商法、金融、国际营销等课程偏少　4

12. 您认为对于国贸专业的复合型人才培养，学习哪些课程是非常有
必要的？（　　）（多选）

　　英语实践　1　　　　　　金融银行　2

　　经济法律　3　　　　　　国际营销　4

　　电子商务　5　　　　　　交际礼仪　6

13. 您认为国贸专业的复合型人才是否有必要了解目标国的经济、政
治、文化和社会环境等？（　　）（单选）

　　非常有必要　1　　　　　没必要　2

　　有点必要　3　　　　　　视情况而定　4

　三、实践技能

14. 您认为国贸专业的复合型人才最需要提高哪种技能？（　　）
（单选）

　　贸易操作＋英语写作与对话＋国际商法　1

　　贸易操作＋英语写作与对话＋国际金融　2

　　贸易操作＋英语写作与对话＋国际营销　3

　　贸易操作＋英语写作与对话＋商务礼仪　4

　　贸易操作＋英语写作与对话＋电子商务　5

　　贸易操作＋英语写作与对话＋综合素质　6

15. 您已经顺利取得外贸业务单证的数量？（　　）（单选）

　　0个　1　　　　　　　　1个　2

2 个　3　　　　　　　　3 个以上　4

16. 您对国际电子商务知识的掌握程度？（　　　）（单选）

初级知识（计算机基础、电子商务、信息管理系统、国际贸易实
务、国际结算、国际营销）　1

中级知识（初级知识 + 项目管理）　2

高级知识（中级知识 + 面向对象的程序设计）　　　3

17. 您的"商务英语写作"课程成绩？（　　　）（单选）

优秀　　　1　　　　　　良好　　　　2

中等　　　3　　　　　　中等以下　4

18. 您是否参加过口译、托福、雅思等外语口语测试？（　　　）（单选）

是　　　　1　　　　　　否　　　2

19. 您对外贸类法律法规的掌握程度？（　　　）（单选）

熟练　　　1　　　　　　中等偏上　2

中等偏下　3　　　　　　较差　　　4

20. 您的国际营销技能水平（包括商务礼仪、目标国文化等）？（　　　）（单选）

优秀　　　1　　　　　　良好　　　　2

中等　　　3　　　　　　中等以下　4

四、职业素养

21. 您在见习或实习过程中的工作态度？（　　　）（多项）

和正式工作一样认真负责　1

不是正式工作马马虎虎　2

专业对口认真负责　3

专业不对口马马虎虎　4

22. 您在见习或实习过程中的工作能力？（　　　）（多项）

独立能力强　1　　　　　执行能力强　　2

团队合作能力强　3　　　交际能力强　　4

23. 您在见习或实习过程中的工作表现？（　　　）（多项）

受到领导赏识　1　　　　受到同事赞扬　2

受到老师表扬　3　　　　自我感觉良好　4

附录3 "适应浙江外贸转型的外贸人才技能培养"的企业访谈表

1. 贵企业创业年限？

    0～5年   1   6～10年   2

    11～15年   3   15年以上   4

2. 贵企业规模？

    小型   1   中型   2   大型   3

3. 您认为外向型企业转型最重要的战略选择是？

    渐进式   1   跨越式   2   组合式   3

4. 您认为外向型企业转型战略选择存在的主要问题是？

    企业规模太小   1   国际化形势严峻   2

    企业资金太少   3   国家扶持政策不到位   4

    管理人才不足   5   企业信用机制不健全   6

    企业技术低端   7   劳动力成本上升   8

    企业转型困难   9   营销人才不足   10

5. 您认为外向型企业转型可行的市场进入模式？

    贸易进入模式   1   契约进入模式   2

    投资进入模式   3   战略联盟进入模式   4

6. 您认为外向型企业转型可行的市场进入模式存在的主要问题？

    企业规模太小   1   国际化形势严峻   2

    企业资金太少   3   国家扶持政策不到位   4

    管理人才不足   5   企业信用机制不健全   6

    企业技术低端   7   劳动力成本上升   8

    企业转型困难   9   营销人才不足   10

7. 您招收外贸专业人才的途径？

    综合类院校   1   专业类院校   2

    关系介绍   3   自己培养   4

8. 您对所招收的外贸人才在学历上的要求？

　应届大学毕业生　1　　　　应届研究生　2

　往届大学毕业生　3　　　　阅历丰富人员　4

9. 您所招收的外贸专业人才需要具备哪些方面的素质？

　有四六级证书、口语交流能力强、沟通清晰流畅　1

　国际营销专业理论知识丰富　2

　国际营销专业实践动手能力强　3

　各方面综合素质要高　4

　其他　5

10. 根据以往的经验，您觉得应届大学毕业生缺少哪方面的素质？

　实际的营销操作能力　1　英语的实际应用能力　2

　国际环境适应能力　3　　为人处世能力　4

　思想觉悟能力　5

11. 您所招收的外贸专业人才从事的工作是否与其专业对口？

　对口　1　　　　　　　　不对口　2

| 第十四章 |

浙江数字贸易的国际竞争力
评价与提升

　　提要：本章围绕快速发展的数字贸易展开，基于国家统计局、浙江省统计局等机构提供的数据，使用波特钻石模型与 IMD 区域竞争力模型相结合的分析框架，运用熵值法，结合浙江省数字贸易的业态竞争力、技术竞争力、基础竞争力、机制竞争力和人才竞争力进行综合定量分析。实证分析表明，浙江省数字贸易发展具有省内各区域不均衡的特点，有向"一带一路"沿线国家转移的趋势；并进一步分析发现，在浙江省数字贸易国际竞争力提升的过程中，政府政策、市场占有率和专利获申比是权重前三位的衡量指标。基于此，提出了提升浙江省数字贸易国际竞争力的若干建议。

引　言

　　党的十九大提出，要建设网络强国、数字中国、智慧社会，推动互联网、大数据、人工智能和实体经济深度融合，发展数字经济、共享经济，培育新增长点、形成新动能。在新冠肺炎疫情的冲击下，传统的对外贸易方式遭受重创，数字贸易呈现强劲的生命力和韧性，已成为促进世界经济复苏、促进我国对外贸易高质量发展的一个重要动力。在世界范围内，促进数字贸易的发展，是一个国家实现各种新的产业链经济、优化传统经济模式的必然选择。在这样的大背景下，浙江省正在加速建设成为世界数字贸易中心。数字贸易先行示范区建设有序开展，多个数字化交易子系统场景化应用已初见成效，浙江数字文化国际合作区被列入第二批"全国文化输出基地"名单。2018 年，浙江省以打造数字经济示范省为目标印发实施《浙江省数字经济五年倍增计划》；2020 年，响应国家号召，发布《浙江省数字贸易先行示范区建设方案》；2021 年数字化改革全面启动，打造全球数字贸易中心的计划初见雏形。2021 年上半年，浙江省数字贸易进出口总额达到 2274 亿元，同比增长 23.4%。其中，数字服务进出口总额为935.42 亿元，同比增长 9.29%；跨境电商进出口总额为 1338.3 亿元，同比增长 35.7%。浙江省数字贸易飞速发展，展现出非凡的生机活力，成为推动浙江省经济发展的重要动力。

数字贸易的国际竞争力始终是数字贸易领域的研究热点，现有大量文献[1~4]研究了数字贸易的国别竞争力。随着数字技术的发展，数字经济变成大势所趋，国内外贸易领域的研究者向数字贸易这一细分领域投去了更多目光。但是已有的研究大多是以国家为单位对数字贸易国际竞争力进行宏观分析，由于各省份之间存在经济发展水平、资源禀赋和基础设施方面的差异，基于国别分析的研究结果缺乏针对性。并且，从研究方法来看，已有研究主要使用波特钻石模型作为分析框架，采用因子分析法、回归分析法、主成分分析法等方法，虽然这些方法各有优点，但由于数字贸易不同于传统贸易，以上方法应用于省域数字贸易国际竞争力评价体系的构建具有一定的缺陷。

本章将采用波特钻石模型与 IMD 区域竞争力模型相结合的分析框架，采用熵值法确定浙江省数字贸易的业态竞争力、技术竞争力、基础竞争力、机制竞争力和人才竞争力五个维度的 11 项指标在数字贸易国际竞争力中的权重，据此分析提升国际竞争力遇到的挑战，并提出合理建议。

一　数字贸易国际竞争力的理论研究进展

（一）关于数字贸易的研究

1. 数字贸易的内涵

国外方面，数字贸易的内涵最早是由 Weber 定义的，他认为数字产品或数字服务是数字贸易的核心[5]。对于数字贸易定义的官方研究，最早做出贡献的是美国国际贸易委员会（USITC）。定义首次出现于 2013 年 7 月 USITC 发布的《美国和全球经济中的数字贸易（第一部分）》，称"数字贸易指通过互联网提交产品和服务的美国国内商务和国际贸易"[6]。然后在此基础上，2014 年 8 月 USITC 发布的《美国和全球经济中的数字贸易（第二部分）》对数字贸易的概念进行了补充，认为只要满足网上订货这个必要条件，就可以判定为数字贸易。[7]由 USITC 于 2017 年 8 月发布的《全球数字贸易 1：市场机会与外国贸易限制》将数字贸易的定义从外延的定义拉回到最本质的定义，排除了跨境电商货物交易。[8]

除了美国官方机构对数字贸易的定义外，相关国际组织也对数字贸易做出了正式的定义。数字贸易被经济合作与发展组织（OECD）、世界贸易组织（WTO）、国际货币基金组织（IMF）于 2020 年 3 月联合发布的《关于衡量数字贸易的手册》定义为"所有通过数字订购和/或数字交付的贸易"，其中包括数字交付贸易、数字订购贸易和数字中介平台赋能贸易。

国内方面，学者的研究主要集中于数字贸易与跨境电子商务的关系，部分学者对两者的关系持不同看法。贾怀勤和刘楠总结，在"广义版"定义中，数字贸易与跨境电商的范畴一致；在"狭义版"定义中，跨境电商包含数字贸易，后者属于前者范畴内的服务贸易。[9]马述忠是"广义版"定义的拥护者，他认为数字贸易可以被概括为电子商务的更高级形态，具有虚拟化、平台化、集约化、普惠化等本质属性[10]。徐金海和周蓉蓉认为，数字产品作为一种中间产品，在国际贸易中占据了相当大的比例；因此，随着数字产品的不断更新，数字贸易将对世界范围内的各个行业的生产和利润产生重大影响。[11]蓝庆新和窦凯通过对美日欧等主要经济体数字贸易的内涵和演变历程进行总结，认为数字贸易的内涵可以定义为利用互联网和数字交换技术，对传统实体商品、数字产品和服务、数字知识和信息进行有效的商业活动，主要包括数字产品贸易和数字服务贸易。[12]然后在此基础上，陈维涛和朱柿颖对数字贸易的内涵做了进一步的补充，从数字贸易发展的历史和理论总结来看，数字贸易、电子商务、数字经济是一种相互承接的关系，数字贸易以数字交付的内容和服务为重点，其核心是数据的流通，属于"狭义版"的定义范畴。[13]

2. 关于数字贸易规则的研究

对于国外关于数字贸易的国际规则的研究，考虑到 WTO 的历史地位和权威性，Weber[5]等认为，WTO 能够应付数字贸易所造成的影响，并建议 WTO 进行改革，以制定一个合理的数字贸易规则。

我国研究者对国外数字贸易规则，特别是欧盟、美国和日本的数字贸易规则进行了深入研究。周念利和陈寰琦在提炼了数字贸易规则"欧式模板"特征的基础上，围绕其三大争议点"跨境数据自由流动""知识产权保护""视听例外"进行深入研究，并对其未来的演变趋势进行分析。[14]吴伟华在对全球跨境数据流动现状进行综合分析后发现，美国为了数据跨境流动带来的利益反对限制性措施，进而认为数字贸易规则的"欧式模板"与"美式模板"相比，更加关注公民数字隐私权。[15]然后，蓝庆新和窦凯根据对美日欧数字贸易的研究发现，日本在通过 G20 峰会等多边会议推广其贸易规则，从而进一步提升自身在全球数字贸易规则制定中的话语权。[12]

随着中国在世界数字贸易上的话语权不断增强，相关学者对中国数字贸易规则的研究未曾松懈。对这个问题的研究，比较具有代表性的是来有为和宋芳秀的研究。他们从中国积极参与构建国际数字贸易规则体系的方向进行了解析，提出要坚持扩大开放与适度保护相结合，积极参加国际产业规则的制定，表达中国意见，促进数字贸易新秩序的建立。[16]吴伟华从四个角度阐述了中国在数字贸易中取得的初步成就，分别是在 WTO 框架下提出相关产业的利益诉求，在各种自贸协定中商议确立有关电子商务的国际贸易规则，在内开展数字贸易相关及衍生产业的改革，从立法制规开始为数字贸易提供法律层面的支持。[15]徐金海和周蓉蓉对欧美等地数字贸易规则进行了总结，在分析中国数字贸易发展现状的基础上与其他学者一起提出了关于数字贸易规则"中式模板"的构想。[11]

（二）关于数字贸易国际竞争力的研究

1. 关于数字贸易测度标准

目前，国内外对数字贸易度量的研究主要集中在计量方法上，即直接计量和比较计量。关于直接计量，2020 年，联合国贸易与发展会议（UNCTAD）估算了世界范围内的跨境电子商务额、2005～2019 年各经济体的数字服务贸易额及其增长速度。国内方面，方元欣对数字交付贸易规模、数字订购贸易规模和数字平台的发展情况进行了测算，并对中国数字贸易的发展进行了分析[17]。关于比较计量，众多经济组织通过建立各种不同的指数，对各国的数字贸易发展水平进行横向对比。联合国贸易与发展会议编制的电子零售指数、2018 年上海社会科学院发布的《全球数字贸易促进指数分析报告》都采用了这种方法。

2. 关于数字贸易国际竞争力评价分析框架的研究

对数字贸易评价体系的研究主要集中在评价方法的筛选和评价指标的确立两个方面。在现有的竞争力评价体系中，美国学者迈克尔·波特于1977 年提出了一种以一国为主体的观点来分析产业国际竞争力的六元钻石模型，指出六个要素之间相互联系、相互影响，但这一模型较少涉及产业本身的中观环境。

关于熵值法。蓝庆新和窦凯运用熵值法，对 2009～2019 年世界十大经济体的数字贸易竞争力指数进行加权计算，并综合结果对各经济体进行排序，同时使用迈克尔·波特的钻石模型进行变量选取，运用回归分析的方法，分析出了影响我国数字贸易发展的主要因素。[12]关于因子分析法。杨涵钦根据迈克尔·波特的钻石模型，从数字贸易的生产要素、需求条件、相关和支持性产业、企业战略与结构、政府以及机会六个维度选取了共计14 项指标，采用因子分析方法，抽取了共性因子，得到了影响我国数字贸易国际竞争力的主要因素，并对它们进行了全面的评价。[3]关于主成分分析法。谢玉和张宝明从迈克尔·波特钻石模型的角度出发，选择了 10 项对中国数字贸易竞争力产生重要影响的指标，并运用主成分分析与回归分析相结合的方法，考察了这些因素对我国国际竞争力的影响，总结出人力资本是影响权重最大的指标。[4]

（三）文献评述

整体来看，国内关于数字贸易的研究还没有形成一个确定的体系，国外对数字贸易的研究比较完善，但还是没有统一标准。首先，经过梳理，目前国内外关于数字贸易的研究多集中于规则与壁垒方面，对数字贸易的含义及其延伸的研究仍有很多争论，研究人员和研究单位也未能实现完全的公平、公正。所以，现在缺少一个无利益牵扯的权威机构对数字贸易的内涵进行充实与完善。数字贸易内涵及外延的确定对组建一个完整的数字贸易研究体系具有基础性作用。其次，目前，国际上对数字贸易的计量还没有统一的规范，也没有精确的统计数据对其体量和造成的影响进行定量。数字贸易领域也没有形成一个完备的数据库，这对数字贸易的量化研究造成了巨大阻碍。再次，对数字贸易竞争力进行实证分析的现有文献十分稀少。由于还未形成数字贸易统一的量化标准，缺乏深入的实证分析，现有的竞争力研究主要集中在数字经济和跨境电子商务领域，对数字交付贸易的涉及较少。最后，在少数几篇有关数字贸易的实证研究中，仅限于以信息通信技术行业或跨境电子商务为代表来衡量数字贸易的规模，缺乏数据的完整性，也缺乏广范围的可比性。同时，部分关于中国数字贸易国际竞争力影响因素的研究同样采用了此种替代方法，缺乏整体分析和政策建议，特别是关于某一省份数字贸易国际竞争力的研究更加有限。

二　浙江数字贸易发展的主要特征和趋势

（一）浙江省数字贸易规模增长迅速且贸易成本逐渐降低

根据《浙江省商务高质量发展"十四五"规划》，浙江省在对外贸易方面计划 2025 年数字贸易进出口总额突破 1 万亿元。这是根据浙江省现实发展情况实事求是制定的发展指标，证明浙江省数字贸易具有巨大潜力且近年来发展迅速。由图 14-1 中的统计数据可得，随着数字经济核心产业增加值的不断增加，数字贸易发展的必要性越发凸显。中国庞大的市场体量、逐步发展的数字化生态圈、政府的积极推动等因素彰显着中国数字化发展的巨大潜力。随着各产业的数字化转型，数字贸易迎来了新的风口。浙江省制造、物流、金融、监管等方面的数字化，为数字贸易的蓬勃发展创造了良好的土壤。据统计，浙江省数字贸易总额在 2021 年达到 5279 亿元，同比增长 21.8%，保持高速增长态势，浙江省飞速靠近全球数字贸易中心的目标。

数字贸易按照贸易标的物的不同可以分为数字内容贸易和数字平台贸易，进而可以分为服务贸易中的数字内容贸易、服务外包中的数字内容贸易和作为数字平台贸易的跨境电商三个部分。国家一直以来都十分支持数字贸易的发展，特别是"十四五"时期，将数字贸易列入《"十四五"服务贸易发展规划》，设专章阐述服务贸易数字化进程。浙江省凭借制造业

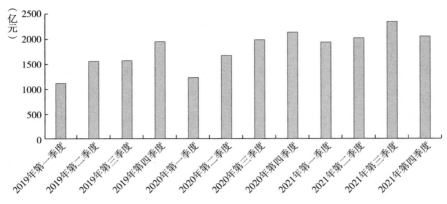

图 14-1 浙江省数字经济核心产业增加值

数据来源：浙江省统计局官网。

和服务业发展带来的基础设施环境优势，和阿里巴巴、海康威视等大企业的领头效应，形成了数字贸易独特的快速发展态势。

在数字内容贸易方面，从服务贸易来看，根据对 BOP（国家外汇管理局的国际收支平衡表）口径数据进行分析，2019 年在浙江省数字服务贸易前十行业中，计算机服务进出口增长十分迅速，进出口额已经居于第一位（见图 14-2）。与其他数字服务贸易行业相比，计算机服务以 63.90% 的比重占据数字服务贸易的第一位。2019 年，浙江省数字服务贸易优势行业的平均增速远超 BOP 口径服务贸易中其他行业子类。由此可见，浙江省的数字服务贸易正处于快速发展阶段。

在数字内容贸易方面，从服务外包来看，2019 年在浙江省外包类数字服务贸易行业子类中，工业设计服务与软件研发服务进出口总额分别占据第一和第二位（见图 14-3）。从增长幅度可以看出，互联网营销推广服务进出口总额出现激增现象，电子商务平台服务和管理咨询服务进出口总额增速也十分惊人。

在数字平台贸易方面，2021 年浙江省跨境电商进出口总额同比增长30.7%，处于飞速发展阶段，规模达 3302.9 亿元（全国第二位），为浙江省外贸"新模式"的实施交出了完美答卷。根据浙江省商务厅公布的数据，浙江省 2021 年出口活跃网店达到 14.9 万家，与 2020 年相比增长 3.1万家。浙江省逐步扩大"产业集群 + 跨境电商"试点范围，专市专精，促

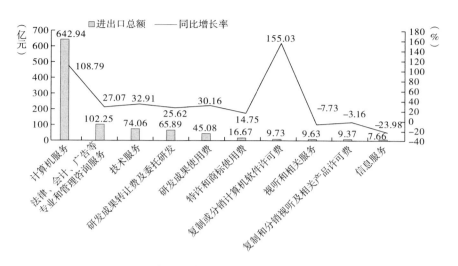

图14-2　2019年浙江省数字服务贸易前十行业进出口总额

数据来源：浙江省国际数字贸易协会于2020年发布的《2019年浙江省国际数字贸易年度报告》。

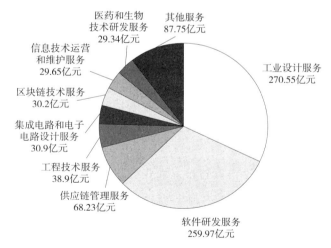

图14-3　2019年浙江省外包类数字服务贸易行业子类进出口总额

数据来源：浙江省国际数字贸易协会于2020年发布的《2019年浙江省国际数字贸易年度报告》。

进了传统外贸企业的数字化转型，大幅扩大跨境电商规模。与此同时，浙江省的物流网络在海陆空三个方面都进行了升级，宁波舟山港增加航线、中欧班列扩大覆盖面和杭州萧山国际机场增加货物吞吐量都大大提升了跨境电商的货物运输效率。

此外，浙江省具有坚实的制造业和服务业基础，在产业数字化转型中，贸易成本得到有效降低。数字贸易的发展促使浙江省小型制造业向数字化、智能化方向转型，由此，不必要的中间环节得到缩减，资源得到更合理的配置，企业支出显著下降。为了降低交易成本，企业还通过贸易谈判数字化、合同数字化、运输数字化，实现了审批流程优化、集量换价、降本增效、原材料价格预测等功能。不仅大型企业，浙江许多中小型企业在数字化技术不断革新和提升的同时，也在不断地进行着数字化转型和提升，大幅降低了贸易成本。

（二）浙江省数字贸易发展区域化明显

在服务贸易中的数字内容贸易方面，杭州市遥遥领先，舟山市等地区在政策的支持下，拥有明显的后发优势。《2019 年浙江省国际数字贸易年度报告》显示，浙江省会杭州市数字服务贸易进出口总额为 827.04 亿元，同比增长 81.50%，在全省数字服务贸易进出口总额中的占比高达82.19%。杭州市数字服务贸易的进出口总额及其增长幅度都居于遥遥领先地位，为浙江省数字贸易发展做出突出贡献。舟山市 2019 年的数字服务贸易进出口总额虽然仅为 5.82 亿元，但是增长率达到 84.76%，增长速度位于全省第一，发展前景广阔。自舟山自由贸易试验区挂牌以来，舟山数字服务贸易就进入了高速发展期，自贸区取得的各项成果为舟山市数字服务贸易的发展提供了坚实的支撑。

在服务外包中的数字内容贸易方面，杭州市依然优势明显，特别是杭州市滨江区外包类数字服务贸易在全省区县中排名第一。在国际形势不利的情况下，在外包类数字服务贸易额前二十的区县中仍有 75% 的区县保持稳步增长。杭州市滨江区聚集了海康威视、大华服务等企业，凭借坚实的行业基础，2019 年服务外包中的数字内容贸易额达到 200.05 亿元，相比2018 年增长 0.63%，实现了大基数正增长。其中宁波高新区 2019 年的外包类数字服务贸易出口额相较于 2018 年增长 75.44%，发展前景广阔。

在作为数字平台贸易的跨境电商方面，浙江省各地区发展不均衡，部分地区依据制造业和服务业的产业基础在跨境电商方面拥有发展优势。由

图 14 - 4 可见，金华市、杭州市、宁波市、温州市在跨境网络零售出口额上在全省处于领先地位，规模远大于浙江省其他地区。金华市凭借专业市场优势，宁波市凭借出口制造优势，杭州市凭借数字经济优势，在发展跨境电商方面走在全省前列。近年来，我国已开始实施跨境电商试点，到 2022 年，浙江已建成 12 个综合试点区域，实现了全省域覆盖，但省内各地市之间仍存在数字鸿沟。可以看到，浙江在实施数字经济"一号工程"的过程中，发展的重点是杭州和宁波，而云栖、梦想小镇以及各种 AI 的创新中心也都集中在杭州，电子商务、大数据、互联网金融等"独角兽"企业也都在杭州等大城市落地生根，宁波形成了 20 多个产业互联网平台，而其他地方，则与新一线城市和重点城市相比有一定的差距。

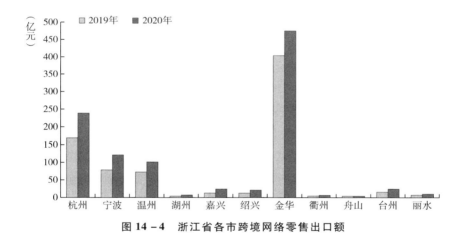

图 14 - 4　浙江省各市跨境网络零售出口额

数据来源：根据浙江省统计局官网的数据整理。

（三）浙江省数字贸易逐渐向"一带一路"沿线国家转移

从数字服务贸易来看，根据公开数据，数字服务的供给主要集中于欧美国家。数字服务出口排在世界首位的是美国，得益于其产业和数字技术的优势。爱尔兰凭借税收政策优势，数字服务贸易出口额排在世界第二位。2020 年，中国以数字贸易出口额 1435.5 亿美元位列全球第八，拥有 4.5% 的国际市场占有率，相较于 2019 年，出口额同比增长 8.6%，增长速度位于世界第六。中国数字服务贸易发展态势良好，其中浙江省数字服务贸易发展凭借坚实的产业基础位于前列。

根据 2019 年浙江省外包类数字服务贸易对各国的出口数据（见图 14-5）可以得到，浙江省数字服务贸易正在从欧美发达国家向"一带一路"沿线的发展中国家转移。浙江省外包类数字服务贸易对美国的出口额下降 2.88%，对日本的出口额下降 2.18%，对英国的出口额仅仅以 2.42% 的速度缓慢增长。与此同时，对俄罗斯的出口额达到 22.43 亿元，增长速率达到惊人的 75.71%，对越南的出口额为 21.26 亿元，同比增长 62.05%。由此可见，相较于欧美发达国家市场，"一带一路"沿线发展中国家市场具有惊人的发展前景。

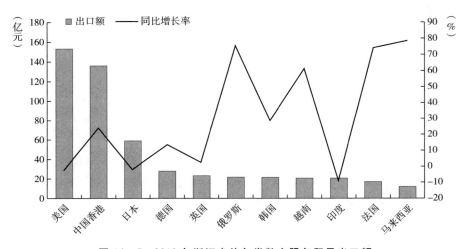

图 14-5 2019 年浙江省外包类数字服务贸易出口额

数据来源：浙江省国际数字贸易协会于 2020 年发布的《2019 年浙江省国际数字贸易年度报告》。

（四）相关政策助推浙江省数字贸易平台拓展

浙江省是数字贸易大省，浙江省政府在数字贸易生态、产业、平台、制度和管理体系等方面积极推进数字贸易高质量发展。2021 年 11 月，浙江省委、省政府印发《关于大力发展数字贸易的若干意见》，文件指出：要建设"四区"，即数字产业集聚区、数字金融创新区、数字物流先行区和数字监管标杆区。以省委和省政府的名义印发有关数字贸易文件是全国先例，自此之后省委、省政府不断制定相关政策以推进数字贸易发展。表 14-1 所示就是近年来相关动态信息。

表 14 - 1　2018 年以来浙江省关于数字贸易的相关动态及其目的

时间	动态信息	主要目的
2018 年 4 月 11 日	2018 中国国际电子商务博览会暨首届数字贸易博览会开幕	发展数字贸易、促进开放共享。
2019 年 10 月 18 日	2019 浙江数字贸易交易会暨第十届浙交会开幕	围绕当下行业新亮点、新议题、新模式，在全球范围内深度剖析未来数字经济发展方向。
2020 年 5 月 18 日	浙江省国际数字贸易协会揭牌成立	为优化行业资源，激发协会内在活力和发展动力，进一步提升服务能力和效率，充分认识数字贸易的意义和发展前景，浙江省国际数字贸易协会成立。
2020 年 11 月 2 日	印发《浙江省数字贸易先行示范区建设方案》	数字贸易先行示范区，是推进浙江自由贸易试验区建设的重要平台，也是推进"建设全球数字贸易中心"的重大突破口。
2020 年 11 月 26 日	召开中国（浙江）自由贸易试验区建设推进大会	围绕"新型国际贸易中心"，全力拓展新的国际贸易领域，打造全球数字贸易中心，举办全球数字贸易博览会。到 2025 年，以数字贸易为主体的新型国际贸易额达 1.2 万亿元，占国际贸易的 1/3 以上。
2021 年 7 月 14 日	浙江省商务厅与之江实验室签订《数字贸易规则与标准研究合作协议》	在"双循环"新发展格局下，省商务厅将积极创新政府与科研院所协同机制，以数字贸易作为切入口，推动平台共建、资源共享、人才共用，进一步扩大合作，共同推进"两个高水平"建设。

（五）浙江省数字贸易依托数字技术形成巨大发展力

随着科研人员对数字技术的不断探索，各种数字服务应运而生，数字贸易的表现形式也越发丰富。数字服务在各个方面为数字贸易的拓展和升级提供了持续不断的有力支持。近年来，云储存计算技术、数字平台服务、人工智能服务、5G 网络服务、区块链等的发展为数字贸易构建了一个更加智能、便捷、多样、可信的发展环境。云储存与云计算技术将成为数字贸易的数字基础设施。艾媒咨询的调查显示，全球云计算的市场前景广阔，规模在 2020 年达到 2245 亿美元，相比于 2019 年的数据增长 19.22%，且保持着稳步增长态势。浙江省云计算规模长居中国前五，为数字服务贸易的长足发展深根固本。同时，阿里云凭借飞天云操作系统占据着最大的市场份额，数字服务贸易发展前景广阔。数字平台服务确保数字贸易高效运转，5G网络技术拓展数字贸易的应用场景。在UNCTAD出具的报告中，数字平台可根据功能被分为交易平台和创新平台两大类。数字交易平台是数字企业和其他提供数字赋能支持的公司的核心商业模式的重要工具。浙江是我国最大跨境电商企业的所在地，阿里巴巴公司依据数字技术推动浙江跨境电商积极向数字贸易转变，形成了浙江省的平台优势。同时，根据规划，浙江省将在2022年实现省内乡镇以上5G信号全覆盖，此举大大拓展了数字贸易的应用场景。人工智能使数字贸易更智能，区块链技术的应用使贸易环境更可信。人工智能技术的发展大大提高了贸易数字化的效率。浙江省积极推动人工智能技术的应用，数字贸易的效率得到显著提高。除此之外，数字资产交易生态被区块链技术重塑，数据流动的安全性和数据产权保护的可信性得到大幅增强。数字贸易的智能性和可信性在数字技术的发展下得到全面提升。

三 浙江数字贸易国际竞争力的评价设计

（一）评价分析框架的选择

1. 波特钻石模型的适用性概述

关于产业国际竞争力的评价模型，最为人熟知的就是波特的钻石模型。波特对部分传统的贸易理论提出了合理的质疑。他认为，比较优势和竞争优势并不总是一致的，因为生产率提高对国际竞争力的影响容易被汇率、工资、政策等因素所抵消，所以竞争力的提升和生产率的提高并不总是一致的。同时，他对要素禀赋理论、规模优势、技术差距理论、生命周期理论提出了自己的合理的质疑。根据对以上理论的归纳总结与查缺补漏，波特提出了关于产业国际竞争力的钻石模型。此模型表明，竞争优势受六大因素的影响：要素条件、需求状况、关联和支持行业、企业战略结构与竞争、机遇、政府。目前，波特钻石模型被广泛应用于产业国际竞争力的评价，但是对数字经济方面国际竞争力的评价，案例较少。数字贸易相较于传统贸易形式，基本含义、特征和交易方式都有所不同。特别是，对于单独一个省份的国际竞争力研究，省内的经济环境与发展良好的国家的经济环境存在区别，市场规模也不可比较，波特钻石模型在某一省份国际竞争力评价上是否具有广泛适用性有待商榷。

2. IMD 区域竞争力模型的适用性概述

IMD 区域竞争力模型是由瑞士洛桑国际管理学院（IMD）提出的，它将竞争力划分为以国家为主体的竞争力和以企业为主体的竞争力，认为企业竞争力的影响权重较大。该理论模型认为企业的根本目标是创造财富，企业发展可以带动以国家为主体的竞争力提高。此模型将区域竞争力分解为八个维度，即企业管理、经济实力、科学技术、国民素质、政府作用、国际化程度、基础设施和金融环境。区域竞争力模型的目的是进行国家间的比较，由此可见，用此模型对浙江省数字贸易国际竞争力进行评价也存在不妥。省域研究与国别研究在国际竞争力的影响因素上存在不同，因此，本章的研究不能完全套用 IMD 区域竞争力模型，但可以合理借鉴。

3. 评价框架的综合性选择

综上所述，对于省域范围内数字贸易的国际竞争力研究应该结合实际情况，探索产业发展内在机制，结合现有理论，创新采用波特钻石模型和 IMD 区域竞争力模型合理结合的范式进行研究。

本章使用的评价分析框架由五个维度组成，即业态、技术、机制、基础、人才五个方面。数字贸易根据贸易标的主要可以分为数字内容贸易和数字平台贸易两大类。数字贸易发展的影响因素包括基础设施建设、人才禀赋程度、法律制度环境、国际规则等方面。因此，根据实际情况，借鉴越大志和高栓平关于福建省数字贸易国际竞争力的评价框架[18]，确定了使用这五个维度来评价浙江省数字贸易国际竞争力的方法。

在此评价框架中，国际竞争力并不是天然获得的，而是通过不断地创新技术、增加资本、产业升级，进而提升或增强影响因素得到的。基础设施建设和专业人才数量的增加有助于技术和机制的发展，技术条件和发展机制的提升和完善可以促进数字贸易业态的升级，良好的业态又可以吸引优质投资和专业人才，由此循环往复，五个因素相互影响、相互作用。

（二）评价指标的选择及数据来源

针对影响浙江省数字贸易国际竞争力的五个维度，本章选取了 11 个指标（如表 14 - 2 所示）。

表 14 - 2　评价指标的选择及符号

维度	指标	符号
业态竞争力	市场占有率	B_1
	产业开放度	B_2
	数字经济发展指数	B_3
技术竞争力	R&D 经费占比	T_1
	专利获申比	T_2
机制竞争力	政府政策（虚拟变量）	P_1
	实际利用外资投资额	P_2
基础竞争力	居民总消费水平	F_1
	互联网普及率	F_2
人才竞争力	科研人员数量	M_1
	高校毕业生数量	M_2

1. 业态竞争力

业态竞争力指的就是数字贸易的发展现状及未来的发展前景，它充分体现了数字贸易现在的产业规模及未来的发展潜力，是衡量该产业国际竞争力的重要维度。描述业态竞争力可以从相关产业影响、数字贸易产业开放度和市场需求几个方面进行。本章选取了产业开放度、市场占有率和数字经济发展指数三个指标对业态竞争力进行描述。

市场占有率指浙江省数字贸易进出口总额在全国数字贸易进出口总额中的占比，可以用来表示市场需求。由于数据难以收集，本章使用浙江省贸易进出口总额和全国贸易进出口总额作为代理变量，数据可以从《浙江统计年鉴》和《中国统计年鉴》中获得。产业开放度指的是浙江省数字贸易进出口总额与浙江省地区生产总值的比值，数据可由浙江省商务厅网站与《浙江统计年鉴》获得，缺失数据通过线性插补法进行补充。数字经济发展指数可以代表相关产业影响，具体数据可以从浙江省商务厅获得。

2. 技术竞争力

科学技术是第一生产力，云储存计算服务、数字平台服务、人工智能服务、5G 和区块链等都为数字贸易的发展提供了先决条件。本章选取R&D 经费占比和专利获申比两个指标来描述技术竞争力。

R&D 经费占比是浙江省统计年度内全社会实际用于基础研究、应用研究和试验发展的经费支出占浙江地区生产总值的比重，具体年度数据可以从《浙江统计年鉴》中获得。专利获申比表示年度专利申请与专利获批的比率，数据来源于对历年《浙江统计年鉴》中数据的整理。

3. 机制竞争力

政府政策与资金投入对数字贸易发展的影响越发明显，因此本章选择使用政府政策（虚拟变量）和实际利用外资投资额作为衡量机制竞争力的指标。浙江省商务厅在 2020 年发布了《浙江省数字贸易先行示范区建设方案》，对数字贸易的发展做出了清晰的规划，重要程度不可小觑。本章把政府政策作为虚拟变量，将 2020 年记为 1，其他年份记为 0。实际利用外资投资额数据来源于《浙江统计年鉴》。

4. 基础竞争力

社会消费环境是决定贸易发展的一大因素。本章选择居民总消费水平作为衡量社会消费环境的指标，年度具体数据来源于《浙江统计年鉴》。加快建设数字贸易生态圈，就要大力建设配套基础设施，为数字贸易提供良好的发展环境。互联网作为数字流动的载体，是数字贸易开展的基础，所以本章选择互联网普及率作为指标，数据可以根据《浙江统计年鉴》中数据整理得到。

5. 人才竞争力

人力作为必不可少的生产要素之一，是数字贸易发展的必要条件。数字贸易是以传统贸易为基础，通过互联网技术加成，而形成的一种新的贸易形式。因此，高技术人才是该行业发展不可或缺的条件。本章使用科研人员数量和高校毕业生数量作为评价指标，数据均来源于《浙江统计年鉴》。

（三）指标权重的确定与处理

1. 权重确定方法的选择：熵值法

为了确定各指标的权重，必须采用适当的数量工具。目前，可以选择的数量工具，有熵值法、距离评价法、层次分析法、因子分析法、模糊综合评价方法等。

熵是一种从热力学中得到的概念，它可以用来度量系统不确定性。在信息论中，信息量是系统有序程度的一种度量，熵是无序程度的一种度量，两者绝对值相等，符号相反。由此，我们可以得到表 14 - 3。

表 14 - 3 信息论中熵的性质

熵	不确定性	信息量	离散程度	指标权重
大	强	小	低	小
小	弱	大	高	大

根据熵的特殊性质，可以通过计算熵值来判断某个指标的离散程度，得出该指标对综合评价的影响程度（权重）。因此，本章采用熵值法来确定五个维度 11 个指标的权重，并据此进行分析。

2. 熵值法运算过程

（1）确定 2016 ~ 2020 年衡量浙江省数字贸易国际竞争力五个维度 11 个指标的数据。

（2）对数据进行标准化处理。由于 11 个指标的测量单位不尽相同，所以在用这些指标进行量化分析之前，必须将其标准化，即将各个指标的绝对值转换为相对值，从而使 11 个指标同质化。而且，正向指标和负向指标数值的含义不同，所以需要使用不同的公式进行标准化处理：

正向指标：
$$X'_{ij} = \frac{x_{ij} - \min(X_j)}{\max(X_j) - \min(X_j)} \qquad (14-1)$$

负向指标：
$$X'_{ij} = \frac{\max(X_j) - x_{ij}}{\max(X_j) - \min(X_j)} \qquad (14-2)$$

所选的 11 个指标均为正向指标，对数据进行无量纲化处理后的结果如表 14 - 4 所示。

表 14 - 4 无量纲化处理结果

指标	2016 年	2017 年	2018 年	2019 年	2020 年
B_1	0	0.061633	0.163459	0.469908	1
B_2	0	0.097674	0.240576	0.39501	1
B_3	1	1	0.954545	0	0.25
T_1	0	0.186425	0.432799	0.740659	1
T_2	0	0.020981	0.352484	0.524096	1
P_1	0	0	0	0	1
P_2	0.791072	0.854979	1	0	0.43814

指标	2016 年	2017 年	2018 年	2019 年	2020 年
F_1	0	0.188073	0.453572	0.746733	1
F_2	0	0.309524	0.809524	0.910714	1
M_1	0	0.104268	0.394762	0.766731	1
M_2	0	0.216828	0.530692	0.685249	1

为使数据有意义，必须消除数据中为零的值，所以需要在无量纲化处理之后对数据进行整体平移，即 $X_{ij} = X'_{ij} + \beta$，为了不破坏数据原始的内生规律，β 的取值需要尽可能地小，本章取 $\beta = 0.000001$。有意义处理后的数据如表 14 – 5 所示。

表 14 – 5　有意义处理结果

指标	2016 年	2017 年	2018 年	2019 年	2020 年
B_1	0.000001	0.061634	0.163460	0.469909	1.000001
B_2	0.000001	0.097675	0.240577	0.395011	1.000001
B_3	1.000001	1.000001	0.954546	0.000001	0.250001
T_1	0.000001	0.186426	0.432800	0.740660	1.000001
T_2	0.000001	0.020982	0.352485	0.524097	1.000001
P_1	0.000001	0.000001	0.000001	0.000001	1.000001
P_2	0.791073	0.854980	1.000001	0.000001	0.438141
F_1	0.000001	0.188074	0.453573	0.746734	1.000001
F_2	0.000001	0.309525	0.809525	0.910715	1.000001
M_1	0.000001	0.104269	0.394763	0.766732	1.000001
M_2	0.000001	0.216829	0.530693	0.685250	1.000001

（3）计算第 i 年第 j 个指标的比重：

$$Y_{ij} = \frac{X_{ij}}{\sum X_{ij}} (i = 1, 2, \cdots, 5; j = 1, 2, \cdots, 11) \qquad (14 – 3)$$

表 14 – 6　第 i 年第 j 个指标的比重

指标	2016 年	2017 年	2018 年	2019 年	2020 年
B_1	$5.9E - 07$	0.036362	0.096436	0.277232	0.589969
B_2	$5.77E - 07$	0.056353	0.1388	0.2279	0.576947

续表

指标	2016 年	2017 年	2018 年	2019 年	2020 年
B_3	0.312057	0.312057	0.297872	3.12E-07	0.078014
T_1	4.24E-07	0.078998	0.183398	0.313854	0.423749
T_2	5.27E-07	0.011057	0.185756	0.276194	0.526992
P_1	1E-06	1E-06	1E-06	1E-06	0.999996
P_2	0.256492	0.277213	0.324234	3.24E-07	0.14206
F_1	4.19E-07	0.078745	0.189908	0.312653	0.418694
F_2	3.3E-07	0.102161	0.26719	0.300589	0.330059
M_1	4.41E-07	0.046019	0.17423	0.338399	0.441352
M_2	4.11E-07	0.089128	0.218143	0.281674	0.411054

（4）计算指标的信息熵：

$$e_j = -k \sum_{i=1}^{5}(Y_{ij} \times \ln Y_{ij}) \tag{14-4}$$

表 14-7　各指标的信息熵

指标	B_1	B_2	B_3	T_1	T_2	P_1
e_j	0.629445117	0.677585	0.799399	0.769914	0.655785	3.68214E-05
指标	P_2	F_1	F_2	M_1	M_2	
e_j	0.836982	0.772723	0.815731	0.729313	0.789069	

（5）计算信息熵冗余度：

$$d_j = 1 - e_j \tag{14-5}$$

（6）计算各项指标的权重：

$$W_j = \frac{e_j}{\sum_{i=1}^{11} d_j} \tag{14-6}$$

表 14-8　各指标的权重

权重	B_1	B_2	B_3	T_1	T_2	P_1
W_j	0.10515127	0.091491	0.056924	0.065291	0.097677	0.283756613
权重	P_2	F_1	F_2	M_1	M_2	
W_j	0.046259	0.064494	0.05229	0.076812	0.059855	

（7）计算单个指标的评价得分：

$$S_{ij} = W_j \times X_{ij} \tag{14-7}$$

表 14 - 9　单个指标的评价得分

指标	2016 年	2017 年	2018 年	2019 年	2020 年
B_1	1.05E - 07	0.006481	0.017188	0.049412	0.105151
B_2	9.15E - 08	0.008936	0.022011	0.03614	0.091491
B_3	0.056924	0.056924	0.054337	5.69E - 08	0.014231
T_1	6.53E - 08	0.012172	0.028258	0.048358	0.065291
T_2	9.77E - 08	0.002049	0.03443	0.051192	0.097677
P_1	2.84E - 07	2.84E - 07	2.84E - 07	2.84E - 07	0.283757
P_2	0.036594	0.039551	0.046259	4.63E - 08	0.020268
F_1	6.45E - 08	0.01213	0.029253	0.04816	0.064494
F_2	5.23E - 08	0.016185	0.04233	0.047621	0.05229
M_1	7.68E - 08	0.008009	0.030323	0.058894	0.076812
M_2	5.99E - 08	0.012978	0.031765	0.041016	0.059855

四　浙江数字贸易国际竞争力的评价分析

（一）数字贸易规模是衡量国际竞争力的重要方面，但规模扩大受国际环境制约

数据处理结果显示，市场占有率与产业开放度在衡量浙江省数字贸易国际竞争力时的权重分别为 0.1052 和 0.0915，在所有指标中排在第二位与第四位。这表明数字贸易具有规模效应，规模越大国际竞争力就越显著。现如今浙江省数字服务贸易在服务贸易中的占比越来越大，跨境电商进出口总额高速增长，预计到 2025 年，浙江数字贸易进出口总额将突破 1 万亿元大关。种种迹象表明，浙江省数字贸易规模不断扩大将持续推进国际竞争力的增强。《浙江省商务高质量发展"十四五"规划》提出打造高质量外资聚集地、高层次对外投资源地和高水平对外开放新高地的目标，充分体现了浙江省提高数字贸易开放程度的决心，进而在增强数字贸

易国际竞争力方面存在巨大潜力。

但是，数字贸易作为因数字技术发展而兴起的新型贸易形式，现阶段无论是从其本身还是从发展环境来看，都存在各种各样的问题。从数字贸易本身来看，由于诞生时间短、发展速度快，各个国家对数字贸易内涵的界定与规则的研究并不是十分完善，导致关于这一门类缺乏实证研究。从发展环境来看，中国近年来数字技术突飞猛进，引起了部分西方国家的警惕，限制了技术在国际上的交流发展；由于部分国家出现反全球化浪潮，贸易保护主义抬头，导致浙江省数字服务贸易的主力行业，如计算机服务、计算机软件许可等的进出口形势恶化。以上种种国际环境制约着浙江省，乃至整个中国数字贸易规模的扩大。

（二）技术水平决定国际竞争力提升极限，目前数字技术发展道阻且长

技术竞争力这一维度的平均权重在五个维度中排名居中，验证了科学技术对经济发展的核心推动作用。数字贸易不同于其他传统的国际贸易，非常依赖于数字技术的发展。因此，增加科研经费投入与鼓励科技创新，对于提高数字贸易国际竞争力不可或缺。现如今，在数字服务贸易方面，欧美依然占据领先地位，且拥有制定规则的权力。只有大力鼓励数字技术研发，才有机会动摇欧美的霸主地位，在高新技术数字贸易方面占据首发优势。数字技术的发展有助于推动制造业与数字贸易深度融合，满足传统制造业的转型升级需求。同时，数字技术的升级，可以大幅降低贸易成本，进而可以全产业链地提高数字贸易的国际竞争力。数字技术是数字贸易国际竞争的入场券，同等质量产品更为低廉的价格是获胜的砝码，浙江省数字贸易国际竞争力的提高任重道远。

（三）政府政策是影响国际竞争力的重要因素，顶层设计亟待优化

评价数据显示，政府政策的权重在11个指标中排名第一，虽然政府政策使用了虚拟变量替代，但不可否认政府政策在新兴产业战略性发展中的干预作用。浙江省建设全球数字贸易中心的目标，将在未来几年给数字贸易产业带来更多的政策优惠，吸引大中小型企业落户浙江。产业生态的发

展，会提高政府对相关人才培养的重视程度，进而促成相关人才培养机制的改革升级。专精人才的聚集会提高数字贸易企业的发展速度与发展质量。由此可见，政府政策将在数字贸易生态循环的各个环节产生作用，正确引导企业的发展，切实提高数字贸易国际竞争力。

对于浙江省来说，政府政策虽紧贴数字贸易发展，但由于数字贸易这种无前例可考的贸易形式，基础规定仍需磨合。比如说，对于数字贸易统计、数字贸易壁垒、争端解决机制、知识产权保护、新型数字贸易规则影响等问题，浙江省的研究仍处于初级阶段，还没有形成固定的商务、海关、税务等部门的合作链条，对于数字贸易发展来说具有滞后性，顶层设计亟待优化。

五　提升浙江数字贸易国际竞争力的举措

（一）积极建设数字贸易完整理论体系，为高速发展铸实根基

对数字贸易相关理论进行深入研究，进而加快制定相关标准与规则。数字贸易是数字技术高速发展的产物，由于诞生时间短，浙江省对数字贸易相关标准的研究还处于起步阶段。随着数字化浪潮席卷各个产业，各种机遇与挑战接踵而至，产业数字化转型迫在眉睫。浙江省应加快对数字贸易相关标准的研究，对有关数字化转型企业案例进行深入分析，加快数字贸易评价体系的建设。数字贸易发展指数应该加快构建，为数字贸易水平提供明确的评价标准。

完善数字贸易数据统计制度，为实证研究提供研究材料。通过浙江省统计局发布的《浙江统计年鉴》可以发现，浙江省目前对数字贸易这一细分领域没有进行合理的归类，也没有成体系的数据。造成这一现象的原因就是浙江省没有建立完善的数字贸易统计制度。更深层次的原因是浙江省对数字贸易的内涵与外延没有官方规定。对数字贸易相关数据的统计可以展示该产业的发展现状和发展趋势，在政府制定数字贸易的相关政策时可以起到参考作用。由此可见，建立完善的数字贸易统计制度迫在眉睫。

（二）大力提升数字贸易产业基础能力，形成稳定的数字生态

加大对数字人才的支持力度。增加数字人才数量的方法主要包括培育

与引进两种。在人才培育方面，浙江省应大力推进基础学科与相关交叉学科建设，本地高校积极开设相关专业，加强对贸易人才的数字技能培训，培育数字复合型人才。在人才引进方面，浙江省应大力完善相关人才发展环境，优化数字人才评价体系，完善数字人才配套服务，以良好的发展生态增强对数字人才的吸引力。

加大对各梯队企业的支持力度，激发市场主体活力。大中小型企业均稳定发展，有助于提高市场占有率，进而提升国际竞争力。对于龙头企业，要勇于对标国际顶尖企业，实施平台化战略，在世界范围内合理配置资源。要增加中小企业的数量，争取企业类型涵盖数字贸易各个细分领域。浙江省政府应该根据相关政策规定，尽力给企业减负，健全配套体系，激发企业发展活力，进而激发市场活力。

（三）完善数字治理体系，为发展坚定方向

推动数字贸易监督管理体制改革。贯彻执行《浙江省数字经济促进条例》和其他有关数字经济的法规政策，加强知识产权保护、数据合理利用、平台监督管理等方面的法律支持。监管体制向数字化、市场化、法制化方向发展，健全信用监管体系，注重"互联网＋监管"等新模式的运用，与时俱进，探索"沙盒监管"等新型监管方法，适应技术水平的提高。对于轻微违法违规行为，遵从适当原则和比例原则，酌情确定处罚力度，探索清单式容错免责、减责机制。

加速数据要素价值化，推进要素流通，保障数据安全。每个主体都有各自采集的数据，主体与主体之间存在流通壁垒，要积极建设数据平台，构建数据采集、共享机制，实现数据流通，构建流通规则，形成数据市场。与此同时，浙江省需要保证数据质量，因此应该建立数据质量监督部门，积极对出现的问题进行响应，制定合理的改善方案，形成对数据质量的管理闭环。为保证数据安全，使用区块链技术保证信息不被篡改，运用数据安全沙盒等技术，实现数据使用权和数据所有权有效分离，从而使数据在市场中的流动更为安全。数字贸易在很大程度上依赖于数据流动，数据流动更为规范安全，数字贸易的国际竞争优势就更为鲜明。

（四）加快建设数字贸易先行示范区，向全球数字贸易中心
迈进

建设数字贸易先行示范区，全方面提高核心竞争力。为了加快数字贸
易新基建，浙江省应继续扩大 5G 网络覆盖范围，加快工业互联网组建，
加快数字贸易枢纽建设，进行网络基础设施优化升级，如推动 IPv6 规模扩
大。为了形成数字贸易新业态，浙江省应切实推进跨境电商发展，加快云
储存、云计算技术的发展，提高数字化与居民生活的融合程度等。为了构
建数字贸易新场景，浙江省应从数字制造场景到数字应用场景、从数字贸
易线上场景到线下场景全面发展。为了打造数字贸易新能级，浙江省应积
极建设出口、创新等国家级平台。为了形成数字贸易新体系，浙江省应大
力完善数字贸易制度、标准、保护、统计体系。

加速向全球数字贸易中心迈进。发展平台与成功案例经验是成为贸易
中心不可缺少的要素。浙江省应通过建设数字自贸区、跨境电子商务综合
试验区、全球数字贸易博览会等高能级平台，丰富繁荣数字贸易生态，保
证数字内容贸易和跨境电子商务等数字平台贸易高质量发展。同时，与环
境改善同样重要的是贸易主体改革。对于重点商贸企业和专业市场来说，
应学习成功经验，强力推进数字化转型，实现与集群供应链的数字化融
合。对于电商企业来说，学习工贸一体的优质企业，向供应链靠近，实现
向供应链服务商转变。

（五）打造数字贸易开放发展格局，积极参与国际规则建设

紧扣"一带一路"倡议，积极参与国际规则建设。在部分欧美发达国
家的施压下，浙江省要勇于突破困境，开发"一带一路"沿线城市，重视
"一带一路"沿线国家市场。"数字丝绸之路"这一规划的提出，为浙江省
数字贸易的发展指明了方向。浙江省政府应该建立"一带一路"沿线国家
数据库，积极收集这些国家双边关系、发展水平、税收政策等信息，为以
此为贸易对象的数字贸易企业解除发展的后顾之忧。数字贸易企业应紧靠
国家战略，瞄准这一广阔市场。同时，浙江省应在数字贸易优势细分领域
积极参加全球发展规则与标准体系的建设，掌握国际话语权。

充分利用 RCEP 这一机遇，让更多数字服务走出国门。在 RCEP 生效

之年，首届全球数字贸易博览会在杭州举办，浙江省迎来了数字贸易洽谈的巨大平台载体。在服务贸易方面，RCEP 缔约国将采用负面清单的形式实现高水平开放，同时，RCEP 数字贸易发展目标满足浙江省数字经济发展需要。如果浙江省能把握住这次数字贸易发展的机遇，浙江省与亚太数字经济生态圈的融合就会加快，同时此次机遇有助于浙江省开拓更为广阔的数字贸易国际市场。

参考文献

［1］ 马述忠、房超、梁银锋：《数字贸易及其时代价值与研究展望》，《国际贸易问题》2018 年第 10 期，第 16～30 页。

［2］ 蓝庆新、窦凯：《美欧日数字贸易的内涵演变、发展趋势及中国策略》，《国际贸易》2019 年第 6 期，第 48～54 页。

［3］ 杨涵钦：《中国数字贸易国际竞争力及影响因素研究》，硕士学位论文，苏州大学，2020。

［4］ 谢玉、张宝明：《中国数字贸易的国际竞争力研究——基于波特"钻石模型"理论》，《中国物价》2020 年第 11 期，第 27～30 页。

［5］ Weber, R. H., "Digital Trade in WTO – Law – Taking Stock and Looking Ahead," *Asian Journal of WTO and International Health and Law Policy*, 2010, 5 (1): 1 – 24.

［6］ United States International Trade Commission, *Digital Trade in the U. S. and Global Economies*, Part 1 (USITC Publication, 2013).

［7］ United States International Trade Commission, *Digital Trade in the U. S. and Global Economies*, Part 2 (USITC Publication, 2014).

［8］ United States International Trade Commission, *Global Digital Trade 1: Market Opportunities and Key Foreign Trade Restrictions* (USITC Publication, 2017).

［9］ 贾怀勤、刘楠：《数字贸易及其测度研究的回顾与建议——基于国内外文献资料的综述》，《经济统计学（季刊）》2018 年第 1 期，第 270～277 页。

［10］ 马述忠、房超、郭继文：《世界与中国数字贸易发展蓝皮书（2018）》，http://www.zjskw.gov.cn/u/cms/www/201809/29142313hdlq.pdf。

［11］ 徐金海、周蓉蓉：《数字贸易规则制定：发展趋势、国际经验与政策建议》，《国际贸易》2019 年第 6 期，第 61～68 页。

［12］ 蓝庆新、窦凯：《基于"钻石模型"的中国数字贸易国际竞争力实证研究》，《社会科学》2019 年第 3 期，第 44～54 页。

［13］陈维涛、朱柿颖：《数字贸易理论与规则研究进展》，《经济学动态》2019 年第 9 期，第 114～126 页。

［14］周念利、陈寰琦：《数字贸易规则"欧式模板"的典型特征及发展趋向》，《国际经贸探索》2018 年第 3 期，第 96～106 页。

［15］吴伟华：《我国参与制定全球数字贸易规则的形势与对策》，《国际贸易》2019 年第 6 期，第 55～60 页。

［16］来有为、宋芳秀：《数字贸易国际规则制定：现状与建议》，《国际贸易》2018 年第 12 期，第 54～57 页。

［17］方元欣：《对我国数字贸易发展情况的探索性分析——基于 OECD－WTO 概念框架与指标体系》，《海关与经贸研究》2020 年第 4 期，第 95～109 页。

［18］越大志、高栓平：《福建省数字贸易竞争力的构建与评价》，《中国发展》2020 年第 6 期，第 73～81 页。

|第十五章|
浙江中小企业拓展拉美市场的调查分析

提要: 改革开放 30 多年,浙江省中小企业得到迅猛发展。但是,中小企业国际化发展瓶颈比较显著,也面临复杂多变的国际政治经济形势。笔者所在课题组针对浙江中小企业国际化与拉美经贸往来情况,对相关机构和企业进行了调查研究,发现浙江中小企业的国际化存在机会主义和复合型应用人才短缺的主要问题。基于此,提出了中小企业拓展拉美市场的若干战略思考。

引 言

改革开放 30 多年,浙江省中小企业得到迅猛发展:数量已占浙江企业总数的 99% 以上,工业总产值、工业增加值已占全省的 80% 以上,财政税收、出口总额已占全省的 60% 以上,吸纳的城镇就业人数超过 90%,在全省经济中的地位与美欧日的中小企业大体相当。所以,近年来,浙江各级政府相继出台了众多扶持中小企业国际化发展的政策。但是,中小企业国际化投资规模偏小、海外投资起步晚、投资项目技术含量不高和融资困难等现状表明,它们的国际化发展瓶颈比较显著。同时,也面临复杂多变的国际政治经济形势,表现为:国际金融危机的严重冲击依然持续,向高效能、低能耗和低碳排放的经济增长模式转变日益迫切;美欧贸易保护愈演愈烈。所以,需要从战略选择、市场进入模式、经营模式等整个拓展链上创新浙江中小企业"走出去"的路径选择。

学理上认为,新兴国家市场潜力巨大,特别是拉美市场,不仅拥有丰富的自然资源，而且近年来表现出较强劲的消费能力。因此，在 2011 年 8 月，笔者所在课题组针对浙江中小企业国际化与拉美经贸往来情况，先后走访了绍兴市商务局、浙江向日葵光能科技股份有限公司、浙江亿邦兴业箱包有限公司、海亮集团有限公司和宁波市外经贸局、宁波均胜投资集团有限公司、TCL 通讯研究院、宁波美博进出口有限公司、恒达电器有限公司等，与相关领导和负责人进行了交流。以此为基础，归纳总结了浙江中小企业拓展拉美市场的主要特征及战略思考。

一　浙江中小企业拓展拉美市场的一般态势

绍兴和宁波是浙江中小企业国际化程度较高的地区，也是拓展拉美市场的主要地区。通过对它们展开调研，可以分析浙江中小企业拓展拉美市场的现状。

（一）绍兴地区中小企业拓展拉美市场的主要特征

1. 战略上重视拉美市场

绍兴地区的产业结构与拉美地区的产品需求和自然资源形成互补之势，二者具有经贸合作的自然条件。所以，绍兴每年都有 2000 多家中小企业克服距离成本，拓展拉美市场。有些企业已经在拉美地区具有较高的市场占有率，甚至在某些产品上具有较强的市场控制力，开始逐渐向规模经济演变。绍兴地方政府适应企业国际化的发展趋势，适时地积极发挥服务职能，将拉美市场列为重点开拓的新兴市场，给予中小企业国际化政策、资金等方面的有力支持。近年来，该地区中小企业与拉美的经贸活动量增幅呈现明显上升趋势，特别是 2011 年上半年，外贸进出口总额同比增长 35.1%。

2. 出口产品以传统劳动密集型产品为主

绍兴地区的产业竞争优势是块状经济，具有明显的规模经济和范围经济效应。所以，绍兴的传统劳动密集型产品在国际贸易中具有显著的竞争优势。国际金融危机爆发后，欧美市场萎缩，需求下降，促使绍兴产业结构转型升级。但是，较高的转型成本促使绍兴中小企业拓展拉美市场，不仅降低了转型成本，而且能够继续发挥传统劳动密集型产品的竞争优势。

出口产品主要为纺织服装产品，占到出口总额的 60% ~70%，其次依次为机电产品、贱金属制品和化工产品。近年来，铜管出口规模呈现增长趋势。

3. 出口国家以巴西为主

拉美地区各个国家的经济总量差异较大，巴西经济实力居拉美首位。2001 ~2010 年，巴西 GDP 年均增长 3.6%，人均 GDP 年均增长 2.4%，这段时间是近 30 年巴西经济发展最快的 10 年。巴西人口在最近 10 年里增加了 12.5%，从 2000 年的 1.67 亿人增加到 2010 年的 1.9 亿人，平均每年新增人口 230 万人。所以，巴西市场是绍兴中小企业拓展的主要市场，2010 年外贸出口额同比增长 75%。其次是墨西哥、智利、巴拿马等。特别是墨西哥，近年来针对中国的纺织品贸易政策开始有调整的迹象。

(二) 宁波地区中小企业拓展拉美市场的主要特征

1. 以欧美市场为主，但是近年与拉美地区的外贸进出口总额出现增长趋势

宁波地区历来以外贸为主，外贸企业总体特征是量多、规模小，素有"千军万马"之称。近年来，宁波外贸企业与拉美地区的进出口额，都出现较明显的增长趋势。据宁波市外经贸局的统计数据，除了 2009 年受金融危机冲击，出口额同比降低 20.7% 之外，从 2006 年起，同比增长率保持较高的水平，其中 2010 年达到 58.33%；2011 年，宁波与拉美地区的进出口总额同比增长 56.5%，出口额同比增长 58.3%，进口额同比增长 29.7%，基本保持了较高的增长速度。宁波与拉美地区的进出口额在全省和全国中的比重亦是名列前茅。这些都表明，宁波与拉美地区的经贸往来有扩大化的态势。

2. 贸易方式以一般贸易为主，加工贸易和其他贸易的同比增长速度较快

从表 15 - 1 可以发现，宁波外贸企业拓展拉美市场以一般贸易方式为主，出口额比重为 77.4%，进口额比重为 77.6%，进出口总额比重为 77.5%。其次为加工贸易和其他贸易。但是从同比变化来分析，加工贸易出口额同比增长速度最快，达到 75.94%；其他贸易进口额同比增长速度最快，达到 90.51%，而加工贸易和其他贸易的进出口总额同比增长速度分别为 70.45% 和 80.40%，都超过了同期一般贸易的同比增长速度。表明，宁波中小企业对拉美市场的开拓积极地适应了金融危机后宁波贸易方式均衡发展的战略需求，也将为宁波今后的贸易转型奠定基础。

表 15 - 1　2010 年宁波外贸企业拓展拉美市场的贸易方式比较

单位：万美元，%

贸易方式	出口		进口		进出口	
	金额	同比变化	金额	同比变化	金额	同比变化
一般贸易	324887	54.70	230429	48.15	555315	51.91
加工贸易	73482	75.94	16668	49.87	90150	70.45
其他贸易	21193	60.35	49922	90.51	71115	80.40
总计	419562	58.33	297019	54.00	716580	56.51

3. 出口产品以机械产品和纺织产品为主，进口则以各类原材料为主

从表 15 - 2 可以发现，出口产品以机械产品和纺织产品为主，而且出口额同比增长速度较快，2010 年分别为 63.75% 和 50.24%。出口额同比增长最快的为运输设备，同比增长率达到惊人的 121.95%。而进口产品以各类原材料为主，包括纺织原料、贱金属、仪器设备原料和矿物等。表明，虽然拉美贸易在宁波贸易总额中的比重较低，但是，宁波与拉美贸易类型呈现明显的垂直分工特征，能够发挥彼此的比较优势，促进双方贸易福利的增长。尤其是金融危机发生后，宁波与拉美的贸易额同比增长迅猛，有利于弥补世界经济增长疲软引致的发达国家有效消费需求不足，提高宁波中小企业的国际化水平和加速宁波国际贸易的转型发展。

表 15 - 2　2010 年宁波外贸企业与拉美地区进出口的主要产品种类

单位：万美元，%

商品	出口		进口		进出口	
	金额	同比变化	金额	同比变化	金额	同比变化
机械产品	141415	63.75	844	-8.40	142259	62.99
纺织产品	66859	50.24	855	228.57	67715	51.28
运输设备	45477	121.95	4	63.78	45481	121.94
贱金属产品	31073	56.81	137518	108.92	168590	96.86
仪器设备产品	21643	0.03	18	157.27	21662	0.09
化学产品	20211	29.46	3330	-0.21	23541	24.23
矿产品	18391	46.95	98685	61.68	117076	59.17

二 浙江中小企业拓展拉美市场的具体问题

(一) 浙江中小企业的国际化显现机会主义

浙江中小企业虽然国际化热情高涨，表现出一定的国际竞争力。但是，对海外经营准备不足，表现为：国际化经营理念不成熟；难以应对收购企业后的资源整合问题；继续融资困难；等等。结果导致能够"走出去"，却不能"稳下来"的"刺猬效应"。所以，浙江中小企业具有国际化的资本实力，但是缺乏国际化的战略规划和经营能力，容易陷入国际化悖论的发展困境。

(二) 国际化复合型应用人才短缺

1. 外贸人才业务技能的复合性难以满足企业需求

传统的外贸人才技能培养一般偏重外贸专业理论知识的积累和应用，以及实践技能的形式化，从而导致外贸人才较低的商务英语写作和日常交流能力、空白的外贸产品知识背景、迟钝的国际环境洞察力和较弱的国际环境适应能力等。特别是，国际金融危机后，外贸企业一方面利用当地具有专业背景的人力资源；另一方面对国内外贸人才的复合型技能提出了更高的要求。

2. 外贸人才的职业素养令企业担忧

根据我们的访谈，企业扩大再生产面临两个问题。一是人力资源的流动性较强，表现为员工的高跳槽率和人才的难留住。这不仅发生在工资待遇低、工作环境差和工作强度高的企业，在比较人性化管理的企业也存在这种现象。所以，这与员工缺乏敬业精神的价值理念和职业素养有很大的关联性，影响了企业的做大做强。二是员工的综合素质不高。我们了解到，企业发现的普遍现象就是，那些"优秀"大学生，在考评中表现出比较差的心理素质、交际能力、应变能力和较狭窄的知识视野等不足。

3. 投资拉美地区的风险相对较大

巴西经济环境相对比较排斥外来企业。政治上，税负较重且复杂、政策不透明且随意性强、行政效率较低。经济上，产业链不完善，而且开发区以综合体为主，不能实现产业链的配套互补，导致规模不经济；当地企业的融资成本非常高，所以在贸易中偏好延期付款。由于拉美企业普遍存在诚信问题，所以增加了贸易伙伴的贸易风险。社会环境上，巴西对环境保护力度比较大，这对企业的生产经营存在不少约束。

三　浙江中小企业拓展拉美市场的战略思考

（一）对拉美地区的出口应体现差异性

浙江出口的竞争优势，体现在传统的劳动密集型产品上，而且具有产业集群形成的规模经济效应，即使劳动力成本上升、技术含量不高。同时，浙江与拉美地区的产业结构形成垂直分工互补关系。所以，浙江中小企业拓展拉美市场，应挖掘传统竞争优势的巨大潜力，根据拉美地区的消费文化和社会习俗，制定差异化产品的竞争策略。这不仅可以适应世界经济增长疲软带来的消费需要下降，而且可以提高中小企业国际化的成功率，为企业的长远发展积累资本，为企业提高技术创新能力奠定坚实的基础。

（二）浙拉经贸应以合作合资方式为主

拉美地区实施较为复杂的税收政策，是中小企业拓展拉美市场的重要障碍。由于拉美地区贸易自由度不高，政策调控不灵活，所以，贸易摩擦较多。在拉美地区较发达的国家，如巴西，可以采用本国生产—与当地大企业合作组装—批发销售或与当地企业合作销售的模式，从而可以有效地降低企业的运营成本，提高对拉美市场的占有率，而且可以克服信用风险。对于拉美地区的单一小市场，则可以采用代理合作的形式，以降低企业管理成本。

（三）投资拉美地区应有战略规划

由于拉美地区投资风险较大，产业配套也不完善，所以中小企业拓展拉美市场的短期收益无法保障。但是，从长远来看，欧美日等发达国家和地区的市场几乎饱和，国际金融危机后，消费需求持续下降，而且这些地区的中小企业具有较高的竞争力，这不利于浙江中小企业的国际化发展。相比较而言，拉美市场潜力巨大，不仅有丰富的自然资源，也有庞大的消费群体，只要充分适应当地的竞争环境，抢占市场，就有利于中小企业的发展壮大和国际竞争力的提高。因此，拓展拉美市场，应具有战略眼光，不能一蹴而就。

（四）浙拉经贸发展需要培养和储备国际化的复合型应用人才

国际化复合型应用人才体现在专业技能上，不仅要掌握外贸基本知识，而且要重视产品、行业知识的积累和应用；体现在英语水平上，不仅要有等级水平，而且要有实际交流能力。在非专业技能上，强调适应企业发展的综合职业素养，包括心理素质、职业道德和企业忠诚度等。尤其是职业道德和企业忠诚度，在很多企业中受到的重视程度超过了专业技能。中国传统文化是以"德才双馨"作为衡量人才的一般标准，从实践经验来看，外贸企业衡量人才的第一标准依然是"德"，其本质就是人才的职业素养问题。

（五）浙拉经贸发展需要政府的支持性政策

为了进一步拓展拉美市场，根据企业需求，政府政策需要进一步宽松，除了支持性优惠政策之外，还要鼓励海外企业联盟，避免自我的恶性竞争和定价权的丧失。另外，为了控制企业规模扩大带来的人才管理成本上升，需要政府的大力支持，对高级营销人才和管理人才进行培养和储备。对于企业的创新发展，稳定的工人队伍是至关重要的，所以，从工作理念、工作报酬和工作前景等各方面转变工人工作的"游击"战术。

附录　"浙江中小企业国际化拓展链的系统
分析与路径选择"调查问卷

1. 贵企业创业年限？（　　　）

　　0～5 年　1　　　　　　　　6～10 年　2

　　11～15 年　3　　　　　　　15 年以上　4

2. 贵企业规模？（　　　）

　　小型　1　　　　　　　　中型　2　　　　　　　大型　3

3. 您认为外向型企业国际化最重要的战略选择是（　　　）

　　渐进式　1　　　　　　　跨越式　2　　　　　组合式　3

4. 您认为外向型企业国际化战略选择存在的主要问题是（　　　）多选

　　企业规模太小　1　　　　　国际化形势严峻　2

　　企业资金太少　3　　　　　国家扶持政策不到位　4

　　管理人才不足　5　　　　　企业信用机制不健全　6

　　企业技术低端　7　　　　　劳动力成本上升　8

　　企业转型困难　9　　　　　营销人才不足　10

5. 您认为外向型企业国际化可行的市场进入模式是（　　　）

　　贸易进入模式　1　　　　　契约进入模式　2

　　投资进入模式　3　　　　　战略联盟进入模式　4

6. 您认为外向型企业国际化可行的市场进入模式存在的主要问题是
（　　　）多选

　　企业规模太小　1　　　　　国际化形势严峻　2

　　企业资金太少　3　　　　　国家扶持政策不到位　4

　　管理人才不足　5　　　　　企业信用机制不健全　6

　　企业技术低端　7　　　　　劳动力成本上升　8

　　企业转型困难　9　　　　　营销人才不足　10

7. 您认为外向型企业经营模式适于（　　　）

　　国内生产—国际销售模式　1

　　国内生产—有限国际生产—国际销售模式　2

完全的国际化经营模式　3

8. 您认为外向型企业经营模式存在的主要问题是（　　）

转型升级困难　1　　　　　贸易壁垒增强　2

国外环境不熟悉　3　　　　国家相关组织援助过少　4

国际营销人才缺乏　5

9. 您认为企业国际化需要政府提供的帮助是（　　）

国际风险预警服务　1　　　国家税务减免　2

国际法律援助　3　　　　　国际交流平台建立　4

10. 您认为企业国际化需要商会提供的帮助是（　　）

法律咨询　1　　　　业务指导　2　　　　信息搜集　3

人才培养　4　　　　企业联盟　5　　　　对接政府　6

协调企业国际化竞争　7　其他　8

第十六章

拉美浙商反哺浙江经济的转型发展

提要： 拉美浙商反哺是推动浙江经济转型发展的重要途径。为了充分发挥这一模式的积极效应，有必要深入研究目前拉美浙商反哺面临的社会经济条件，从而，能够有效地利用适应该反哺模式的重要机遇，并有针对性地采取措施突破制约反哺的困境。

引　言

拉美浙商反哺是推动浙江经济转型发展的重要途径。与一般省外浙商反哺比较，在资本、人才、文化、项目等反哺形式[1]上既有一般的共性，也有诸多特性。为了充分发挥这一模式的积极效应，有必要深入研究目前拉美浙商反哺面临的社会经济条件，发现适应该反哺模式的重要机遇，以及阻碍拉美浙商有效反哺的各种瓶颈因素，并提出应对之策。

就拉美浙商反哺的特征而言，除了具有省外浙商反哺的一般特征之外，也具有很多特殊性，需要做具体分析。

（一）一般特征

1. **浙商回归的引资成效显著**

一是项目总量多；二是单个项目规模大。浙江省政府于 2011 年启动浙商回归工程，2012 年到位资金 1298 亿元，超额完成近 100 亿元。[2]因此，将 2013 年的目标，上调至 1500 亿元。再看单个项目规模。据浙江省商务厅统计，浙江省 2012 年新批境外浙商回归投资重点外资项目的平均投资金额达到 3859 万美元，折算成人民币超过 2 亿元。此外，杭州 2012 年的引资项目中上亿元的达到 126 个，其中，长安福特马自达汽车有限公司杭州分公司项目的总投资额达到 75 亿元，已到位 1.8 亿元。[3]

2. 市场的规模发展是主趋势

亚当·斯密认为市场范围制约分工的发展，分工则决定了劳动生产率的高低。[4]但是，随着世界市场的形成，"市场范围"趋向极限，市场的规模发展开始成为影响国际分工的主要力量，这在发达市场中表现得尤为显著。对于改革开放之后浙江经济的迅速崛起而言，浙江市场的先发优势和专业化发展无疑遵循了斯密的市场原教旨主义。现在根据市场的发展规律，有效扩大市场规模自然成为实现浙江经济全面转型的重要突破口。浙江省于 2012 年专门出台了《浙江省人民政府关于进一步推进商品交易市场提升发展的意见》，省外浙商对此做出了积极回应，比如规模化投资浙江的商贸业。

3. 引资结构不平衡

由于浙江各地区的投资环境、基础设施、产业结构等存在明显差异，浙江引资结构非常不平衡。浙江商务厅的统计数据显示，2012 年 1~11 月宁波、杭州、湖州占据了引资总额的前三位，分别是 58250 万美元、41385 万美元和 24184 万美元。另外，各市的引资总额无论是占本市合同外资总额的比例，还是占本市实际外资总额的比例，嘉兴、杭州等地区都比较小，而丽水、金华等地区都比较大。表明，经济比较发达、投资环境比较好的地区，浙商回归投资在整个外资中的份额较小，而其他地区，浙商回归投资显然在整个外资中的份额较大，甚至可以说，已经成为外资的主力军。

（二）具体特征

1. 促进浙拉贸易的快速发展

正是浙商往返于浙拉之间的经济贸易交往，促使浙江从 2004 年开始成为中国对拉美贸易的最大省份之一。特别是，国际金融危机以后，国家鼓励民营企业拓展新兴市场，拉美地区更成为主要开拓对象。从表 16 - 1 可以发现，虽然浙江与拉美地区进出口额的同比增长率趋于下降，其中受近年国际政治、经济、军事等复杂形势的影响，2012 年的出口额同比下降趋势显著，进口额的同比变化则不稳定。但是，2012 年之前几年的进出口额都保持了逐步增长的发展态势。而且，在各级政府的积极鼓励和支持下，浙拉贸易途径呈现多样化、规模化和规范化态势，这反映了浙拉贸易发展的良好趋势。

表 16 - 1　浙江省与拉美地区的进出口变化

单位：万美元，%

年份	出口		进口	
	金额	同比增长率	金额	同比增长率
2009	1010584	—	471358	—
2010	1572011	55.6	589979	25.2
2011	2050943	30.5	753895	27.8
2012	2014040	7.92	624633	- 8.82

数据来源：浙江省统计局官方网站；其中，2012 年的进出口数据截至 11 月底。

2. 积极贡献智力资源

很多拉美浙商利用国家开拓新兴市场的战略机遇，积极回归家乡反哺，有效提供智力资源。其中，一种重要形式就是参加政协会议，为国家和地方的经济发展和民生服务，提供建设性意见。可以说，企业家资源是经济创新发展的根基，自从理查德·康替龙于 1755 年把"企业家"这一术语引入经济学界，企业家的社会价值就一直受到西方理论界的高度重视，不断形成新的企业家学说。一般认为，企业家资源是在市场经济发展过程中能够敏锐地把握市场需求，善于领导、管理、创新经济活动的人力资本，是一个国家或一个地区社会经济发展的核心要素。能够利用好企业家资源也是浙江经济转型发展的关键。比如，旅居南美洲的华侨郭胜华，从 1998 年至 2013 年，在担任浙江省政协委员的 16 年里先后提交了近百个提案，被《人民日报》和新华社等诸多媒体誉为"提案大王"。这些提案不仅数量多，而且质量高，很多已经融入了浙江的发展战略中。

3. 降低了自然资源的需求成本

改革开放之后，浙江经济的快速发展就在于克服了自然资源稀缺的制约，利用市场创新优势，创造了举世瞩目的经济奇迹。但是，受国际金融危机的影响，面对世界产业结构重构的机遇与挑战，要实现产业结构的转型升级，必须突破新的发展阶段的自然资源瓶颈。而拉美地区自然资源丰富，资本却稀缺，正好与浙江经济发展优势互补。所以，拉美浙商可以有效地利用两个地区资本丰富和资源成本低廉的相对优势，创新企业转型升级模式，继续做大做强，提高国际竞争力。比如，安信集团利用亚马孙河流域丰富的林木资源来满足自身增强实木地板生产能力的需求，不仅确保了近年来在该领域保持第一的领先优势，还在国内陆续建设了多条生产线。

4. 形成多样化的产品内分工模式

产品类型一般分为劳动密集型、资本密集型和知识密集型三种。劳动密集型产品生产是浙江经济的传统优势，而资本密集型和知识密集型产品生产则是浙江经济转型升级的主要发展趋势。目前，在传统的发达国家市场，浙江生产的前一类型产品的市场需求已近饱和，还经常面临发达国家的贸易保护主义威胁，浙江生产的后两种类型的产品相对前一种类型的产品则具有比较劣势，难以扩大市场份额；而对于拉美市场而言，浙江生产的这些类型的产品都具有一定的绝对优势，且都适应浙江经济转型过渡期的特点，即针对各种类型产品都需要大力拓展新兴市场，故形成了多样化的反哺模式。比如，尹氏集团在诸暨投资设厂做箱包业务，不过只在诸暨加工制作，而在巴西进行研发设计和销售，这是充分结合巴西当地的文化和消费习惯，以及利用巴西的销售网络渠道优势决定的；TCL 通讯研究院则把研发机构设在了宁波，但是，为了享受拉美国家的优惠政策，直接在当地进行生产或组装手机产品。[5]

一 拉美浙商反哺的机遇

拉美浙商反哺现状显示了它促进浙江经济转型发展的重要作用。而且现阶段，在国际形势复杂、外需疲软和国内市场经济改革继续深化等条件下，积极反哺面临难得的三大历史机遇。

（一）创业创新的阶段需求

彼得·德鲁克认为，创业不仅仅是简单地创办一个新组织或开展一项新业务，更重要的是开启一个创新的过程，即从发现一种新产品或者新服务的商机，到创造出满足市场需求的这种产品或服务，最后转化为真正的财富。[6]浙江民营企业从第一代浙商的个体和家族式创业，到 20 世纪 90 年代后公司与团队创业的蓬勃发展，再到以阿里巴巴、网盛科技等为代表的网络型创业[7]，体现了浙商创新发展的地域特色。目前，浙江经济的转型升级促使省外浙商回归创业创新，建立经济总部，由此也使浙商创业模式步入第四阶段。这一阶段创业创新适应浙江经济转型升级的需要，主要围绕现代服务业和先进制造业，侧重质量高、规模大的投资项目。2012 年 3 月，《浙商》针对"省外浙江商会会长回乡投资计划"所做的调查显示：诸多省外浙商虽然还比较热衷于回归投资产业园、商业地产、现代商贸以及先进制造业，但是也开始青睐现代农业、海洋业和服务业等新兴产业。另外，省外浙商回归渐渐实现了资本积累创新，表现出强大的竞争实力和显著的创新绩效。正如熊彼特所认为的，创新就是把一种从来没有的关于生产要素和生产条件的新组合引进生产体系中去，以实现对生产要素或生产条件的新组合。[8]比如，新兴的综合体项目，既需要庞大的资金投入，又需要体现项目特色，形成核心竞争力，并不是简单的扩大企业规模，而且，更重要的是，各种综合体项目的分工和布局要发挥当地的区位优势和产业特色，像浙江建业已接手的省内三大综合体项目即杭州富阳复城国际、杭州淘宝城、浙江东阳中国木雕文化博览城。

（二）社会变迁的现代乡土情结

拉美浙商反哺家乡的行为适应中国社会经济转型发展的历史变迁。费孝通认为中国乡土社会传统形成的差序格局结构塑造了中国人的自我主义道德体系，这不同于现代西方社会团体格局结构决定的个人主义行为准则，是依据血缘和地缘构建的私人关系网络。[9]改革开放之后，市场经济的逐渐兴起和日趋成熟，特别是浙江市场经济的先发优势，一方面激发了当地"遵纪守法"的个人主义的经营活力，另一方面则进一步强化了"人情社会"的地缘结构。比如，以地域为特色兴起的温商、甬商和杭商等，不仅助推了"浙江模式"，而且较为成功地竞技于世界市场。随着改革开放的全面深化，以及经济的全球一体化，这种现代的"乡土情结"把他们进一步塑造成一个共同的群体，即"浙商"，赋予他们一种进化版的新型社会存在形式，能够充分发挥个人主义和自我主义的相对优势，尤其是促使省外浙商可以更加灵活地融入当地的社会结构中，来不断提升企业的市场竞争力。他们的大力反哺无疑是浙江经济转型发展的重要力量，而浙江经济转型发展的社会配套改革又必然加速以现代社会结构为主、以乡土结构为辅的社会结构变迁，从而为浙商的创业创新提供新的历史机遇。所以，浙商，尤其是新兴的拉美浙商的反哺与浙江经济转型发展是以现代乡土情结为纽带的互为供求的双向过程，也是浙江社会变迁新阶段的特殊产物。

（三）投资环境的制度保障

自 2003 年开始，浙江省政府就从战略高度重视省外浙商反哺浙江经济的问题，并专门成立了相关的职能部门——浙江省人民政府经济技术协作办公室。2006 年 1 月，省协作办提出了实施"省外浙商回归工程"的意见，此后这被纳入《浙江省"十一五"国内合作交流发展规划》。《浙江省"十一五"国内合作交流发展规划》提出要以在外浙商为主体，以"乡情、亲情、友情"为纽带，政府引导，市场运作，全面实施"浙商回归工程"，促进"浙江经济"与"浙江人经济"的互动发展。特别是，2011 年浙江省委、省政府发布《关于支持浙商创业创新促进浙江发展的若干意见》，2012 年 6 月召开省第十三次党代会后，浙商回归更是掀起了一个新热潮，成为该年浙江省的头号工程。省政府曾组织 6 个慰问组，看望 23 位省外浙江商会会长的父母，充分调动各地浙江商会的作用，促成了若干具有示范作用的合作协议，比如《上海市浙江商会参与舟山群岛新区建设千亿投资战略合作框架协议》。[10]继而，在浙江省政府的引领带动下，各地方政府纷纷出台符合本地区乡土特色和行业战略发展要求的优惠政策，形成政策体系，并不断地创新和落实。因此，浙江省在全国率先为企业回归反哺提供了土地、资金、信息等制度保障，并形成一定的政策优势。

二 拉美浙商反哺的挑战

拉美浙商在积极反哺家乡的同时，也遇到诸多问题。这不仅影响了拉美浙商反哺的效果，也在一定程度上影响了浙江经济转型发展的速度和效率，主要体现在以下几个方面。

（一）中小企业融资困难

融资难历来是民营企业发展的重要瓶颈，而中小企业融资相对更为困难。调查分析表明，拉美浙商以中小贸易企业为主，回归投资的首要问题也是融资难。首先，融资渠道狭窄。对于中小企业融资，尽管政府鼓励企业上市融资，并深化上市融资体制改革，出台企业上市融资优惠政策，但是大多数中小企业并不符合上市条件，主要资金来源依然是自有资金、银行贷款和民间融资。其次，民间融资不规范。大量民间资本由于缺乏与中小企业对接的有效平台，而流向了国内外的股市和楼市。而且鼓励和规范民间资本进入中小金融机构的制度创新处于摸索和实验阶段，并没有完善和推广。最后，优惠政策难享受。根据笔者所在课题组在 2012 年 8 月对宁波和绍兴地区的调研，大多数拉美浙商目前仍然是以从事加工贸易为主的中小企业，相应的反哺模式主要是通过贸易的形式拓展拉美市场，以及满足浙江经济转型发展对自然资源的多样化需求，但是，像一般的民营企业一样，难以克服融资难的困境。

（二）熟悉拉美的专业人才短缺

拉美浙商反哺需要熟悉浙江经济特色和拉美市场特点的复合型人才，具体可以分为企业所需要的应用人才、反哺模式研究所需要的科研工作者，以及规范反哺行为的政府公务人员。首先是应用人才。这种人才首先要熟悉浙江经济特色和发展阶段，了解浙江企业"走出去"的必要性和优劣势，然后才是精通拉美语言、社会文化和市场特点等。所以，拉美浙商反哺浙江经济，也需要充分挖掘其先天优势。遗憾的是，这类人才目前在浙江省内还比较缺乏。其次是科研工作者。通过知网搜索可以发现，研究浙商反哺的文献只有几篇，具有高级职称的专业研究人员就更缺乏，大部分有关浙商反哺的资料限于媒体报道，而具体到拉美浙商反哺的研究几乎是空白。缺乏专业的研究团队，就不能从理论上科学地分析浙商反哺的内在规律，也不能为政府的反哺措施提供理论基础和建设性意见，同样不利于复合型应用人才的培养。最后是政府公务人员。大部分还缺乏拉美浙商反哺的专业知识积累和服务理念。比如，浙江商务厅刚刚开始重视拉美地区的研究，但是主要还是侧重企业"走出去"和欧美、中国香港等地浙商的反哺投资，对于拉美浙商反哺，还不能收集到较多的客观数据，而且对拉美浙商的了解并不多，自然对拉美浙商反哺缺乏有效的接纳机制和发展战略。

（三）浙商行会发展滞后

尽管行业商会在浙江经济奇迹中扮演了十分重要的角色，但是与浙江高速增长的经济相比，行业商会的发展还是滞后的。首先，无法可依，职权受限。虽然目前国务院法制办正在起草《行业协会商会法》，但是真正付诸实施，彻底实现行业商会的民间化和市场化，还需克服很多难题。其次，管理机制混乱，效率低下。一是行业商会与政府部门的关系。"一业多会"不仅会引起管理混乱，还会影响政府授权，使商会职能不能有效发挥，也影响了商会与政府、商会与会员企业之间的良性互动。二是行业商会之间的关系。同一个区域的行业商会，与较大行业商会并不具有隶属关系。虽然浙江地区出现联合型、总分型等商会创新形式，但是商会的组织边界及功能定位还有待深入探索。不同区域的行业商会则受到行政区划的限制，很少进行跨区域的交流协调，容易导致行会间的无序竞争。三是行业商会内部的关系。由于商会的主要经费来源是会费和赞助等比较刚性的收入。而赞助费是中小型企业难以承受的，主要由龙头企业承担，导致资本的力量严重影响了行业商会的治理结构。最后，职能单一，服务体系不健全。目前浙江很多行会在确定全行业发展的主要方向、协调企业竞争等方面没有深入调研，只是为会员企业提供一定的政府部门信息与行业信息，介绍会员企业参展，为会员提供联谊平台等，因此被称为"企业联谊会"或"企业俱乐部"。

（四）引入省外浙商的制度保障缺乏力度

市场与政府在经济活动中的功能定位一直是市场经济发展的核心问题。从斯密的自由市场与"守夜人"政府，到凯恩斯的"看不见的手"与"看得见的手"，一方面都肯定市场在资源配置中的基础作用，另一方面则在不断探索不同经济条件下政府的应尽职责和积极作为。对于市场经济发达的浙江地区，继续深化市场经济体制改革的关键无疑是创新服务型管理的政府体制，落实政府有效服务市场经济主体的"守夜人"职责，而政府有所作为的前提则是不断完善保障市场机制正常运行的顶层设计。尽管，浙江政府体制改革已经卓有成效，各地方政府也不断出台海外浙商引入政策，制度不断完善。但是，对于省外浙商的制度保障，依然缺乏力度。根据调查，省外浙商对地方的反哺政策缺乏透视化解读，对具体的反哺路径也缺乏相关的信息，特别是省外浙商与政府的沟通机制和交流平台没有健全，各地的浙商服务中心也都刚刚起步。这导致省外浙商反哺缺乏有效的制度保障，尤其是拉美浙商反哺的制度保障力度相对更小。

三　拉美浙商反哺的促进

经上分析，浙江地区为了积极谋求经济转型，在为吸引拉美浙商有效反哺而不断创造市场机遇的同时，也遇到了不利于它们积极反哺的诸多问题。为了扩大和优化拉美浙商反哺的规模和成效，下面提出若干建言以供相关部门参考。

（一）创新融资体制

目前，从企业实力上划分，拉美浙商主要分为两大类：一是实力雄厚的跨国大企业，二是中小外贸企业。一般而言，前者并没有资金瓶颈，所以，创新融资体制主要是针对后者。从一般情况来看，解决中小企业融资难的问题，关键在于增强其信用和防范其风险。增强其信用，即意味着提高它们潜在的偿付能力；防范其风险，即意味着确保贷款机构的盈利预期。具体做法是，首先，鼓励同业中小企业联保组团与银行进行有效沟通。这可以通过相互担保、组团贷款的形式，提高信用评价等级，降低银行对企业经营的预期风险。其次，规范中小企业集群发债融资渠道。筛选一批持续盈利能力、风险控制能力、偿债能力较强的优秀中小企业，鼓励它们联合公开发行企业债券，以降低融资成本，满足中期融资需求。最后，鼓励和支持中小企业上市融资。整合扶持企业上市的政策和资金资源，提供有关企业上市的信息咨询和法律服务，委派专业人员规范企业上市流程，支持中小企业在境内外证券交易所上市融资。对于从事浙拉贸易，尤其是贸易产品有助于浙江传统支柱产业转型和新兴产业发展的中小企业，应该出台更多量身定做的优惠政策。一是，规范和鼓励拉美中小企业之间，以及拉美中小企业与本地中小企业之间的交流平台建设，特别是像阿里巴巴这样的电子商务平台，以及拉美贸易网、世界浙商网等信息分享平台。二是，鼓励中小金融机构更多地探索对拉美中小外贸企业的支持和帮助。

（二）优先改革国际化复合型应用人才的培养模式

影响拉美浙商反哺的三类人类培养各有特点。其中，科研工作者和政府公务人员的培养可以在短期内就见成效。比如，可以通过科研项目的资助和考评体系的引导增强相关领域的科研工作者研究拉美浙商反哺的积极性，也可以通过系统培训或者人才的公开选拔来增加政府公务人员的数量。但是，企业复合型应用人才则需要在长期内进行多学科的理论学习和实践操作才能形成基本的专业技能，然后再通过企业的短期培训和实习锻炼形成企业需要的业务能力。所以，应该以优先改革高等院校的国际化复合型应用人才培养模式为战略选择。具体来看，重点从培养模式的主体和培养方法两个方面着手。一方面，协调培养主体的利益相关者，实现培养模式的社会化——五位一体，即教师、学校、政府、企业、行会五种力量相互协调培养学生外贸类复合型应用技能。另一方面，从培养方法上，实现人才培养模式的联动化，即实践教学与企业培训的联动。实践的最好形式就是外贸企业的人力资源培训，与学校安排的实习、见习不同，它注重实用型人才培养的针对性、应用性和灵活性。所以，可以将实践教学和企业培训有机结合，探索实践教学的新方法。

（三）规范浙商行会的服务职能

首先，借鉴国外关于行业商会的立法经验，出台专门统一的行业商会法规。现行的相关法规比较零乱和分散，以致我国行业商会普遍存在法律地位缺失、职能模糊、人事关系混乱、资金来源匮乏，以及缺乏政府支持等问题。此外，有些商会假借或放大政府给予的权力，做出收费评奖、收费评牌等行为，不仅损害了商会形象，而且导致违法事件与经济、法律纠纷，损害了会员企业的利益。所以，应该重视明确行业商会的性质、设立原则，积极制定相关法律法规，从而保障行业商会的健康发展和功能健全。其次，改革管理体制，提高行会运行效率。目前，行会体制比较混乱，主要表现在行业商会与政府部门的关系上。由于行业商会成立要经主管部门同意，如果工商业企业想挂靠工商联成立行业商会，就需要经贸委或其他业务主管部门同意。然而，经贸委或其他部门下已成立有协会，因此可能出现"一业多会"。最后，拓展职能，健全服务体系。从西方发达国家的实践经验来看，行业商会的职能应该包括维护权益、行业自律、公共服务、政策建议、调查研究等16个方面。目前，浙江很多行业商会受资金、人力资本、权力等限制，难以发挥更大功能，特别是在研究全行业的经济、技术和社会关系等问题，确定全行业发展的主要方向，协调企业竞争，负责产品标准化、质量保证、信息等方面。

（四）加强政府管理体制创新

一方面，围绕创业创新改革管理体系。改革的基本原则是提高创业创新的收益预期，降低创业创新的风险成本。拉美浙商可以分为两大类型，即新兴创业者和转型创业者。新兴创业者根据从事行业的性质，又分为传统型和创新型。对于传统型新兴创业者，应该利用市场优胜劣汰的功能，鼓励支持有实力的选择技术高、产品精、质量优的高端发展模式；对于创新型新兴创业者，由于具有新的创业要素，所以具有发展潜力，政策上应该设立创业过渡期资助资金。转型创业者是创造市场需求的主要力量。该类创业者的动力来源于知识集聚化形成的创业体制环境。进一步讲，更应积极筹备建立跨国企业开发区，集聚国内外符合本地区发展战略要求的跨国企业集团，形成知识集聚效应。另一方面，提高反哺政策的执行效率。一是健全浙江省浙商服务中心的治理结构，明确各职能部门的责、权、利关系，真正提高服务境外浙商的水平和效率。二是鼓励和支持相关机构的交流合作，增强相关职能的互补性和协调性，并建设统一完备的信息共享电子系统，提高联动办公效率。三是完善相关部门的一站式服务职能，精简政策实施的中间流程，提高服务水平。

参考文献

［1］应焕红：《浙商反哺发展研究》，《浙江学刊》2009年第2期，第206～211页。
［2］姚恩育：《去年浙商回归引进项目到位资金1298亿》，http：//finance. sina.

com. cn/china/dfjj/20130304/140414711030. shtml，2013 年 3 月 4 日。

［3］ 程超：《聚焦浙商回归》，http：//roll. sohu. com/20130124/ n. 364492283. shtml，2013 年 1 月 8 日。

［4］〔英〕亚当·斯密：《国民财富的性质和原因的研究》（上卷），商务印书馆，2003，第 1 ~ 20 页。

［5］ 宋树理、赵银德、宋海英：《浙江中小企业拓展拉美市场的调查与分析》，《对外经贸实务》2012 年第 1 期，第 48 ~ 50 页。

［6］〔美〕彼得·德鲁克：《创新与企业家精神》，蔡文燕译，机械工业出版社，2018，第 218 页。

［7］ 吕福新：《浙商的崛起与挑战——改革开放 30 年》，中国发展出版社，2009，第 147 页。

［8］ 熊彼特：《经济发展理论》，商务印书馆，1990。

［9］ 费孝通：《乡土中国》，上海人民出版社，2012。

［10］ 周建松、吴胜：《浙江金融改革与创新研究》，浙江工商大学出版社，2011，第 20 ~ 31 页。

| 第十七章 |
用工结构性短缺倒逼浙江民营经济转型

提要：用工结构性短缺是经济转型升级过程中普遍存在的经济现象。利用企业用工满意度的动态模型分析，发现企业用工辞退率和企业用工雇佣率是企业用工结构性变动的直接影响因素。通过抽样调查浙江民营企业的用工状况，实证分析了影响企业用工辞退率和企业用工雇佣率的相关因素对企业用工结构的间接作用。由此，提出破解企业用工结构性短缺问题的若干建言，以和谐地实现经济转型升级和区域经济发展。

引　言

2009 年 10 月，源于美国次贷危机的金融风暴席卷全球，接着世界性的经济衰退开始威逼各国经济的正常发展，尤其是发达国家的银行破产、企业倒闭、失业率居高不下等国内问题，导致世界宏观经济形势急剧恶化。2010 年，中国经济最先企稳回升，内需不断扩大，外贸订单也大幅上升，因此，"民工荒"再次显现，而且仍然集中在珠三角和长三角地区。于是，企业用工短缺问题自然又成为学术界争论的焦点。

其实，自 2004 年我国东部沿海经济发达地区企业用工短缺现象显现以来，学术界关于"企业用工短缺"本质的理解一直存在争论。从现有的文献来看，可以归纳出两类比较突出的论点：一是用工"数量荒"；二是用工"技工荒"。但是，两类学者都承认我国目前仍然存有充足的农村剩余劳动力，也就是说劳动力在绝对数量上并不短缺，所缺的是企业对劳动力需求的相对数量。然而，坚持企业用工短缺是"数量荒"的学者认为，用工短缺本质是劳动力流动的非自由化和理性化导致区域性企业用工的结构性短缺，包括区域结构性短缺和企业结构性短缺。这是由于我国还没有形成全国统一的劳动力市场，而且同一地区的劳动力市场也存在城乡分割，以致劳动力流动成本偏高限制了流动自由性。另外，劳动力流动趋势表现为年轻劳动力大军愿意到那些工资虽低但社会保障和福利较优的地区和企业工作，而不愿意到就业岗位较多但工作环境相对较差、城市居民冷落、保障制度不健全的地区和企业务工。正如曼瑟尔·奥尔森所说："可以肯定，经济激励不是唯一的激励；人们有时候还希望去获得声望、尊敬、友谊以及其他社会和心理目标。"[1]

坚持用工短缺是"技工荒"的学者则认为，用工短缺实质是经济结构优化升级快于技能工人的供给而导致劳动力供给层次出现了技工阶层的暂时短缺。经济结构调整和企业技术进步，引起模具、数控机床、汽车涂装、电子测试、网游、动漫等新兴行业的技能人才需求量增长加快，从事高技术含量产品生产的初创中小企业，以及试图提升产业竞争力的大型企业，更加急需专业的技能人才，但是劳动力供给结构无法及时调整以适应劳动力需求结构的变化，致使劳动力不能有效供给，尤其是专业技能型劳动力满足不了市场需求，从而形成劳动力供需状况的结构性失衡。

其实，两种论断都在一定程度了阐释了企业用工结构性短缺凸显的客观必然性。我国经济体制正处于转型期，城乡二元经济结构束缚下的农村剩余劳动力渐渐转移到了城镇，但是各地区劳动力市场的分割和区域性差异，都阻碍了农村剩余劳动力在市场这只"看不见的手"指引下自由流向劳动力价值更高的地方，致使看似无限供给的劳动力大军，却难以满足各地区不同行业及不同规模企业对劳动力的实际需求。由于经济全球化和信息化向开放型经济发展地区的持续渗透，以及世界产业的重新分工，我国产业结构优化升级在不同地区都有一定程度的实现，尤其是经济增长速度高于全国平均水平的东部沿海城市。所以，制造业各行业特别是新兴行业对技能工人的需求量大幅度增加。由此可见，我国经济转型升级恰逢新一轮的全球产业结构调整，从而致使我国民营企业用工出现了结构性短缺。可见，企业用工结构性短缺内含着两个层面，既有用工的"数量荒"，也有用工的"技工荒"。

在阐释企业用工结构性短缺的基础上，我们首先逻辑分析企业用工结构性短缺形成的一般性机理，然后利用对浙江省杭州市、台州市、温州市等地区的民营企业抽样调查数据统计分析相关经济变量与企业用工结构性短缺的关联，进而提出破解企业用工结构性短缺难题的若干建言，以图推动浙江顺利实现经济转型升级和区域经济发展。

一　用工结构性短缺的形成机理

Hall，Darby、Haltiwanger 和 Plant 以及 Ballo 都分析了工作转换对劳动力就业和失业的影响，并为后来学者构建和发展失业动态模型提供了前瞻性思想。[2~4]受此启迪，我们认为由于劳动力就业与企业用工分别是劳动力市场配置劳动力资源这一经济现象中表现为供给与需求的两种具体形式，所以劳动力就业结构的相关变动彰显了企业用工结构的相应变动，以此我们着手构建并深入分析企业用工结构调整影响企业用工满意度的动态模型。①

为了简化分析，需要抽象出企业用工变化的一般规定性，为此设定如下假设条件。

（1）劳动力市场的企业和劳动力都是同质的，即所有的企业都认为，在同质商品生产过程中劳动力完全可以互换，所有的劳动力都有相同的偏好和技能。

（2）企业用工结构随着企业经营环境变化而不断调整，也就是说，企业用工结构变换是企业发展的一种常态。

（3）现行实际工资使得工作岗位的数量 A 与具有劳动能力而又愿意从事工作的劳动力数量 Q 相等，而且工作岗位的数量 A 和劳动力规模 Q 都保持不变。

（4）受雇用的劳动力中总有一个固定的比例 r 要被企业辞退，即企业用工辞退率 r 始终大于零。

---

① 当然，影响劳动力供给和需求的条件是有差别的，但是这并无妨碍我们从劳动力市场配置劳动力资源的均衡结果去分析失业结构和用工结构的一致性。如果劳动力市场上有劳动能力而又愿意工作的劳动力规模与企业的职位数量相等，那么，失业人员正是企业用工结构调整后不满足职位需要的劳动力，而就业人员正是企业用工结构调整后符合职位要求的人员。

（5）企业根据自身发展需要具有在劳动力市场雇用到适量劳动力的机会，即企业用工雇佣率 l 始终大于零。

（6）劳动力市场上的失业工人时刻搜索工作机会，以便找到提供合适工作的企业，从而保证了企业能够雇用到意愿的劳动力数量。

根据以上假设条件，我们构建了如下企业用工满意度的动态模型：

$$\frac{\mathrm{d}(gQ)}{\mathrm{d}t} = lgQ - r(1-g)Q \qquad (17-1)$$

其中，g 为企业的用工满意率，gQ 为企业的用工满意规模，lgQ 为就业劳动力流入企业的规模，$r(1-g)Q$ 为被辞退劳动力队伍的流入规模。

由于 Q 被假定始终不变，公式（17-1）左右同时除以 Q 可得：

$$\frac{\mathrm{d}g}{\mathrm{d}t} = lg - r(1-g) \qquad (17-2)$$

公式（17-2）是企业用工满意率的一阶常系数微分方程，求解可得：

$$g(t) = g^* + [g(0) - g^*]e^{-(l+r)t} \qquad (17-3)$$

$$g^* = \frac{l}{l+r} = \frac{l/r}{1+r/r} \qquad (17-4)$$

需要说明的是，公式（17-4）中，g^* 表示企业均衡用工满意率。只要 l 和 r 保持固定不变且它们的和为正，g 就会收敛于 g^*，即 g^* 是稳定存在的。企业均衡用工满意率是 l/r 的函数，较高的企业用工辞退率意味着较低的企业用工满意率，较高的企业用工雇佣率意味着较高的企业用工满意率。由于劳动力需要被重新配置工作岗位，而企业寻找适合新工作岗位的劳动力都需要一定的时间，所以即使工作岗位的数量和劳动力规模相等，企业用工的数量和质量依然存在不同程度的缺口，即所谓的用工结构性短缺。

现在放宽假设条件（1），现实中的企业和劳动力其实普遍具有异质性。企业会在不同时期提供工作机会，并且按照市场上对它们特有产品的需求状况支付不同的工资，而劳动力可能会放弃他们原有的工作而去寻找一个不同的工作，比如回家创业、转移打工地、转变行业等，这一新工作更适合他们特有的技能和管理水平，并且提供更高的工资或更优越的工作环境。由此可以发现，企业和劳动力异质性使得企业搜寻劳动力的成本上升和企业新职位的空置率提高，从而使得企业用工满意度模型与企业用工结构性短缺现象更趋于一致。

进一步分析，平均的企业用工辞退率和企业用工雇佣率会形成一个相对均衡的企业用工满意率。但是，由于企业存在异质性的客观事实，大部分的用工缺口往往由少数企业承受，这部分企业通常有比平均水平更高的用工辞退率和更低的用工雇佣率。这种用工辞退率和用工雇佣率无疑暗示了一个更低的企业用工满意率，低于按照所有企业的平均用工辞退率和平均用工雇佣率计算的企业均衡用工满意率。如果考虑到现实企业用工结构调整的持续时间一般要大于模型中的调整时间，企业用工满意率就会更低，也就是说企业用工的缺口更大。

二　用工结构性短缺变动的条件

从企业用工满意度的动态模型分析中，我们认识到企业用工辞退率和企业用工雇佣率的程度直接影响企业用工结构性短缺的变动幅度。因而，影响企业用工辞退率和企业用工雇佣率的相关条件也就间接地作用于企业用工结构性的调整。

根据企业异质性的具体表现形式，可以选取企业从事的主要行业、规模、短缺员工的类型、保障制度、与员工的关系、员工流走的成因六个方面，分析它们与企业用工短缺的关系。我们以中国民营经济相对比较发达的浙江作为调查对象，从 2010 年 6 月到 8 月对杭州、台州和温州三个地区的民营企业展开抽样调查，向每家企业主管部门发放一份调查问卷，共计发放调查问卷 100 份，回收 71 份，有效回收率达到 71%。需要说明的是，这次调查是在世界经济步入后危机时代的形势下开展的，虽然国内外经济开始企稳向好，但是不确定因素还是很多，企业经营状况依然严峻，这就导致企业用工规模普遍受到限制。无疑，这个特殊的经济时期使我们对企业用工结构的考察更加具有价值。

（一）企业从事的主要行业与企业用工

行业属性不同，用工缺口程度也就存在差异。从表 17 – 1 可见，除了批发及零售贸易业用工缺口企业占比不高外，其他行业用工缺口企业占比都达到或超过 50%，其中建筑业用工缺口企业占比竟高达 100%，制造业用工缺口企业占比也达到 60%；在企业用工短缺的不同状态中，短缺严重的企业中，制造业企业占比最高，短缺不严重的企业中，制造业与批发及零售业企业占比较高。这表明，浙江倡导并实施多年的经济转型，促使类似制造业的传统产业呈现劳动密集型与资本密集型共同发展的态势，这不仅需要大量的一般外来务工人员，也需要大量的技术工人，从而造成用工结构性短缺。

表 17－1　企业从事的主要行业与企业用工

单位：%

行业	指标	企业用工			
		短缺严重	短缺不严重	不短缺	员工过剩
制造业	某种行业中某种用工状态的企业占比	28.0	32.0	40.0	0.0
	某种用工状态的企业中某种行业企业占比	70.0	30.8	30.3	0.0
批发及零售贸易业	某种行业中某种用工状态的企业占比	0.0	31.6	63.2	5.3
	某种用工状态的企业中某种行业企业占比	0.0	23.1	36.4	50.0
社会服务业	某种行业中某种用工状态的企业占比	25.0	25.0	50.0	0.0
	某种用工状态的企业中某种行业企业占比	20.0	7.7	12.1	0.0
房地产业	某种行业中某种用工状态的企业占比	0.0	50.0	33.3	16.7
	某种用工状态的企业中某种行业企业占比	0.0	11.5	6.1	50.0
建筑业	某种行业中某种用工状态的企业占比	50.0	50.0	0.0	0.0
	某种用工状态的企业中某种行业企业占比	10.0	3.8	0.0	0.0

续表

行业	指标	企业用工			
		短缺严重	短缺不严重	不短缺	员工过剩
其他行业	某种行业中某种用工状态的企业占比	0.0	54.5	45.5	0.0
	某种用工状态的企业中某种行业企业占比	0.0	23.1	15.2	0.0

（二）企业规模与企业用工

企业规模[①]不同也决定了企业用工状况的差异。从表 17 - 2 可见，小型企业用工缺口占比达到 46.4% ，大型企业用工缺口占比高达 76.4% ，中型企业用工缺口占比只有 38.4% ；而短缺严重的企业里，大型企业依然占比最高，短缺不严重的企业里，小型企业占比较高。这表明，中型企业的用工规模较为稳定，大型企业和小型企业用工缺口较大。

表 17 - 2　企业规模与企业用工

单位：%

企业规模	指标	企业用工			
		短缺严重	短缺不严重	不短缺	员工过剩
200 万元以下	某种规模企业中某种用工状态的企业占比	10.7	35.7	50.0	3.6
	某种用工状态的企业中某种规模企业占比	30.0	38.5	42.4	50.0
200 万 ~ 500 万元	某种规模企业中某种用工状态的企业占比	11.5	26.9	57.7	3.8
	某种用工状态的企业中某种规模企业占比	30.0	26.9	45.5	50.0
500 万元及以上	某种规模企业中某种用工状态的企业占比	23.5	52.9	23.5	0.0
	某种用工状态的企业中某种规模企业占比	40.0	34.6	12.1	0.0

---

① 我们以资金数量作为划分企业规模的标准，200 万元以下的为小型企业，200 万 ~ 500 万元的为中型企业，500 万元及以上的为大型企业。

（三）企业短缺员工的类型与企业用工

企业短缺员工的类型是企业转型升级过程中的重要特征，并且直接通过企业用工结构的状况显现出来。从表 17 - 3 可见，普通工人缺口企业和中级管理者缺口企业的占比都超过 60%，技术工人缺口企业占比反而只有 35.7%；在短缺严重的企业中，普通工人和技术工人缺口的企业占比较高，而在短缺不严重的企业中，普通工人和中级管理者缺口的企业占比较高。这表明与一般所认为的"技工荒"不同，现阶段企业转型升级过程中，技术工人短缺只发生在少数企业，而大部分企业还是短缺普通工人和中级管理者。但是，随着企业转型升级的加速和普遍化，技术工人短缺程度一定会上升。

表 17 - 3 企业短缺员工类型与企业用工

单位：%

员工类型	指标	企业用工			
		短缺严重	短缺不严重	不短缺	员工过剩
普通工人	某种短缺员工类型的企业中某种用工状态的企业占比	25.0	50.0	20.0	5.0
	某种用工状态的企业中某种短缺员工类型的企业占比	50.0	38.5	13.3	50.0
技术工人	某种短缺员工类型的企业中某种用工状态的企业占比	14.3	21.4	64.3	0.0
	某种用工状态的企业中某种短缺员工类型的企业占比	40.0	23.1	60.0	0.0
中级管理者	某种短缺员工类型的企业中某种用工状态的企业占比	6.3	56.3	31.3	6.3
	某种用工状态的企业中某种短缺员工类型的企业占比	10.0	34.6	16.7	50.0
高级管理者	某种短缺员工类型的企业中某种用工状态的企业占比	0.0	25.0	75.0	0.0
	某种用工状态的企业中某种短缺员工类型的企业占比	0.0	3.8	10.0	0.0

（四）企业保障制度与企业用工

企业保障制度的完善程度是企业实施人性化管理的重要体现。从表17 -4发现，认为企业保障制度作用不大（也就是说企业有保障制度但并未收到理性绩效）的企业中，用工不短缺的占比竟高达66.7%，而认为保障制度没有作用和很有作用的企业中，用工缺口企业占比都较高；并且在用工短缺的企业中，认为保障制度很有作用的企业占比最高。这表明，企业保障制度与工资福利[①]相比，还没有成为激励员工的主要力量间接反映出工资和福利等经济条件是员工所偏好的。

表 17 - 4　企业保障制度与企业用工

单位：%

企业保障制度	指标	企业用工			
		短缺严重	短缺不严重	不短缺	员工过剩
没有作用	某种制度效果的企业中某种用工状态的企业占比	20.0	33.3	40.0	6.7
	某种用工状态的企业中某种制度效果的企业占比	30.0	19.2	18.2	50.0
作用不大	某种制度效果的企业中某种用工状态的企业占比	7.4	25.9	66.7	0.0
	某种用工状态的企业中某种制度效果的企业占比	20.0	26.9	54.5	0.0
很有作用	某种制度效果的企业中某种用工状态的企业占比	17.2	48.3	31.0	3.4
	某种用工状态的企业中某种制度效果的企业占比	50.0	53.8	27.3	50.0

（五）企业和员工的关系与企业用工

企业和员工的关系，按照国际惯例又可以称为劳资关系或劳动关系，是影响企业绩效和员工流动性的重要因素。从表17 - 5可见，企业和员工

[①]　我们可以将员工的总收益划分为工资、福利和企业保障条件三个部分，在总收益一定的前提下，工资福利与保障条件是此消彼长的。

关系"和谐",以及"有点和谐"的企业中,用工缺口企业占比都低于"不和谐"企业中的用工缺口企业占比;企业用工"不短缺"的状态下,"和谐"企业的占比高达84.8%,而且"员工过剩"的企业也都是企业与员工关系相对和谐的。这表明,企业与员工的和谐关系是保证企业用工充足的重要条件。

表 17 – 5　企业和员工关系与企业用工

单位: %

企业与员工关系	指标	企业用工			
		短缺严重	短缺不严重	不短缺	员工过剩
和谐	某种关系状态的企业中某种用工状态的企业占比	13.5	30.8	53.8	1.9
	某种用工状态的企业中某种关系状态的企业占比	70.0	61.5	84.8	50.0
不和谐	某种关系状态的企业中某种用工状态的企业占比	25.0	75.0	0.0	0.0
	某种用工状态的企业中某种关系状态的企业占比	10.0	11.5	0.0	0.0
有点和谐	某种关系状态的企业中某种用工状态的企业占比	13.3	46.7	33.3	6.7
	某种用工状态的企业中某种关系状态的企业占比	20.0	26.9	15.2	50.0

(六) 员工流走的成因与企业用工

员工流走直接造成企业用工的短缺,反之,企业用工则较为稳定,而员工流走的成因也就成为企业改善用工短缺状态的方向。从表17 – 6可见,除了基本的工资待遇依然是员工流走的主要成因外,回家创业、管理制度、企业文化和晋升机会都越来越影响员工的流动性,尤其是企业文化和晋升机会。当然在企业用工的短缺状态下,工资待遇在各状态下的占比仍然是最高的。这表明,在现阶段经济转型升级中,随着劳动力素质逐年提高以及追求目标的多元化等趋势,非工资待遇在劳动力流动成因中所占的比重越来越高,但是工资待遇问题还是主要的动力来源[5]。

表 17 - 6　员工流走成因与企业用工

单位：%

员工流走成因	指标	企业用工			
		短缺严重	短缺不严重	不短缺	员工过剩
工资待遇	某种流走成因的企业中某种用工状态的企业占比	15.0	40.0	45.0	0.0
	某种用工状态的企业中某种流走成因的企业占比	60.0	61.5	54.5	0.0
回家创业	某种流走成因的企业中某种用工状态的企业占比	30.0	20.0	40.0	10.0
	某种用工状态的企业中某种流走成因的企业占比	30.0	7.7	12.1	50.0
工作环境	某种流走成因的企业中某种用工状态的企业占比	0.0	18.2	72.7	9.1
	某种用工状态的企业中某种流走成因的企业占比	0.0	7.7	24.2	50.0
管理制度	某种流走成因的企业中某种用工状态的企业占比	0.0	60.0	40.0	0.0
	某种用工状态的企业中某种流走成因的企业占比	0.0	11.5	6.1	0.0
企业文化	某种流走成因的企业中某种用工状态的企业占比	0.0	100.0	0.0	0.0
	某种用工状态的企业中某种流走成因的企业占比	0.0	7.7	0.0	0.0
晋升机会	某种流走成因的企业中某种用工状态的企业占比	33.3	33.3	33.3	0.0
	某种用工状态的企业中某种流走成因的企业占比	10.0	3.8	3.0	0.0

三　用工结构性短缺的应对之策

　　综上分析，伴随经济结构的转型升级，企业用工结构性短缺有其客观必然性。对于企业而言，保持企业用工辞退率的基本稳定，提高企业用工雇佣率，应该是促进企业转型升级的基本原则；对于区域经济发展而言，化解企业用工结构性短缺难题关键在于保障企业用工的高效性。我们认为今后应贯彻的总体思路是：坚持劳动力市场在劳动力资源配置中的基础性作用，而辅以政府在劳动力供求调控中的适当定位，发挥政府为完善市场机制承担的制度创新和政策实施的双重服务功能，实现既能够吸引务工人员又可以挖掘外来务工人员供给潜力的双重目标，满足民营企业用工结构性的相对短期需求；进而通过确立以人为本的发展理念和构建和谐的劳资关系，将劳动力临时性的转移流动变为劳动力长久性的迁移定居，最终实现务工人员供给绝对量的增加，满足企业用工结构性的长期需求。为此，提出如下若干建言。

（一）深化劳动力流动体制改革，大力吸引农村剩余劳动力流入

吸引农村剩余劳动力从根本上说就是要消除劳动力市场中的城乡差异，而这源于我国计划经济体制下实施的城乡二元户籍制度。[6~7]所以，统一城乡户口管理制度是实现劳动力自由流动的制度保障。户籍制度改革的实质并不在于名义上是否放宽入籍条件，而在于是否把福利因素与户籍身份相剥离。[8]从表象上看，户籍制度改革进展缓慢是由于附着在城镇户口上的福利过多，经济越发达的地区福利越多，户籍制度改革也就越困难，但实际上户籍制度改革的实质内含两个层面，即名义上户籍身份的转变和本质上福利内容的变革。由于涉及人口流动的统筹管理，所以户籍制度改革的难点是户籍身份的转变，而福利内容的变革相对较为容易，外来务工人员最为关注的也是社会福利的平等分享。笔者认为，户籍制度改革取得根本性进展虽然可能持续较长的时间，但是福利内容的变革可以先行一步，与公共廉租房、社会保障、社会求助、教育获得以及其他公共服务等相关领域的改革相配套，彼此相互补充、相互衔接，推动户籍制度改革的实质性进展，从而增添吸引外来务工人员流入的城市魅力。比如，浙江各地区在大力推进居住证制度向户籍制度过渡的同时，应着重建设廉租房和经济适用房，推动社会保障制度深化改革；不仅要建立统一的职工基本养老、医疗、失业等保障制度，而且要针对外来务工人员流动性强、收入低、保障意识弱等特点设计出操作性强的多层次制度保障体系，从根本上

保障外来务工人员应享有的权益和社会福利。

（二）开发劳动力的供给潜力，提高企业适用劳动力的质量

开发劳动力的供给潜力主要从两个方面着手。一是提高外来务工人员的技术水平和管理技能。随着区域产业结构的持续优化升级，以及用现代信息技术改造传统制造业取得成效，技术工人和中级管理人员的需求量会继续增加，尤其是高级技术工人。今后各地区要扩大培训受益面、延长培训时间、丰富培训内容，更应该增强培训的针对性，尤其是对于地区规划重点发展的行业，需要从宣传、奖励、保障三个方面进行突破：通过宣传提高务工人员尤其是年轻一代对培训投资价值的认识；通过奖励增加务工人员培训初始阶段的经济补贴；通过保障就业，增强务工人员的培训积极性。同时，政府可以灵活利用税收等经济手段，对定期组织外来务工人员参加政府组织培训的企业减少适量税赋，既能增强企业对培训员工的积极性，也可以减少企业对外来务工人员"只知使用，不知培训"的短期行为。二是建设多层次的就业服务信息平台。我国农村剩余劳动力整体文化素质偏低，难以灵活驾驭现代化的信息网络工具，外出务工主要依托以亲朋乡邻为基础建立起来的社会信息网络。因此，浙江应加强县、乡、镇劳务市场及就业中介机构的建设，进一步规范、完善劳务市场的运作机制，同时与中西部劳务输出多的省份加强合作，引导外出务工人员的合理、有序流动，并且加强对劳务中介组织的监管，切实保障外来务工人员的合法权益。

（三）保障产业后备军队伍的不断壮大

在吸引农村剩余劳动力流入和开发外来务工人员的劳动力供给潜力的基础上，只有采取有效措施将外来务工人员留在浙江，变临时性的转移流动为长久性的迁移居住，才能保障浙江民营企业用工需求的持续增加。对此，可以从两个方面着手。一是坚持以人为本的用工理念，重视劳动关系的和谐。和谐的劳动关系是留住外来务工人员的关键，尤其是对于人本意识增强的新生代外来务工人员，外出务工不再是仅仅增加个人收入，而是渐渐努力提高生活质量。政府参与构建和谐的劳动关系应该坚持就业最大化的原则，促进以创业带动就业，发挥创业对就业的倍增效应，并积极创

造有益于劳动力就业的社会环境。二是重视外来务工人员子女的教育，努力降低外来务工人员子女的教育成本和提高外来务工人员子女的教育质量。目前，一般城市的教育设施已经对外开放但限于经济支付能力，他们的子女很难享受这一优惠条件；而外来务工人员子女的专门学校教育成本虽低但办学远未达到民办学校设置标准，设备简陋、师资力量较弱等。所以，政府可以通过加大对公办学校的投资力度，扩大公办学校的教学规模，充分利用公办学校的师资力量，同时通过面向外来务工人员子女的公开考试，择优录取与用人单位签有长期用工合同并有固定住所的外来务工人员的子女。另外，规范外来务工人员子弟学校的发展，利用社会化融资渠道，包括企业的资助、社会的捐助、政府的投资等支持外来务工人员子弟学校达到民办学校标准，改善教学环境，提高教育质量，培养出新一代高素质的劳动力队伍，从根本上解决企业用工结构性短缺难题。

参考文献

[1] 〔美〕曼瑟尔·奥尔森：《集体行动的逻辑》，上海三联书店、上海人民出版社，1995，第 70 页。

[2] Hall, R. E., "A Theory of the Natural Unemployment Rate and the Duration of Unemployment," *Journal of Monetary Economics*, 1979, 5 (2): 153 – 169.

[3] Darby, M. R., J. Haltiwanger, M. Plant, "Unemployment Rate Dynamics and Persistent Unemployment under Rational Expectations," *The American Economic Review*, 1985, 75 (4): 614 – 637.

[4] Barro, R. J., "The Persistence of Unemployment," *The American Economic Review*, 1988, 78 (2): 32 – 37.

[5] 宋树理：《杭州民营企业用工结构性短缺的成因及化解建议》，载《2009 年杭州发展报告》，杭州出版社，2009。

[6] 李强：《影响我国城乡流动人口的推力与拉力因素分析》，《中国社会科学》2003 年第 3 期，第 125 ~ 136 页。

[7] 蔡昉、都阳、王美艳：《劳动力流动的政治经济学》，上海三联书店、上海人民出版社，2003，第 1 ~ 31 页。

[8] 蔡昉：《刘易斯转折点及其政策挑战》，社会科学文献出版社，2007，第 1 ~ 3 页。

附录　金融危机下民营企业用工现状调查

致被调查者的话

各位业主：

您好！我是_____的研究人员，为了社会经济的和谐发展和浙江民营企业国际竞争力的提升，现在我们正在浙江省各地区进行一项关于民营企业用工现状的抽样调查，根据有关法律，我们将对你的个人信息和贵企业信息严格保密。谢谢合作！祝工作顺利、生活愉快！

浙江教育学院国际工商管理学院

2009 年 6 月

1. 您的性别？（　　）

   男　1　　　　　　　　　　女　2

2. 您是不是本地人？（　　）

   是　1　　　　　　　　　　否　2

3. 您的文化程度？（　　）

   大学文凭　1　　　　　　　大专文凭　2

   高中水平　3　　　　　　　高中以下水平　4

4. 贵企业从事的主要行业？（　　）

   制造业　1　　　　　　　　批发及零售贸易行业　2

   社会服务业　3　　　　　　邮电电力、煤气及水的生产供应业　4

   交通运输、仓储业　5　　　房地产业　6

   建筑业　7　　　　　　　　其他行业　8

5. 您的创业年限？（　　）

   0～5 年　1　　　　　　　　6～10 年　2

   11～15 年　3　　　　　　　15 年以上　4

6. 您擅长什么管理？（　　）

   生产管理　1　　　　　　　营销管理　2　　　　　　财务管理　3

人力资源管理　4　　　　　研发管理　5　　　　　企划与公关　6

项目管理　7

7. 贵企业规模？（　　　）

小型　1　　　　　　　中型　2　　　　　　　1 大型　3

8. 贵企业在金融危机下用工是否短缺？（　　　）

短缺严重　1　　　　　短缺不严重　2

不短缺　3　　　　　　员工过剩　4

9. 贵企业用工短缺员工的主要类型（　　　）

普通工人　1　　　　　技术工人　2

中级管理者　3　　　　高级管理者　4

10. 贵企业招工的主要形式（　　　）

本地劳动力市场招聘　1　大学校园招聘　2

网络招聘　3　　　　　外地劳动力市场招聘　4

11. 贵企业金融危机下招工规模发生的变化（　　　）

裁员　1　　　　　　　减少招工数量　2

增加招工数量　3　　　根据工种需要相机决策　4

12. 贵企业男性员工和女性员工的需要数量（　　　）

男性需求量大　1　　　女性需求量大　2

13. 贵企业对员工年龄的要求（　　　）

18～30 岁　1　　　　　30～40 岁　2

40～50 岁　3　　　　　50 岁及以上　4

14. 您认为医疗、养老等保障制度对留住员工有没有作用？（　　　）

没有　1　　　　　作用不大　2　　　　　很有作用　3

15. 您认为培训员工对留住员工有没有作用？（　　　）

没有　1　　　　　作用不大　2　　　　　很有作用　3

16. 贵企业与员工的关系？（　　　）

和谐　1　　　　　不和谐　2　　　　　有点和谐　3

17. 贵企业是否与员工签订劳动合同？（　　　）

有　1　　　　　　没有　2

18. 贵企业是否经常解雇员工？（　　　）

是　1　　　　　　不是　2

19. 贵企业与员工发生矛盾采取什么方式解决？（　　）

　　辞退　1　　　　　　找工会　2　　　　　单独谈话　3

　　忍让　5　　　　　　其他　6

20. 您认为引起员工流走的主要原因？（　　）

　　工资待遇　1　　　　回家创业　2　　　　工作环境　3

　　管理制度　4　　　　企业文化　5　　　　晋升机会　6

第十八章

杭州服务贸易转型发展的
基础条件与途径

　　提要：随着经济全球化的深入和国际产业结构的调整，世界服务型经济的格局已经形成，各地区经济竞争的重点正从货物贸易转向服务贸易。杭州已将发展现代服务业上升为城市重要发展战略，旨在实现以服务业为基础的服务贸易在开放型经济条件下的奔跑式持续发展。本章在梳理国内外相关文献的基础上，首先采用服务贸易界定的国际惯例，运用新比较优势理论分析杭州发展服务贸易的基础条件：消费需求旺盛，对外开放程率提高，服务业企业家信心指数和服务类企业景气指数走高，服务业对经济增长的贡献率提升，城市化推进迅速。然后，厘清杭州突破服务贸易发展瓶颈的制约因素：有效消费需求滞后于经济增长，服务贸易管理体制的灵活性有待增强，服务贸易复合型人力资本缺乏，服务贸易重点领域的发展主动性较差。进而，提出杭州实现开放型经济条件下服务贸易的奔跑式持续发展，必须：坚持政府宏观调控与市场自由竞争协调的经济发展理念；培养新的消费需求，增强居民消费倾向；完善人力资本结构，重视人力资本积累；等等。

引　言

　　随着经济全球化的深入和国际产业结构的调整，世界服务型经济的格局已经形成，各地区经济竞争的重点正从货物贸易转向服务贸易。杭州已将发展现代服务业上升为城市重要发展战略，将实现以服务经济为主的产业结构作为城市经济增长的后劲力量。改革开放以来，加工贸易一直是杭州经济增长的主导，服务贸易以旅游、运输等传统型为主，而现代服务贸易起点低、种类单一，国际化水平与国内外大都市还存在明显的差距。但是，杭州作为我国尤其是长三角南翼的重要经济中心，目前经济总量位居全国省会城市第二，2006 年服务业占全市 GDP 的比重由上年的 44.1% 提高到 45.1%，对全市 GDP 增长的贡献率超过工业 10.3 个百分点，服务业渐渐成为杭州经济增长的新引擎。因而，杭州有能力实现服务贸易在开放型经济条件下的奔跑式持续发展。

20 世纪 70 年代，服务业在西方发达国家 GDP 中的比重达到 60%，超过农业和制造业的总和。这成为世界经济增长最亮的一点，从而引起许多国家和地区政府和商界的重视，也吸引了西方学术界的关注。

西方学术界对服务贸易的研究集中在服务内涵的界定和服务贸易的决定两个方向。一般认为，关于服务贸易的研究始于"服务"内涵的界定，这也是国内外经济学者一直争论的焦点。1977 年，T. P. Hill 关于"服务"特性的分析标志着服务贸易研究的开始。20 世纪 80 年代中期，一些经济学家相继根据服务生产和消费必须同时同地进行的特性拓展了 Hill 的概念，以分类法定义其概念。另外，关于不同服务提供方式之间关系的分析也一直没有间断。我国经济学者对服务贸易的研究始于 20 世纪 90 年代，关于以分类法定义服务贸易的研究，主要是借鉴国外研究成果。另外，一些学者从性质上定义服务贸易。但是，迄今为止，"服务贸易"内涵的界定仍不甚完美，较公认的是《服务贸易总协定》（GATS）的规定。继而，2002 年联合国等六个国际组织发布的《国际服务贸易统计手册》界定的国际服务贸易包括居民与非居民之间的服务贸易以及通过外国附属机构和自然人移动实现的服务贸易，包括四种模式：跨境提供、境外消费、商业存在和自然人移动。

西方经济学者关于服务贸易决定理论的分析与服务内涵的研究同步进行，研究重点是传统比较优势理论是否适应服务贸易的发展。传统比较优势理论是自由贸易理论的基础，由李嘉图在"经济学之父"斯密的绝对优势理论基础上创立，后经俄林和赫克歇尔发展成要素禀赋学说。[1] 即使在后来的实践检验中，受到了"里昂惕夫之谜"[2] 的挑战，但通过加入人力资本要素进行修正，比较优势理论获得了新的发展。然而，关于传统货物贸易的比较优势理论能否运用于服务贸易，理论界存在不同观点。一种论点持否定态度，另一论点持肯定态度。大多数学者认为，结合服务贸易的特性做适当修正，比较优势理论仍然适用，称之为新比较优势理论。如运用标准的 H - O 模型，通过改变个别约束条件，得到阐释服务贸易的一般模型。国内关于服务贸易理论的分析大多支持第三种论点。

不难发现，国外服务贸易研究还没有形成完整的理论体系，服务贸易的内涵界定也有待深入探索，而服务贸易统计资料的缺乏，导致实证分析阻力重重，因而主要的研究成果集中在国际服务贸易的规范分析上。国内学者主要是介绍、借鉴国外研究成果，对我国服务贸易的发展做出了一定贡献，而对地方城市服务贸易发展的定性分析和定量研究还相当欠缺。本章采用服务贸易界定的国际惯例，运用新比较优势理论，分析杭州服务贸易发展的基础条件，然后厘清杭州服务贸易突破发展瓶颈的制约因素，进而提出开放型经济条件下发展服务贸易的总体思路和具体途径。

一　杭州发展服务贸易的条件分析

新比较优势理论表明，服务贸易发展及其国际竞争力的提升应发挥贸易过程中服务要素的比较优势，即出口技术成熟、成本低廉、资源丰裕的服务要素，进口技术不成熟、资源匮乏而生产急需、利于产业发展的服务要素，以实现稀缺资源高效利用带来的经济增长。杭州服务贸易的比较优势体现在以下几个方面。

(一)　消费需求旺盛

众所周知，消费是拉动经济增长的"三驾马车"之一，是经济增长的最终动力，历来为经济学家和经济政策制定者关注。消费运行的机理在于，消费需求的扩大，能带动生产能力的扩张和消费结构的升级，形成新的消费热点和经济增长点，从而促进国民经济的良性发展。发达国家的经济发展历程表明，服务贸易是今后经济增长的主导力量，而服务贸易的发展依赖旺盛的消费需求。统计资料表明，杭州消费需求旺盛，而且潜力巨大，具备发展服务贸易的先决条件。

杭州城镇居民人均可支配收入、农村居民人均纯收入和市区人均消费性支出呈现不断增长的态势。城镇居民人均可支配收入从 2000 年的 9668

元增长到 2006 年的 19027 元，增长幅度达 96.8%，年均增长 11.95%；农村居民人均纯收入从 2000 年的 4894 元增长到 2006 年的 8515 元，增长幅度达 74.0%，年均增长 9.67%；市区人均消费性支出从 2000 年的 7790 元增长到 2006 年的 14472 元，增长幅度达 85.8%，年均增长 10.87%（如图 18-1 所示）。浙江省调查总队反馈的调查资料显示，2007 年上半年，杭州市区城镇居民人均可支配收入为 11899 元，高于全省平均水平 664 元，超过宁波（11775 元）居全省第四位；从增长幅度来看，上半年杭州市人均可支配收入增长 14.7%，增幅居全省第三位。上半年杭州市区城镇居民人均消费性支出为 7450 元，居全省第三位；从增长幅度来看，上半年杭州人均消费性支出增长 12.2%，增幅居全省第二位。随着杭州居民人均收入的持续上涨，消费结构也将由目前的以生活消费为主过渡到以服务消费为主，与服务贸易的发展相辅相成、互相促进。更加引人注目的是，杭州是一个国际名牌旅游城市，着力打造品质之城，因而吸引了大量的外来消费，如入境旅游人数由 2000 年的 70.71 万人次增长到 2006 年的 182.02 万人次，增长近 1.6 倍，外汇收入由 2000 年的 2.92 亿美元增长到 2006 年的 8.9 亿美元，增长 2 倍；接待国内旅游人数由 2000 年的 2305 万人次增长到 2006 年的 3682.14 万人次，增长 59.7%，旅游收入由 2000 年的 190 亿元增长到 2006 年的 534.9 亿元，增长 1.8 倍。"五一"和"国庆"两个黄金周的外来旅游消费收益最为可观。

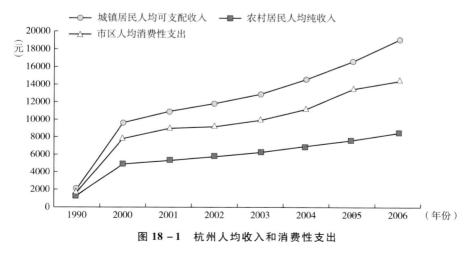

图 18-1　杭州人均收入和消费性支出

数据来源：1990~2007 年《杭州统计年鉴》和 1990~2006 年《杭州年鉴》；余图同。

（二）对外开放程度提高

古典经济学家一致认为，市场自由化的深入是稀缺资源利用效率提高的外在驱动力，而对外开放程度则是市场自由化的直接表征。对外开放程度的提高意味着市场自由化带来的要素流动加快，资源利用效率随之提高。吕晓艳的分析表明，服务要素的流动是服务活动的核心因素和直接动力，是服务贸易内生的发展动力。[3]因此，对外开放程度的提高可以带来服务贸易的持久繁荣。近年来，杭州经济发展的对外开放程度不断提高，表现为对外贸易的逐年高速增长（如图18-2所示），外商直接投资的连年增加（如图18-3所示），对外合作项目的持续增多和境外投资规模的不断扩大。因而，杭州具备发展服务贸易的直接动力。

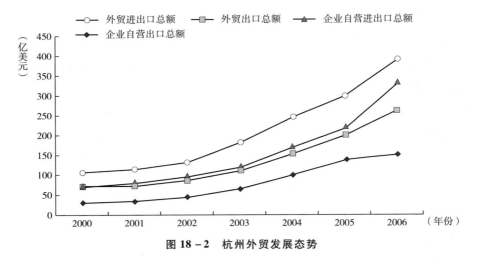

图 18-2 杭州外贸发展态势

自1988年获得外贸自营进出口权以来，杭州采取措施扩大外贸出口企业队伍，鼓励和帮助更多的企业获得自营进出口权，促使外贸出口从小到大、从无到有不断发展，外贸出口增量的第1个10亿美元用了8年，第2个10亿美元用了4年，第三个10亿美元仅用了1年，2000年就进入了快速发展期，出口年均增长率保持在35%，如今规模列全国省会城市第2名，仅次于广州，已经达到较高水平。而且杭州注重在巩固并深度开发主体市场的同时，努力开拓新兴市场，扩展外贸出口国际市场空间。如2000年之前，美国、欧盟、日本和中国香港是全市外贸出口的四大主体市场，

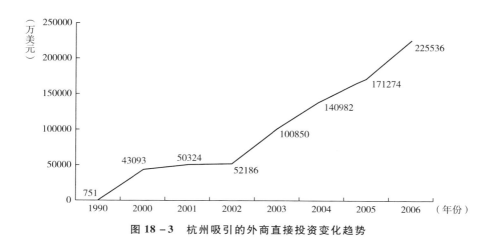

图 18 - 3　杭州吸引的外商直接投资变化趋势

到 2000 年则占到全市出口总额的 75.2%，2002 年杭州开始对东盟市场加大开拓力度，2003 年出口市场结构得到进一步优化，南美、非洲、加拿大等新兴市场出口有较大增长，2004 年东盟成为杭州第四大贸易区域，此时杭州市直接出口的国家和地区已达 192 个，2006 年澳大利亚、新西兰和韩国等市场出口取得显著增长。

在杭州投资的国家和地区、500 强企业数量从 2000 年的 71 个、30 家，增加到 2006 年的 85 个、53 家，表明杭州的投资吸引力不断增强，处于全国前列。

在"走出去"战略的鼓励下，全市对外承包工程和劳务合作合同从 2000 年的 376 万美元，增加到 2006 年的 3.31 亿美元，增长了 87 倍。境外投资民企从 2001 年的 20 个、总投资 1.16 亿美元，增加到 2006 年的 61 个、总投资 3.89 亿美元，投资额增长了 2.4 倍。投资区域也不断扩大。

（三）服务业企业家信心指数和服务类企业景气指数走高

奈特认为，不确定性是企业家发挥作用的动力和企业组织出现的根本。[4] 随着市场经济的高效发展，企业家自 16 世纪诞生之日起，就被赋予冒险者的身份，而且作为一种异质性人力资本，具有边际报酬递增的生产力价值。伴随信息经济时代的到来，市场经济的极大不确定性对服务行业企业家提出更高的要求，不仅要发挥冒险家精神，而且要具备驾驭市场经济的信心，这是服务贸易发展的精神支柱。近年来，杭州服务行业（主要包括交通运输、批发零售、房地产、社会服务、信息传输软件等）企业家信心指数①呈现上升态势，平均达到 140（如图 18 - 4 所示），这将带动杭州高精尖技术密集型服务贸易的快速发展，实现杭州服务贸易由传统型向现代式转变。而房地产企业家信心指数变化较平缓，这有利于杭州房地产行业的稳定健康发展，从而利于吸引外商直接投资，扩大市场规模。

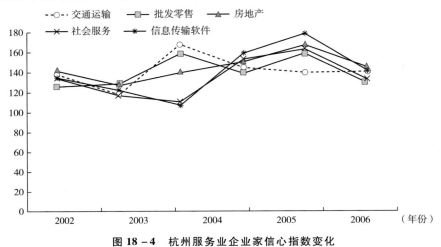

图 18 - 4　杭州服务业企业家信心指数变化

　　企业是市场经济发展的物质载体，也是企业家发挥功能的场所，其存在价值一直未引起主流经济学家的重视，被简单地认为资源投入产出的"黑箱"，直至新制度经济学派创始人科斯于 1937 年提出企业的存在源于降低市场交易费用[5]。这引起经济学理论界对企业功能多维视角的深入研究，迄今为止，企业经济学理论体系渐趋成熟，企业在市场经济中的地位已不可撼动，由此企业景气指数②成为衡量经济发展态势优劣的显著指标。近年来，杭州服务行业的企业景气指数也总体呈现上升势头，平均达到150，虽然房地产、批发零售行业的企业景气指数有所下滑，但是令人欣喜的是信息传输软件行业的企业景气指数上涨，2006 年将近 180，远远高

---

① 企业家信心指数，亦称宏观经济景气指数，是根据企业决策者对企业外部经济环境与宏观政策的认识、看法、判断与预期（"乐观""一般""不乐观"）而编制的指数，反映企业决策者对当前宏观经济状况及未来走势的一种感受、体验与期望。

② 企业景气指数，亦称企业综合生产经营景气指数，是根据企业决策者对本企业当前生产经营情况的判断及未来企业生产经营状况的预期（"好""一般""不佳"）而编制的指数，是企业决策者对企业生产经营现状及未来景气动向的一种综合评价和判断。

于其他服务业的企业景气指数（如图 18 - 5 所示）。这就表明杭州大力发展信息产业的成效显著，有利于引领杭州现代服务贸易的发展航向，加快与发达国家产业发展的接轨，实现经济的奔跑式发展。另外，社会服务和住宿餐饮行业的企业景气指数也呈现明显的上升态势，表明杭州在积极发展现代服务贸易的同时，注重与传统特色服务贸易——旅游的有机结合，意在培养服务贸易的竞争优势。

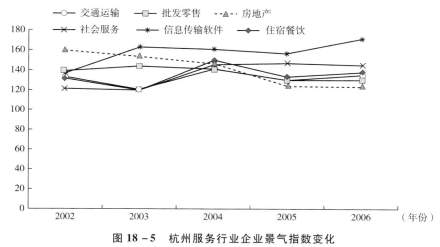

图 18 - 5　杭州服务行业企业景气指数变化

（四）服务业对经济增长的贡献率提升

服务业是服务贸易发展的产业基础，服务贸易是随着服务业在国民经济中地位的提升而迅速发展的，因而，服务业对经济增长贡献率的提升，必将引致服务贸易的繁荣。钱德勒认为，产业结构的调整对经济发展具有促进作用，其中内含两个层面：一是不同的经济发展水平所表现出来的产业结构的不同，二是产业结构的转变，特别是在非均衡的条件下，能够加速经济的增长。这是由稀缺资源利用效率最大化决定的，在各部门相同投入的条件下，如果收益情况存在差异，生产要素自然就从生产率低的部门流向生产率高的部门，从而加速经济的增长。如今，服务业或第三产业成为各发达国家及发展中国家新的经济增长点，服务贸易也获得了飞速发展。杭州服务业发展水平已明显跃居全国省会城市前列，主要表现在服务业增加值占 GDP 的比重、服务业从业人员数量、服务业产业结构和服务业投资总量四个方面，这就为杭州服务贸易的大发展奠定了基础。

1. 服务业增加值占 GDP 的比重有所突破

服务业增加值占 GDP 的比重是衡量一国或地区经济发达程度的重要标准。2006 年，杭州服务业（第三产业）实现增加值 1552.07 亿元，按可比价计算，比 2000 年增长 118.8%。更加引人注目的是，服务业增加值占全市 GDP 的比重由 2001 年的 42.3% 提高到 2006 年的 45.1%（如图 18－6 所示），已接近工业增加值占 GDP 的比重（50.4%）；服务业发展速度超过工业发展速度 3.6 个百分点。尤其是服务业对杭州 GDP 增长的贡献率达 53.6%，比工业对全市 GDP 增长的贡献率 43.3% 高出 10.3 个百分点。这些数据表明，杭州主要由工业拉动的经济发展模式正在加快转变为现代服务业与现代制造业"两轮驱动"的经济发展模式，而且服务业发展势头强劲。

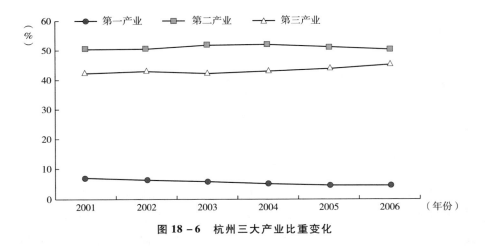

图 18－6 杭州三大产业比重变化

2. 服务业从业人员数量继续增加

配第－克拉克定理表明，随着国民经济的发展、人均国民收入的提高，一个国家或地区的劳动力构成逐渐由第一产业占优势逐级向第二产业和第三产业占优势的方向发展。随着杭州经济的发展，服务业从业人员数量逐年增加。2006 年底，杭州服务业从业人员有 190.64 万人，比 2000 年底增长 29%（如图 18－7 所示），由 2000 年底占全市从业人员的 36.3%，上升为 37.2%。值得注意的是，从事信息软件、金融保险、租赁商业服务等现代服务业的高素质人员比例不断攀升。

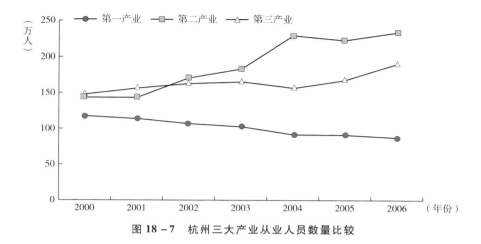

图 18 - 7　杭州三大产业从业人员数量比较

3. 服务业产业结构更趋合理

服务业的国际竞争力提升和发展活力来源于其内部结构的持续调整。[6]近年来，在市场经济需要和政府宏观调控下，杭州服务业内部结构更趋合理，在保持传统服务业诸如批发零售业、住宿餐饮业等稳定增长的同时，金融、房地产、高等教育等现代服务业也获得了飞速发展。从增加值占 GDP 的比重来看，2006 年八大重点服务业除大旅游产业比 2005 年略有下降（增加值为 203.88 亿元，占 GDP 的比重为 5.92%，比上年下降 0.06 个百分点）外，其他七大服务业均有所上升。其中，增加值占全市 GDP 比重前三位的是商贸与物流业、大文化产业以及金融服务业，其增加值分别为 402.93 亿元、324.51 亿元和 247.99 亿元；占 GDP 的比重分别为 11.71%、9.43% 和 7.21%，分别比上年提高 2.43 个百分点、0.31 个百分点和 0.64 个百分点。信息服务与软件业、中介服务业以及社区服务业增加值占全市 GDP 的比重相对较小，其增加值分别为 127.70 亿元、42.24 亿元和 0.13 亿元；占 GDP 的比重分别为 3.71%、1.23% 和 0.13%，分别比上年提高 0.13 个百分点、0.18 个百分点和 0.02 个百分点。

4. 服务业投资总量持续扩大，部分行业投资较为集中

从固定资产投资来看，杭州服务业投资是逐年增长的。在 1993 年杭州服务业限额以上固定资产投资（47.33 亿元，占总额的 57.3%，较上年增加 12.3%）首次超过第二产业（34.64 亿元，占总额的 42.0%，较上年降低 11.8%）后，服务业投资在全市投资中的比重持续扩大，2002 年达到

惊人的 80.3%，后略有下降。截至 2006 年，杭州市服务业限额以上固定资产达 906.52 亿元，比 2005 年增长 9.1%，超过第二产业增长速度 4.6 个百分点，比重为 66.0%。而房地产业、水利环境和公共设施管理业以及交通运输仓储和邮政业投资共计 732.33 亿元，占服务业投资总量的 80.8%。其中房地产业投资所占比重最大，达到 53.6%；水利环境和公共设施管理业、交通运输仓储和邮政业投资所占比重分别为 16.7%、10.5%。

（五）城市化推进迅速

众所周知，城市化水平是城市现代化的重要标准，而城市化是服务贸易发展的助推器[7]。中国服务贸易发达地区的城市化水平首屈一指，2007 年，城市化率最高的是上海（88.7%），其次是北京（84.3%）和天津（75.7%）。因而，城市化的迅速推进能极大地促进本地区服务贸易的快速发展。杭州城市化推进时间较晚，但是起点较高，自 1999 年 8 月杭州市委、市政府发布《关于加快杭州城市化发展的若干意见》始，杭州城市化就进入快速发展期。截至 2006 年底，杭州城市化率已由 1990 年的 40.46% 提高到 62.10%，上升了 21.64 个百分点；根据美国城市地理学家 Ray M. Northam 的研究，杭州已经进入城市化中期加速阶段的后期。① 同时，杭州城市承载能力不断提高，包括全市总公路里程、水电供应、绿化面积、通信技术等都出现了大幅度的提高或增强，城市人口也逐步增长（如图 18-8 所示），表明杭州城市化推进成效显著，为服务贸易的发展创造了环境。

二 杭州发展服务贸易存在的问题

杭州具备发展服务贸易的基础条件，要实现开放型经济条件下服务贸易的奔跑式持续发展，必须正视突破服务贸易发展瓶颈的制约因素，主要表现在以下四个方面。

---

① 资料来源：《杭州城市化进程评价》（http://www.hangzhou.gov.cn/main/zwdt/ztzj/gzlh/zfbg）。

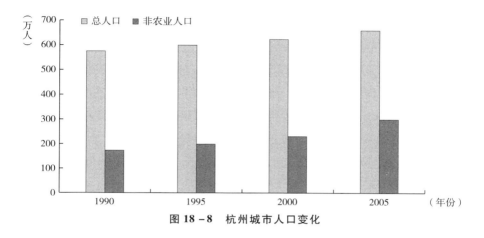

图 18 - 8 杭州城市人口变化

（一）有效消费需求滞后于经济增长

杭州消费需求虽然旺盛，但是仍然滞后于该地区的经济增长。据统计，杭州市社会消费品零售总额虽然有一定程度的增长，但商品市场保持平稳状态。全市生产总值由 1994 年的 585.52 亿元增至 2006 年的 3441.51 亿元，增长了 4.9 倍，而同期城镇居民人均可支配收入则由 1994 年的 4892 元增至 2006 年的 19027 元，仅增长 2.9 倍；杭州市社会消费品零售总额与生产总值的比值由 1994 年的 35% 持续降到 2004 年的 28%，尽管 2006 年达到 32%，但仍低于 1994 年的水平，说明杭州消费需求增长较缓慢。另外，2002~2005 年杭州城镇居民人均可支配收入在长三角地区排名分别为第四位、第四位、第五位、第五位，增长幅度低于上海、无锡、宁波和绍兴。2007 年上半年，杭州城镇居民人均消费性支出为 7450 元，在长三角地区列第四位，低于上海（8594 元）、温州（8564 元）、台州（7509 元），消费总体规模为 970.19 亿元，列全国中心城市第七位，而社会零售消费总额为 629.82 亿元，列全国中心城市第 10 位。人均消费性支出占城镇居民人均可支配收入的比重总体呈下降趋势，从 1994 年的 88.2% 降到 2006 年的 78.2%；在外用餐支出方面，2006 年杭州为人均 1286 元，低于温州的 2278 元和台州的 1791 元。统计数据显示，城镇居民消费倾向总体呈下降趋势。

（二）服务贸易管理体制的灵活性有待增强

国际发达地区的服务贸易管理体制具备政府立法机构和各主要管理部门之间分工协调有效、中介机构发挥主要功能和服务贸易统计方法成熟三个特征[8]，而我国各地区服务贸易管理体制普遍存在管理部门协作效率低、相关立法不健全、服务贸易统计缺陷严重等问题，杭州并不例外。杭州服务贸易起步晚但起点高，发展速度处于全国中心城市前列，这源于政府职能的充分发挥和宏观调控的有力。但是政府的过度干预必将导致市场调节的失控、中介机构功能发挥的失衡，也就不能刺激服务产业内部结构调整的优化，从而会限制服务贸易的发展。政府为引导服务贸易发展推出的政令举措，确实发挥了功效，但没上升到法律层面，不能积少成多、健全服务贸易法律体系，这应引起有关部门的重视。服务贸易统计还不成熟，仍按照国际收支进行的 BOP 统计，以反映居民与非居民之间在服务贸易领域发生的一些外汇收支情况为基准，这只能反映跨境提供、境外消费、自然人移动的交易情况，而不能显示商业存在的交易情况。另外，它难以统计境外游客随身携带的外汇现钞在国内兑换后的境内消费，而这一类型支出在许多服务贸易领域普遍存在并占据较大比重。如今在《国际服务贸易统计手册》的指导下，有些地区开始采用外国附属机构（FAT）统计进行弥补和修订，以在更大程度上反映服务贸易的整体水平，但杭州没有进行这些方面的探索，给各界统计分析带来极大不便。

（三）服务贸易复合型人力资本较缺乏

密尔文认为，现代服务贸易是以人力资本密集型服务为主的。至今，人力资本理论应用于贸易领域已有 50 多年的历史，西方大多数经济学者认为服务贸易既然是国际贸易的一种具体形式，因而人力资本能体现服务贸易的比较优势。一个国家或地区教育、培训及研究越发达，人力资本结构就越完善，服务贸易发展也就越迅速。据统计，2007 年全国外贸行业人才缺口达 100 多万人，整个浙江省单证员缺 10 万人以上，外贸业务员、物流师缺 20 万人，报关员缺 20 万人，外贸物流复合型人才更是紧缺；杭州此类人才也是相当缺乏，而且杭州服务贸易专业教育、培训和研究与国外发达地区相比还存在较大差距。随着杭州外贸业务的快速发展，对复合型外贸人才的需求不断增加，虽然相关部门已表示高度重视外贸人才的培育，定期举办培训班，但是从课程内容设计来看并未发现针对服务贸易专门业务的教材，还停留在传统的货物贸易阶段。而且外贸培训人员以大学生为主，然而大学生专业实践能力较弱，学校事务繁多，资格考试通过率比较低，从而不具备复合型人才素质。另外，服务贸易培训机构数量较少，而且不甚规范，资格考试宣传不到位，不能发挥中介机构应有的市场调节功能。据统计，2006 年杭州科学研究和综合技术服务业项目数为 14 个，占第三产业总数的 1.87%；合同外资金额为 8111 万美元，占第三产业总数的 1.51%；实际利用外资 1308 万美元，占第三产业总数的 0.58%。相对而言，是第三产业中利用外资最少的行业，这不利于杭州服务贸易复合型人力资本的积累。

（四）服务业重点领域的发展主动性较差

地区产业发展在实现区域产业同构的基础上，应该更强调自强。发展经济学激进学派的依附理论认为，如果一个地区的经济发展过分依赖其他地区的经济发展，那么它就容易陷入"宗主—卫星"的依附漩涡而停滞不前。杭州一贯坚持依托上海、融入长江三角洲的发展路线，利用较低成本吸引了大量资源流入，通过产业整合，刺激了本地区产业结构的优化，极大地推动了经济的发展，这是显而易见的。杭州要实现经济发展的新突破，应在依托上海的同时，积极探索新的途径。目前，各大城市都在鼓励、引导现代服务业的发展，以此作为今后经济发展与国际市场接轨、赶超发达地区的新起点。杭州经济发达但缺乏自然资源，现代服务业发展起步也较晚，与上海相比经济发展水平仍存在较大差距，而且发展现代服务业的部分重点领域竞争激烈，导致杭州服务业重点领域的发展主动性较差。

三　杭州发展服务贸易的主要途径

经上分析，杭州实现开放型经济条件下服务贸易的奔跑式持续发展，必须坚持"一主二高"的总体思路，即以绿色服务贸易为主，发展知识密集度高的服务贸易，推进自由化程度高的服务贸易。结合杭州经济发展的特点，笔者建议具体从以下几个方面着手。

（一）坚持政府宏观调控与市场自由竞争协调的经济发展理念

政府宏观调控与市场自由竞争对经济增长的功效是经济学理论界一直争论的焦点，迄今尚无定论，然而一个不争的事实是二者的协调与协作的确会引致经济的稳定增长。因此，发展服务贸易必须坚持政府宏观调控与市场自由竞争协调的发展理念。值得注意的是，政府宏观调控和市场自由竞争协调发挥作用，并不代表这"两只手"在经济发展过程中的权重平均分配、力量均等，孰轻孰重应视经济发展状况而定。德国经济学家李斯特的经济发展阶段论表明，在经济发展的不同阶段需要采用不同的经济调控手段。经济发展初期，政府扶持是必需的；经济发展中期，减少政府对经济发展的过度干预，鼓励适当的市场自由竞争；经济发展成熟期，大力开展自由贸易，坚持市场自由竞争。杭州服务贸易发展基础薄弱，没有经历国外发达地区服务贸易发展循序渐进的过程，摆脱资源匮乏、起步晚的劣势，发展势头强劲，绩效显著，与政府高效的宏观调控、积极的扶持引导密不可分。这正好应验了波特强调的政府在决定产业国际竞争力中地位是重要的理论。随着快速发展，杭州的服务贸易必将进入发展中期，相关政府部门应引以为重，做好充分的思想和行动准备，调整自身在服务贸易发展过程中的角色，鼓励服务贸易行业的自由竞争，加快服务要素的流动速度，提高服务贸易的发展活力和企业的经营效率，培育本地区最具竞争优势的服务贸易项目。

（二）培养新的消费需求，增强居民消费倾向

消费是拉动经济增长的主要动力，刺激消费是从经济体制内部激发经济增长的潜力。虽然近年来杭州居民消费的恩格尔系数持续降低是人民生活水平提高的标志，但是整体消费规模不尽如人意，杭州发展服务贸易需要解决消费需求增长滞后于经济发展的问题，应转变消费结构，刺激新的消费倾向。首先，保持消费结构的平衡。经济学家认为消费内含两个层面：生活消费和投资消费，二者是此消彼长的关系。合理的消费结构应该是二者的和谐增长。目前，杭州人均收入在全国居较高水平，但消费支出相对落后，这里指的是生活消费，而投资消费由于受到全国金融市场（尤

其是股票市场）和杭州高房价的影响，增长速度过快，显现出与生活消费失衡的迹象，应加以引导。其次，应该发挥休闲城市的消费特色，不仅增强吸引外地居民流入消费的优势，而且重视开发面向本地人群的消费项目，诸如群众性文化论坛、平民娱乐周、明星文艺演出和白领交友俱乐部等，刺激本地人群的消费，使之在消费中满足自己的不同层次需求。最后，构建旅游都市圈，提高各地区特色资源的利用效率，建立良好的协作机制，便于本地人群的就地旅游消费。

（三）完善人力资本结构，重视人力资本积累

人力资本是知识密集型服务贸易发展的决定性因素，提高人力资源的供给能力依靠教育的创新、培训的完善和研究开发的深入。杭州发展服务贸易必须完善人力资本结构，重视人力资本积累。首先，杭州财经类高校和相关教育机构应根据市场需要创新教育体制，培养适合本地区经济发展的专业型人才，尤其是服务贸易专业型人才，这是与国际接轨、抢占未来经济发展制高点的根本。要从高校教材选定、课程安排、假期实践等方面引导大学生把握时代经济脉搏，深刻认识服务贸易的发展前景，养成掌握服务贸易业务知识、锻炼从事服务贸易业务能力的主动性。其次，杭州相关部门应规划服务贸易培训程序，完善服务贸易培训的法律法规，并鼓励、支持服务贸易培训机构开展活动，面向社会加大服务贸易培训的宣传力度，提高服务贸易资格考试的合格率，从而疏通服务贸易复合型人才的培育渠道。最后，杭州经济发展迅速，经济总量位居全国中心城市前列，应改善服务贸易发展与经济发展不相适应的局面，加大对服务贸易研究开发的投资力度。一方面，应加强服务贸易发展的理论研究，为服务贸易的发展提供理论支持；另一方面，应加强服务贸易行业内部结构优化和外围扩展的研究，提高服务贸易发展质量和拓宽服务贸易竞争渠道。另外，杭州应完善人才引进机制，在争取最大限度地利用本地区人才资源的情况下，创造与周边发达地区互补的就业岗位，吸引专业人才的流入。

（四）培育服务贸易企业国际化的比较优势

服务"无形性"的特征决定了服务贸易企业国际化品牌营销的重要性。品牌营销内含两个层面——树立品牌和拓展营销渠道，树立品牌是拓

展营销渠道的根本途径，拓展营销渠道是品牌创新的必要条件。首先，坚持走品牌创新的路线。由于服务的质量只有在消费之后才能得到评价，因而服务是典型的经验"商品"，其信誉和品牌等无形资产成为消费者选择的标准。树立一个服务企业名牌，需要注意几点。其一，应该提高服务出口的知识含金量和技术水准，通过疏通产、学、研结合渠道，加强政府、服务企业和科研机构的联合与沟通，还可以有针对性地刺激某些服务领域的市场竞争，鼓励服务行业中介机构功能的发挥，从而加强知识技术密集型服务贸易的研究与开发。其二，应加强品牌的知识产权保护，特别是杭州具有中华老字号的服务企业和发展前景光明的朝阳服务企业，加大部门的宣传力度，加强品牌保护意识，可以鼓励服务企业设立专门的知识产权保护部，也可由政府出面牵动全市较有影响力的服务企业家共同出资组建服务知识产权保护机构，专门处理国际竞争过程中出现的相关问题。其三，应注重品牌的发展，通过企业规模的扩大或中小企业联合参与国外发达国家市场的同业竞争，凭借良好的信誉和优质的服务吸引顾客，同时应拓展营销渠道，加大对不同市场的开发力度，形成具有国际知名度的跨国服务企业集团。

其次，坚持服务营销渠道的拓展，创新营销策略，是培养服务贸易企业比较优势的重要途径。由于服务质量不像商品质量有明确的衡量标准，因而服务消费感觉易导致消费习惯的形成，通过服务营销的创新抢占市场，刺激服务质量的改善，提高服务销售率。需要注意的是：其一，通过市场调研，结合本企业的销售特点，完善营销战略体系，制定不同时期的营销规划；其二，服务种类多元化与专业化的统一，在做强服务专业化的基础上，适时增加服务种类，做到有的放矢；其三，加强与国外同业的合作，以服务贸易方向互补为宜，增加合作层次，降低由于不能掌握国外市场信息而盲目营销的成本，同时可以加强对高知识强度服务的协作研究，充分利用市场资源。

（五）拓展服务业招商引资渠道与鼓励服务企业海外发展相结合

服务贸易发展本身就含有"引进来"和"走出去"两个层面，因此应当发展服务贸易"引进来"和"走出去"的统一体。杭州要实现服务贸易的奔跑式发展，应注重拓展服务业招商引资渠道与鼓励服务企业海外发展的同起同进。杭州外商直接投资总量很大，但是服务行业实际利用外资水平相对落后，特别是知识、技术含量较高的服务业外资利用率更不容乐观，因此拓展引资渠道应注重改善引资策略：其一，充分利用本省民间资本丰裕的优势，通过宣传、座谈、立法保护等形式，引导民间资本流向重点服务贸易领域；其二，吸引上海、广东、江苏等地区资本的合理流动，通过发展服务特色，创新服务领域，刺激资本流动的积极性；其三，加强与欧美发达国家开展现代服务业合作，引进先进的现代服务业品种，加快服务业内部结构的优化升级，同时也要落实 CEPA 的服务贸易与投资便利化进程，推进与香港地区的服务贸易合作，关键是形成服务业基础配套和提高管理水平，也要不断探索服务外包在吸引外资中的功效。杭州发展服务贸易同样不能轻视服务企业海外发展的重要性，在"引进来"的同时也要"走出去"，要充分利用区位优势，通过市场细分，挖掘国内市场，开拓国外发展程度不同的多块市场，扩大带资承包规模，加强劳务培训，提高劳务人员素质，加强与国外的劳务合作，而且应注用服务信息网络化建设，降低企业海外经营的信息成本。

（六）建设保障服务贸易健康发展的制度

服务贸易健康发展需要政府提供强有力的制度保障，具体包括法制建设、基础设施建设、城市化建设三个方面，其中法制建设提供服务贸易的市场竞争秩序，基础设施建设是保障服务贸易发展的坚实支架，城市化建设塑造服务贸易的发展环境。杭州在依托上海、融入长江三角洲经济圈的基础上，要发挥经济中心城市的牵引效力，增强经济扩散效应，促进本地区服务产业内部结构的优化升级。借鉴发达国家服务贸易发展的经验，立法尤显重要，以实现服务贸易发展方向、发展目标根据国内外市场经济发展需要而规范化，服务贸易往来规制正常化，服务贸易竞争规则明确化。杭州也应制定本市扶持服务贸易发展的相关法律法规，特别是政府引导服务贸易发展的纲领性文件应提升到法律层面固定下来，并不断完善改进。杭州应加大对服务贸易基础设施建设的投资力度，包括航空、邮电、信息网络、移动通信等项目。杭州城市化建设存在明显的不足。据统计，杭州2006 年以常住人口计算的人均 GDP 达到 6505 美元，略高于北京（6210 美元），相比 2001 年几乎翻了一倍，但是世界银行发布的《2005 年世界发展指标》显示，杭州市人均 GDP 达到中等收入国家水平（3036 ~ 9385 美元），这一层次国家的城市化率平均为 75%，而杭州城市化率为 62.1%。因而，杭州仍要加快城市化的建设步伐。

参考文献

［1］〔瑞典〕伊·菲·赫克歇尔、〔瑞典〕戈特哈德·贝蒂·俄林：《赫克歇尔 - 俄林贸易理论》，商务印书馆，2018，第 255 ~ 276 页。

［2］〔美〕沃西里·里昂惕夫：《投入产出经济学》，商务印书馆，1982，第 103 ~ 126 页。

［3］吕晓艳：《"服务经济"及其时代意义》，《楚天学术》2003 年第 2 期，第 68 ~ 70 页。

［4］〔美〕弗兰克·奈特：《风险、不确定性与利润》，商务印书馆，2010，第 56 ~ 80 页。

［5］Coase，R.，"The Nature of the Firm，" *Economica*，1937：386 – 495.

［6］陈凯：《国际服务贸易发展态势及其对我国的启示》，《国际贸易问题》2006 年第 12 期，第 53 ~ 57 页。

［7］贺卫、伍星、高崇：《我国服务贸易竞争力影响因素的实证分析》，《国际贸易问题》2005 年第 2 期，第 43 ~ 47 页。

［8］倪月菊：《世界主要国家和地区的服务贸易管理体制比较》，《国际贸易》2007 年第 2 期，第 36 ~ 40 页。

第十九章

杭州跨境电商出口竞争力调查与提升

提要： 新常态下杭州跨境电商加快发展，成效显著，"杭州经验"得以在全国积极推广。但是，培育与提升跨境电商出口竞争力仍然是杭州外贸转型升级面临的一个重要课题。调研发现，杭州跨境电商的出口商品技术创新能力、出口目标市场拓展能力、出口经营模式创新能力、出口电商平台运行效率、出口物流配送供给能力、出口营销渠道拓展能力、出口支付安全保障能力和政府公共服务支撑能力等方面都存在不同程度的发展问题。所以，有必要围绕供给侧结构性改革加快探索进一步提升杭州跨境电商出口竞争力的战略举措。

引　言

中国电子商务研究中心的监测数据显示，2014 年杭州跨境电子商务交易规模不足 2000 万美元；2015 年达到 34.64 亿美元，其中出口 22.73 亿美元、进口 11.91 亿美元；2016 年则达到 36.88 亿美元，其中出口 26.82 亿美元、进口 10.06 亿美元。诚然，在全球经济发展持续疲软的态势下，杭州跨境电子商务交易规模逆势上扬，尤其是出口交易规模呈现井喷式增长，在阿里巴巴、ebay 等大型电商平台上涌现全麦、悠可等一批全国乃至世界知名的进出口总额超亿元的领军企业，被业界冠以"杭州经验"殊荣。这为杭州抢抓跨境电子商务发展制高点、加快对外贸易转型升级，以及培育新常态下新的比较优势奠定了基础，也为杭州积极推动"中国（杭州）网上自由贸易试验区"建设，在建立跨境电子商务通关服务平台、创新监管方法等方面先试先行创造了充要条件。

那么，这是否意味着杭州培育了较强的跨境电商出口竞争力呢？或者说，影响杭州提升跨境电商出口竞争力的主要因素有哪些？这些对于杭州在外需市场萎靡不振、国内加工制造业逐渐转移的冲击下有效扩大出口市场份额、积极稳定经济增长具有重要意义。

一 跨境电商出口竞争力分析的理论基础

如今，由于跨境电商发展才开始发力，大数据分析也才刚刚起步，学界对跨境电商出口竞争力的深入研究还没有充分展开。从传统贸易理论演化的路径来看，一般外贸竞争力主要是一国通过对外贸易活动在国际市场上抢占市场份额、获取超额利润所表现出来的国际竞争能力，也就是国际竞争力的主要表现形式和重要构件。比如，Durand、Madaschi 和 Terrible 认为，国际竞争力的测算可以用进口和出口竞争力来间接表现[1]。而 Ajami 则直接将国际竞争力定义为该国出口占世界出口的份额及其增长。[2] Buckley、Pass 和 Prescott 则指出，外贸竞争力分析除了要重视出口份额外，还要考虑技术和投资在外贸竞争力提升中的作用。[3] 进一步来看，外贸竞争力内含四个层次，按照从微观到宏观的逻辑，依此是商品、企业、产业和国家。比如，Carmichael 的研究表明，外贸竞争力体现了一个国家的企业或者产业在国际市场上销售其产品的能力[4]。

首先，从商品层面来讲，外贸竞争力主要体现在商品成本差异上。具有成本优势的商品，有着较高的劳动生产率或者技术含量。比如，现代经济学之父斯密在绝对优势理论中表明，互利贸易的基础是不同国家基于国际分工生产具有不同绝对成本的商品。李嘉图在比较优势理论中则指出，一个国家所生产的商品的绝对成本即使高于另一国，若两国各自生产相对成本较低的商品进行贸易，双方仍可获利；也就是说，劳动生产率才是竞争力的决定因素。赫克歇尔和俄林在新古典贸易理论中进一步提出，不同国家或地区的资源禀赋通过影响商品生产成本进而影响商品的价格，所以资源禀赋是商品竞争力的重要基础。近年来，学界更加关注技术含量在出口商品竞争力中的作用，并且运用不同方法测度出口商品的技术复杂度，从而可以直接比较不同商品的技术水平。比如，杨汝岱和姚洋以世界各国

HS 六位数分类的详细贸易数据为基础，建立了技术复杂度指数和商品技术含量指数，用以比较不同发展程度国家的出口商品竞争力[5]。

其次，从企业层面来讲，外贸竞争力主要体现在所谓的异质性上。Melitz 最早提出了异质性企业理论，即所谓的新新贸易理论，其核心思想是具有较高生产率的企业不仅仅可以降低生产的边际成本，更重要的是可以承受进入出口目标市场所需要的固定成本①，从而更有能力拓展海外市场，扩大出口份额。[6]此外，企业选择差异化技术、企业多样性扩张和企业的资本结构、管理方式、人才梯队、融资能力等都是影响企业外贸竞争力的重要因素。比如，柴江艺、阳立高和冯涛以基本生存能力、出口发展潜力、实际出口能力、国内宏观环境、国外宏观环境五个指标作为准则层，以总资产、生产总额等 20 个细分指标作为因素层，设计了一套测评中小企业出口竞争力的指标体系[7]。

再次，从产业层面来讲，外贸竞争力主要体现在产业的规模经济效应上。比如，西方主流经济学的规模经济理论，就指出产业规模经济可以降低企业出口商品的平均成本，从而使它们具有较高的国际竞争力。裴长洪进一步强调了外资对产业竞争力提升的重要性。[8]金碚则系统地讨论了产业国际竞争力的研究对象、经济分析范式、发展阶段等。[9]

最后，从国家层面来讲，外贸竞争力主要体现产品、企业和产业等的综合实力上。比如，Porter 在钻石模型中提出，四个基本决定因素（要素条件、需求条件、相关及支持型产业以及企业的战略、机构和竞争）和两个辅助因素（政府和机会）决定了国家——也可以用来分析企业和产业的国际竞争力。

阿里研究院的最新研究②界定了跨境电商概念的广义和狭义之分：广义的跨境电商是指分属不同关境的交易主体通过电子商务手段达成交易的跨境进出口贸易活动；狭义上的跨境电商务特指跨境网络零售，指分属不同关境的交易主体通过电子商务平台达成交易，进行跨境支付结算、通过跨境物流送达商品，完成交易的一种国际贸易新业态。与传统贸易方式不

---

① 这里的固定成本主要是指运输成本、分销与市场营销成本、企业为适应国外标准而改变产品的成本等投入出口目标市场的沉没成本。

② 指 2016 年 9 月 1 日，阿里研究院发布的《贸易的未来：跨境电商连接世界——2016 中国跨境电商发展报告》。

同，跨境电商的显著特征是"网络化""集中化"和"虚拟化"。所谓"网络化"是强调贸易主体主要借助电商平台更加高效地完成跨境商品交易，极大地降低了信息搜寻成本；"集中化"是表明中小外贸企业不再分散在不同区域，而是主要集中在跨境电商产业园区，借助园区平台集聚发展；"虚拟化"是针对实体交易体系而言的，跨境电商不需要交易主体"面对面"，也就不需要投入大量进入出口目标市场的固定成本，但是需要第三方支付、监管等体制机制的深化改革和创新，以及物流运输等配套基础设施的不断完善。可以发现，这些特点对跨境电商出口竞争力都有显著影响。比如，杨坚争和刘涵以问卷调查方式发现企业规模、网络营销能力、支付平台建设、资信等因素对跨境电商企业成长有较大影响[10]。再比如，来有为和王开前认为，影响我国跨境电子商务发展的主要因素为市场监管环境、结算方式、销售渠道及物流水平等。[11]有些学者则集中讨论了某种因素对跨境电商发展的影响。比如，刘娟指出了国际性电子商务信息平台在小额商品跨境交易中的重要性，如 eBay 中国、阿里巴巴、全球速卖通等[12]。沈丹阳、黄金利和何仕奇特别强调了物流成本过高、配送周期长、售后服务难以跟上等问题都制约着我国跨境电商出口竞争力的提升。[13]孟祥铭和汤倩慧则提出跨境电子支付风险防范是跨境电子商务进一步发展的核心环节。[14]

总的来看，跨境电商出口竞争力是一个国家或地区的出口贸易借助网络平台，在交易、监管、结算等跨境交易体制机制创新的条件下，与实体加工制造业和物流、售后等生产性服务业紧密融合，能够提升商品、企业、产业和国家（或地区）层面的比较竞争优势，在世界市场上获取超额利润的一种国际竞争能力。简单归纳起来，跨境电商出口竞争力主要包括出口商品技术创新能力、出口目标市场拓展能力、出口经营模式创新能力、出口电商平台运行效率、出口物流配送供给能力、出口营销渠道拓展能力、出口支付安全保障能力和政府公共服务支撑能力八个方面。本章计划通过实地调查来分析杭州跨境电商出口竞争力发展的主要特征及目前存在的主要问题，并为其进一步有效提升提出若干建言。

二　杭州跨境电商出口竞争力的调查分析

笔者所在课题组于 2016 年 7～8 月专门走访了杭州下城、下沙、空港跨境电子商务产业园以及跨贸小镇、创新创业产业园、阿里巴巴等，通过"问卷调查 + 企业负责人访谈"的形式，调查企业相关工作人员，来讨论杭州提升跨境电商出口竞争力的问题。本次调查总共发放问卷 280 份，回收 173 份有效问卷，其中纸质问卷回收 102 份、电子问卷回收 71 份。

（一）出口商品技术创新能力：以服装和化妆品为主，资本密集型产品比重很小

目前，杭州跨境电商出口商品以服装和化妆品为主，相关出口企业分别占到总数的 55% 和 32.5%，总体比重将近 90%；机械制造产品出口企业仅占 5%（见图 19 - 1）。一般而言，服装和化妆品的技术含量不大，技术复杂度也不高，可以归属于劳动密集型的简单制造商品，而机械制造商品是资本密集型产品，代表了较强的技术创新能力。另外，调查中只有 15% 左右的电商企业表示所出口的产品附加值很高。这些说明，杭州跨境电商出口商品的技术创新能力有待进一步提升。

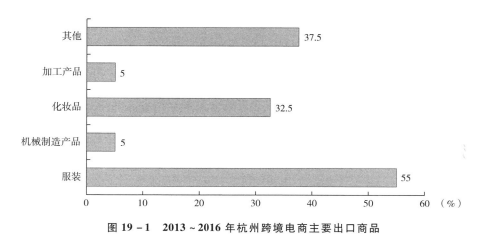

图 19 - 1　2013 ~ 2016 年杭州跨境电商主要出口商品

（二）出口目标市场拓展能力：以欧美为主，新兴市场有待拓展

目前，杭州跨境电商主要出口目标市场集中在欧洲国家和美国，出口企业占比分别达到 67.5% 和 50%；其次是亚洲国家，出口企业占比为 37.5%；而拉美国家对应的出口企业占比只有 5%（见图 19 - 2）。诚然，

杭州跨境电商对欧美发达国家的依赖性还比较强，而亚洲市场和拉美市场还具有较大的开发潜力。大多数访谈企业的负责人表示，以美国、英国、德国、澳大利亚、加拿大为代表的发达国家的市场比较成熟，具有消费需求相对旺盛、跨境网购意识强、物流配套设施健全等先发市场优势。所以，杭州跨境电商出口目标市场长期内都可能集中在这些地区。但是，他们也强调，新兴市场发展潜力巨大，比如俄罗斯、巴西等，一方面其本土电商企业发展相对滞后，另一方面其消费需求日益增加，再考虑到我国产品物美价廉的竞争优势，它们可以成为我国跨境电商主要拓展目标。再就是，亚洲市场人口数量庞大，消费品质不断提升，物流配套设施在亚投行等国际经济组织的支持下也日益完善，所以蕴含着强大的消费潜能。因此，杭州跨境电商有必要进一步提升出口目标市场拓展能力。

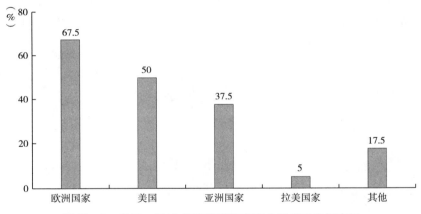

图 19 - 2　2013~2016 年杭州跨境电商主要出口目标市场

（三）出口经营模式创新能力：B2C 模式占有绝对优势，O2O 模式持有乐观预期

杭州跨境电商中采用 B2C 模式的企业占了 75%，采用 B2B 和 O2O 模式的企业分别只占 22.5%，比较来看，前者占有绝对优势。根据调查，主要原因在于随着跨境电商的快速发展，以及互联网的普及，杭州企业的信息化改造取得了较大成效，而价格实惠、消费选择多样化、交易成本较小等特点使网购行为也越来越被发达国家的消费者所接受；于是，企业选择 B2C 模式的机会成本较低。此外，根据我们的调查，企业负责人对从 B2C

模式转向 O2O 模式持有乐观预期，比例达到 47.5%，这表明 O2O 模式具有较大发展空间。因此，如果目前的 O2O 模式可以在 B2C 模式的基础上充分挖掘线下资源，降低和减弱该模式有效推广的风险和不可预测性，必然会吸引更多资源流入跨境电商领域，能够为消费者提供更多优质的商品和服务。

（四）出口电商平台运行效率：根据自身发展需要、商品种类特征、发展战略等选择不同平台

杭州跨境电商企业选择自建平台的比例达到 57.5%，其次选择阿里巴巴国际站和速卖通或者亚马逊，只有少数企业选择敦煌和 eBay（见图 19 - 3）。诚然，很多企业不单单选择一种平台，而是往往根据自身发展需要、商品种类特征、发展战略等行为特征同时选择多种平台维持正常经营。根据我们的调查，其一，知名企业、直销企业或者零售企业大多选择自建平台，其中中等规模的企业往往同时选择入驻多家第三方跨境电商平台；其二，技术含量、附加值较高的产品比较适合自建平台跨境出口，而大宗的、附加值较低的产品，就易于选择第三方跨境电商平台；其三，如果企业想要扩大影响力、提升企业形象、完善营销网络渠道，大多选择自建平台，而如果企业的目的在于寻找更多的新客户、扩大销售额，则大多数会入驻第三方跨境电商平台。

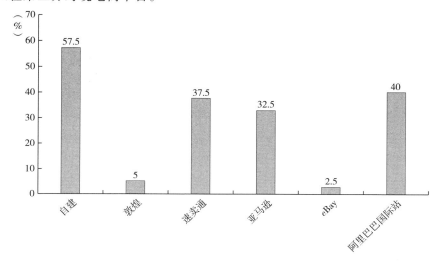

图 19 - 3　2013～2016 年杭州外贸企业选择的主要跨境电商平台

（五）出口物流配送供给能力：发达国家配送能力强，发展中国家损耗较大

据调查，52.5%的企业对物流配送不满意。其中，配送时间长、包裹无法全程追踪、清关障碍和破损丢包等问题一直存在，更重要的是目前无法强制实施网购问责制。在国际物流的系统中，从揽件到最终货物的送达，往往需要经过四五次，甚至更多次的转运，很容易出现包裹的破损。无论是邮政包裹还是专线物流，都存在一定的丢包率。这些问题带给企业较大的物流配送成本。诚然，这与不同的出口目标市场有更大关系。据调查，一般发达国家物流配送设施较完善，信息系统也较完备，市场成熟度也更高；而一般发展中国家，尤其是拉美国家，与之存在较大差距。这些国家不仅物流配送设施不完善，而且运输管理效率比较低下。例如，巴西一个较大的码头，转运时间可以拖延 2~3 天，而且存在税负较重且复杂、政策不透明且随意性大等问题。因此，杭州跨境电商出口企业有必要根据不同国家的市场环境，进一步创新发展物流配送模式，降低交易成本，提升国际竞争力。

（六）出口营销渠道拓展能力：以运营平台和互联网宣传为主，实地跨境宣传极少

据调查，75%的杭州跨境电商外贸企业表示利用运营平台宣传，45%的表示利用互联网进行宣传，只有10%的会进行实地跨境宣传。目前，由于跨境电商出口企业以中小型为主，而且不同国家的信息化发展程度存在较大差异，由此以运营平台营销为主，以互联网营销为辅，只有部分规模企业或者对某些出口目标市场有偏好的企业才会选择实地跨境营销。总体来看，杭州跨境电商全球营销网络体系正处于建设发展时期。因此，在跨境电商开始崛起的背景下，优化布局多元化的营销网络，进一步拓展海外营销渠道，推动国产化产品的品牌化战略发展就显得尤为重要。

（七）出口支付安全保障能力：支付形式多样，交易安全环境有待改善

据调查，65%的杭州跨境电商外贸企业选择第三方支付，57.5%的选

择信用卡，45%的选择银行转账（见图19-4）。由于跨境电子商务是一种互联网式的商务模式，虚拟性和开放性是其两大特点。越来越多的在线消费者受到虚假网络交易信息的侵害，甚至有些诈骗金额高达几百亿元。调查显示，大约80%的消费者有能力网购而不进行网购，主要就是担忧信用及支付安全问题。另外，海外消费者投诉我国跨境电商企业通过电子商务平台进行非法交易及欺诈行为的事件也与日俱增，极大地影响了我国跨境电商的品牌形象。此外，受到国际金融危机影响，尽管金融创新受到一定约束，但是商业交易中的诚信问题仍然越来越突出。

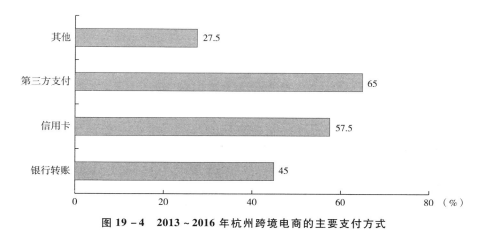

图19-4　2013~2016年杭州跨境电商的主要支付方式

（八）政府公共服务支撑能力：企业需求旺盛，政策宣传更待深入

目前，杭州跨境电商出口企业对税收政策和公共物流服务方面的需求比较强烈，分别占到55%和50%。其次，希望政府支持电商平台建设和通关综合管理系统提升，分别占到40%和30%。此外，还有22.5%的出口企业要求政府加强完善信用体系，提高监管水平和加大惩罚力度；只有20%的出口企业表示政府应该多扶持电商园区建设（见图19-5）。值得注意的是，调查显示，对国家扶持跨境电商政策比较了解的出口企业占比是55%，不太了解的占到37.5%，而只有7.5%的表示非常了解。因此，为了国家扶持跨境电商政策的贯彻落实，需要加强对相关企业的宣传和引导，以免出台的政策不能真正发挥作用。

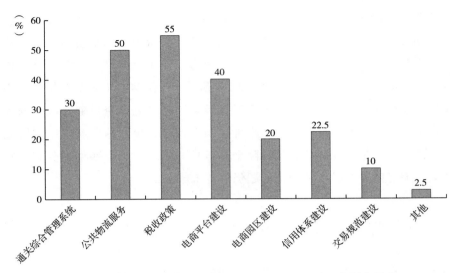

图 19 – 5   2013～2016 年杭州跨境电商出口企业的公共服务需求

三　杭州跨境电商出口竞争力的提升举措

以上主要讨论了影响杭州提升跨境电商出口竞争力的主要因素，调查分析了杭州跨境电商出口贸易加快发展存在的主要问题。下面从外贸竞争力内含的四个层次，即商品、企业、产业和国家，围绕加强供给侧结构性改革和深化体制机制改革创新，提出杭州进一步提升跨境电商出口竞争力的具体措施。

（一）提升出口商品技术含量，推进国际品牌建设

提升商品价值的基础就是要加强核心技术的研发创新，以及国际化品牌建设，前者是要提升商品价值的内在品质，后者是要提升商品价值的外在形象，二者相辅相成、互为支撑。杭州应通过强化贯彻实施国家倡导的创新驱动战略，规划设立专项资金，推动二者的一体化融合发展。一是促进中小跨境电商出口企业加快产品的微型创新，积极引导企业了解目标市场的消费行为特点、当地文化传统和审美标准，有针对性地加强产品研发以及功能设计，不断提升商品的竞争垄断地位。二是加快大数据平台建设，提升大数据分析系统的功能，定期发布有关产品需求、价格、外观、

功能等的大数据分析指数，提供产品形态发展趋向信息，支持引导大型跨境电商企业构建产品模型，尤其是推动跨境电商的制造企业通过互联网加强与终端零售市场紧密结合，发挥其商品研发和设计的比较优势，做优做强个性化小批量的私人定制产品创新。三是积极推动跨境电商企业深耕供应链，加强与品牌供应商的长期战略生产销售合作关系，搭建交流合作平台，不断提升高性价比品质商品的知名度与美誉度，加强自身品牌建设意识，培育品牌竞争优势，有效提升品牌在出口目标市场的终端表现力。

（二）推动出口企业模式创新，着力降低交易成本

根据跨境电商出口企业发展的阶段特征和行业性质，大力鼓励企业应用创新海外仓模式。一是鼓励企业自建物流保证海外直邮，并加快物流跟踪查询信息化建设，加强本土客服管理，努力克服语言、距离、文化等困难，提高海外消费者的信任度。二是鉴于自建物流需要投入大量资本并且可能承担大量沉没成本，可以引导支持企业上市融资，集中优势资源，加强精细化的运营和服务，专注于一个产业、一个市场和一个渠道，积极挖掘海外消费需求潜能。一方面，对于网购渗透率较高的北美、西欧等地区，针对其消费者对高性价比商品的强烈需求，加强择优选品，比如娱乐教育、旅行产品等；另一方面，要优化布局网购渗透率较低的中东、非洲、拉丁美洲等地区，围绕它们对电子产品等的强烈需求，加快争抢电商渗透红利。

（三）加快跨境电商集聚发展，推进产业深度融合

一是顺应"互联网＋"发展趋势，积极推进"电商换市"，以跨境电商产业园等平台为载体，着力实施系列产品产销一体化示范区、电商孵化楼宇群、杭州女装电商产业园等一批重大项目建设，加快从电商平台、经营主体、仓储物流、快递配送、售后服务等环节入手健全跨境电商业务体系，完善跨境电商基础设施配套服务，促进跨境电子商务产业集聚发展。二是深入贯彻实施"两化"融合战略，积极推动跨境电商出口企业与工业、农业、服务业等传统产业及新兴产业的高效对接，大力培育云计算和大数据产业，支持农村电子商务发展。三是吸引培育一些跨境电子商务服务龙头骨干企业和服务平台，积极拓宽融资渠道，大力引进国内外战略资

本，不断提高本市跨境电商企业的资本运作效率；进一步完善物流基础设施，不断提升物流基地的综合运输服务功能，加快售后服务体系提质增效，切实保障消费群体的体验观感；设立专项资金，提供优质服务，支持本市跨境电商企业自建独立站，积极争取与第三方平台谈判的价格话语权，实现流量费用最小化。

（四）加强政府公共服务职能，创新优化制度环境

一是巩固杭州跨境电商综试区制度创新取得的已有成果，进一步完善跨境电商运行模式认定标准和申报流程，继续简政放权，简化审批程序，落实推进通关监管、检验检疫、退税管理、外汇结算、产业发展等便利化改革举措，提高企业对接快邮口岸在线服务平台开展业务的效率，加快推动 eWTP 建设。二是积极实施跨境电商整治行动，加强工商等监管部门联合执法，加大海关抽查力度，完善信用等级评估，鼓励自营商家以及平台上第三方商家合法注册，规范平台型跨境电商对海外商家的认证流程，结合市场需求导向，不断孵化跨境电商新规则。三是加强跨境电商人才培养，推进人才梯队培育工程，定期组织电商创新创业知识讲座，组织优秀人才实地考察学习交流，加强浙江大学、浙江工商大学、浙江外国语学院等高校与跨境电商企业的有效对接，支持实践基地建设。

参考文献

[1] Durand, M., C. Madaschi, F. Terrible, "Trends in OECD Countries' International Competitiveness: The Influence of Emerging Market Economies," Economics Department Working Papers No. 1995. 10.

[2] Ajami, R., "U. S. Industrial Competitiveness: Resurgence or Decline?" in Ali, Abbas J. (ed.), *How to Manage for International Competitiveness* (New YorK: International Business Press, 1992), p. 11.

[3] Buckley, P. J., C. L. Pass and K. Prescott, "Measure of In ternational Competitiveness: A Critical Survey," *Journal of Marketing Management*, 1998 (4): 175 – 200.

[4] Carmichael, E. A., "Canada's Manufacturing Sector: Performance in the 1970s," in *Canadian Study* (Ottwa, 1978).

[5] 杨汝岱、姚洋：《有限赶超和大国经济发展》，《国际经济评论》2006 年第 4 期，

第 16 ~ 19 页。

［6］ Melitz, M. J., "The Impact of Trade on Intra - industry Reallocations and Aggregate In-dustry Productivity," *Econometrica*, 2003, 71 (6): 1695 – 1725.

［7］ 柴江艺、阳立高、冯涛：《中小企业出口竞争力测评体系的指标选择与权重确定》，《经济论坛》2008 年第 4 期，第 75 ~ 77 页。

［8］ 裴长洪：《利用外资与产业竞争力》，社会科学文献出版社，1998，第 30 ~ 35 页。

［9］ 金碚主编《中国工业国际竞争力：理论、方法与实证研究》，经济管理出版社，1997，第 2 ~ 5 页。

［10］ 杨坚争、刘涵：《我国不同规模企业跨境电子商务应用状况调查分析》，《当代经济管理》2014 年第 1 期，第 25 ~ 29 页。

［11］ 来有为、王开前：《中国跨境电子商务发展形态、障碍性因素及其下一步》，《改革》2014 年第 5 期，第 68 ~ 74 页。

［12］ 刘娟：《小额跨境外贸电子商务的兴起与发展问题探讨——后金融危机时代的电子商务及物流服务创新》，《对外经贸实务》2012 年第 2 期，第 89 ~ 92 页。

［13］ 沈丹阳、黄金利、何仕奇：《我国跨境电商物流模式研究》，《价格月刊》2015 年第 8 期，第 39 ~ 42 页。

［14］ 孟祥铭、汤倩慧：《中国跨境贸易电子商务发展现状与对策分析》，《沈阳工业大学学报》（社会科学版）2014 年第 4 期，第 120 ~ 125 页。

| 第二十章 |
杭州民企用工结构性短缺的成因及化解

提要： 用工结构性短缺是社会经济发展过程中必然出现的客观现象。作为长三角南翼经济中心，杭州与其他经济发达地区一样面临经济发展阶段性的用工结构性短缺困境。从 2008 年前三个季度的杭州劳动力市场职位供求情况来看，虽然各季度与上年同期相比求人倍率有所下降，尤其是第三季度受到国际金融危机的影响，需求人数下降更为明显，但是劳动力供需缺口依然较大。所以，缓解民营企业用工结构性短缺压力是杭州经济又好又快发展的重要保障。

引 言

自本市国民经济和社会发展"十一五规划"（2006～2010 年）实施以来，杭州以先进制造业和现代服务业"两轮驱动"为支撑，坚持走新型工业化道路，深入实施"工业兴市"战略，积极运用高新技术特别是信息技术改造提升传统优势产业，不断推进经济结构优化升级和经济发展方式转变，2008 年以来经济运行呈现总体平稳、结构趋好的态势。但是企业用工结构性调整难以及时跟进，与经济发展存有较长的时滞，导致往往出现阶段性的企业用工结构性短缺。如今，随着经济全球化的推进和世界产业结构的不断调整，区域性企业用工结构性短缺问题更加突出。欧洲劳工联合会最近的报告显示，德国技工短缺的比例为 36%，法国为 40%，英国为 34%。即使状况较好的爱尔兰也短缺 17%。2007 年 1 月劳动和社会保障部对环渤海、长三角、闽东南、珠三角和中西部五个地区企业用工需求状况的调查显示，不存在用工短缺问题的企业只占 31.7%，而闽东南和珠三角地区的用工缺口依然最大。作为长三角南翼经济中心，杭州同样面临经济发展阶段性的用工结构性短缺困境。从 2008 年前三个季度的杭州劳动力市场职位供求情况来看，虽然各季度与上年同期相比求人倍率①有所下降，尤其是第三季度受到国际金融危机的影响，需求人数下降更为明显，但是劳动力供需缺口依然较大（见表 20 – 1）。由于民营经济是杭州经济发展的主力军：2007 年个体私营经济占全市生产总值的比重由上年的 47.2% 上升到 47.8%，规模以上民营企业工业销售产值达 4128.36 亿元，占全市规模以上工业销售产值的 50.3%，民营企业在商贸、工业和投资领域所占的比重均超过 50%，商品销售额占全市的 70.3%，而且近年来民营经济已成为吸纳社会劳动力就业的主渠道，其中（2007 年）个体工商户 26.91 万户，从业人员 59.66 万人，私营企业 10.99 万户，从业人员 140.84 万人。② 所以，缓解民营企业用工结构性短缺压力是杭州经济又好又快发展的重要保障。

表 20 – 1　2008 年前三个季度杭州市劳动力市场职位供求状况

季度	需求人数（人）	求职人数（人）	求人倍率	上年同期求人倍率
第一季度	636634	216172	2.95	3.71
第二季度	774699	237490	3.26	3.62
第三季度	639076	239192	2.67	3.22

数据来源：根据杭州市就业管理服务局农村劳动力（劳动力市场）管理部 2008 年职位供求状况分析报告的相关数据整理而得。

一　杭州民营企业用工结构性短缺的特征

（一）民营企业用工结构性短缺的内涵解读

解读民营企业用工结构性短缺的内涵是政府帮助企业解决用工短缺问题的根本前提。自 2004 年我国东部沿海经济发达地区"民工荒"显现以

① 求人倍率是劳动力市场需求人数与求职人数之比，它表明了劳动力市场中每个岗位需求所对应的求职人数，比如求人倍率 1.5 则表示 10 个求职者竞争 15 个岗位。
② 数据来源：《杭州统计年鉴（2007）》。

来，学术界关于"民工荒"本质的争论从未间断。从现有的文献来看，可以归纳出两类比较突出的论点：一是用工"数量荒"；二是用工"技工荒"。但是两类学者都承认我国目前仍然存有充足的农村剩余劳动力，也就是说劳动力在绝对数量上并不短缺，所缺的是企业对劳动力需求的相对数量。然而，坚持"民工荒"是用工"数量荒"的学者认为，用工短缺本质是劳动力流动的非自由化和理性化导致区域性企业用工的结构性短缺，包括区域结构性短缺和企业结构性短缺。这是由于我国还没有形成全国统一的劳动力市场，而且同一地区的劳动力市场也存在城乡分割，造成劳动力因流动成本偏高而不能自由流动。另外，劳动力流动越来越趋于理性化，表现为愿意到那些工资虽低但社会保障和福利较优的地区和企业工作，而不愿意到就业岗位较多但工作环境相对较差、城市居民冷落、保障制度不健全的地区和企业务工。坚持"民工荒"是用工"技工荒"的学者则认为，用工短缺实质是经济结构优化升级快于技能工人的供给而导致劳动力供给层次出现了技工阶层的暂时短缺。经济结构调整和企业技术进步，引起模具、数控机床、汽车涂装、电子测试、网游、动漫等新兴行业的技能人才需求量增长加快，从事高技术含量产品生产的初创中小企业，以及试图提升产业竞争力的大型企业，更加急需专业的技能人才，但是劳动力供给结构无法及时调整以适应劳动力需求结构的变化，致使劳动力不能有效供给，尤其是专业技能型劳动力满足不了市场需求，从而形成劳动力供需状况的结构性失衡。

其实，两种论断都在一定程度了阐释了"民工荒"凸显的必然性。我国经济体制正处于转型期，城乡二元经济结构束缚下的农村剩余劳动力渐渐转移到城镇，但是各地区劳动力市场的分割和区域性差异，都阻碍了农村剩余劳动力在市场这只"看不见的手"指引下自由流向劳动力价值更高的地方，致使看似无限供给的劳动力大军，却难以满足各地区不同行业及不同规模企业对劳动力的实际需求。由于经济全球化和信息化向开放型经济发展地区的持续渗透，以及世界产业的重新分工，我国产业结构优化升级在不同地区都有一定程度的实现，尤其是经济增速高于全国平均水平的东部沿海城市。所以，制造业各行业特别是新兴行业对技能工人的需求量大幅度增加。由此可见，我国经济体制转轨恰逢新一轮的全球产业结构调整，从而致使我国民营企业用工出现了结构性短缺。可见，民营企业用工结构性短缺既有用工的"数量荒"，也有用工的"技工荒"。所以，制定相关政策就应该综合考虑，如此才能真正化解用工结构性短缺问题。

（二）杭州民营企业用工结构性短缺的特征

2007 年末，杭州市 232.14 万名从业人员中，来自农村的达到 96.62 万人，占全部从业人员的 41.6%，其中规模以上私营企业使用农村劳动力的比例达 61.3%。① 据分析，农村劳动力肯吃苦，不怕脏和累，在某些行业比城镇劳动力具有更强的竞争力。企业从用工成本角度考虑，很多岗位就会选择使用农村劳动力。近几年，市委、市政府对农村进城务工人员采取了更为开放的政策，住房、医保、子女上学等条件不断改善，这些都成为农村劳动力流入的重要因素。可见，外来务工人员是民营企业招用的主要从业人员，而民营企业用工短缺自然是外来务工人员供给量的不足，表现出如下具体特征。

1. 技能人才供不应求

对照浙江省制定的全面建设小康社会指标体系测算，杭州在 2007 年实现程度已达到 93.58%，快于全省平均水平 6.38 个百分点。然而，相对于快速发展的经济，技能人才供给的增加却相当缓慢。据统计，杭州专业技术人员数量在浙江省所辖的 11 个市中虽然多年保持比重最大，但是在全省的比重一度趋于下降，直到 2004 年以后比重才开始稳定上升（见图 20 - 1），幅度却并不大，更为重要的是专业技术人员数量增长速度相对较慢②。杭州人才资源供给量与专业技术人员情况类似，增长速度缓慢，虽然在浙江省中所占的比重最大，但是比重也一度趋于下降，尽管 2005 年有了极大的提高，2006 年却又出现较大的回落（见图 20 - 2）。从 2008 年前三个季度的杭州劳动力市场技工职位供求状况来看，求人倍率接近 2（见表 20 - 2），显示技工供求缺口明显。更值得注意的是，劳动力市场上求职者中无技术等级的人接近 100%。所以，尽管杭州技能型人才占全社会从业人员的比重在浙江省处于领先的地位，但是相对杭州经济连续 17 年高速发展对技能型人才产生的巨大需求，供给量仍显不足。

---

① 数据来源：杭州统计信息网。
② 数据来源：《长三角年鉴（2007）》（长三角联合研究中心编写，河海大学出版社出版）。

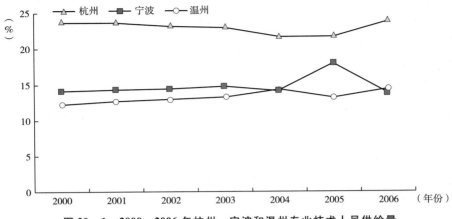

**图 20 - 1　2000 ~ 2006 年杭州、宁波和温州专业技术人员供给量
在省内的比重**

数据来源:《长三角年鉴 (2007)》（长三角联合研究中心编写，河海大学出版社
出版)。

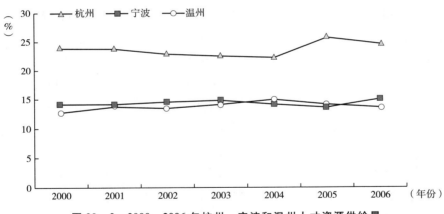

**图 20 - 2　2000 ~ 2006 年杭州、宁波和温州人才资源供给量
在省内的比重**

数据来源:《长三角年鉴 (2007)》（长三角联合研究中心编写，河海大学出版社
出版)。

2. 需求大于供给的工种缺口较大而需求小于供给的工种缺口不突出

近十多年来，杭州经济持续快速发展得益于产业结构的持续优化升
级。产业结构演变与经济增长具有内在联系，产业结构的快速转变则会带

表 20-2　2008 年前三个季度杭州市劳动力市场技工职位供求状况

季度	专业技术人员			无技术等级人员
	需求人数（人）	求职人数（人）	求人倍率	求职比重（%）
第一季度	14207	9573	1.48	99.89
第二季度	17657	9250	1.91	99.91
第三季度	13720	8068	1.70	99.92

数据来源：根据杭州市就业管理服务局农村劳动力（劳动力市场）管理部 2008 年职位供求状况分析报告的相关数据整理而得。

来经济总量的快速增长，而经济总量的快速增长又会促进产业结构的进一步调整，而且随着技术水平的提高，这两者间的内在联系更加明显。2007年，杭州三次产业结构由上年的 4.5∶50.4∶45.1 调整为 4.0∶50.2∶45.8（见图 20-3），并且杭州坚持大力发展高新技术产业，以高新技术改造传统优势产业，自主创新能力不断提高。2007 年，杭州全市高新技术产业增加值达 420.22 亿元，占工业增加值的比重为 24.92%；科技综合实力和技术进步水平的评分得分分别为 25.46 分和 90.06 分，继续位居全省前三。

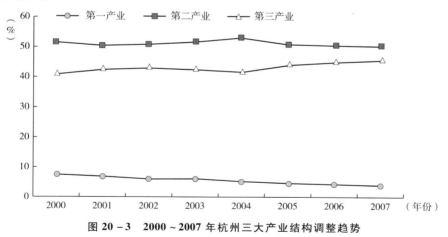

图 20-3　2000~2007 年杭州三大产业结构调整趋势

数据来源：根据杭州官方统计数据整理。

另外，伴随经济信息化、数字化、新技术革新和政府服务型功能的强化，杭州产业结构将会进一步调整优化，如今杭州产业结构优化程度在全国已经位居前列（见图 20-4）。但是用工结构性调整并未同步进行，像纺织、服装、批发和零售、餐饮业等劳动密集型行业，由于产品需求量大、技术等级较低，最紧缺的就是普通工人。杭州农民工网站新农门 2008 年 1 月中旬发布的《中国农民工（蓝领）报告（2007）》显示，杭州最缺的是裁剪缝纫工和餐厅服务员，求人倍率分别为 18.35 和 8.58。据杭州市就业管理服务局统计，2008 年前三个季度，需求大于供给的前五个工种分别为治安保卫人员、营业人员收银员、机械冷加工工、饭店服务人员、餐厅服务员厨工，五个工种缺口数各季度分别为 108155 人次、129138 人次、101159 人次，占前十个工种职位缺口总数的比重分别为 64.59%、65.98%、67.46%，而需求小于供给的工种缺口并不突出，供求基本保持平衡（见表 21 – 3）。更为关键的是，产业结构优化升级对外来务工人员的技术水平将会提出更高的要求。

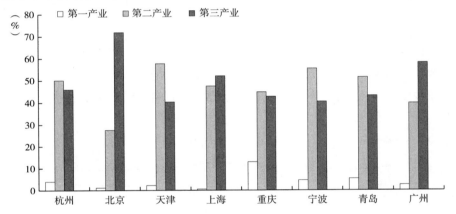

图 20 – 4　2007 年杭州三大产业结构与其他城市的比较

数据来源：根据各地官方统计数据整理。

表 20 – 3　2008 年前三个季度杭州市劳动力市场不同工种职位供求状况

季度	需求大于供给的工种		需求小于供给的工种	
	前五缺口（人次）	占前十缺口总数的比重（%）	缺口最大工种（人次）	求人倍率
第一季度	108155	64.59	保管人员（925）	0.48
第二季度	129138	65.98	采购人员（84）	0.66
第三季度	104459	67.46	工件处理工（847）	0.38

数据来源：根据杭州市就业管理服务局农村劳动力（劳动力市场）管理部 2008 年职位求求状况分析报告的相关数据整理而得。

　　虽然从 2004 年开始，杭州市服装行业协会着手对服装业技术人才进行培养，结合杭州市技师社会化考评举办服装技师、服装制作人才的培训班，但供给量远远满足不了企业的需求，正所谓"十年树木，百年树人"，短时间内培养出足够的成熟技术工人是件相当艰巨的任务。

3. 外来务工人员行业转移和工种转移速率加快

外来务工人员转移是劳动力流动的一种形式，而劳动力流动被发展经济学家刘易斯归因为城乡之间的实际收入差距，托达罗则认为除了实际收入差距外，外来务工人员还有在城市谋得工作机会的考虑。总之，正如诺贝尔经济学奖得主舒尔茨在 20 世纪 60 年代所阐释的"每个农民都是会算计的经济人"，外来务工人员转移也源自理性分析自身利益如何更大化的考虑。因此，如果外来务工人员转移的速率加快，自然会造成不同行业的用工短缺和不同企业职位的空缺。对杭州民营企业外来务工人员的抽样调查显示，随着在杭州打工年限的延长，外来务工人员行业转移和工种转移的速率呈加快的趋势（见表 20－4）。[1] 工作 6～10 年的外来务工人员，在同工作年限的人中行业转移比重高达 12.4%，工作 11～15 年组中行业转移人数达到 19.6%；而工种转移的速率更加明显，几乎与年限的增加成正比，工作 6～10 年的外来务工人员，在同工作年限的人中工种转移比重高达 28.1%，工作 11～15 年组中工种转移人数达到 32.6%。从中可以发现，企业用工结构性短缺与工龄长的外来务工人员的行业转移和工种转移行为关联密切。

表 20－4　杭州外来务工人员职业转移与工作年限的关系

在杭州工作年限	被调查人数（人）	发生行业转移		发生工种转移	
		人数（人）	占该组人数的比重（%）	人数（人）	占该组人数的比重（%）
2 年及以下	94	9	9.6	18	19.1
3～5 年	160	13	8.1	30	18.8
6～10 年	121	15	12.4	34	28.1
11～15 年	46	9	19.6	15	32.6
16～20 年	19	1	5.3	4	21.1
21～25 年	8	2	25.0	3	37.5
26 年及以上	2	0	0.0	0	0.0
合计	450	49	—	104	—

对杭州外来务工人员的抽样调查显示，新老外来务工人员转移人数都占有较大的比例，所不同的是年轻外来务工人员在同年龄段中行业转移人数更多，而老外来务工人员在同年龄段中工种转移人数更多，恰好和"工作年限与职业转移的关系"相吻合。从表 20 - 5 中我们可以发现，35 岁及以下的外来务工人员中行业转移的比重达到 12.0%，而且随着新生代外来务工人员数量的不断增多，这一比重还会有所增加。另外，更重要的是外来务工人员工种转移比重高于行业转移，并且老外来务工人员工种转移尤为突出，相对人数较多的 36 ~ 40 岁年龄段工种转移比重为 48.5%，41 ~ 45 岁年龄段工种转移比重为 47.8%。[1]

表 20 - 5　杭州外来务工人员职业转移与年龄之间的关系

年龄分组	被调查人数（人）	发生行业转移		发生工种转移	
		人数（人）	占该年龄段人数的比重（%）	人数（人）	占该年龄段人数的比重（%）
20 岁及以下	33	2	6.1	3	9.1
21 ~ 30 岁	225	26	11.6	38	16.9
31 ~ 35 岁	108	16	14.8	31	28.7
36 ~ 40 岁	33	0	0.0	16	48.5
41 ~ 45 岁	23	3	13.0	11	47.8
46 ~ 50 岁	22	2	9.1	1	4.5
51 ~ 60 岁	6	0	0.0	4	66.7
合计	450	49	—	104	—

4. 用工供求的性别与年龄比例失调

据统计，从杭州劳动力市场上求职者的性别结构来看，2008 年前三个季度男性求职人数远远大于女性，男性求职者占总求职者人数的比重接近 70%，而女性求职者比重在 30% 左右；而企业对男性用工的需求量也远远大于女性，对男性用工的需求比重接近 50%，而对女性的需求比重在 20% 左右，近 30% 的企业对职工性别没有严格要求（见表 20 - 6）。当然求人倍率也反映出无论是男性还是女性的供需缺口都很大，几乎是 1 个劳动力要满足 3 个职位需求，而且女性求职人数有下降的趋势，但企业对女性职工的需求反而有上升的趋势。

表 20 - 6　2008 年前三个季度杭州市劳动力市场职位供求性别比例

性别	第一季度			第二季度			第三季度		
	需求比重（％）	求职比重（％）	求人倍率	需求比重（％）	求职比重（％）	求人倍率	需求比重（％）	求职比重（％）	求人倍率
男	48.20	67.05	3.01	49.82	69.03	3.28	48.18	69.78	2.61
女	21.58	32.95	2.82	21.72	30.97	3.22	23.01	30.22	2.80

数据来源：根据杭州市就业管理服务局农村劳动力（劳动力市场）管理部 2008 年职位供求状况分析报告的相关数据整理而得。

从用人单位对劳动力的年龄要求来看，16～34 岁的劳动力是劳动力市场的主要需求主体，16～34 岁的劳动力占到总需求的 80％以上，35 岁及以上的劳动力需求比重只有 20％左右，而对年龄无要求的企业几乎为零；从求职者的年龄构成来看，求职者以青壮年为主体，16～34 岁的求职者占总求职人数的 70％左右，35 岁及以上的求职者占到 30％左右（见表 20 - 7）。从而可以发现，杭州劳动力市场上企业对劳动力的年龄要求是较为严格的。因此，青壮年的供需缺口较大，而 45 岁及以上劳动力的供需缺口并不明显。

表 20 - 7　2008 年前三个季度杭州市劳动力市场职位供求年龄分布

年龄	第一季度			第二季度			第三季度		
	需求比重（％）	求职比重（％）	求人倍率	需求比重（％）	求职比重（％）	求人倍率	需求比重（％）	求职比重（％）	求人倍率
16～24 岁	37.10	39.84	2.74	37.12	42.46	2.85	37.14	46.04	2.15
25～34 岁	44.02	29.28	4.43	43.86	30.40	4.71	43.61	30.14	3.87
35～44 岁	16.41	17.15	2.72	16.49	16.44	3.27	16.37	15.09	2.90
45 岁及以上	2.47	13.13	0.55	2.52	10.70	0.77	2.88	8.73	0.88

数据来源：根据杭州市就业管理服务局农村劳动力（劳动力市场）管理部 2008 年职位供求状况分析报告的相关数据整理而得。

二　杭州民营企业用工结构性短缺的成因

民营企业用工结构性短缺成因可以从影响用工需求和供给的相关因素着手进行经济学解析。

（一）杭州民营企业用工需求分析

1. 经济发展阶段性是用工结构性短缺的根本成因

根据美国经济学家罗斯托的"经济成长阶段论"，一个国家的经济发展过程分为 6 个阶段，依次是传统社会阶段、准备起飞阶段、起飞阶段、走向成熟阶段、大众消费阶段和超越大众消费阶段。而随着经济阶段的不断更替，经济总量会持续扩大，经济结构调整则会趋向更高的生产效率。因此，社会需求总量的扩大和技术水平的提高是经济阶段高级化的指示器。

自"十一五"以来，杭州经济结构继续保持稳定优化调整的趋势，第三产业比重继续上升，吸纳劳动力的能力也不断增强。2007 年，全市民间投资达 832.10 亿元，占限额以上固定资产投资的 52.2%；重工业则实现销售产值 4700.77 亿元，占全市工业实现销售产值的 57.34%；技术创新步伐加快，全市实现新产品产值 1168.29 亿元，增长 49.5%，新产品产值率由上年的 10.61% 提高到 13.99%，对工业总产值增长的贡献率比上年提高 15 个百分点。杭州居民消费性支出增长更加明显，服务性消费支出也在增长（见图 20 - 5）。2008 年上半年，市区城镇居民人均可支配收入为12979 元，增长 9.1 个百分点，扣除价格因素后实际增长 2.1%；市区城镇居民人均服务性消费支出为 2235 元，比上年同期增长 17.1%，占人均消费性支出的比重为 26.7%，同比提高 1.1 个百分点。从服务性消费支出构成来看，2008 年上半年市区城镇居民家庭服务支出人均为 62 元，比上年同期增长 66%，其中家政服务支出增长 68.8%；文化娱乐服务方面的支出增长明显，人均为 279 元，同比增长 31.4%，其中健身活动支出增长 1.3倍、团体旅游支出增长 49%；饮食服务支出增长 21.1%；居住服务费支出增长 13.5%。因此，从杭州的经济结构、科技水平、家庭收入及消费支出等主要指标的统计数据可以看出，杭州经济正处于"走向成熟阶段"向"大众消费阶段"的过渡时期，经济总量增长迅速，科技实力不断增强。因此，企业用工需求明显增加[①]，劳动密集型的企业对用工数量提出了新

---

① 2007 年 1 月，杭州人事劳动社会保障局对新区 38 家投产规模企业进行了劳动力需求调查，调查结果显示，劳动力需求达 5100 多人，需求总量占在职职工人数的 50%。

要求，而技术密集型企业对外来务工人员的技术水平有更高标准，用工结构性短缺必然发生。

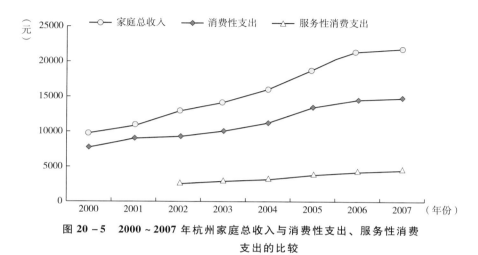

图 20-5　2000~2007 年杭州家庭总收入与消费性支出、服务性消费支出的比较

数据来源：根据杭州官方统计数据整理。

2. 行业结构的快速调整是用工结构性短缺的直接成因

发展经济学家认为经济发展根源于劳动分工的细化，也就是说即使没有资本集聚、技术创新、制度变革等刺激经济发展的常规性要素，社会劳动分工的细化也能够引致产业的不断分工和专业化，促成经济发展的报酬递增效应，从而依然能够实现经济发展。更为重要的是，劳动者在劳动过程中会出现学习、合作等社会适应性反应，因此，经济发展具有自强化功能。鉴于此，相互联系的产业群体会在经济发展中持续分工和专业化，行业结构也会由此不断调整，从而用工结构必须同步变化，才能保持经济的可持续发展。如果行业结构调整速率快于用工结构变化，就会造成用工结构性短缺。据劳动和社会保障部 2007 年 1 月的"企业春节用工需求调查"，长三角企业用工短缺的主要成因就是"缺乏符合企业工作要求"的外来务工人员，它在各个成因中比重为 28.3%，而"求职外来务工人员人数的减少"在各地区企业缺工成因中比重也较大，有的甚至超过 50%。从根本上说，这是由于求职人员尤其是外来务工人员自身素质不能胜任工作而流向经济欠发达地区。

杭州是长三角地区重要的经济发达城市，企业用工短缺现象符合该地区的一般特征，企业对外来务工人员素质的高要求是劳动力供给不足的重要成因，而且杭州行业结构调整速率在长三角地区属于较快的，这种用工短缺特征就更为显著。近年来，杭州发展较快的信息传输计算机和软件业等高技术行业，需要大量专业技术人才，而且这种专业技术人才一般都需要经过较长期的专门培训才能熟练掌握信息技术，这对于他们的年龄、学习能力和适应能力等都有较高的要求。但是一般外来务工人员由于年龄偏大、学历较低、缺少培训机会等原因而很难适应这种技术含量较高的行业。又如，建筑业虽然不需要大量的技术工人，但是需要大量的一般外来务工人员，这种行业的劳动强度大、工资低、用工不规范、工伤无保障等特点决定了它不能吸引大量的普通外来务工人员流入，甚至发生原有外来务工人员的不断流出。由于杭州要全力打造先进制造业基地，因此，制造业呈现明显的劳动密集型与资本密集型行业共同发展的态势，既需要大量的一般外来务工人员，又需要大量的技术工人。由此，民营企业用工结构性短缺问题尤为突出。

3. 国际市场规模的扩大是用工结构性短缺的间接成因

亚当·斯密论断劳动分工可以提高资源利用效率，而国际市场规模的扩大则会引起劳动分工的进一步细化，以杨格为代表的发展经济学家也论证了市场规模通过影响劳动分工引起经济发展的科学性。因此，当国际市场规模扩大时，劳动分工会不断细化，由此引起企业用工结构性调整。当国际市场规模扩大领先于劳动分工细化时，企业用工自然出现结构性短缺现象，所以，国际市场规模的扩大是用工结构性短缺的间接成因。2007年，杭州对外贸易的市场多元化格局得到巩固，在巩固美国、欧盟、日本、香港特别行政区四大主体市场出口额的基础上，对俄罗斯、南美洲、非洲的出口额分别增长了67.6%、35.8%和37.9%；经济外向度不断提高，外贸依存度达到80.46%，其中出口依存度达到55.52%。在"走出去"战略的鼓励下，全市对外承包工程和劳务合作合同营业额从2000年的376万美元，增加到2007年的3.31亿美元，增长了87倍。更为重要的是，杭州对外贸易逐年快速增长（见图20-6），利用外资水平持续提升（见图20-7）。虽然2007年国内外市场经济的剧烈变化，像全球性的物价上涨、人民币升值、出口退税政策的调整、存贷款利率的调整、金融机构银根紧缩等因素，对我国外贸行业造成较为严重的冲击，但是杭州外贸进

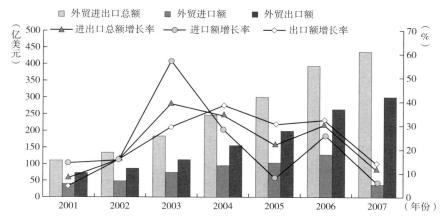

图 20 - 6　2001～2007 年杭州外贸进出规模及其增长率

数据来源：根据杭州官方统计数据整理。

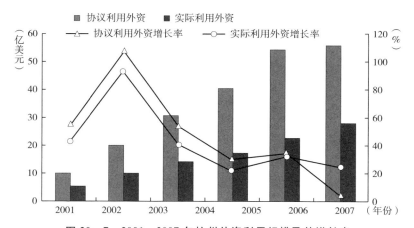

图 20 - 7　2001～2007 年杭州外资利用规模及其增长率

数据来源：根据杭州官方统计数据整理。

出口总额仍然保持较高的增长速度，外资利用规模也持续了增长的势头，只是二者的增长速度有所减缓而已。2007 年，全年外贸进出口总额为 434.26 亿美元，其中出口总额为 299.66 亿美元，增长 14.30%。可见，这些发展指标都表明杭州对外经济的国际市场规模不断扩大，国际市场的开拓能力日益增强，这就必然引起杭州劳动社会化程度的提升，劳动分工将更加细化，而且对外贸易中一般贸易及加工贸易也快速发展。这不仅会增加对专业技术人员的需求，也需要大量的普通外来务工人员，从而就对企业用工提出结构性调整的需求。

4. 用工理念的传统束缚是用工结构性短缺的社会成因

在社会制度的演进过程中，观念习俗日积月累就会形成一般的惯例规则，进而演变成制度，而对制度的路径依赖会强化原有的制度规则。因此，用工理念的传统束缚是用工结构性短缺的社会成因。毋庸置疑，意识的形成、演化都基于一定的物质基础，而我国传统的用工理念就是在典型的二元经济结构基础上形成的。由于历史的原因，我们能够理解二元经济结构下的城乡理念差异，尤其是城里人对乡下人的偏见，尽管随着大量农村剩余劳动力向城镇转移，政府制定了许多旨在消除城乡差异的制度，但是制度经济学家阿兰·斯密德认为"消除偏见需要有意识的学习和集体行动"[2]，这需要一个很长的时期，而且观念习俗的制度化也会加剧偏见消除的困难。如今，我国民营企业在二元经济结构转型期，对外来务工人员仍然存有极大的不信任感，这种不信任感是外来务工人员支付的"就业心理成本"，随着"成本"的日益沉淀，最终会引致外来务工人员宁愿回归故里或流向其他地区。而且这样的用工环境会导致企业对不同员工的不平等待遇，即所谓的"同工不同酬"。另外，民营企业在我国的成长还处于年轻化阶段，用工意识的传统功利主义色彩浓重，为了获取最大利润而尽可能地降低经营成本，比如简陋的没有任何劳动保护设施的用工环境、不规范的劳动合同、过分的劳动强度、蓄意拖欠工资等。杭州 2008 年 7 月的整治非法用工打击违法犯罪专项行动①显示：违反劳动保障等法律法规规定的行政违法案件 467 件，责令限期改正 167 件，督促补签劳动合同 4384 份，补发劳动者工资和经济补偿金 51.53 万元，涉及人数 558 名，依法做出行政处罚 48 件，罚款 23.99 万元。从企业对劳动力的需求来看，70%左右的岗位对求职人员的性别有明确的规定，性别歧视依然明显，而民营企业对劳动力年龄的要求更为苛刻，据统计对年龄没有要求的企业几乎为零，年龄歧视也明显。

---

① 按照人力资源和社会保障部等九部委文件精神和浙江省《关于开展整治非法用工打击违法犯罪专项行动的通知》（浙劳社监〔2008〕66 号）的统一部署要求，杭州市于 7 月 1 日至 7 月 31 日，在全市范围组织开展了为期 1 个月的整治非法用工打击违法犯罪专项行动，并取得了初步成效。

（二）杭州民营企业劳动力供给分析

1. 人才培养体制的不完善是用工结构性短缺的根本成因

我国现行教育体制的典型特征是重学历教育而轻技能培训。诺贝尔经济学奖得主迈克尔·斯彭斯认为个人的某些特征，如教育、以往工作经验和履历等都可能被看作一种信号，特别是教育被看成完成某类工作的一种能力的信号。由此，不但是国家和企业很重视劳动者的学历教育，把它作为衡量人才的重要标准，而且受教育者认为学历越高就业竞争能力也就越强。斯彭斯最终得出的结论是当教育普遍被作为一种劳动力市场的信号时，社会将存在对之过度投资的趋势。我国人才培养体制就存在这种现象：近年来全国高等院校数量急剧增多，规模也日趋扩大，招生入学人数年年攀高，而且某些职业学校为了提高就业竞争力也大力投资、改革而转型为普通高校，从而造成我国大学专业课程设置不适应市场需求，专业趋同现象严重，培养出的人才缺乏技能，出现人才供求结构失衡的现象。我国职业教育停滞了 10 多年，不仅仅投资少、规模有限、设备实施老化，更重要的是社会各界对职业教育形成一种偏见，学历不高就被贴上能力差的标签而得不到社会尊重。虽然教育部和财政部相关负责人表示，将建立新的中职学校困难学生资助体系，但是人才体制的演化不仅需要整个教育体制的革新、配套的硬件系统完备，而且需要人们对职校毕业生的社会偏见发生根本转变。这些都需要很长的时间，而不是一蹴而就的。因此，人才培养体制的不完善是用工结构性短缺的根本成因。

2. 社会培训投入的不足是用工结构性短缺的间接成因

技工短缺是社会（包括企业）对外来务工人员长期只使用不培养造成的后果，我们应意识到在经济转轨的现阶段，技工短缺看起来是企业技术升级的结果，其实是社会（包括企业）缺乏远见，竭泽而渔的急功近利行为造成的。[3] 劳动和社会保障部 2004 年 4 月对全国 40 个城市技能人才状况抽样调查的结果显示，大多数企业名义上开展了培训，但实际上用于职工培训方面的花费并不高，一半以上的企业用于技术工人培训的费用不到职工教育经费的 20%。其中，职工教育经费用于技术工人培训的比例在 20% 以下的企业占 58.5%，比例在 20% ~ 50% 的企业占 26.9%，比例在 50% 及以上的企业仅占 14.6%。而且企业在转换经营机制后，普遍存有急功近利的短期行为，对职工重使用轻培训，甚至只使用不培训。这不仅造成这些企业的用工短缺，而且导致即使农村剩余劳动力流动实现完全的自由化，也不能满足其他企业的用工标准，从而使整个社会都会出现用工的结构性短缺。杭州作为外来务工人员流入的主要城市，也必然会受到社会大环境的影响，用工质量无法保障，即使本地区企业具有培训意识或已经进行培训活动，也无法完全满足民营企业的用工需求。更何况杭州也有一部分民营企业缺乏远见，只顾追逐利润，而忽视对人力资本的投入。虽然在外来务工人员培训方面，杭州市政府部门做了大量工作，并取得了一定的成效。但是，培训受益面较窄、培训时间较短、培训内容比较单一，而且培训方向由于信息的不对称性很难适应多变的市场需求，导致更难详细了解掌握不同行业不同层次的民营企业对外来务工人员的需求状况，即专业技能培训的针对性较差。由此可见，社会培训体系有待进一步完善。

3. 外来务工人员劳动报酬较低是用工结构性短缺的直接成因

劳动和社会保障部 2004 年对湖南、四川、江西、安徽等几个劳动力输出大省进行的重点调查显示，在低水平长期徘徊而呈黏性特征的货币工资是导致外来务工人员供给不足的直接成因。而我国绝大多数外来务工人员集中在非正规就业部门，最低工资政策很难影响和惠及外来务工人员。并且由于经济的持续发展，2007 年通货膨胀一直攀升，特别是城市消费品价格的上涨和住房成本的提高，以及农村种子、化肥、塑料薄膜等农业生产资料价格的持续上涨使他们对通货膨胀的感受尤为明显。因此，他们增加名义工资的需求极为迫切，但是增加工资并非易事，外来务工人员个人即使有增加名义工资的要求，也缺乏增加名义工资的能力，从而致使外来务工人员工资缺乏正常增长机制，导致外来务工人员向其他地区转移，从而造成区域性的用工短缺现象。2008 年前三个季度，杭州受国际金融危机和国内经济低迷的影响，价格上涨速度有所下降，但是居民消费价格指数（CPI）仍然上涨 6.4%，其中食品价格同比上涨 17.5%。据统计，杭州居民消费价格指数在全国尤其是在长三角地区也是偏高的。虽然杭州 82% 的外来务工人员月均收入在 800 元以上（见图 20 - 8），除北京、上海等大城市外，杭州外来务工人员工资水平相对较高，但外来务工人员工资远远低于城镇职工平均工资水平。[1] 因而，相对较低的劳动报酬是杭州外来务工人员流转的直接成因。

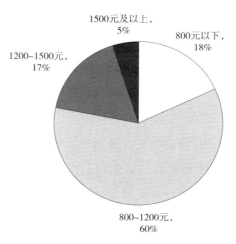

图 20－8　杭州民工月平均工资状况

4. 外来务工人员人本意识的增强是用工结构性短缺的新成因

随着"以人为本"社会理念的广泛传播，外来务工人员的人本意识逐渐增强。当然，他们的医疗、养老等社会保障以及赢得本地员工认可的社会自尊感、子女读书等条件在一定程度上有所增强和改善。但是值得关注的是，近百万名外来务工人员生活在杭州新老城区，约为新老城区常住人口的1/2，而他们主要的居住生活空间却局限于城乡结合的"民工区"。另外，人本意识的增强也要求民营企业用工形式由传统的约束型管理向人性化管理转变，但是像服装、纺织等劳动密集型企业，劳动环境差、劳动强度高、劳动报酬低等用工状况多年来没有多大改变。因而，外来务工人员跳槽率高，劳动力也发生区域性转移。还有一个比较显著的特点就是全市技能人才的年轻化趋势比较明显，杭州市就业管理服务局对2008年前三个季度相关情况的统计表明，青壮年劳动力是需求和供给的主体，而新生代外来务工人员的人本意识更强，外出务工不再单为了养家糊口，舒适的工作环境、大城市的品位、技能知识的学习等也越来越影响到他们的就业选择。另外，杭州的新生代外来务工人员也像德国、日本等发达国家年轻劳动力一样，不愿意从事技术工作。据2008年1～9月杭州市劳动力市场的统计，生产运输设备操作工的求职比重由往年的60%以上下降到今年的50%以下，而办事人员和有关人员等的求职比重由原来的10%～11%上升为今年的15%以上。年轻劳动力不愿从事技术工作与当前追求生活品味的社会思潮和技术工作自身的特点都有密切的关联，从而致使企业用工出现结构性短缺。

（三）杭州民营企业劳动力供求分析

1. 政府的宏观经济调控与经济发展的周期性不协调是用工结构性短缺的宏观成因

毋庸置疑，政府宏观调控市场经济的发展是必要的。但是，政府这只"看得见的手"也有像市场那只"看不见的手"的指挥盲点，作为一个有限理性主体，往往狭隘理解经济发展为经济增长，而忽视充分就业、分配公平、社会保障等经济发展的其他构成要件，从而容易导致经济结构失衡，进而影响到劳动力流动和社会就业，也就间接导致企业用工结构性短缺。而且，"公共活动递增的瓦格纳定律"表明政府就本性而言，有一种天然的扩张倾向，特别是干预社会经济活动的公共部门在数量上和重要性上都具有一种内在的扩大趋势，而且政府的这种内在扩张性与社会对公共产品日益增长的需求更相契合，极易导致政府干预职能的拓展和强化。所以，政府有效调控市场经济的尺度难以测量。近年来，杭州出现的用工结构性短缺反映出由全社会固定资产投资资金的流向决定的投资、出口、消费结构失衡引致产业结构的调整和行业结构的变化，进而影响到企业生产经营结构的适应性变动，嗣后，企业用工结构也相应调整；同时，社会经济结构的变化也会影响劳动力的区域性、行业间、企业职位间的流动。总之，投资结构的优化不在于产业间的比重大小，而在于与社会经济发展协调，否则最终会引起企业用工结构性短缺。

2. 劳动力市场的不完善是用工结构性短缺的微观成因

科斯第一定理表明，在交易费用为零的情况下，市场配置资源的效率是最高的。然而，现实世界中的交易费用总是大于零，而交易费用越大，市场配置资源的效率就越低；劳动力市场的不完善即表明交易费用很高，从而不能有效地配置劳动力资源，造成劳动力供求结构的失衡。我国劳动力市场不完善，从宏观上说源于城乡二元经济结构，不过这种状况随着户籍制度的深入改革已有望得到改观，劳动力流动自由程度大大提高。但是从区域经济发展的视角来看，地方政府负有保障本地劳动力充分就业、降低失业率、稳定社会的职责，会倾向于制定劳动力市场保护政策，变相提高相关部门的就业门槛，从而使劳动力市场缺乏竞争，导致全社会工资平均水平不能很好地反映劳动力供求状况。杭州市政府不断加强劳动力市场制度化、规范化、专业化的建设，市场管理水平也持续提高，而且加快了就业服务信息化，但是制度的创新与变迁同异质性个人偏好是共生演化的，即个人、群体的偏好结构会影响制度的创新与变迁[4]。外来务工群体有着不同于其他社会群体的偏好，比如联系工作偏好找老乡、追讨工资偏好集体行动、从事工作偏好不签劳动合同等。因此，制度虽好但实际效果并不一定明显。另外，杭州劳动力市场层次比较多，但市（县）、乡镇劳务市场数量少、规模小、监管成本较高，而且不少劳务中介机构如建筑业劳务公司、保安公司、家政公司、保洁公司等单位劳动用工不规范、劳动合同签约率低，致使季节性、临时性用工很难享受到签约职工的各种社会保障。

三　杭州民营企业用工结构性短缺的化解

综上分析，杭州民营企业用工结构性短缺有其客观必然性，化解这一问题的根本途径在于增加外来务工人员供给量，而外来务工人员供给绝对数量的增加依赖于农村剩余劳动力的转移，而相对数量的增加则取决于劳动力供给潜力的开发。因此，杭州除了要巩固、落实、完善已出台实施的外来务工人员保障制度外，今后应贯彻的总体思路是：坚持劳动力市场在劳动力资源配置中的基础性作用，而辅以政府在劳动力供求调控中的适当定位，发挥政府为完善市场机制承担的制度创新和政策实施的双重服务功能，实现既能够吸引外来务工人员又可以挖掘外来务工人员供给潜力的双重目标，满足民营企业用工结构性的相对短期需求；进而通过确立以人为本的发展理念和构建和谐的劳资关系，将劳动力临时性的转移流动变为劳动力长久性的迁移定居，储备经济发展需要的产业工人队伍，最终实现外来务工人员供给绝对量的增加，满足企业用工结构性的长期需求，保持经济又好又快的发展态势。为此，提出如下建议。

（一）大力吸引农村剩余劳动力

吸引农村剩余劳动力从根本上说就是要消除劳动力市场中的城乡差

异，而这源于我国计划经济体制下实施的城乡二元户籍制度。所以，统一城乡户口管理制度是实现劳动力自由流动的制度保障。户籍制度改革的实质并不在于名义上是否放宽入籍条件，而在于是否把福利因素与户籍身份相剥离。[5]从表象上看，户籍制度改革进展缓慢是由于附着在城镇户口上的福利过多，经济越发达的地区福利越多，户籍制度改革也就越困难，但实际上户籍制度改革的实质内含两个层面，即名义上户籍身份的转变和本质上福利内容的变革。由于涉及人口流动的统筹管理，所以户籍制度改革的难点是户籍身份的转变，而福利内容的变革相对较为容易，外来务工人员最为关注的也是社会福利的平等分享。笔者认为，户籍制度改革取得根本性进展虽然可能持续较长的时间，但是福利内容的变革可以先行一步，与社会保障、社会求助、教育获得以及其他公共服务等相关领域的改革相配套，彼此相互补充、相互衔接，推动户籍制度改革的实质性进展，从而增添吸引外来务工人员流入的城市魅力。

其实，杭州在大力推进居住证制度向户籍制度过渡的同时，应着重社会保障制度的改革，不仅要建立统一的职工基本养老、医疗、失业等保障制度，而且要针对外来务工人员流动性强、收入低、保障意识弱等特点设计出操作性强的多层次制度保障体系。这是因为外来务工人员与本地职工由于原有的城乡差异而不能在同一企业甚至同一工种享有同样的社会保障，比如外来务工人员的平均收入一般低于城区居民平均收入，所以即使制度允许所有员工可以平等缴费享受保障，而外来务工人员的经济条件可能也会约束他们可享受的保障权利。而且外来务工人员半工半农的身份决定了其流动性较强，在社会保障账户不能自由续转的前提下，他们很难享受可保障的权利。还需注意的就是，外来务工人员保障意识较差、文化程度较低，"埋头苦干"的占多数，因而烦琐的保障程序可能令他们望而却步。相关部门除了简化程序外，应更多地开展社会宣传，增强外来务工人员的保障意识。因此，只有在正视外地外来务工人员与本地职工差异的基础上设计出有利于吸引农村剩余劳动力、加快推动城市化进程的一视同仁的全民共享的社会保障体系，才能增强制度实施的可操作性，从根本上保障外来务工人员应享有的权益和社会福利，从而吸引更多农村剩余劳动力的流入。

（二）开发劳动力的供给潜力

开发劳动力的供给潜力主要从三个方面着手。一是放宽用工的劳动年龄限制和增加女工需求比例。近年来，企业外来务工人员呈现明显年轻化趋势，而且鉴于发达国家（如欧盟 25 国、美国和日本等）的退休年龄都在 60 岁左右，那么我国 40～60 岁的外来务工人员供给量就很丰富。目前，国家法律对外来务工人员的劳动年龄只有下限的严格要求，而对退休年龄没有严格的限制。但是，从外来务工人员供给的角度来看，民营企业不重视劳动条件的改善，致使劳动强度过大、劳动时间过长、劳动环境较差等，这就增加了外来务工人员的工作负担，年龄稍大的外来务工人员对此望而却步。从企业用工需求的角度来看，民营企业在用工传统理念上认为年龄稍大的会行动缓慢、效率低下、难以承担苦重脏累险等，相对还是比较喜欢精力充沛的年轻外来务工人员。所以，政府要制定出台相关政策，引导企业在招聘外来务工人员时放宽年龄限制，鼓励企业招用年龄稍大的外来务工人员；同时增加一定比例女工，通过加强宣传和政策引导，一方面鼓励女性参加就业，另一方面激励企业雇用女性。

二是提高外来务工人员的技术水平。随着产业结构的持续优化升级，以及打造先进制造业基地的长远规划逐步实施，杭州对技术工人的需求量会继续增加，尤其是高级技术工人。杭州今后要扩大培训受益面、延长培训时间、丰富培训内容，更应该增强培训的针对性，尤其是对于本市"十一五"规划重点发展的行业，需要从宣传、奖励、保障三个方面进行突破。这是因为外来务工人员外出打工的目的是增加个人收入，而培训必然占用劳动或闲暇时间，即使是免费培训，吸引力也是有限的，所以有必要加大培训的宣传力度，增强外来务工人员对培训投资价值的认识，尤其是向年轻外来务工人员灌输提高知识技能是实现自我价值的先进理念。而在培训开始阶段对参加培训的外来务工人员进行适量的经济补贴，视培训效果而调整。为了保障经过培训的外来务工人员就业，政府可以组织相关部门对民营企业的技工需求状况进行摸底调查，联合高校与科研机构进行专项课题研究，增强培训的针对性，同时政府可以灵活利用税收等经济手段，对定期组织外来务工人员参加政府组织培训的企业减少适量税赋，既能增强企业对培训员工的积极性，也可以减少企业对外来务工人员"只知使用，不知培训"的短期行为。此外，政府应该引导企业和要求中介组织加强外来务工人员就业前的技能培训，鼓励企业充分挖掘自身的技能培训资源，有条件的大企业可以自建技工学校或技能培训基地，结合企业生产的需要设计培训内容，制订培训计划。

三是建设多层次的就业服务信息平台。我国农村剩余劳动力整体文化素质偏低，难以灵活驾驭现代化的信息网络工具，外出务工主要依托以亲朋乡邻为基础建立起来的社会信息网络。因此，政府应加强县、乡、镇劳务市场及就业中介机构的建设，进一步规范、完善劳务市场的运作机制，同时与中西部劳务输出多的省份加强合作，引导外出务工人员的合理、有序流动，并且加强对劳务中介组织的监管，切实保障外来务工人员的合法权益。

（三）保持劳动力供给量的持续增加

在吸引农村剩余劳动力流入和开发外来务工人员的劳动力供给潜力的基础上，只有采取有效措施将外来务工人员留在杭州，变临时性的转移流动为长久性的迁移居住，才能保障杭州民营企业用工需求的持续增加。对此，可以从三个方面着手。一是坚持以人为本的用工理念，重视劳动关系的和谐。和谐的劳动关系是留住外来务工人员的关键，尤其是对于人本意识增强的新生代外来务工人员，外出务工不再是仅仅增加个人收入，而是渐渐努力提高生活质量。不可否认，随着民营企业用工的结构性短缺，外来务工人员的谈判力量将增强，业主也会趋于改善劳动条件以增强吸引外来务工人员的竞争力，因而，市场能够在一定程度上改善劳资关系。但是发达国家的历史表明，即使劳资关系在一个时期是趋于和谐的，但某些时候也会出现剧烈的冲突，所以，有必要发挥政府宏观调控的服务功能。政府参与构建和谐的劳动关系应该坚持就业最大化的原则，促进以创业带动就业，发挥创业对就业的倍增效应，并积极创造有益于劳动力就业的社会环境。除了完善就业服务体系的硬件系统，如健全劳务市场、规范中介组织、依法加强监管等外，还要健全社会就业服务体系的软件系统，如保障权益、消除异地歧视、丰富生活内容等。

二是重视改善外来务工人员的居住环境，降低外来务工人员的居住成本。昂贵的房价和简陋不便的居住环境不利于外来务工人员产生对城市的依恋感，所以，政府除了要加强基础设施的建设和完善外，还可以利用税收、贷款利率、补贴等经济手段鼓励房地产开发商积极投入中低价位商品房和廉租房的建设，尤其是规范、支持房屋租赁市场的发展，从而发挥市场在资源配置过程中的基础功能，高效率地解决外来务工人员的居住问题。

三是重视外来务工人员子女的教育，努力降低外来务工人员子女的教育成本和提高外来务工人员子女的教育质量。目前，城市教育设施已经对外开放但限于经济支付能力，他们的子女很难享受这一优惠条件；而外来务工人员子女的专门学校教育成本虽低但办学远未达到民办学校设置标准，设备简陋、师资力量较弱等。所以，政府应该发挥强有力的社会服务功能，通过加大对公办学校的投资力度，扩大公办学校的教学规模，充分利用公办学校的师资力量，同时通过面向外来务工人员子女的公开考试，择优录取在杭州与用人单位签有长期用工合同并有固定住所的外来务工人员的子女。另外，规范外来务工人员子弟学校的发展，利用社会化融资渠道，包括企业的资助、社会的捐助、政府的投资等支持外来务工人员子弟学校达到民办学校标准，改善教学环境，提高教育质量，培养出新一代高素质的劳动力队伍。

参考文献

［1］朱明芬：《农民工职业转移特征与影响因素探讨》，《中国农村经济》2007 年第 6 期，第 9～20 页。

［2］〔美〕阿兰·斯密德：《制度与行为经济学》，刘璨、吴水荣译，中国人民大学出版社，2004，第 2 页。

［3］张宗和、宋树理：《中国"民工荒"的制度成因与行为分析》，《浙江工商大学学报》2006 年第 1 期，第 3～8 页。

［4］〔美〕萨缪·鲍尔斯：《微观经济学：行为，制度和演化》，江舟廷等译，中国人民大学出版社，2006，第 69～90 页。

［5］蔡昉：《刘易斯转折点及其政策挑战》，社会科学文献出版社，2007，第 3～6 页。

后 记

"路漫漫其修远兮，吾将上下而求索"，本书的完稿经历了一个长达 15 年的周期。其间伴随着国际政治经济形势的复杂多变，中国在从贸易大国向贸易强国的转型过程中历经波折，虽还未实现化蛹成蝶，但一次次的历史性突破有目共睹。这样的实践经验是其他国家所没有的，也是中国经济思想可以自立于世界学术界的最大资本。所以，总结中国经验、坚持中国道路、提炼中国模式是本人十年如一日坚持研究外贸转型发展问题的一个初衷，只是由于本人学术能力有限，仍然需要"业精于勤荒于嬉，行成于思毁于随"。

第一篇文章《杭州发展服务贸易的基础和途径》源于我的硕士研究生导师张宗和教授的推荐，是杭州社科院编撰的杭州蓝皮书《2008 年杭州发展报告》（经济卷）的约稿。当时（2007 年），我刚硕士毕业，进入浙江教育学院经贸学院（现为浙江外国语学院国际商学院）工作不满一年，由于硕士专修的是产业经济学，跟随导师一直从事浙江民营企业的相关研究，受过专业的学术训练和具有专业的知识积累，所以就欣然接受了这项任务，开始探索杭州贸易结构转型问题。第二年，也就是 2008 年上半年，趁热打铁在《对外经贸实务》上发了一篇名为《中国贸易顺差持久成因新论》的文章，从杭州特例转向中国一般的转型发展研究。令人意外而又在逻辑之中的是，下半年 9 月源于美国次贷危机的金融海啸席卷全球，世界经济进入新一轮的大萧条发展期，发达国家各种形式的贸易保护主义再行其道，外向型国家都受到严重的冲击，尤其是中国，外贸转内销成为当时大街小巷随处可见的经济现象，本人都在路边摊为几个月大的女儿淘到很多物美价廉的外贸货。一时间，外贸转型发展就成为国内学术界讨论的热点，这时，我的研究兴趣被充分激发出来，投入了更多的精力进行调研和总结。此外，在此期间，我的老领导钦北愚教授立项了一本描述浙江经济的教材，取名《浙江经济概论》，统筹分到我的一章是关于浙江民营经济的，而我也有意对这个问题进行更深入的、更系统的梳理和分析，于是非常用心地翻阅了大量关于浙江民营经济发展的文献资料，对浙江对外贸易的转型发展有了更新的认识。

在学术思想上的一个转折点，是 2011 年我考取了上海财经大学当代马克思主义经济理论专业的博士研究生，师从擅长马克思主义经济学和西方经济学比较研究的冯金华教授，这使我的学术人生开启了真正的"研究"之路。在冯老师的悉心指导下，我尝试着把关于对外贸易转型发展的实践经验和当代马克思主义国际经济的理论研究结合起来，用马克思主义经济学的价值逻辑解读中国对外贸易转型发展的实践行为。在读博士的三年里，在冯老师提出的价值－价格理论基础上，顺利完成了关于"国际价值决定、变化和应用"的学位论文，经过补充和发展，以《马克思主义国际价值理论》为标题正式出版，为进一步研究中国特色社会主义的对外贸易发展模式提供了一个值得探讨的理论框架。在这期间，除了沉浸在理论研究带来的精神愉悦之中外，我还切身感触到世界经济动荡不定带来的新问题和新需求。中国对外贸易转型发展有战略规划，也有时机推动，从而中国在 2010 年就最早成功走出国际金融危机的阴霾，并日渐强大，毫无悬念地实现弯道超车，超过日本和美国，成为名副其实的"世界第一工厂"。但是由此也招致以美国为首的发达国家，也包括部分发展中国家，更加疯狂地对我国对外贸易进行围追堵截。TPP 勾结成形、中美贸易摩擦升级、区域经济一体化加剧等一系列的事件层出不穷，为了有效应对，中国（上海）自由贸易试验区、"一带一路"倡议、中国进口博览会、双边贸易谈判等一系列的操作也是见招拆招，彰显大国自信。这对中国特色社会主义对外贸易转型发展提出了前所未有的高要求、高标准和高质量，贸易强国的发展战略也自然而然地被提上日程，亟须从理论上进行具有中国特色的提炼和解读。

等到博士毕业，我继续沿着之前的研究道路夯实理论基础和补学实证方法，同时准备国家公派的出国访学事宜。在出国访学之前，习惯性地向冯老师认真求教，与冯老师进行了自认为是卓有成效的畅谈，"带着问题"开始了为期一年的访学生涯。虽然访学期间国际文化交流占用了较多的时间，问题研究没有达到预期的效果，但是综合考量还是感觉收获满满，非常感激我的外导——美国加州州立大学奇科分校的农产品贸易专家 Baohui Song 教授的热情、细心和周到的专业指导和无私帮助，着实顺顺利利地体验了一把地地道道的美国式教研活动和生活方式。这段时间，中美贸易摩擦不断恶化，本以为会很快结束，结果是谈判举步维艰，反复无常，不仅导致人民币汇率变化影响到正常的国外生活（幸好出国前美元准备充足，回国前还有一定的剩余），而且在各种场合成为经常谈论的话题之一，不断激发我对传统对外贸易模式的批判研究。

2018 年 8 月回国之后，美国对中兴、华为等高科技企业的打压开始变本加厉，让中国与世界经济脱钩的"阳谋"也得寸进尺，而我国的自由贸易试验区、"一带一路"倡议和中国进口博览会等风风火火地越做越大。意外的是，一场突如其来的新冠肺炎疫情严重地改变了世界格局，我们迎来了"百年未有之大变局"，《区域全面经济伙伴关系协定》（RCEP）终于落地，数字技术革命呼之欲出，印太经济框架（IPEF）艰难启动，俄乌冲突起伏不定……这些对中国特色社会主义对外贸易转型发展都提出了新的挑战，当然，也提供了新的机遇。

所以，在大家的共同努力下，如若本书的出版能够对中国特色社会主义对外贸易的转型发展有一定的思想启发和实践引导，我将感到莫大的欣慰。

图书在版编目（CIP）数据

中国特色社会主义对外贸易的转型发展：基于浙江
民营经济的实证研究／宋树理著．-- 北京：社会科学
文献出版社，2023.4
（浙江外国语学院博达丛书）
ISBN 978 - 7 - 5228 - 1643 - 2

Ⅰ.①中…　Ⅱ.①宋…　Ⅲ.①私营经济 - 对外贸易 -
转型经济 - 经济发展 - 研究 - 浙江　Ⅳ.①F752.855

中国国家版本馆 CIP 数据核字（2023）第 061716 号

· 浙江外国语学院博达丛书 ·

中国特色社会主义对外贸易的转型发展
——基于浙江民营经济的实证研究

著　　者／宋树理

出 版 人／王利民
责任编辑／田　康
责任印制／王京美

出　　　版／社会科学文献出版社·经济与管理分社（010）59367226
　　　　　　地址：北京市北三环中路甲29号院华龙大厦　邮编：100029
　　　　　　网址：www.ssap.com.cn
发　　　行／社会科学文献出版社（010）59367028
印　　　装／三河市尚艺印装有限公司

规　　　格／开　本：787mm×1092mm　1/16
　　　　　　印　张：24.5　字　数：397 千字
版　　　次／2023 年 4 月第 1 版　2023 年 4 月第 1 次印刷
书　　　号／ISBN 978 - 7 - 5228 - 1643 - 2
定　　　价／128.00 元

读者服务电话：4008918866